रज़ा पुस्तक माला

होने का दुःख

खण्ड दो

रज़ा फ़ाउण्डेशन | THE RAZA FOUNDATION

होने का दुःख

खण्ड दो

शंख घोष

बाङ्ला से अनुवाद
उत्पल बैनर्जी

राजकमल प्रकाशन

रज़ा पुस्तक माला : संचयन
प्रधान सम्पादक : अशोक वाजपेयी | सम्पादक : पीयूष दईया
राजकमल प्रकाशन प्रा.लि. और रज़ा फ़ाउण्डेशन का सह-प्रकाशन

ISBN-978-93-87462-08-3

मूल्य : ₹699

पहला संस्करण : 2018

प्रकाशक : राजकमल प्रकाशन प्रा. लि.
1-बी, नेताजी सुभाष मार्ग, दरियागंज
नई दिल्ली-110 002

शाखाएँ : अशोक राजपथ, साइंस कॉलेज के सामने, पटना-800 006
पहली मंजिल, दरबारी बिल्डिंग, महात्मा गांधी मार्ग, इलाहाबाद-211 001
36 ए, शेक्सपियर सरणी, कोलकाता-700 017

वेबसाइट : www.rajkamalprakashan.com
ई-मेल : info@rajkamalprakashan.com

मुद्रक : यश प्रिंटोग्राफिक्स
नोएडा-201301 (उत्तर प्रदेश)

HONE KA DUKH : Khand Do
(Prose) by Shankh Ghosh
Translated by Utpal Banerjee

आमुख

कलाओं में भारतीय आधुनिकता के एक मूर्धन्य सैयद हैदर रज़ा एक अथक और अनोखे चित्रकार तो थे ही उनकी अन्य कलाओं में भी गहरी दिलचस्पी थी। विशेषत: कविता और विचार में। वे हिन्दी को अपनी मातृभाषा मानते थे और हालाँकि उनका फ्रेंच और अंग्रेज़ी का ज्ञान और उन पर अधिकार गहरा था, वे, फ्रांस में साठ वर्ष बिताने के बाद भी, हिन्दी में रमे रहे। यह आकस्मिक नहीं है कि अपने कला-जीवन के उत्तरार्द्ध में उनके सभी चित्रों के शीर्षक हिन्दी में होते थे। वे संसार के श्रेष्ठ चित्रकारों में, २०-२१वीं सदियों में, शायद अकेले हैं जिन्होंने अपने सौ से अधिक चित्रों में देवनागरी में संस्कृत, हिन्दी और उर्दू कविता में पंक्तियाँ अंकित कीं। बरसों तक मैं जब उनके साथ कुछ समय पेरिस में बिताने जाता था तो उनके इसरार पर अपने साथ नवप्रकाशित हिन्दी कविता की पुस्तकें ले जाता था : उनके पुस्तक-संग्रह में, जो अब दिल्ली स्थित रज़ा अभिलेखागार का एक हिस्सा है, हिन्दी कविता का एक बड़ा संग्रह शामिल था।

रज़ा की एक चिन्ता यह भी थी कि हिन्दी में कई विषयों में अच्छी पुस्तकों की कमी है। विशेषत: कलाओं और विचार आदि को लेकर। वे चाहते थे कि हमें कुछ पहल करना चाहिये। २०१६ में साढ़े चौरानवे वर्ष की आयु में उनकी मृत्यु के बाद रज़ा फ़ाउण्डेशन ने उनकी इच्छा का सम्मान करते हुए हिन्दी में कुछ नये क़िस्म की पुस्तकें प्रकाशित करने की पहल *रज़ा पुस्तक माला* के रूप में की है, जिनमें कुछ अप्राप्य पूर्व प्रकाशित पुस्तकों का पुनर्प्रकाशन भी शामिल है। उनमें गांधी, संस्कृति-

चिन्तन, संवाद, भारतीय भाषाओं से विशेषत: कला-चिन्तन के हिन्दी अनुवाद, कविता आदि की पुस्तकें शामिल की जा रही हैं। सभी पुस्तकों पर रज़ा साहब और उनके समकालीन मित्र चित्रकारों आदि की प्रतिकृतियाँ आवरणों पर होंगी।

हमारी परम्परा में यह माना गया है कि गद्य कवियों का निकष होता है। यह निरा संयोग नहीं है कि प्राय: सभी भारतीय भाषाओं में महत्त्वपूर्ण कवियों ने अच्छा, सरस और रोशनी देनेवाला गद्य लिखा है। हम इस पुस्तक माला में ऐसा कवि-गद्य प्रस्तुत करने के लिए सचेष्ट हैं। शंख घोष न सिर्फ़ इस समय बाङ्ला के सबसे बड़े कवि हैं, वे भारतीय कवि-समाज में भी मूर्धन्य हैं। उनका गद्य हम दो खण्डों में प्रस्तुत कर रहे हैं। यह दूसरा संचयन है। हम मानते हैं कि इसे हिन्दी में ला कर हम हिन्दी के सर्जनात्मक-बौद्धिक भूगोल में कुछ विस्तार कर रहे हैं। स्वयं हिन्दी की आलोचना-भाषा में इससे कुछ उद्वेलन सम्भव है। यह उनकी सूक्ष्म जीवन और काव्य-दृष्टि का साक्ष्य है : कई विषयों पर नये ताज़े ढंग से सोचने के लिए हमें प्रेरित भी करता है। उनके यहाँ बारहा ऐसे अनुभवों को गद्य में रूपायित करने की चेष्टा है जो अक्सर गद्य के अहाते से बाहर रहे आये हैं।

अशोक वाजपेयी

अगस्त २०१७, नयी दिल्ली

क्रम

ऐतिह्य का विस्तार

हलका जाड़ा था और होटल के लॉन में दोपहर का खाना चल रहा था, और उसके साथ-साथ कला-साहित्य को लेकर नाना तात्विक और छिटपुट बातें हो रही थीं। देश के ठीक बीचोंबीच इस भोपाल शहर में विभिन्न प्रान्तों से कई कवि और कलाकार कुछेक दिनों के एक निर्बाध सम्मिलन में आकर एक-दूसरे से मिले थे। उस समय वहाँ बैठे थे महाराष्ट्र के दिलीप चित्रे, जालन्धर से आये सोहन सिंग मिशा, दिल्ली से प्रयाग शुक्ल और सौमित्र मोहन, और सबसे ऊपर थे चित्रकार स्वामीनाथन। दिलीप चित्रे बहुत ही आत्मविश्वास के साथ बातचीत करते हैं, वे लगातार बोलते हैं, वहाँ रह-रहकर उनकी स्वामीनाथन के साथ बहस होने लगती। उस दिन दोपहर में बाङ्ला कविता को लेकर चर्चा हो रही थी। दिलीप समझा रहे थे कि किन अर्थों में जीवनानन्द को इस शताब्दी का एक 'ग्लोबल' कवि कहा जा सकता है। वे कोलकाता कभी नहीं आये, लेकिन वे जानते हैं कि विनय मजुमदार की कविताओं का 'टेक-ऑफ़' जीवनानन्दीय है, या फिर उन्हें मालूम है कि जीवनानन्द और शक्ति चट्टोपाध्याय में ठीक-ठीक फ़र्क़ कहाँ पर है। 'जीवनानन्द इन्जेक्ट्स् एण्ड शक्ति प्रोजेक्ट्स हिमसेल्फ़ आउट।' उन दोनों का एक मेल-मिलाप और सामंजस्य होता तो कैसा होता, वे सोचते हैं।

शक्ति और जीवनानन्द के प्रभेद के विषय में दिलीप का यह प्रत्यक्षीकरण कितना सच और कितना सम्पूर्ण था, मैं तब इस बारे में नहीं सोच रहा था। मैं तो इस अनायास के विषय में विचार कर रहा था, जिस प्रकार बिना किसी संकोच के दिलीप अपनी बातें कह गये, जिस तरह थोड़ी ही देर पहले उन्होंने निराला या आडिगा के बारे में कहा था, मुक्तिबोध या कि

सुधीन्द्रनाथ के बारे में। जिस तरह पश्चिमी जगत की आधुनिकता में, वैसे ही उनकी चेतना हमारे समूचे देश के परिवेश में भी विचरण करती रहती है। मानो इन सबको लेकर ही वे अपना कोई ऐतिह्य पा जाते हैं।

एक बार दिलीप की इच्छा हुई थी कि वे जीवनानन्द की कविताओं का मराठी में अनुवाद करें। लेकिन, 'इस भोर में नींबू के नये पत्तों की मानिन्द नरम हरे उजास से भर उठी है पृथ्वी': इस उच्चारण का क्या कोई अनुवाद सम्भव है? और इसलिए उन्हें अपनी वह इच्छा छोड़नी पड़ी थी। उस पंक्तिविशेष पर प्रयाग शुक्ल मुग्ध थे, लेकिन इस वजह से वे अनुवाद की कोशिश छोड़ने के लिए राज़ी नहीं थे। प्रयाग बाङ्ला अच्छी जानते हैं, उन्होंने जीवनानन्द के काफ़ी अनुवाद किये हैं। पन्द्रह-बीस वर्ष पहले और बाद में एक ही कविता का अनुवाद करके उन्होंने देखा है, कितनी ही पंक्तियाँ बदल जाती हैं! प्रयाग सोचते हैं कि बार-बार इन बदलावों में से होकर गुज़रते हुए सम्भव है किसी दिन मूल का थोड़ा-बहुत स्वाद मिल जाय।

मिशा बाङ्ला नहीं जानते। फिर भी उन्हें बाङ्ला साहित्य की थोड़ी-बहुत जानकारी है, उन्हें सतीनाथ के बारे में पता है, क्योंकि हिन्दी अनुवाद की मदद से उन्होंने स्वयं पंजाबी भाषा में 'जागरी' का अनुवाद किया है। बिलकुल मौजूदा बाङ्ला लेखन को लेकर उनकी कोई धारणा नहीं है, इसलिए मिशा काफ़ी कुण्ठित भी हैं। दूसरी ओर, थोड़े अकुण्ठित पराक्रम के साथ ही सौमित्र मोहन ने कहा कि कोलकाता में हंग्री जनरेशन का अब आख़िरकार कुछ भी नहीं बचा, हालाँकि एक दिन अत्यन्त घनघोर रूप से यह आन्दोलन आरम्भ हुआ था। या कि कुछ निशान बचे हैं अब भी? सौमित्र ने पूछा।

उस अड्डेबाज़ी में बात से बात निकलने लगीं, सब लोग पूरे समय बहुत ज़िम्मेदारी से बोल रहे थे, ऐसा नहीं था। लेकिन उन छिटपुट बातों में से एक प्रवणता अवश्य प्रकट होने लगी थी, देश के एक अंचल के सांस्कृतिक अवस्थान को लेकर दूसरे अंचल का कोई जीवन्त कौतूहल। केवल बाङ्ला को लेकर नहीं, मलयालम या तेलुगु, असमिया या गुजराती, इस तरह की सर्वभारतीय कोई बैठक यदि किसी भी प्रसंग की ओर उन्मुख हो सके, तो फिर उसे मन का एक सौन्दर्यमय स्वास्थ्य कहा जा सकता है। लेकिन तभी भीतर-ही-भीतर यह प्रश्न झाँकने लगता है कि बाङ्ला क्या

कभी भी इस स्वास्थ्य की ओर अग्रसर होना चाहती है? जितना विश्वपटल हमारे सामने साकार है, क्या हमारे साहित्य के सम्मुख भारतीय पटल उतना ही साकार है? या कि हम लोग एक संकीर्ण आत्मतृप्ति के दायरे में ख़ुद को सीमित रखकर ही ख़ुश हुए जा रहे हैं?

दो

भाई वीरसिंह की कविताओं को लेकर अमिय चक्रवर्ती ने बहुत पहले एक प्रबन्ध लिखा था। कौन हैं ये भाई वीरसिंह? जिस तरह से आज, उस दिन भी शायद इसी तरह हमारे पाठकों के मन में यह सवाल उठ सकता था, और इसीलिए अमिय चक्रवर्ती को विस्तार से कवि का व्यक्ति-परिचय बताने की ज़रूरत पड़ी थी। और उसी के साथ उन्हें लिखना पड़ा था कि हमारी सबसे बड़ी बाधा कहाँ पर है। हमारी 'सबसे बड़ी दूरी आधुनिक विभिन्न प्रादेशिक प्रकर्ष के बारे में हमारा निरुत्सुक मन है।' अपनी भाषा से बाहर जाना हो तो हमारी आदत है कि हम समुद्र पार ही जाते हैं, किसी 'अखण्ड-भारती मानस' को हम लोग सम्भावनाशील के रूप में गिनते ही नहीं, जबकि, इस कवि को लगा था कि 'बाङ्ला साहित्य को विचित्र, प्रतिष्ठित और प्राणवन्त करने का एक उपाय है, उसे समसामयिक भारतीय मृत्तिका से संश्लिष्ट करना....।' केवल अमिय चक्रवती ही नहीं, लगभग इसी तरह की बात एक बार जीवनानन्द ने भी सोची थी। अपनी मृत्यु से एक वर्ष पूर्व लिखे 'असमाप्त आलोचना' में जीवनानन्द सोच रहे थे : 'मराठी, गुजराती, तमिल या हिन्दी काव्य यदि इस विषय में फ्रांसीसी या अंग्रेज़ी का स्थान ले पाता तो फिर जातीय संस्कृति की ओर से यह ठीक बात होती', भले ही वे समझ गये थे कि 'इस तरह की सम्भावना निकट भविष्य में है, ऐसा तो नहीं लगता।'

इस मन्तव्य या उस प्रबन्ध के बाद तीस वर्ष से अधिक का समय बीत गया है, किन्तु भारतीय मृत्तिका के विषय में हमारा बोध या हमारा कौतूहल लगता है अस्पष्ट से और अस्पष्टतर होता गया है। कलाजगत या चलचित्रजगत के बारे में सम्भव है यह बात उतनी सच न हो, लेकिन यह बात हमारे साहित्य-जगत के बारे में पूरी तरह सच है। हमारे लिए श्याम बेनेगल या गोविन्द निहलानी अपरिचित नहीं हैं, नाटकों के माध्यम से हम विजय तेंदुलकर या गिरीश कर्नाड को जानते हैं। लेकिन शबाना आज़मी

के अभिनय को हम जितना जानते हैं, क़ैफ़ी आज़मी की कविता को हम ठीक उतना नहीं जानते। 'सारे जहाँ से अच्छा हिन्दोस्ताँ हमारा' इक़बाल ने लिखा था, हम इस तथ्य भर को जानते हैं, लेकिन इक़बाल की कविता के विषय में किसी और आग्रह के संकेत हमारी साहित्य-चर्चाओं में उतने संचारित नहीं हो सके हैं। अभी थोड़े दिन पहले ही सुब्रह्मण्य भारती के शताब्दी समारोह में हमारी ओर से कोई सचेतनता नहीं थी ही; सचेतनता नहीं थी उस व्यक्ति के प्रसंग में, जिसने सत्तर वर्ष पहले कहा था 'स्त्री-स्वतन्त्रता के लिए धर्मयुद्ध आरम्भ कीजिए', वे महिलाओं के मुँह से यह घोषणा करवाना चाहते थे कि 'परिपूर्ण समता लिए बग़ैर हम लोग पुरुषों की हिस्सेदार नहीं होंगी।' हम जानना ही नहीं चाहते कि इन दिनों असम या उड़ीसा में क्या लिखा जा रहा है, केरल या आन्ध्रप्रदेश में क्या घटित हो रहा है। एक समय, फ़ासिस्टविरोधी आन्दोलन के युग में, प्रगति साहित्य-आन्दोलन के युग में एक सर्वभारतीय सम्पर्क की सम्भावना निर्मित हुई थी, लेकिन आज कोलकाता-केन्द्रित लेखक-समाज के सामने देश शब्द की कोई व्यापक छवि नहीं है, यहाँ तक कि उसका अभाव-बोध भी लुप्त हो गया है।

इस जड़ता का एक कारण क्या यह हो सकता है कि हमारे लिए अन्य अंचलों से ग्रहण करने योग्य कुछ भी नहीं है? सांस्कृतिक भूमि पर हमारा अवस्थान अत्यन्त उन्नत है, मनन और कर्म में हम बहुत आगे हैं, पुराना यह अहंकार ही क्या हमारे लिए बाधा बन गया है? अभी उस दिन कोलकाता में एक हिन्दीभाषी कवि के सम्मान का तरीक़ा देखकर किसी पत्रिका के रिपोर्टर ने हिन्दी कविता के अत्यन्त औसत दर्ज़े होने की बात कह दी! लेकिन क्या सच में वे हिन्दी साहित्य के इतने जानकार थे जो अनायास इस तरह की तुलना की हिमाकत कर सके?

लगभग पच्चीस वर्ष पहले दिल्ली के एक कवि-सम्मेलन से लौटकर बुद्धदेव बसु ने एक बार अपने अकेले पड़ जाने की बात बतायी थी, क्योंकि अन्य अंचलों के कवि अपनी कविताओं का सस्वर पाठ करते हैं, वे पुनरावृत्ति करते हैं, श्रोताओं की वाहवाही अर्जित करते-करते वे कवितायें पढ़ते हैं। बाङ्ला कविता के पाठ और उसकी आधुनिकता को लेकर उस दिन बुद्धदेव ने स्वयं को बहुत दूरवर्ती और विच्छिन्न महसूस किया था। ऐसा अनुभव आज बिलकुल नहीं हो सकता, ऐसा नहीं कहा जा सकता।

अब भी त्रिवेन्द्रम या जालन्धर में कोई पूरी तरह से गीत के सुर में कविता सुना सकता है, एक-एक पंक्ति सुनाकर श्रोताओं की तारीफ़ के लिए सम्भव है कि अब भी कोई-कोई कवि प्रतीक्षा करते हों। इसकी कोई स्वतन्त्र जनसंचार की शक्ति है या नहीं मैं उस प्रश्न में अभी नहीं जाऊँगा, आधुनिकता की उपेक्षा करके इस की भी कोई नयी सम्भावना हो सकती है या नहीं मैं अभी वह बात भी नहीं उठा रहा हूँ। लेकिन कोई यदि मान ले कि पश्चिम बंगाल के बाहर सिर्फ़ इसी तरह की कविता लिखी जाती है और उसका इसी तरह पाठ किया जाता है, तो फिर निश्चित रूप से वे ग़लती कर बैठेंगे। पश्चिम से प्राप्त आधुनिकता की धारणा सम्भव है देश के अन्य अंचलों में थोड़े विलम्ब से पहुँची हो, लेकिन पहुँचने के बाद उसका भी वहाँ भिन्न-भिन्न रूप से विकास हुआ है, और उस विषय में असतर्क रहने पर हम ख़ुद को ही मूढ़ बनाये रखेंगे।

मान लें, हिन्दी कविता के विषय में हमारी जो भी विशृंखल धारणा है, वह भी तीस के मध्य के साधारण छायावादी कवियों पर आधारित है। हमें अज्ञेय या निराला के विषय में बहुत थोड़ी-सी जानकारी है, या फिर यह बात कि बीस साल पहले उन सब अंचलों के युवा कवियों ने सुरीली कविताओं के विरुद्ध खड़े होने के लिए एक आन्दोलन की शुरुआत की थी, 'अकविता' का आन्दोलन। जैसा कि सभी जगहों पर हुआ, 'अकविता' का नाम लेकर आख़िर में कवि लोग कविता की ओर ही अग्रसर होना चाहते थे, वे आक्रमण के लिए केवल प्रचलित ढंग को तोड़-मरोड़ डालते थे। मैंने जिन सौमित्र मोहन का पहले ज़िक्र किया था, वे भी इस आन्दोलन में शरीक थे, लेकिन वे आज जिस तरह की कवितायें लिखते हैं वे किन अर्थों में अकविता है, इसे वे भी ठीक तरह से समझा नहीं पाते। वे बता नहीं पाते, फिर भी हमें यह तो समझ में आ ही जाता है कि रचना या विचार में मौजूदा मराठी या बाङ्ला कविता से उनका अन्दाज़ बहुत दूरवर्ती चरित्र का नहीं है। दिलीप, सौमित्र या हमारे सुनील यदि पास-पास बैठकर कविता पढ़ें तो उनका एक पारस्परिक जुड़ाव होना ज़रा भी असम्भव नहीं है, यहाँ तक कि श्रव्यता में से होते हुए भाषा की दूरी भी, सम्भव है नितान्त अलंघ्य न भी लगे। कविमर्यादा के तारतम्य को लेकर विचार करने का मामला भिन्न है, मूल बात यह है कि एक ही व्यापक मानसिकता के परिमण्डल में ये सारी रचनायें आकार ले रही हैं, बुरा मानने की कोई वजह

नहीं कि बाङ्ला में हमने पूरी तरह से एक दूरवर्ती द्वीप का निर्माण कर लिया है, स्वतन्त्र रूप से महिमान्वित द्वीप।

और, यदि इस पुराने अभिमान को हटा कर खुली आँखों से एक बार समूचे देश की ओर हम देख सकें, तो फिर हम पायेंगे कि किस तरह एक ही समय की भित्ति पर तमाम अंचलों में एक ही तरह की प्रतिक्रिया हो रही है। स्वाधीनता के पन्द्रह वर्ष बीत जाने के बाद सत्तालोलुप कपटता ने जब देश की सारी व्यवस्था को निगल लिया, तब हताशा का आवेग एक अराजकता की ओर अग्रसर होना चाहता है, नितान्त क्रोध और ध्वंस की कामना की ओर, अवचेतन की उद्दामता में। और इसके साथ जब अमेरिकी बीट सम्प्रदाय और अंग्रेज़ एंग्री यंग मैन के अनुभव जुड़ जाते हैं, तब हमारा देश कुछ ग़ुस्सैल कविताओं से भर जाता है। बाङ्ला कविता के पाठक के रूप में इस समय को हम सम्भवतः 'कृत्तिवास' के किसी-किसी कवि की कविताओं से या फिर 'क्षुधार्तों' की रचनाओं से समझना चाहेंगे। लेकिन यह जो हंग्री जनरेशन के नाम से बाङ्ला में एक तरह के लेखन की शुरुआत हुई, यह तो कोई विच्छिन्न घटना नहीं है, इसके तात्पर्य भी सीमाबद्ध नहीं हैं। ठीक उसी समय हिन्दी कविता में भी उसी नाम का प्रयोग किया जा रहा था, क्षुधार्थ या नग्न या विद्रोही पीढ़ी, समस्त प्रचलित प्रथाओं या मूल्यबोधों को विध्वस्त कर देना चाहती है जो पीढ़ी। फिर, ठीक उसी समय में, १९६५ में, आन्ध्र के पाँच कवियों ने 'दिगम्बर' नामक एक समूह की नींव रखी थी, उस समूह को हम हिन्दी या बाङ्ला कविता के साथ मिलाकर देख सकते हैं। हम देख सकते हैं कि दिशाहीन इस आत्मघाती क्रोध का कोई क्रमिक विकास हुआ या नहीं, समाज के अत्याचार से जिसका जन्म हुआ, उसकी दृष्टि अत्याचार के मूल तक जाती है या नहीं। 'दिगम्बर' समूह से ही एक दिन तेलुगु कविता का 'विरसम' दल तैयार हुआ था, जिसके एक अन्यतम प्रधान कवि थे चेराबंडा राजू, या अब भी हैं ज्वालामुखी और जागमुनी। इन लोगों ने अपनी कविताओं को मार्क्सवादी संग्राम में समाहित कर लिया था, सुरों-गीतों-भाषणों के ज़रिये ये लोग दलितों के साथ घुल-मिल गये थे, वे जानते हैं कि 'यह मेरी पीढ़ी कभी वादाख़िलाफ़ी नहीं करती, कोई ग़लती नहीं, उसे अच्छे से मालूम है कि उसकी काँटों भरी राह में किसी ने नहीं बिखराये हैं जुही के फूल, उसे मालूम है एक बवण्डर और मरुथल के

सिवा उसे किसी रेशमी तम्बू में आश्रय नहीं मिलेगा—'। इन सबके सामने, बाङ्ला कविता के संसार में भी क्षुधार्त कवियों में से कोई-कोई रास्ते को बदलने के सवाल पर नये सिरे से सोच रहा था, वह और भी ध्यान देने योग्य घटना बन जाती है; तुलना की पृष्ठभूमि यदि रहे तो चेतनागत इस परिवर्तन को मिलान करके देखने का एक सुयोग मिल जाता है, और कवियों को भी दूरागत एक सम्बन्ध-बन्धन का आश्वासन मिल पाता है।

यह तुलना इस मौजूदा समय को लेकर है, ऐसा भी नहीं है। रवीन्द्रनाथ को छोड़ दें तो फिर इस शताब्दी के पहले दस-पन्द्रह वर्षों में कौन लोग हमारे कवि थे? देवेन्द्रनाथ, द्विजेन्द्रलाल या सत्येन्द्रनाथ। और, उस समय कौन लोग लिख रहे थे, मान लें, केरल में? कुमारन आसन, वल्लतोल नारायण मेनन और उल्लूर परमेश्वर अय्यर। इन सबको मिलाकर पढ़ें तो हमारा आत्माभिमान क्या अत्यन्त तीव्र होगा? इन तीन कवियों के द्वारा ही हमें मलयालम कविता की आधुनिकता की सूचना मिली थी, इन लोगों ने जीवन के साथ अपनी कविताओं को संलग्न कर लिया था। यहाँ तक कि कभी-कभी रवीन्द्रनाथ के साथ भी इनमें से किसी-किसी की रचनाओं को मिलाकर देखने की इच्छा होती है। कहते हैं कि समूचे केरल में 'नलिनी' लड़कियों का एक विशेष रूप से प्रिय नाम है, यह नाम उन्हें कुमारन आसन के कथा-काव्य से मिला है, और कुमारन आसन को वह रवीन्द्रनाथ से मिला है। ये कवि कुछ समय कोलकाता में विद्यार्थी रूप में रहे थे, और उस समय रवीन्द्रनाथ में डूबे हुए थे, उनकी रचनाओं में रवीन्द्रनाथ का कुछ-कुछ प्रभाव भी उस अंचल के अनेक पाठकों ने महसूस किया था। लेकिन प्रश्न केवल प्रभाव का नहीं है, क्रिया-प्रतिक्रिया का है। यह असम्भव नहीं था कि जब उन दोनों की त्रिवेन्द्रम में मुलाक़ात हुई थी रवीन्द्रनाथ भी उन कवि के साथ बातें करके थोड़े उद्‌बुद्ध हुए थे। बौद्ध सूत्र से आनन्द और चण्डालकन्या का उपाख्यान लेकर कुमारन आसन ने उस समय अपनी प्रदीर्घ कविता 'चण्डालभिक्षुकी' लिखी थी, जिस तरह एक दिन हमारी भाषा के कवि सतीशचन्द्र राय ने लिखा था, और उसी कहानी को लेकर भिन्न विन्यास में रवीन्द्रनाथ आसन के दस वर्ष बाद 'चण्डालिका' लिखने वाले थे। दोनों अंचल के सामाजिक और साहित्यिक परिवेश को ध्यान में रखकर हम इन दो रचनाओं को आपस

में मिलाकर देख सकते हैं, इससे सम्भव है हमारी शिल्प-उपलब्धि का थोड़ा और विस्तार हो जाय। लेकिन देश के अन्य हिस्सों को नहीं जानने की ज़िद इस विस्तार के मार्ग में हमारे लिए बहुत बड़ी बाधा है।

तब एक अलग प्रश्न यह भी पैदा होता है कि हमारी यह जो अनभिज्ञता है, यह जो उदासीनता है, यह क्या केवल हमारी अहंमन्यता की वजह से है या कि नाक ऊँची रखने की प्रवणता का ही परिणाम है? यदि किसी का आग्रह भी हो तो उस आग्रह को पूरा करने का क्या कोई उपाय कहीं मिल सकता है? कुछ दिनों पहले ही जॉन ऑलिवर पेरी द्वारा सम्पादित Voices of Emergency पुस्तक मेरे हाथ लगी, और हम लोग अपनी आँखों के सामने देख सके कि एक दिन कवियों की ओर से सम्पूर्ण देशव्यापी किस तरह के प्रतिवाद के स्वर ध्वनित हुए थे। लेकिन कितनी देर में इसकी जानकारी मिल सकी! अनूदित और संकलित होकर यह सब चीज़ें यदि हमारे हाथों में नहीं आतीं, तो फिर भला हम तमिल या फिर उर्दू भाषा के प्रतिवाद के विषय में किस प्रकार जान पाते? तो फिर, क्या समस्या यह नहीं है कि अनुवाद के अभाव के कारण ही हमारा संवाद बन्द है, समस्त चेतना रुद्ध है?

ठीक है, अनुवाद का अभाव इस उदासीनता की एक वजह है। लेकिन, क्या यह पूरी तरह सही जवाब हुआ? कार्य और कारण में कहीं एक विपर्यास नहीं घटित हो रहा है? अनुवाद के अभाव की वजह से ही उदासीनता है, या कि उदासीनता के ही परिणामस्वरूप अनुवाद का अभाव है? 'अनुवादपत्रिका' शीर्षक से एक पत्रिका यहाँ कुछेक वर्षों से छप ज़रूर रही है, लेकिन हमारे पाठक या साहित्यकारों पर इसका प्रभाव बहुत अधिक नहीं है। देश के अन्य अंचलों के प्रमुख लेखकों के प्रयासों से ही बहुत समय से इस तरह की पत्रिकायें नियमित रूप से निकल रही हैं, जैसे कि हिन्दी में 'साक्षात्कार' या फिर 'समकालीन भारतीय साहित्य'। इसी लक्ष्य को ध्यान में रखकर एक 'आदान-प्रदान' की परिकल्पना की गयी है, जहाँ एक भाषा से दूसरी भाषा में अनुवाद किये जायेंगे। भोपाल का 'भारत-भवन' भी इसी तरह की कुछ अनूदित पुस्तकों के विषय में विचार कर रहा है। इनमें से कुछ तो निश्चित रूप से प्रतिष्ठान-लालित हैं, लेकिन फिर भी इससे एक प्रवणता के निर्देश अवश्य मिल जाते हैं। यदि वे निर्देश आज हममें भी काम करने लगें, तो फिर भारतीय अनुवाद की दिशा में

बाङ्ला में आज उत्साह का बढ़ना लाज़िमी ही है।

फिर इसके साथ ही हमें यह भी याद रखना चाहिए कि प्रचुरता न भी हो, लेकिन अनुवाद पढ़ने का थोड़ा-बहुत मौक़ा हमारे लिए अब भी है। साहित्य अकादेमी और नेशनल बुक ट्रस्ट बहुत दिनों से सर्वभारतीय प्रमुख रचनाओं का अनुवाद प्रकाशित कर रहे हैं। सम्भव है कि रचनाओं का चुनाव सब समय तर्कातीत न भी हो, और अकसर यह अनुयोग भी हो ही सकता है कि यह निर्वाचन मौजूदा समय को नहीं छू पा रहा है, फिर भी सिर्फ़ इसी में से होते हुए आधुनिक भारतीय परिमण्डल की विशेष आँच को हम महसूस कर सकते हैं, यह भी सच है। लेकिन क्या हम इस सुयोग का लाभ लेते हैं? इन दोनों ही प्रतिष्ठानों के प्रमुखों के अनुभवों से पता चलता है कि इन सबका जिस पैमाने पर प्रकाशन होता है, प्रचार वैसा नहीं होता; जितने प्रयास किये जाते हैं, सफलता उतनी नहीं मिलती। हमारे जड़ आत्मसन्तोष को भेद कर ये सारी किताबें आज भी हमारी आदतों का स्पर्श नहीं कर सकी हैं[१], अमिय चक्रवर्ती द्वारा प्रस्तावित 'अखण्ड-भारती-मानस' अब भी हमारी सचेतनता से बहुत दूर पड़ा हुआ है।

तीन

लोथार लुट्से नामक एक जर्मन अध्यापक ने बारह वर्ष पहले कुछेक कवियों के साथ बातचीत की थी। अज्ञेय से उन्होंने पूछा था, पण्डित वात्स्यायन और कवि अज्ञेय, इन दो सत्ताओं के बीच उन्हें किसी प्रकार का विरोध नहीं महसूस होता? अज्ञेय ने कहा था कि विरोध तो हमारे अनेक प्रकार के हैं। हमारे भीतर प्राच्य और पाश्चात्य का संघर्ष होता रहता है, हमारे भीतर आदिमता और सभ्यता का संघर्ष चलता रहता है। अंग्रेज़ी सीखते हुए हमारा वि-भारतीयकरण हो चुका है, और शिक्षा के माध्यम से ही हमारा वि-आदिमीकरण घटित हो गया है। फिर हम जिस सरलता को अभिव्यक्त करते हैं वह भी एक अर्जित सरलता है, आदिमता का जो

---

१. आदत में बदलाव के कमाल के संकेत इस प्रबन्ध के पहले संस्करण के प्रकाशन के एक वर्ष बाद से हमें दिखायी देने लगे हैं। १९८५ से १९८८ तक 'आधुनिक भारतीय कहानी' शीर्षक से मानवेन्द्र वंद्योपाध्याय लगातार तीन (९८ के संस्करण में संयोजित : यहाँ पाँच कहा जा सकता है) खण्डों का सम्पादन कर रहे हैं। मानवेन्द्र के प्रति हमारी भावी पीढ़ी कृतज्ञ रहेगी।

विकीर्णन है वह भी एक अर्जित आदिमता है। अर्थात् 'कुछ भी सहज नहीं है, अब कुछ भी सहज नहीं रहा।' संघर्ष के हाथों से कहाँ मुक्ति है?

कला क्या है? अज्ञेय ने लुट्से को समझाया था, कला केवल अहं को अतिक्रमित करते जाने की चेष्टा है। अपने दायरे को तोड़ते-तोड़ते, जीवन के विस्तार में कलाकार एक सत्ता से दूसरी सत्ता की ओर बढ़ जाते हैं। सब लोग अपने आप को पूरी तरह अतिक्रमित कर पाते हैं शायद ऐसा नहीं होता, लेकिन निस्तन्द्र रूप से वह तोड़ना ही उनकी साधना है। और यह बात यदि किसी व्यक्ति के बारे में सच हो, तो फिर उसे हम एक सम्पूर्ण साहित्यधारा के विषय में भी सत्य मान सकते हैं। एक प्रादेशिक शिल्प-प्रकृति को भी इसीलिए थोड़ा-थोड़ा करके प्रादेशिकता के अहं को तोड़ना पड़ता है।

शान्तिनिकेतन के मैदान में खड़े होकर, पाँच साल पहले नवकान्त बरुआ ने एक दिन वक्र हँसी हँसते हुए कहा था : आपके पास तो रवीन्द्रनाथ हैं! याद रखना होगा कि नवकान्त शान्तिनिकेतन के भूतपूर्व व्यक्ति हैं, रवीन्द्रनाथ या शान्तिनिकेतन को लेकर उनमें प्रगाढ़ आकर्षण है। लेकिन फिर भी वह बात उन्हें कहनी पड़ी, ऐसा उन्होंने केवल बाङ्ला की एक हमलावर प्रवृत्ति को ज़ाहिर कर देने के लिए किया था। दूसरे को तुच्छ साबित करने के लिए हम पूरे समय अपने मुँह से अपनी गरिमा की उद्घोषणा करते रहते हैं, सिर्फ़ हमें पता नहीं चलता कि यह उद्घोषणा ही हमारे अतीत की गरिमा के चारों ओर एक वृत्त का निर्माण कर रही है, वह हमारे ऐतिह्य को संकीर्ण कर रही है, उस संकीर्णता को यदि हम नहीं तोड़ सके तो फिर किसी नयी राह के मिलने की सम्भावना बहुत कम हो जाती है। उस नये पथ पर हम एक भावी उजले दिन की कल्पना करते हैं, जहाँ पर महाराष्ट्र, आन्ध्र, उड़ीसा, पंजाब और बाङ्ला के लेखक और कलाकार अनायास ही संवाद के ज़रिये एक-जैसे जटिल और विराट ऐतिह्य के अन्तर्गत, एक ही पथ के विद्रोही लेकिन आनन्दमय संगी के रूप में एक-दूसरे को जान सकेंगे।

(१९८४)

तीन चण्डाली

त्रिवेन्द्रम से लगभग पचास किलोमीटर दूर बिलकुल समुद्र किनारे का एक गाँव, इधर-उधर मछुआरों की बस्तियाँ, और उसी के बीचोंबीच था एक स्मृति-भवन। कैक्कर नामक उस गाँव में मलयालम भाषा के एक कवि कुमारन आसन का जन्म हुआ था, उन्हीं की याद में उस भवन का निर्माण किया गया था, गाँव के तमाम लोग और समूचा केरल उन पर गर्व करता है। भवन के सभागार में पहुँचे तो मंच के बाहर दायीं और बायीं ओर तैलरंग से बने दो बड़े आकार के चित्र हैं। उनमें से एक आसन का चित्र है और दूसरे में एक बौद्ध भिक्षु के सामने खड़ी एक स्त्री का है। कुएँ से पानी निकाल कर भिक्षु के पसारे हुए हाथों में पानी डाल रही है वह स्त्री, उसकी आँखों और चेहरे पर दिव्य विभा है। उस चित्र को देखने के साथ-ही-साथ हमारी 'चण्डालिका' की याद आनी ही थी, मानो दूरागत वह ध्वनि आकर हमारे कानों तक पहुँचती रहेगी : पानी दो मुझे पानी दो।

लेकिन तृष्णाध्वनित उस नाटक का प्रकाश इतनी दूर कैसे आ पहुँचा? क्या यह रवीन्द्र का कोई प्रभाव था? अपनी संस्कृति में अभ्यस्त हमारे मन में सबसे पहले ऐसा प्रश्न ज़रूर उठता है, लेकिन दूसरे ही पल याद आ जाता है कि एक बौद्ध अवदान में इस कहानी का मूल तो था ही। तो फिर क्या रवीन्द्रनाथ के अनुषंग की वजह से नहीं, वरन किसी बौद्ध अनुराग के कारण ही वह चित्र वहाँ लाया गया था?

ये सारे प्रश्न अवान्तर हो जाते हैं, यदि जानकारी हो कि कुमारन आसन की अन्यतम श्रेष्ठ और प्रभावमयी एक रचना का शीर्षक था 'चण्डालभिक्षुकी', उस लम्बी कविता में आसन ने भी रवीन्द्र द्वारा उपयोग की गयी चण्डालकन्या की कहानी को ही रूपायित किया है। केरल के

लोगों के लिए यह केवल एक कोई विच्छिन्न कलाकृति मात्र बनकर नहीं रह गया है, वह आसन के समग्र जीवन–चेतना का ही एक स्मृतिचिह्न बन गया है, दीवार पर टँगे उस चित्र में मानो हमें उसी का संकेत मिलता है।

लेकिन वह चित्र आसन की रचना से ही आया है। लेकिन आसन ने कहाँ से उठायी थी वह कहानी? जनजीवन के साथ सम्पृक्त एक ही इतिहास, एक ही पुराण, एक ही किंवदन्ती से देश के भिन्न–भिन्न प्रान्तों में तमाम तरह की रचनायें जन्म ले सकती हैं, इसमें कोई विस्मय नहीं है। लेकिन रामायण–महाभारत की कहानियों की तरह चण्डालकन्या का यह अवदान तो केरल या बंगाल में ऐसा कोई दैनिक प्रसंग नहीं था कि अनायास कोई भी उसे अपनी रचना में स्थान दे दे! फिर भी एक ही समय में रवीन्द्रनाथ और आसन ने इस अपरिचित चरित्र को हमारे लिए इतना परिचित बना दिया, यह क्या पूरी तरह आकस्मिक था, या कि इन दोनों में किसी तरह का सम्बन्ध है? तो फिर क्या 'चण्डालिका' ने ही आसन की इस 'चण्डालिकाभिक्षुकी' की प्रेरणा के रूप में काम किया था?

रवीन्द्रनाथ के साथ आसन का मानसिक संयोग निश्चय ही पूरी तरह दुर्लक्ष्य नहीं है। अपनी युवावस्था में ये कवि कुछ दिनों तक कोलकाता में रहे थे, वे तब संस्कृत कॉलेज के विद्यार्थी थे, कोलकाता में चेतनाजगत का प्रसार उनके मन में भी उस समय मुक्ति का आभास जगाने लगा था। आसन के जीवनीकारों का अनुमान है कि मन में जन्म ले रहे उन क्षणों में रवीन्द्रनाथ की कवितायें आसन के लिए एक बड़ा सहारा थीं। यह असम्भव नहीं कि उनके प्रेमकाव्य 'नलिनी' का नलिनी नाम भी रवीन्द्रनाथ से ही उन्हें मिला हो, क्योंकि आसन से पहले केरल में इस नाम का वैसा कोई विशेष प्रचलन नहीं था, और आसन के बाद केरल के घर–घर में लड़कियों का यह नाम दिखायी देने लगा। १९२२ में 'दिव्यकोकिलम' शीर्षक वाली दस श्लोक की एक कविता में आसन ने रवीन्द्रनाथ की वन्दना की थी, और पाँच श्लोक में उन्होंने लिखा था 'स्वागतपंचकम', उन रचनाओं में वे यह कहना नहीं भूले कि किस तरह एक दिन उनका समस्त बोध रवीन्द्र की रचनाओं से पुनरुज्जीवित हो उठा था। आसन का अन्तिम काव्य 'करुणा' का विषय था संन्यासी उपगुप्त और वासवदत्ता की कथा, जो कि 'कथा ओ काहिनी'[१] के ज़रिये आज हमारी इतनी

१. रवीन्द्रनाथ की एक पुस्तक का शीर्षक।

परिचित है। ये सब बातें याद हैं और इसीलिए 'चण्डालिका' और 'चण्डालभिक्षुकी' का उपादान-सादृश्य भी एक बार पारस्परिक प्रभाव के सवाल की ज़द में आ खड़ा होता है, दो-एक लोग तो मान भी लेते हैं कि 'चण्डालिका' ही आसन के उत्साह का मूल थी, और दूसरी ओर समालोचक श्रीनिवासन अपने एक वाक्य के संक्षिप्त मन्तव्य में बता देते हैं कि आसन की इस विशेष रचना में रवीन्द्र के चिह्न की कल्पना करने का कोई मतलब नहीं है, क्योंकि दोनों ही रचनाओं का लक्ष्य पूरी तरह भिन्न है।

दो रचनाओं के लक्ष्य भिन्न होने पर भी एक रचना दूसरी की प्रेरणा हो सकती है। लेकिन 'चण्डालभिक्षुकी' के पीछे 'चण्डालिका' की बात बहुत सहज रूप से इसलिए नहीं सोची जा सकती कि आसन की मृत्यु 'चण्डालिका' गद्यनाट्य लिखे जाने के दस वर्ष पूर्व हो गई थी, और उसी के थोड़े समय पहले वह लम्बी कविता लिखी गई थी।

इस तथ्य के उल्लेख के साथ-ही-साथ एक दूसरा प्रश्न दिखायी दे सकता है, जैसा कि किसी एक संवाद के समय श्रीनिवास के मन में दिखायी दिया था। तथ्य पर ग़ौर करने के बाद उन्होंने सोचा था : तो क्या रवीन्द्रनाथ को ही आसन की रचना का प्रसंग देखकर वह कहानी लिखने का विचार आया था? सन १९२२ के नवम्बर माह में रवीन्द्रनाथ ने आरुइप्पुरम आश्रम के श्रीनारायण गुरु के साथ मुलाक़ात की थी, जो आसन के गुरु थे, जिन्होंने सभी को 'एक जाति, एक धर्म, एक ईश्वर' का मन्त्र देने की कोशिश की थी। अपनी श्रद्धा व्यक्त करने के लिए उस समय आसन भी रवीन्द्रनाथ के पास पहुँचे थे, और वह 'चण्डालभिक्षुकी' की रचना का समकाल ही था। उस मुलाक़ात के दौरान अस्पृश्यता की समस्या को लेकर किसी चर्चा में उस रचना का भी कोई प्रसंग उठा था क्या?

हालाँकि इतने जटिल रूप से सोच-विचार की कोई विशेष दरकार नहीं है, क्योंकि 'चण्डालभिक्षुकी' के लगभग दो दशक पहले बाङ्ला भाषा में ही इसी उपादान से भरी एक कविता लिखी जा चुकी थी, उसका शीर्षक था 'चण्डाली'। 'बंगदर्शन' पत्रिका में रवीन्द्रनाथ के ही एक क़रीबी और स्नेहभाजन तरुण सतीशचन्द्र राय की यह कविता सन १९०४ में, उनकी मात्र बाईस वर्ष की उम्र में अकाल मृत्यु से कुछ पहले प्रकाशित हुई थी। बौद्ध कहानी के आधुनिक रूपायन में वही हमारा पहला अनुभव था, हालाँकि आज बंगाली पाठकों की चेतना से सतीशचन्द्र की वह सामर्थ्यवान

रचना पूरी तरह से मिट चुकी है। वह यदि नहीं मिटती तो सम्भव है 'चण्डालिका' की प्रकृति पहले से ही हमें थोड़ी और पहचानी-सी लगती।

दो

'मुझे विश्वास है कि सतीश के सम्मुख एक सार्थक परिणाम प्रतीक्षा कर रहा है'—सतीशचन्द्र की मृत्यु के मात्र आठ महीने पहले रवीन्द्रनाथ ने अजितकुमार चक्रवर्ती को लिखा था। और उनकी मृत्यु के बाद बहुत दिनों तक वे इस तरुण को याद करते रहे थे, उन्हें विश्वास था कि यदि जीवित रहते तो सतीश अपनी रचनात्मक प्रतिभा के बूते विश्वसाहित्य के परिसर में निश्चय ही अपनी जगह बना लेते। 'चतुरंग' उपन्यास के शचीश-चरित्र की कल्पना में इसी तरुण साधक की काफ़ी छाया थी, यह अनुमान पूरी तरह से अलीक नहीं है। 'वनवाणी' की कवितायें लिखते समय भी उन्हें उनकी याद आयी थी, उन्होंने लिखा था : 'लगभग तीस वर्ष बीत गये शान्तिनिकेतन की शालवीथिका में मेरे उन दिनों के एक किशोर कवि-मित्र को अपने साथ लेकर कितने ही दिन, कितनी ही शामों को मैं टहलता रहा हूँ। उससे अन्तर की गहरी बातें कहना बहुत सहज था।' लेकिन कहने के पाँच वर्ष के भीतर ही गद्यनाट्य 'चण्डालिका' की भूमिका में उस किशोर कवि का कोई उल्लेख नहीं था, ठीक तीस वर्ष पहले उस एक ही कहानी को लेकर जिन्होंने 'चण्डाली' की रचना की थी। इस अनुलेख की बात विशेष रूप से इसलिए भी याद आ जाती है कि 'रथयात्रा' नाटक के प्रकाशन के समय रवीन्द्रनाथ ने पाठकों को बता रखा था : 'मेरे स्नेहभाजन छात्र श्रीमान प्रमथनाथ बिशी की किसी रचना से इस नाट्यदृश्य का विचार मेरे मन में आया था।' क्या ठीक उसी तरह से 'चण्डालिका' की भूमिका में सतीशचन्द्र का भी उल्लेख नहीं किया जा सकता था, चूँकि एक ही कहानी का उपयोग किया गया था, इसलिए? प्रमथनाथ और सतीशचन्द्र का प्रसंग यहाँ निश्चय ही पूरी तरह से तुलनीय नहीं है, इसे मान लेने की कोई वजह नहीं है कि सतीशचन्द्र की रचना से ही रवीन्द्रनाथ को इस नाटक के इंगित मिले थे। बल्कि इसका उलट ही सत्य है कि 'चण्डाली' की रचना भी रवीन्द्रनाथ के निर्देशों से ही सम्भव हो सकी थी। जिस तरह एक समय प्रभातकुमार-चारुचन्द्र-जैसे लोगों को कवि 'दोनों हाथों से कहानियों के प्लॉट' बाँटा करते थे, ठीक उसी तरह सतीशचन्द्र को भी

उन्होंने ही वह कहानी मुहैया करा दी थी, और सन १९०२ में अपने मित्र अजितकुमार को सतीशचन्द्र लिख रहे थे—'रविबाबू की अनुदिष्ट आनन्दभिक्षु की कहानी को मैंने छन्दोबद्ध कर लिया है। श्रीयुत रविबाबू ने उसे अच्छा कहा है—लेकिन उनकी इच्छा है कि मैं उसे नाटक का रूप दूँ।' तो फिर रवीन्द्रनाथ की इच्छा से ही यह कविता लिखी गई थी, जिस तरह संयुक्ता के स्वयंवर को लेकर भी एक बार सतीशचन्द्र ने लिखा था। अनुज की रचना के तीस वर्ष बाद उस प्रसंग को नये ढंग से स्पर्श करते हुए, 'चण्डालिका' के उत्स की कथा कहते हुए, रवीन्द्रनाथ पूर्व में लिखी गई उस रचना की याद तो दिला ही सकते थे।

सतीश ने कविता ही लिखी थी, रवीन्द्रनाथ की आकांक्षानुरूप वे इसे लेकर नाटक नहीं लिख सके थे : 'इच्छा होते हुए भी पता नहीं कुछ बन नहीं रहा।' सम्भव है कभी कुछ लिखा भी हो लेकिन उसका समापन नहीं कर सके, जिस प्रकार उन्होंने कुछ महीनों बाद सत्येन्द्रनाथ को सूचित किया था : 'छुट्टियों में घर में बौद्ध नाटक लिखना आरम्भ करके, पहले अंक का काफ़ी कुछ लिखकर मैंने उसे गुमा दिया है।' अनुमान लगाना असंगत नहीं होगा कि वह गुमा दिया गया बौद्ध नाटक चण्डाली को लेकर ही था। लेकिन यदि वे उसे नहीं खोते? यदि वह नाटक पूरा लिखा जाता? तो क्या फिर रवीन्द्रनाथ की निरुपम रचना से अन्ततः हम वंचित ही रह जाते? वे सोचते कि जो बात कहनी थी वह कही जा चुकी? लेकिन ऐसा लगता तो नहीं। क्योंकि अब हम देख रहे हैं कि तीस वर्षों से जिस नाटक की भावना को वे मन-ही-मन पालते-पोसते रहे, अन्य लोगों को भी कभी-कभी जिस कहानी की रचना के लिए उन्होंने प्रेरित किया, बहिर्प्रसंग में वह सतीशचन्द्र की कविता या कुमारन आसन के काव्य के सदृश अवश्य था, लेकिन फिर भी इन तीन कवियों की तीन रचनायें वस्तुतः तीन भिन्न चण्डाली को सामने लाती हैं, और लाती हैं तीन भिन्न प्रकार की समस्याएँ भी।

तीन

'चण्डालभिक्षुकी' के पहले संस्करण में आसन ने अपनी कहानी के उत्स के सूत्र बता दिये थे, The Essence of Buddhism (Prof. Laksmi Narasu) पुस्तक से निर्वाचित कुछ अंश। 'चण्डालिका' में रवीन्द्रनाथ भी इसी प्रकार के एक आधार की बात कहते हैं : राजेन्द्रलाल मित्र द्वारा

सम्पादित नेपाली बौद्ध साहित्य शार्दूल–कर्णावदान का जो संक्षिप्त विवरण दिया गया है, उसी से इस नाटक की कहानी ली गई है।

लेकिन वह कहानी ठीक किस प्रकार की है? बहुत संक्षेप में रवीन्द्रनाथ ने यह भी बता दिया है। उन्होंने कहा है : प्यास से कातर आनन्द ने चण्डालकन्या प्रकृति को पानी भरते देख 'उससे पानी माँगा, उसने दे दिया। उनका रूप देखकर वह लड़की मुग्ध हो गई।' अपनी माँ के जादू की मदद से वह लड़की उन्हें अपनी वेदी पर खींच लायी, और भगवान बुद्ध ने अपने प्रिय शिष्य की इस आर्त्त दशा की ख़बर लगते ही बौद्ध मन्त्र से चण्डाली–मन्त्र के प्रभाव को दूर कर दिया, 'वशीकरण विद्या कमज़ोर हो गई और आनन्द मठ में लौट आये।'

राजेन्द्रलाल के *The Sanskrit Buddhist Literature of Nepal* से रवीन्द्रनाथ ने उनकी भूमिका के इस अंश का शब्दश: अनुवाद कर लिया है। लेकिन उन्होंने उतना ही अनुवाद किया, जितना वे अपनी रचना में उपयोग करना चाहते थे। शार्दूलकर्णावदान से उद्धृत यह प्रसंग समूची कहानी का आरम्भिक अंश मात्र है, आनन्द के उद्धार में ही वह अवदान मूल रूप से निर्भर नहीं है। पूरी कहानी में हम देखेंगे कि मठ में लौट जाने के बाद आनन्द के लिए एक नया संकट उत्पन्न होगा। भिक्षाव्रती आनन्द के पीछे–पीछे घूमती फिरेगी अविचल प्रकृति, आनन्द के साथ मिलने के लिए उसके आवेग की तीव्रता और तन्मयता देखकर बुद्ध उसे गेरुए वस्त्र धारण करने और मस्तक–मुण्डन का निर्देश देंगे। प्रकृति वैसा ही करेगी। तब सर्वदुर्गतिशोधनधारणी मन्त्र के द्वारा बुद्ध उसे अपने संघ की भिक्षुणी बना लेंगे। और इसी के साथ–साथ एक सामाजिक आन्दोलन दिखायी देगा। राजा प्रसेनजित और श्रावस्ती के ब्राह्मण और कायस्थ लोग क्षुब्ध होकर जानना चाहेंगे कि इस अनाचार का तात्पर्य क्या है, मठ में अस्पृश्य का प्रवेश क्यों! तब बुद्ध सबको प्रकृति के पिछले जन्म का वृत्तान्त सुनायेंगे, बतायेंगे कि किस तरह ब्राह्मण कन्या के रूप में उसने एक दिन एक चण्डाल युवक से विवाह किया था। उस जन्म में भी उस विवाह की संगति को लेकर प्रश्न उठे थे, और उस संगति पर विचार करते हुए बुद्ध एक चरित्र के माध्यम से सूचित करेंगे : 'स्वर्ण और भस्म में एक प्रभेद अवश्य है, लेकिन ब्राह्मण और अन्य वर्ण के मनुष्यों में वैसी कोई भिन्नता नहीं है। सूखी लकड़ियों को रगड़ने से जिस प्रकार आग सुलगती है, उस

तरह से तो ब्राह्मण का जन्म नहीं होता! ब्राह्मण आकाश से गिरता नहीं, हवा से वह नहीं गिरता, वह मिट्टी से भी नहीं निकलता। ब्राह्मण भी ठीक एक ही तरह से गर्भ से जन्म लेता है, जिस तरह चण्डाल जन्म लेता है। उसकी मृत्यु भी ठीक उसी तरह से होती है, जिस तरह अन्य किसी भी जात की होती है। इसलिए जातियों का यह भेद अर्थहीन है।'

शार्दूलकर्णावदान का मूल झुकाव वर्ण की इस समस्या की ओर है; और कुमारन आसन ने 'चण्डालभिक्षुकी' में अपनी रचना को उसी पर आधारित किया है। जब कोई नये लेखक पुराण, इतिहास या किंवदन्ती को नये ढंग से फिर से सुनाना चाहते हैं, तो वे उसे एक आलम्बन के रूप में छुए रहते हैं, विशुद्ध उस कहानी का पुनर्लेखन करना तो उनका उद्देश्य नहीं होता। इसीलिए लेखक की केन्द्रीय प्रवणता पर निर्भर होकर एक ही कहानी अलग-अलग लोगों में एक स्वतन्त्र क्षमता अर्जित कर लेती है। रवीन्द्रनाथ का अनुमोदन लेकर प्रतिमादेवी ने लिखा था, 'यह जो प्रकृति-पुरुष के स्वभाव में मूलगत विरोध है, चण्डालिका के साहित्य और नृत्यनाट्य ने उसी मानसिक जटिलता को, सुर और ताल के छन्द में अभिव्यक्त करने की कोशिश की है'—इसीलिए रवीन्द्रनाथ ने उल्लेख किया था कि अवदान-कहानी का आरम्भिक अंश जैवकामना पर आधारित है। और, आसन की जीवनकथा को याद रखें तो हम समझ सकेंगे कि क्यों अवदान का अन्तिम हिस्सा ही कहानी के प्रति इस कवि का मूल आकर्षण हो सका था।

आधुनिक मलयालम कविता के तीन प्रमुख कवि थे—वल्लतोल नारायण मेमन (१८७९-१९५८), उल्लूर परमेश्वर अय्यर (१८७७-१९४९) तथा कुमारन आसन (१८७३-१९२४), त्रिमूर्ति के नाम से परिचित इन तीनों में एक बड़ा प्रभेद यह था कि वल्लतोल उच्चवर्ण के कवि थे, और आसन का जन्म अन्त्यज थिया सम्प्रदाय में हुआ था। समूचे भारत की तरह केरल में भी जात-पाँत की समस्या विकट है, कभी-कभी तो तीव्रतर भी। अस्पृश्यता का प्रभाव देखकर लगभग सौ वर्ष पहले (१८९२ में) स्वामी विवेकानन्द ने केरल को 'पागलों की जेल' कहा था, और आज भी इसका प्रभाव इतना विस्तारित है कि इस राज्य के अधिवासियों ने इन कवियों को भी मानो आपस में बाँट लिया है; नायर लोगों के लिए वल्लतोल और थिया लोगों के लिए आसन। अन्त्यज और उपेक्षित लोग जो आसन को अपने महाकवि के रूप में मानते हैं, वह केवल उनके वंशगत कारणों से

नहीं है। वे मानते हैं कि रोमांटिक स्वभाव के इस कवि ने अपनी कविताओं को केवल प्रकृति और प्रणय के लीलाविलास में सीमाबद्ध नहीं रखा, उनकी साहित्य-रचना का एक बड़ा अंश इस सामाजिक भेदभाव के प्रतिरोध में लिखा गया था, उनकी रचनायें इन निम्नवर्ग के लोगों के आत्मसम्मान को जगाने की ही कोशिश थी।

अपने विद्यार्थी-जीवन में एक समय आसन बंगलौर के संस्कृत कॉलेज में थे, जहाँ पर ब्राह्मणों के अलावा किसी और को प्रवेश नहीं दिया जाता था। विशेष अनुमति प्राप्त कर अकेले ग़ैरब्राह्मण के रूप में पढ़ने का सामयिक सुयोग मिलने के बावजूद आसन के लिए अन्ततः यह काम बहुत सुविधाजनक नहीं रहा। उन्होंने अपने एक मित्र को सन् १८९६ में लिखा था : 'यहाँ पर ज़्यादातर लोग मेरी पढ़ाई का विरोध कर रहे हैं, लेकिन मुझे लगता है कि यह बाधा धीरे-धीरे कम होती जा रही है', लेकिन इस चिट्ठी के कुछ दिनों बाद ही उन्हें उस कॉलेज को छोड़ देना पड़ा, क्योंकि अन्ततः समाज यह स्वीकार नहीं कर सका कि वेद और शास्त्र पढ़ने का अधिकार ग़ैरब्राह्मणों को भी है। केरल के अधिवासियों का एक तिहाई अंश थिया सम्प्रदाय के लोग हैं, लेकिन तब उन्हें सरकारी स्कूलों में पढ़ने, सरकारी नौकरी पाने का अधिकार नहीं था। सन १८९६ में तेरह हज़ार थिया लोगों का एक आवेदन-पत्र रद्द कर दिया गया था, जिस आवेदन में उन्होंने सभी के लिए शिक्षा के अधिकार की माँग की थी।

इन्हीं तमाम अनुभवों से गुज़रे हैं आसन, 'थिया बच्चे की सोच' कविता में उन्होंने लिखा है :

चिरदासत्व तेरे माथे पर लिखा है माँ—
हे भारत, इस आर्त्तनाद से होगा क्या?
जात-पाँत को लेकर अन्धे लड़के
तेरा नाश कर रहे हैं—तो फिर कैसे होगी मुक्ति?

सन १९२१ में मोपला विद्रोह की पृष्ठभूमि में उन्होंने उद्वेलित कर देने वाली कविता 'दुरवस्था' लिखी। एक सच्ची घटना को आधार बनाकर उन्होंने दिखाया कि एक निष्कासित बेसहारा नम्बूदरी कन्या सावित्री को किस तरह एक पुलय (चण्डाल) युवक के यहाँ आश्रय मिलता है, और किस तरह उनका मिलन होता है। इनके जीवन का वर्णन करते हुए आसन ने वर्णभेद और अस्पृश्यता के संकट को उभारा है, धर्मान्तरण के सूत्रों को

प्रकट किया है, उन्होंने दिखाया कि हिन्दूधर्म की अधोगति किस तरह केरल के अन्त्यजों को इस्लाम की ओर जाने के लिए उकसा रही है।

स्वभावतः, नायर लोगों की ओर से इस विरोध में त्वरित और तीव्र प्रतिक्रियायें हुईं, उस कविता की विकृत समालोचना में वे लोग तत्पर हो उठे। और इसीलिए, इस सामाजिक विक्षोभ-मूर्ति के सम्मुख खड़े होकर आसन के लिए मानो इस बार 'चण्डालभिक्षुकी' में शार्दूलकर्णावदान के लगभग अनुरूप एक अंश को चुन लेना बड़ा स्वाभाविक ही हुआ, जहाँ ब्राह्मण और चण्डाल के मिलन का सवाल उठ आता है और उसे घेरता हुआ सामाजिक अनुशासन का प्रताप। अवदान की तरह ही, आसन की कविता तब बुद्ध की वाणी के माध्यम से इन सवालों को केरल के लोगों तक पहुँचा देना चाह रही थी :

> कहाँ से आते हैं ये द्विज ब्राह्मण?
> किसी वनस्पति या कि बादलों से उड़कर?
> या कि वे योगी के यज्ञ की अग्नि से?
> जाति क्या उसके रक्त में, मज्जा में है, अस्थियों में?
> चण्डालिनी की अस्पृश्य देह, वह भी क्या
> अनुर्वर रहती है ब्राह्मण के बीज से?
> ब्राह्मण अपना जनेऊ, शिखा, तिलक
> जन्म से ही वहन करता ले आता है स्वयं?

ऐसी एक लम्बी प्रश्नमाला के अन्त में 'तो फिर मनुष्य मनुष्य में कहाँ प्रभेद है' इस जिज्ञासा के बाद, 'चण्डालभिक्षुकी' के बुद्ध कहते हैं :

> मैं कहता हूँ सुनो : लोगों की क्रूरता के अलावा
> और कहीं पर भी अन्त्यज कुछ नहीं है।

चार भागों में विन्यस्त आसन की इस कविता में चण्डालकन्या की प्रणय-पिपासा वर्जित कर दी गई हो ऐसा नहीं है। आरम्भिक अंश में है एक सूर्यकरोज्ज्वल रूढ़ दोपहर का प्रकृति-विस्तार और उसमें से होते हुए एक परिव्राजक भिक्षुक का राह पर चलना, कुएँ से पानी निकालने में व्यस्त एक अन्त्यज बाला, मातंगी। दूसरे पर्व में हम देखते हैं कि प्यास से कातर वह भिक्षु आनन्द मातंगी से पानी माँग रहे हैं। और वह तन्वी कन्या कह रही है : 'समय के साथ यह क्या हो गया है! तुम क्या अपनी जाति भूल गये हो? नीची जाति की लड़की होकर तुम्हें पानी देती हूँ तो मुझे गर्हित

पाप लगेगा, मैं तो चण्डाल हूँ।' थके हुए संन्यासी कहते हैं : 'मैंने तो तुमसे तुम्हारी जाति नहीं पूछी, मैंने तो कण्ठ भिगोने के लिए पानी माँगा है।' वह लड़की पानी दे देती है, उसे बुद्ध का आशीर्वाद देकर वे संन्यासी वहाँ से चले जाते हैं। पानी से भरा कलश लेकर घर लौटने की बजाय वह चण्डाली उस कुएँ के पास ही बैठी रह जाती है। तीसरे पर्व में है उस लड़की की आकांक्षा की आकुलता, लम्बी प्रतीक्षा, उसे संन्यासी के परिचय का पता चलता है, भिक्षुसंघ में जाकर वह आश्रय की माँग करती है, बुद्ध के बुलावे पर उनके सामने आकर इस तरह खड़ी होती है, जैसे उजाले के सम्मुख तितली की तरह, सूर्योदय के सामने पृथ्वी की तरह, प्रज्ञा के सामने संशय की तरह। बुद्ध के मन में करुणा जाग उठती है। वे मातंगी से कहते हैं : 'जन्म-मृत्यु दुःख-तृष्णा से तुम्हारी मुक्ति हो गई है', वे उसे धर्म की दीक्षा देते हैं, उसे संघ में सम्मिलित कर लेते हैं। और अब, रचना के सबसे लम्बे पर्व में ब्राह्मणों का आलोड़न दिखाया गया है, क्योंकि एक चण्डाली इस संघ में आकर सबसे साथ अन्यायपूर्ण ढंग से समता पा गई, उन लोगों ने राजा प्रसेनजित को मीमांसा के लिए बुद्ध के पास भेजा और बुद्ध उन्हें जात-पाँत की निरर्थकता समझा रहे हैं। कुमारन आसन की रचना 'चण्डालभिक्षुकी' इसी निरर्थकता के बोध को पुनर्जीवित करने वाली एक गाथा है। उनकी चण्डाली मातंगी सामाजिक रूप से लांछित है, इसी के विरुद्ध उनका प्रतिवाद है।

चार

पानी पिलाने का आग्रह सुनकर आसन की मातंगी अचानक सिहर उठी थी, उसने जाति का प्रश्न उठाकर आनन्द के सम्मुख अपना संकोच व्यक्त कर दिया था, थोड़ी बातें करके आनन्द ने उस संकोच को दूर कर दिया था। लेकिन आधार-कहानी में पानी पिलाने के क्षण में इस दुविधा का कोई विवरण नहीं है : 'he asked her for drink, and was duly served' और इसके बाद ही उनका रूप देखकर वह लड़की मुग्ध हो गई ('The girl was smitten by the appearance of the hermit')। मोहमुग्धता के संकट से उसे बचाकर बुद्ध उसे मुक्त कर देंगे, इसी बात को लेकर कहानी का पहला भाग लिखा गया है।

सतीशचन्द्र कहानी के इस पहले वाले भाग पर निर्भर थे। आनन्द के सम्मुख खड़ी होकर उनकी चण्डाली अम्बिका भी सिहर ज़रूर उठी थी, लेकिन वह केवल उनके रूप की तीव्रता की वजह से था। भिक्षु आनन्द उसके सामने आकर जब उससे पानी माँगते हैं, तब

> मैं सिहर उठी!
> यह क्या रूप है मैं वारी जाऊँ! यह क्या रूप है अग्निसमान—
> प्यासा शरीर मृदु कम्पमान—
> मानो अग्निशिखा!—ओह, मैं भूल गई उनकी तृष्णा
> दोनों आँखें खोल मैं बस रह गई निहारती
> अहा! चौंककर अन्त में अंजलि में मैंने ढाल दिया जल
> हँसकर, देकर आशीर्वाद वे चले गये होकर शीतल!

सतीशचन्द्र की कविता का शीर्षक 'चण्डाली' है, लेकिन यहाँ, या फिर उनकी पूरी रचना में उसका यह कुलपरिचय अवास्तविक हो गया है, उसमें केवल किसी भी नारी अथवा किसी भी मनुष्य के आत्मद्वन्द्व की एक छवि साकार हो उठी है, अच्छे-बुरे के बोध को लेकर उसकी कातरता की छवि, प्रवृत्ति के साथ उसकी उपलब्धि के संग्राम की छवि। रूपार्त उस अम्बिका ने अपनी वासना के कारण मन्त्र के बल पर संन्यासी को उसके व्रत से विमुख करके खींच लाना चाहा था, 'तू घोर नरकगामिनी हो जायेगी' माँ की इस चेतावनी के बाद भी उसने दुःसाहस के साथ कहा था 'अयुत नरक में जाऊँगी.../ बस एक बार उसे इन बाँहों में भरकर / जाऊँगी जहाँ भी जाना पड़े।' मन्त्र के फलीभूत हो जाने के क्षण में उसने उद्भ्रान्त की भाँति कहा था :

> 'वह देखो, वह देखो,—वे आ रहे हैं, अब और देर नहीं!'
> वह सुनो झंझा के बीच!—पदध्वनि मृदु मनोहर—
> यह शायद मेरे गूढ़तम मर्म के भीतर बज रहा है!
> अहा! मैं अपने हृदयराज का आज कैसे वरण करूँ?
> मेरे इस भैरवीवेश में? नहीं, नहीं, इन फूलों के अम्बार से
> माथे और कान के गहने बना लूँ! रहने दो, इसे भी रहने दो
> मैं तो आँखें मूँद अवाक् हो बैठी रहूँगी भूमि पर
> जोड़कर अपने दोनों हाथ!'

मैं कैसे उनका वरण करूँगी? आनन्द के सम्मुख आकर इस प्रश्न के उत्पन्न होने पर अम्बिका में उसका सम्पूर्ण प्रेमबोध दिखायी देने लगेगा।

आनन्द को वशीभूत करके ले आने के प्रस्ताव में उसने केवल अपनी ही वासना के विषय में सोचा था, उसने केवल पाने के बारे में विचार किया था। लेकिन अब तो देने का प्रश्न पैदा हो गया है, मैं के बाहर इस बार तुम का प्रश्न उठ आया है। रक्तिम वासनालांछित वह 'तुम' तब उसकी आँखों के सामने आ खड़ा हुआ :

अकस्मात खुले द्वार पर दीर्घकाया आकर खड़ी हो गई—
यह तूने क्या किया? भृकुटी ताने गरज उठे संन्यासी।

तब हमें आत्मधिक्कार से जर्जर अम्बिका का विलाप सुनायी देता है :

क्षण भर चुपचाप देखती चौंककर ठिठक गई अम्बिका
'हाय मैंने क्या किया, क्या किया—यह तो आग की लपटें हैं!
इन्हें मैंने अन्तर के हीन कालिमायुक्त मेघों से
ढँक लिया है क्या रे?' सीने में होता है तीव्र आघात!...

मर्म में आज हाहाकार, समूचे विश्व में गूँज रही है व्याकुलता—
हाय हाय यह मैंने क्या कर डाला; क्या कर डाला!
जगत के मणि
किस महाव्रती को मैंने पथभ्रष्ट कर दिया है!

एक अन्धे तूफ़ान में से आये थे आनन्द, वह तूफ़ान धीरे-धीरे थम गया, वर्षा की शीतल धारा में अम्बिका का मन शान्त होने लगा, तब उसने भीगी आँखों से आनन्द से कहा :

तुम जो आज लौट जाओ मैं रहूँगी तुम्हारे पदतल में!
इस विजन हृदय में खिलाऊँगी फूल
फिर उस दिन इस हृदयपुष्प से करूँगी तुम्हारी आराधना।

'चण्डाली' की रचना सन १९०२ में हुई थी। और ठीक उसी वर्ष के 'बंगदर्शन' के अंक में सतीशचन्द्र ने रवीन्द्रनाथ की 'शकुन्तला' पढ़ी थी। इस 'शकुन्तला' या फिर इसके कुछ महीने पहले लिखे 'कुमारसम्भव और शकुन्तला' वाले परिचित राविन्द्रिक स्वर प्रवृत्ति और प्रेम की उस द्वन्द्व-छवि में निश्चय ही सुनायी देंगे : मनुष्य की दुर्बोध्य प्रवृत्ति जो 'तूफ़ान' उठाती है, उसे 'सौन्दर्य के द्वारा, प्रेम के द्वारा, मंगल के द्वारा' प्रशान्त कर लेने की वह राविन्द्रिक आकांक्षा में, क्योंकि 'यही हमारी आध्यात्मिक

प्रकृति की आकांक्षा है'। रवीन्द्रनाथ ने ही सतीशचन्द्र को आनन्दप्रकृति के उपाख्यान को लेकर लिखने के लिए कहा था, और रवीन्द्रनाथ के ही जीवनबोध से साहित्य में मग्न उस तरुण ने डायरी में लिख रखा था : 'गुरुदेव का स्नेह ही तो मेरे जीवन पर सूर्य की रश्मियों की तरह बिखरा हुआ है। उनके वे अपराजिता के फूल-जैसे कोमल दो नयन मेरे हृदय के भीतर वाले सहस्रदल पद्म पर स्थापित हो गये हैं, मेरे प्राणों पर, मन में, भावों, कल्पनाओं, मेरी दुनिया में सर्वत्र उनकी स्नेहकिरणें बिखर रही हैं।' प्रेम के विषय में सतीशचन्द्र की अम्बिका में जो 'साधना' और 'आराधना'—यह धारणा उद्यत हो रही है, सन्देह नहीं कि वह भी रवीन्द्रप्राणित है। लेकिन इसका मतलब यह नहीं कि रूपार्ति और आत्म-उद्‌बोधन की इस कविता को हम विशुद्ध प्रतिध्वनि ही मान बैठें।

बाङ्ला कविता में सतीशचन्द्र की कोई बहुत स्मरणीय भूमिका नहीं बन पायी, परिपक्व सर्जना के संसार में पहुँचने के बहुत पहले ही उनकी मृत्यु हो गई। लेकिन उनके कल्पनातुर मन के विषय में जानकर रवीन्द्रनाथ उस तरुण के भविष्य के विषय में कितने उत्साही थे, उसका कुछ-कुछ परिचय उनकी डायरी में यहाँ-वहाँ बिखरा हुआ है, या फिर सत्येन्द्रनाथ और अजितकुमार को लिखी उनकी कुछ चिट्ठियों में। उन रचनाओं का हर शब्द वासना और आवेग की निश्चयता में, किसी आदर्श की ओर स्वयं को उन्मुख कर लेने की निविड़ता से भरा हुआ है। 'हृदय की करुणा के साथ बाहर की तेज़ धूप घुलकर मेरी दोनों आँखें मुँदने लगीं—इच्छा हो रही है अब दोनों आँखें मूँदकर पड़ा रहूँ—अपराह्ण और हृदय का माधुर्य मिलकर मुझे आन्दोलित करते रहें—मेरी शिराओं में गेंदे के फूलों के रंगों का रस भर दें...मेरी इच्छा होती है, क़लम भी काग़ज़ पर से होती हुई सुनहले विचारों के प्रवाह में उतर जाय।' सतीशचन्द्र ने जो थोड़ी-बहुत कवितायें लिखी थीं, उनकी प्रधान प्रवणता थी शिराओं-शिराओं को रंगों से सराबोर कर देना, 'चण्डाली' में उन्होंने यथासाध्य वह रंग भर दिया था। 'नायक और नायिका के इन्द्रियविकारों में भी मुझे नारी का माधुर्य और युवक का माधुर्य मिला है—वही—क्षणिक लालसाजड़ित वही चिरस्थायी माधुर्य...मेरे प्राणों को पीड़ा और सुख दे रही है।' इसी सुख और पीड़ा का पुंजीभूत प्रकाश बन जाती है उनकी अम्बिका। और इससे भी बड़ी बात यह कि अम्बिका जब कहती है, 'हाय, मैं कैसे स्वयं को रख दूँ / तुम्हारे पदतल

में? लालसा में भस्म हुआ जाता है यह हृदय', तब उसमें जो आत्मप्रश्न जागता है, एक दिन उनकी डायरी में उसी वेदना की भिन्नतर अभिव्यक्ति थी : 'स्वयं को पाना होगा, स्वयं को न पा सकें तो फिर यह जीवन मिथ्या है।' 'प्रत्येक individual soul का ideally आत्मरचना की ओर एक स्वाभाविक आग्रह रहता है' (सत्येन्द्रनाथ को) या फिर 'Robert Browning की वही medieval musician की तरह कल्पना के क्षणों में Life की चरम सीमा पर जा पहुँचता हूँ लेकिन अगले ही पल फिर से ज़मीन के साथ समान हो जाता हूँ' (अजितकुमार को): आत्मरचना की धारणा में स्वयं को उन्मोचित करने की इन सारी साधना-कल्पनाओं के साथ सतीशचन्द्र अम्बिका के वेदनाबोध को मिला पाये थे, इसलिए उनकी 'चण्डाली' एक द्वन्द्वक्षोभमय आत्म-उद्‌बोधन की कविता बन गई है। जिनके यहाँ सामाजिक कुलपरिचय तुच्छ हो जाता है, वे केवल एक नारी के आत्मपरिचय के संकेत को छू लेना चाहते हैं।

पाँच

लेकिन रवीन्द्रनाथ की 'चण्डालिका' में ये दो स्तर मानो किस गूढ़तर सूक्ष्म रेखा में घुलेमिले रहते हैं, आसन की मातंगी और सतीशचन्द्र की अम्बिका एक होकर रवीन्द्रनाथ की प्रकृति में मिल गई हैं।

रवीन्द्रनाथ ने १९३२ के जुलाई महीने में 'जलपात्र' शीर्षक से एक कविता लिखी थी। सतीशचन्द्र से अनुरोध करने के बहुत दिनों बाद उन्होंने इस बार फिर से शार्दूलकर्णावदान के कहानीसूत्रों को उठा लिया था। 'कुएँ के पास' कविता में बहुत वर्षों पहले 'प्यास से कातर' एक पन्थी को हमने देखा था जिसकी अंजलि में पानी ढालकर एक अनाम लड़की ने स्वयं को कृतार्थ अनुभव किया था, 'तुम्हें मैं दे सकी थी थोड़ा तृषा का जल / यह बात मेरे मन में रह गई सम्बल' ऐसा वह सोच सकी थी। लेकिन 'जलपात्र' में आकर हम देखेंगे कि जल देने वाली किसी 'हीन स्त्री' को एक 'पूजनीय' प्रभु यह गहरा परामर्श दे रहे हैं : 'सुन्दरता की कोई जात नहीं होती,/वह मुक्त है सर्वदा', और उस परामर्श से सिक्त स्त्री की यह चेतना : 'हे महान तुमने नीचे उतर कर जिसे किया है ग्रहण,/सौन्दर्य का उसका अर्घ्य तुम्हें हो निवेदित।'

रवीन्द्रनाथ ने सौन्दर्य के अर्घ्य की ही बात कही, लेकिन वह अर्घ्य देशकाल के साथ अत्यन्त सम्पृक्त एक संकट के बोध से उठ आया था। यह वही १९३२ का वर्ष था, जब देश में हिन्दुओं और अनुसूचित जाति के लोगों के बीच एक राजनैतिक संकट घिर आया था, जब गाँधीजी ने अस्पृश्यता की समस्या के विरुद्ध अपने अनशन की घोषणा की थी। हिन्दू-मुसलमानों के सवाल पर, जात-पाँत वर्णभेद के प्रश्न पर रवीन्द्रनाथ ने उस समय देश-विदेश के धर्माचार्यों का आह्वान करते हुए कहा था कि : 'वे लोग जातिभेद, सम्प्रदायभेद और धर्मभेद को प्रेम से अतिक्रमित कर समस्त श्रेणियों के लोगों को आज मित्रता के द्वारा मिला दें।' विश्वभारती में उस समय एक संस्कार-समिति का गठन किया जा रहा था, वह समिति रवीन्द्रनाथ के हस्ताक्षर वाली इस विज्ञप्ति का प्रचार कर रही थी :

१. किसी को भी हम लोग सामाजिक रूप से हीन नहीं मानेंगे, उसे अस्पृश्य नहीं बनाये रखेंगे। सारी जातियों को हमें जल-चल[१] कर लेना होगा।

२. साधारण जनों के मन्दिर, पूजा स्थल और जलाशय सभी के लिए समान रूप से खुले रहेंगे।

३. विद्यालय, तीर्थक्षेत्र, सभा-समिति आदि में आने के लिए किसी को भी मनाही नहीं होगी।

४. किसी की जाति के आधार पर उसके आत्मसम्मान को चोट पहुँचाने का अन्याय समाज में नहीं होगा।

इस चेतना की प्रबलता के साथ वर्ष का अन्त 'शुचि' कविता के माध्यम से हुआ, जहाँ पर

> नदी तट के श्मशान पर, चण्डाल शवदाह में व्यस्त।
> रामानन्द ने दोनों बाँहें बढ़ाकर उसे सीने से लगा लिया।
> वह भयभीत हो बोला, 'प्रभु, मैं चण्डाल हूँ, नाभा है मेरा नाम,
> हेय है मेरी वृत्ति,
> मुझे अपराधी मत बना दीजियेगा।'
> गुरु बोले, 'अन्तर में मैं मृत हूँ, अचेतन हूँ मैं,
> तभी अब तक तुम्हें नहीं देख सका,
> इसलिए मुझे तुम्हारी ही दरकार है—
> अन्यथा मृत का सत्कार नहीं हो सकेगा।'

---

१. जिनके हाथ का छुआ जल ब्राह्मण समाज में उपयोग योग्य होता है।

और इसके कुछ महीनों बाद ही लिखा गया था गद्यनाट्य 'चण्डालिका'। अम्बिका और मातंगी के बाद एक और चण्डाली आ पहुँची, उसका नाम प्रकृति था।

रवीन्द्रनाथ ने अवदान की सम्पूर्ण कहानी को रूपायित नहीं किया था, उन्होंने केवल सामाजिक समस्या को ही ग़ौरतलब नहीं माना था, उन्होंने आत्मसमस्या तक पहुँचा देने की ही कोशिश की थी। लेकिन वहाँ पहुँचा देने के उद्देश्य से कवि ने शेष अंश की विचारवस्तु को निर्यास के रूप में अपने प्रकृतिचरित्र की हर परत में मिला लिया था। पानी पिलाने के आग्रह के समय मूल कहानी में चण्डालिका के किसी संकट को नहीं दिखाया गया था, सतीशचन्द्र ने उस समय को रूपासक्ति के संकट के रूप में पकड़ा है, आसन वहाँ पर कुल-परिचय की दुविधा ले आये हैं। और रवीन्द्रनाथ, भूमिका में भले ही उन्होंने बहुत सरल भंगिमा में लिखा है कि 'उससे उन्होंने पानी माँगा, उसने दे दिया', अपनी रचना में वे भी तो जाति का प्रश्न ले आये हैं। जाति का ही प्रश्न है, लेकिन उसका ढंग आसन के जैसा नहीं है। आसन के आनन्द कुल की बात की उपेक्षा कर अपनी अंजलि में पानी ले लेते हैं, और फिर आशीर्वाद देकर चले जाते हैं, मातंगी अभिभूत हो जाती हैं। और रवीन्द्रनाथ की प्रकृति पानी देने के बाद अपने आनन्द के मुँह से सुनती हैं : 'स्वयं की निन्दा मत करना। आत्मनिन्दा पाप है, आत्महत्या से भी अधिक।'

इस 'आत्म' के उच्चार से रवीन्द्रनाथ एक ही साथ प्रकृति के संयुक्त-परिचय और व्यक्ति परिचय की वेदना को जगा देते हैं। इसके बाद से समूचे नाटक में इस चरित्र के शरीर और मन में जो आकुलता आवर्तित होती रहती है, वह एक ओर उसके दैनन्दिन को लेकर होती है और दूसरी ओर उसकी चिरन्तनता को लेकर। या कहा जा सकता है कि तब उसका दैनन्दिन चिरन्तन के रूप में दिखायी देता है, रूप आकुल समुद्र में तब्दील हो रहा है। इस तरह जिस विस्तार में वह जाग रही है वह केवल प्रेम की ओर नहीं है, समस्त जीवनधारणा की ओर ही है। आसन की मातंगी से बुद्ध ने कहा था : तुम्हें अब डरने की ज़रूरत नहीं है, जन्म-मृत्यु, दुःख-तृष्णा से तुम्हें मुक्ति मिल गई है। अवदान की मूल कहानी में बुद्ध ने उसे सर्वदुगर्तिशोधनधारणी का मन्त्र दिया था, उसे गेरुए वस्त्र दिये थे। लेकिन रवीन्द्रनाथ की प्रकृति को बाहर किसी से कोई मन्त्र या परिग्रह नहीं प्राप्त

हुआ था, उसे तो स्वयं के भीतर से ही मुक्ति की धारणा तैयार करनी पड़ी थी, उसे यह बोध जगाना पड़ा था कि साधना के सौन्दर्य से भरे सारे पथ संकीर्ण व्यक्तिवासना की वजह से रुद्ध हो सकते हैं। उसके आत्म-उद्‌बोधन का पहला क्षण है जाति की हीनमन्यता से उद्धार, और दूसरा क्षण है प्रेम की आत्मसर्वस्वता से मुक्ति। 'आज पता चला कि मैं भी दे सकती हूँ। सबने मुझे यह बात भुला दी थी। दूँगी, दूँगी, आज मैं अपना सब कुछ दे दूँगी इसीलिए मैं उसकी प्रतीक्षा में बैठी हूँ' पानी पिलाने के बाद प्रकृति ने ऐसा सोचा था। लेकिन वह भला क्या देगी ? जो धर्म अपमान करता है, वह धर्म मिथ्या है, इस बात को जानने के बाद उसमें जो आत्मविश्वास आया, उस आत्म का यथार्थ परिचय कहाँ है ? वह क्या केवल जैवता की प्रवृत्ति में है ? क्या वह केवल अपने ही वृत्त में सुन्दरता को सीमाबद्ध कर लेने में है, कोई भी मेरी उपेक्षा नहीं कर सकता, इसी अहंकार में क्या मेरी मुक्ति है ? मायादर्पण में प्रकृति देख रही थी कि आनन्द की दृष्टि दूर तक प्रसारित है, गोधूलि-आकाश के तारों की तरह। उस क्षण उसे लगा था कि 'स्वयं से अनन्तयोजन दूर चली जाऊँ।' लेकिन तब भी स्वयं से दूर जाना उसके लिए सम्भव नहीं हो सका, बिना सोचे-समझे एक अन्ध लक्ष्य की ओर आनन्द को खींच लाने का मन्त्र ही तब भी उसी का था। प्रकृतिमन्त्र के आकर्षण से, पुरुषचैतन्य के पराभव से, अन्ततः जब आनन्द आ ही गये, जिन्होंने उसे सम्मान दिया था उन्हें ही जब प्रकृति ने 'समस्त अपमान के शिखर पर' बैठाने का सोचा, तभी, आनन्द का दूसरा आविर्भाव हुआ, प्रकृति के मन में यह प्रश्न जागने लगा : 'मैं सिर्फ़ यह हूँ!! और कुछ भी नहीं! इतने दिनों के निष्ठुर दुःख इसी से भरेंगे ?'

'इस मैं' के सम्मान के जागने के बाद अब अवतरित हुआ 'सिर्फ़ इस मैं' का धिक्कार। अंजलि में जल ग्रहण करके भोर के उजास की तरह आकर आनन्द ने उसके 'मैं' को जगा दिया था, लेकिन उस मैं से वह पूरी तरह परिचित नहीं थी। मैं के द्वारा ही हर चीज़ को घेर लेना चाहें तो फिर मैं-रहित पृथ्वी नष्ट हो जाती है, इसी बोध को लिए हुए वह नाटक के एकदम अन्त में आ पहुँची। इस नाटक में गद्यनाट्य में या फिर उसके नृत्यनाट्य रूप में 'पाप' शब्द का एकाधिक बार प्रयोग किया गया है। जन्मपरिचय की हीनता को लेकर झूठ फैलाना पाप है, यही पहली बात थी। लेकिन दूसरे पाप की बात प्रकृति की माँ कहती हैं, जब वे कहती हैं कि 'हम लोग

मंतर पढ़कर खींचते हैं, पशु को जिस फंदे से खींचते हैं। हम लोग कीचड़ को मथ देते हैं।' रसातलवाहिनी सारी नागिनें उस मंथन की वजह से जाग उठती हैं, और उसी के विषगर्जन से लगता है कि सारी दिशायें कलुषित हो गई हैं, प्रकृति पाप के अवयवों को पहचान लेती है, वह अपनी माँ को पापिनी कहकर व्यंग्य करती है। आनन्द एक दिन तृष्णा लेकर प्रकृति के पास आये थे, उस तृष्णा को मिटाने में ही प्रकृति की मुक्ति थी। आज एक आरोपित तृष्णा लिए वे उसके द्वार पर आ खड़े हुए थे, यह तृष्णा उन दोनों के लिए बन्धन है। आज इसीलिए गहरे आत्मपराभव की छवि से सुदूर स्वर्ग की ओर आनन्द के चैतन्य को उनकी तृष्णा से मुक्ति देना चाहती है। आनन्द ने एक बार प्रकृति को उद्‌बोधित किया था, दूसरी बार आनन्द को उद्‌बोधित कर रही है प्रकृति। एक बार आनन्द के मुँह से प्रकृति ने सुना था : तुम्हारा कल्याण हो कल्याणी। और इस बार प्रकृति ही आनन्द से कह पा रही है : जय हो तुम्हारी जय हो। अम्बिका और मातंगी से बहुत दूरवर्ती होकर यह प्रकृति तब स्वयं पर प्रतिष्ठित एक पूर्णतर विकास की छवि का रूप ले लेती है, जो औरों को मुक्त करती-करती स्वयं की मुक्ति को ढूँढ़ लेती है, और हम भी एक प्राचीन उपाख्यान में आधुनिक अनिश्चितता से मथित और उद्‌भासित एक मर्यादामयी स्त्री की छवि को पा जाते हैं, 'चण्डाली' और 'चण्डालभिक्षुकी' के बाद भी 'चण्डालिका' हमारे लिए तब एक नया अनुभव हो जाती है।

(१९८५)

इक़बाल क्यों

यह सुनकर कि मैं इक़बाल के विषय में दो-एक प्रसंगों पर सोच-विचार कर रहा हूँ, एक मित्र पूछ बैठे : अचानक इक़बाल क्यों?

केवल एक ही व्यक्ति नहीं, बाद में मैंने एकाधिक लोगों से वही सवाल सुना, लेकिन इसमें विस्मित होने का कोई कारण नहीं है। इक़बाल की कविताओं के संसार से या फिर उनके विचारों की दुनिया से हमारी दूरी बहुत अधिक है, काल की दूरी, भाषा की दूरी, रुचि की दूरी। इतनी दूरियों को पार कर आज अचानक इक़बाल पर विचार करने की कहीं पर कोई प्रासंगिकता है? दरअसल सवाल यह है।

हालाँकि काल की दूरी या भाषा की दूरी के बावजूद यदि यहाँ कोई काफ़्का या रिल्के पर विचार करता है, तो फिर इस तरह की बातें बहुत ज़्यादा नहीं उठतीं। नहीं उठतीं, उसका अन्यतम कारण सम्भवत: यह है कि हमें लगता है कि वहाँ पर आधुनिक रुचि का सामीप्य मिल सकेगा, वहाँ हमें बोध या मनन की कोई प्रेरणा या सहमर्मिता मिल सकेगी, उन्हें लेकर विचार-विमर्श हमारी जीवनरुचि के लिए काफ़ी उन्मोचक सिद्ध होगा। ठीक है। लेकिन इसका और एक प्रच्छन्न कारण क्या यह नहीं है कि हमें लगता है कि हमारी पश्चिममुखिता को वहाँ बहुत पोषण मिलेगा, हम लोग थोड़े निरालम्ब लेकिन निश्चित आश्रय में अपना समय बिता सकेंगे?

इस निश्चयता से सामयिक रूप से दूर होने की किसी ताड़ना की वजह से ही क्या मैं इक़बाल की ओर बढ़ा था? नहीं, शायद यह सही उत्तर नहीं है। मुझे एक भिन्न पथ से होते हुए इक़बाल तक पहुँचना पड़ा था, और, थोड़ी दूर जाते ही लगने लगा था कि बंगाली पाठकों को इन सब कवियों

या इन सब कविताओं के मर्म के विषय में थोड़ा और सचेतन होना चाहिए था। इस पथ पर आगे बढ़ते-बढ़ते निश्चय ही ख़ुद से बार-बार पूछना पड़ा : सच ही तो, अचानक इक़बाल ही क्यों?

हमारी रवीन्द्रचर्चा का तो कोई अन्त ही नहीं है। रवीन्द्रनाथ ने एक बार मज़ाक-मज़ाक में रानी चन्द से कहा था, 'अच्छा मान लो, पाँच सौ, छह सौ साल बाद मेरे चित्रों, मेरी कविताओं को लेकर कैसी चर्चा होगी थोड़ा अन्दाज़ करो तो। हो सकता है कुछ लोग इसी बात को लेकर रिसर्च करने लग जायें।' उस मज़ाक के बाद पाँच सौ साल तो नहीं, लेकिन आज ठीक पचास साल हो गये हैं, और कवि-कल्पित उस विस्तीर्ण अनुसन्धान में सचमुच आज झुण्ड-के-झुण्ड लोग लगे हुए हैं। उस विशद अनुसन्धान की तमाम विचित्रताओं में से एक यह है कि ज़्यादातर मौक़ों पर उन्हें पश्चिमी देशों के विभिन्न कालों के कवि-मनीषियों के साथ मिलान करके देखा जाता रहा है, और इस तरह मिलाकर देखने की वजह से उनके विषय में हमारी पुरानी धारणाएँ स्वच्छतर होती गई हैं।

लेकिन वैचित्र्यमय उन सब मिलानों के समय क्या हमने रवीन्द्रनाथ के चारों ओर के समकालीन भारतीय मण्डल पर भी उतना ध्यान दिया है? लगभग एक ही समय में देश के तमाम प्रान्तों में जो कवि कवितायें लिख रहे थे, उन सभी के साथ समान पृष्ठभूमि में मिलान करके क्या हमने रवीन्द्रनाथ के विषय में विचार करने की कोई ख़ास कोशिशें कीं? सुब्रह्मण्य भारती ने रवीन्द्रनाथ का तमिल भाषा में अनुवाद किया था, हम इस तथ्य को जानते हैं। लेकिन हमारी राष्ट्रीय चेतना के साथ जोड़कर रवीन्द्रनाथ को समझते समय हमारे पास इस बात पर ग़ौर करने का अवकाश नहीं रहता कि भारती भी भला किस तरह उस समग्र पृष्ठभूमि के साथ जुड़े हुए थे। अस्पृश्यता के विषय में रवीन्द्रनाथ की प्रतिक्रिया और उनके शिल्प-रूपायन के बारे में विचार करते हुए थोड़े में ही हमें एहसास हो जाता है कि एक पूरी तरह से भिन्न प्रान्त में कुमारन आसन किस तरह से मलयालम की कविताओं में कई बार उस एक ही विषय को छूते हुए अपने अनुभवों को प्रकट कर रहे थे। या कि बिलकुल विपरीत रूप से, जिस जलियाँवाला बाग़ को लेकर रवीन्द्रनाथ ने नाइटहुड वापस कर दिया था, अमृतसर के कवि भाई वीर सिंह के मन को यह बात क्यों ज़रा भी नहीं छू पायी, हमें इन सबके बारे में सोचकर देखने का तो कोई मौक़ा ही नहीं मिलता।

मैं यह नहीं कह रहा कि इन सब नामों को लेकर कभी किसी ने विचार नहीं किया। लगभग पचास साल पहले भाई वीर सिंह या इक़बाल को लेकर ही अमिय चक्रवर्ती ने एक-दो प्रबन्ध लिखे थे। उन्होंने हमारे मन की सीमा को थोड़ा विस्तार देने की कोशिश की थी, वे समझ गये थे कि हमारी सबसे बड़ी जड़ता है 'आधुनिक विभिन्न प्रदेशीय प्रकर्षों के सम्बन्ध में हमारा निरुत्सुक मन।' उन्होंने कहा था, 'अखण्ड-भारती मानस, जिसके द्वारा भारतीय सभ्यता के साथ विश्व का जुड़ाव सम्भव है, वह हमारे नये युग के चिन्तनशील चित्त में अभी तक नहीं पहुँच सका है।...आज भी भारत के भविष्य के द्वार पर हम बिना किसी तैयारी के खड़े हैं।' पचास वर्ष बाद भी हमारी यह बिना किसी तैयारी वाली दशा नहीं बदल सकी है। अमिय चक्रवर्ती ने जो उम्मीद की थी कि भविष्य की बाङ्ला में विभिन्न दिशाओं से तमाम कवियों पर चर्चायें होती रहेंगी, उसके कोई व्यापक संकेत हमें अपने आसपास नहीं दिखायी देते। अब भी हमारा निरुत्सुक मन देश के अन्यान्य अंचलों को बड़ी ही आसानी से उपेक्षित करता चल सकता है।

इस उपेक्षा के क्या कोई दूरगामी प्रभाव नहीं होंगे? अपने निकट पड़ोसी को न जानने, न समझने की जड़ता और आत्माभिमान में हमारा टुकड़ा-टुकड़ा होता वर्तमान कितना सर्वनाश लेकर आ रहा है, आज हमें उसका आभास होने लगा है। आत्मसर्वस्व कूपमण्डूकता और बंगाली होने के महा-अभिमान से थोड़ी मुक्ति पाने के लिए कभी थोड़ा दूर देखना क्या ठीक नहीं है? और इसी कारण इक़बाल के 'असरार-ए-ख़ुदी' (अहंकार का रहस्य) के प्रकाशित होने के पाँच वर्ष के भीतर ही रेनॉल्ड निकलसन ने उसका अंग्रेज़ी में अनुवाद किया जो अत्यन्त चर्चित हुआ, जिन इक़बाल के विषय में निकलसन ने जानकारी दी, उन इक़बाल के बारे में तत्कालीन मुस्लिम युवाओं का यह मन्तव्य था कि 'Iqbal has come amongst us as a Messiah and has stirred the dead with life,' जो इक़बाल 'सारे जहाँ से अच्छा' लिखने के बाद एक दिन पाकिस्तान की परिकल्पना करने वाले के रूप में भी जाने जा सकते हैं, जिन इक़बाल ने अमिय चक्रवर्ती को बताया था कि उन पर भगवद्गीता का कितना गहरा प्रभाव रहा है, हम उनके विषय में अपनी धारणा को क्यों और अधिक विशद और स्पष्ट नहीं करना चाहेंगे भला?

हालाँकि, स्पष्ट और विशद होने की दिशा में पहला क़दम बढ़ाते ही समस्या और भी घनी हो उठती है। इक़बाल ने 'असरार-ए-ख़ुदी' में आत्मशक्ति के विकास की बात लिखी है, और स्वयं को सबमें, समाज में लीन कर देने की बात वे 'रुमूज़-ए-बेख़ुदी' (आत्महीनता की रहस्यकथा) में लिखते हैं, और इन सब समयों में उन्हें रवीन्द्रनाथ की इसी प्रकार की धारणाओं के साथ मिलान करके देखने की इच्छा होती है। लगभग सारी ही रचनाओं में इक़बाल ने निष्क्रियता के विरुद्ध एक गतिशीलता का आह्वान किया है। लेकिन इन सभी कुछ का पक्का रास्ता वे केवल इस्लाम की साधना में देख पाते हैं। हमें याद आयेगा, निकलसन ने जिस तरह एक 'मुस्लिम' युवक की बात अपने अनुवाद की भूमिका में उद्धृत की है, येट्स ने भी ठीक वैसे ही गीतांजलि के आरम्भ में एक 'भारतीय' युवक के विशद मन्तव्य को प्रकट किया है। लेकिन दोनों मन्तव्यों में कितना बड़ा प्रभेद है। 'All the aspirations of mankind are in his hymns. He is the first among our Saints who has not refused to live, but has spoken out of Life itself'—रवीन्द्रनाथ के बारे में ऐसा आवेग था। यहाँ कहा गया है Saint और इक़बाल Messiah जैसे लगे थे—प्रभेद सिर्फ़ यहीं नहीं है। प्रभेद यह है कि एक ओर तो है Mankind और Life का आह्वान, और दूसरी ओर है एक सम्प्रदाय-विशेष का उच्छ्वास। इक़बाल सोचते हैं कि एक सुनिर्दिष्ट धर्म की साधना के पथ पर मानवसभ्यता की मुक्ति है, फलतः उनकी रचनायें तमाम लोगों को अन्ततः पूरी तरह से सीमाबद्ध किसी धार्मिक घोषणा की तरह लगती हैं, यह घोषणा कि केवल इस्लाम में ही सबकी मुक्ति है :

> इसी में है पूरब और पच्छिम की
> समूची क़िस्मत का ज़िम्मा
> इस गूढ़ सोच में बिजली की तेज़ी को
> तो फिर समझो एक बार।

भारत के फूलों के बाग़ में वे एक बुलबुल हैं, उन्होंने 'तराना-ए-हिन्दी' कविता में ऐसा लिखा ज़रूर, लेकिन इसके कुछ समय बाद ही उन्हें 'तराना-ए-मिल्ली' में लिखना पड़ा :

> चीन-ओ-अरब हमारा हिन्दोस्ताँ हमारा
> मुस्लिम हैं हम वतन है सारा जहाँ हमारा।

देशप्रेम से ऊपर फिर वे एक धर्मप्रेम में जा पहुँचे। भौगोलिक देश की धारणा एक संकीर्ण धारणा है, राष्ट्रवाद में एक अतल गह्वर है, राष्ट्रवाद के नाम पर उद्धत हो उठे हैं पश्चिमी देशों के आक्रमणकारी अत्याचार, उनके इन सब विश्वासों के साथ रवीन्द्रनाथ की थोड़ी-बहुत समानता हो सकती है। लेकिन इन संकीर्णताओं के जाल से बाहर आने के लिए रवीन्द्रनाथ ने एक विकसित मानवधर्म की ओर अग्रसर होने का प्रयास किया था, और इसी व्रत के साथ इक़बाल सर्वव्यापी किसी इस्लाम की धरती की तलाश करते फिर रहे थे। उन्हें भरोसा था कि काबा को केन्द्र में रखकर एक दिन विश्वव्यापी एक धर्मराष्ट्र की स्थापना अवश्य होगी, जहाँ देश और जाति के सारे बन्धनों से समूचा मुस्लिम समाज बाहर निकल सकेगा, जिस भविष्य को याद करते हुए कहा जा सकेगा, 'भूलो ये नाम पुकारना—सीरिया इराक फ़िलिस्तीन', जहाँ कहा जा सकेगा 'मुस्लिम हैं हम वतन है सारा जहाँ हमारा।' इस धार्मिक मनुष्य के स्वप्न के लिए ही इक़बाल को नयी काव्यभाषा चुननी पड़ी, फ़ारसी। अब केवल भारत के पाठक उनके उद्दिष्ट नहीं थे इसलिए उन्होंने उर्दू के बदले पैन-इस्लामिक भाषा को चुन लिया, अपने सपने के रास्ते पर आगे बढ़ते रहने के लिए उन्होंने फ़ारसी कवि जलालुद्दीन रूमी का काल्पनिक हाथ थाम लिया। सन १९२९ में महीशुर टाउन हॉल के सम्मान समारोह में एक वक्ता ने कहा ज़रूर था कि, 'The Muslims may claim Dr. Iqbal a million times as their property, but he belongs to us all', लेकिन प्राथमिक पाठ से ऐसा लग सकता है ये कवि हमारे आधुनिक धर्मनिरपेक्ष बोध के विरुद्ध अपनी बात कहना चाहते हैं, मानो वे हमारी चेतना को एक प्रतिक्रियावादी पन्थ की ओर ही ढकेल देना चाहते हैं।

तब यह समस्या और भी तीव्र हो जाती है : तो फिर आज इक़बाल क्यों। हम जानते हैं कि इस समय हमारा देश जिन सब संकटों में से गुज़र रहा है उनकी बड़ी ही शोचनीय बाह्याभिव्यक्ति है साम्प्रदायिकता का विस्तार। समस्त प्रान्तों से हर प्रकार की साम्प्रदायिकता को जगाकर देश को और भी खण्ड-खण्ड करने के इस भयंकर परिवेश में हम उन मनीषाओं के प्रसंगों को भला क्योंकर याद करेंगे, जहाँ इस बीमारी को, इस विच्छेदबुद्धि को प्रश्रय मिलता रहा हो ? इक़बाल का काव्यचरित्र यदि ऐसा है कि जो सिर्फ़ एकमात्र सम्प्रदाय में ही मानवता की सर्वांगीण मुक्ति को देखता हो,

तो फिर क्या यह भी हमें एक अन्ध-तामसिकता में ही नहीं ठेल देगा? इससे एक बार फिर से द्रोहबुद्धि सक्रिय नहीं हो उठेगी, अपनों में ही द्रोह?

इस बात में आपातयुक्ति है। लेकिन केवल आपात ही, वस्तुतः नहीं। क्यों नहीं, इस बात पर थोड़ा विचार किया जाय।

यदि मान ही लें कि इक़बाल की सोच और कविताओं की अभिव्यक्ति में अन्ततः एक साम्प्रदायिक-बोध ही प्रखर हो उठता है, यदि शहीदुल्लाह का यह मन्तव्य उनकी सबसे बड़ी प्रशस्ति बने कि 'उनकी यादों का अटूट स्तम्भ बन रहा है पाकिस्तान', तो भी हमें समझना होगा कि किस तरह उनकी यह पहचान बनी। सन १९०५ में विदेश जाने से पहले तक भारतवर्ष ही इक़बाल का स्वप्न और आवेग का विषय था, वे तब 'हिन्दी हैं हम वतन है हिन्दोस्ताँ हमारा' कहा करते थे। या फिर गर्व से भरकर कहते, इसी देश में नानक ने अपने स्वर्गीय मिलन-गीत गाये थे, वही मेरा देश है, 'मेरा वतन वही है! मेरा वतन वही है।' उस समय उन्हें मिलन की बातें कहने में ख़ुशी मिलती थी। मुसलमानों के बीच भाषण देते वक़्त वे हिन्दू-मुसलमानों की एकता की भावना की बात करना पसन्द करते थे। क्यों ऐसा हुआ कि धीरे-धीरे आवेग का स्थान हटता चला गया और धर्म ही प्रधान आधार बन गया, सन १९०८ में देश लौटने के बाद क्यों उन्हें लगने लगा कि हिन्दू-मुसलमान की एकता की भावना एक सुन्दर स्वप्न भले ही हो लेकिन यथार्थ रूप से वह सम्भव नहीं लग रहा है, बाहरी विश्व को उन्होंने क्यों इस्लाम की विपन्नता के विषय में बताने की कोशिश की, सन १९३० में उनके विख्यात भाषण में मुसलमानों के लिए क्यों एक आज़ाद अंचल की भावना जाग उठी, १९३७ में उन्होंने निजी चिट्ठी के ज़रिये एक अलग राष्ट्र की तीव्र माँग के लिए ज़िन्ना को क्यों उकसाया, उसके अन्दरूनी इतिहास से हम कभी भी मुँह फेरे नहीं रह सकते। इतिहास को जो लोग भूल जाते हैं उनकी दुर्दशा बार-बार लौट कर आती है, यह आर्षवाक्य निश्चय ही हमारे लिए चेतावनी है। क्या यह सच नहीं कि इस देश के बहुसंख्यक लोगों ने अकसर धीरज के साथ अन्य सम्प्रदायों के विश्वासों, चेतना और वेदनाओं के उत्स के विषय में सोचने की कोशिश ही नहीं की? रवीन्द्रनाथ यदि नयी सभ्यता के विन्यास के बारे में सोचते हुए तपोवन वाले भारतवर्ष का वर्णन कर सकते हैं, यदि पुराण या उपनिषद के विभिन्न श्लोकों में वे बार-बार प्रश्रय की खोज करते हैं, तब क्या हम

उन्हें विशेष रूप से साम्प्रदायिक मानते हैं? तो फिर इक़बाल भी क़ुरान में तमाम समाधान-सूत्रों की तलाश क्यों नहीं कर सकेंगे भला? 'जावेदनामा' या 'शाश्वत की गाथा' में उन्होंने लिखा था :

क़ुरान क्या है? मौत का परवाना मालिक के लिए, और
अन्नहीन हैं जो, सर्वहारा दास, क़ुरान आश्रय है उनका ।

हम जो जहाँ हैं सभी एक ही आसन पर बैठकर
रोटी खाते हैं पानी पीते हैं
हम और हमारे वंशज, सबकी एक ही आत्मा है।

आत्मा के भीतर जो उतर आये यह, आत्मा में हो जाये बदलाव
जो बदल जाये आत्मा तो यह समूची धरती
बदलाव से हो उठे विभोर।

विश्वास का यह एक ढंग है। इस विश्वास पर सभी भरोसा करेंगे, ऐसा नहीं है। लेकिन इस ढंग के अस्तित्व की उपेक्षा या अवज्ञा करने की प्रवणता दरअसल हमारे यथार्थबोध के अभाव को सूचित करता है। जो है उसे नहीं है मानकर हम निश्चिन्त होकर बहुत दूर तक नहीं जा पाते। अन्धे हो जाने की वजह से प्रलय रुक जाता है क्या?

इसके अलावा यह बात भी सोचने की है कि सम्प्रदायगत सोच-विचार ही क्या इक़बाल का अन्तिम परिचय है? यदि ऐसा ही है तो फिर क्यों उन्हें अकसर दो पूरी तरह से विपरीत प्रान्तों से ही आक्रान्त होना पड़ता है? उन्हें एक बार दु:खी होकर ही लिखना पड़ा था :

जाहिद-ए तंग नज़र ने मुझे काफ़िर जाना
और काफ़िर ये समझता है मुसलमाँ हूँ मैं।

'रूढ़ीवादी मुस्लिम मुझे काफ़िर समझता है और काफ़िर सोचता है कि मैं ख़ालिस मुसलमान हूँ।' लाहौर के एक प्रभावशाली इमाम ने एक बार बताया था कि इक़बाल-जैसे कवि अगर अपनी कविताओं से 'heretic statement' वापस नहीं लेते, और, जो कुछ उन्होंने कहा उसके लिए प्रायश्चित नहीं करते हैं, तो फिर समूचा मुसलमान समाज उनसे अपने

सम्पर्क तोड़ लेगा। इस उत्तेजना की वजह यह थी कि उनकी कविता में सूर्य को देवता माना गया है, उसमें सूर्य की प्रार्थना की गई है, इसके अलावा उन्होंने सूफ़ी–साधकों की अवमानना की है, और कभी तो उन्होंने राम–जैसे हिन्दू अवतार के प्रति श्रद्धा व्यक्त की है। यह तो सच है कि उपनिषद इक़बाल का अन्यतम प्रिय ग्रन्थ था, अपनी लम्बी कविता 'जावेदनामा' में उन्होंने नितान्त सम्मानपूर्वक विश्वामित्र तथा गौतम बुद्ध के विषय में विशद वर्णन किया है, इस युग के ईसाइयों को ईसाईयत के सत्य से भटक जाने के अपराध में वे धिक्कारते हैं। दूसरी ओर इक़बाल मुस्लिम समाज की अनेक रीति–नीतियों पर बिना किसी दुविधा के आक्रमण करते हैं, किसी–किसी धारणा को वे तोड़ डालना चाहते हैं, वस्तुतः वे इस्लाम के पुनर्गठन की माँग करते हैं, *The Reconstruction of Religious Thoughts in Islam* उनकी विख्यात भाषणमाला का शीर्षक था। उन्हें कहना पड़ा था :

कट्टर मुस्लिमों में मैंने देखे हैं कितने ही अन्धविश्वास
मेरे बदन में सर्द दिल काँपता है हर पल
मैं डरता हूँ, ये जो इनका दाय, यह तो उनका नहीं रहा
मानो इस लौ से उभर आयेगा किसी और का संसार।

यहाँ तक कि, उनकी 'शिकवा' में भी इक़बाल अल्लाह को लेकर इतनी अधिक धृष्ट बातें कह सके थे :

कभी हमसे कभी ग़ैरों से शनासाई है
बात कहने की नहीं—तू भी तो हरजाई है!

लेकिन सवाल मूलतः कहीं और है। इक़बाल को यह जो धर्म की भावनाओं में इतना अधिक जाना पड़ रहा है, उसका मूल उत्स कहाँ पर था? वह किसी अलीक आत्मिकता के आकर्षण में नहीं था, किसी रहस्यमदिर उदासीनता में भी नहीं था, उन्होंने धर्म को, जीवन को और भी स्वस्थ करने के सपने में छूना चाहा था। १९०५ से १९०८ तक विदेश में रहने के दौरान उन्होंने एक ओर जिस तरह दर्शन की प्रगाढ़ चर्चा की थी, दूसरी ओर उन्होंने पश्चिम के साम्राज्यवादी विस्तार के छल और उनके कूट–कौशल पर भी ग़ौर किया था। पहले विश्वयुद्ध के आरम्भ के क्षणों को मानो वे ठीक तरह से पढ़ पा रहे थे। उन्हें लग रहा था कि पूर्व और मध्यपूर्व के कमज़ोर देशों पर अपना प्रभुत्व क़ायम रखते चलने का एक

सरल रास्ता था इन लोगों के बीच आपसी विरोध को जीवित रखना, और जीवनविमुख आलस्य से भरकर उन्हें पूरी तरह निष्क्रिय कर देना। भारतीयता केवल आध्यात्मिकता के ध्यान में ही प्रसन्न है, इस बात का निरन्तर प्रचार करके उन्हें आच्छन्न रखना सम्भव है। 'चीन में मौत का कारोबार' प्रबन्ध में तरुण रवीन्द्रनाथ ने ग़ौर किया था कि किस तरह एक समूचे देश को अफ़ीम की आसक्ति में रखकर अंग्रेज़ व्यवसाय कर रहे हैं : 'चीन के दोनों हाथ बाँधकर उसके मुँह में कमान से अफ़ीम ठूँस दिया गया, ठूँस कर कहा गया कि तुमने जो अफ़ीम खायी है उसका दाम चुकाओ।' रवीन्द्रनाथ ने उस दिन इसे 'निदारुण ठगीवृत्ति' कहा था। पच्चीस वर्ष बाद इक़बाल ने भी उसी ठगीवृत्ति को अनेक देशों में उद्यत देखा था, उन्होंने देखा था ग़रीबों पर धनिकों का अत्याचार। और सन १९३६ में मृत्यु से दो वर्ष पूर्व, 'शैतान की मजलिस' शीर्षक वाली एक लम्बी रचना में उन्होंने और एक तरह के अफ़ीम की बात कही थी, शैतान से मिली उस अफ़ीम से ग़रीब लोग केवल भाग्यवादी हो गये हैं और मुल्ला साम्राज्यवाद के ग़ुलाम बन गये हैं। इस अफ़ीम के ख़िलाफ़ खड़े होने के लिए इक़बाल को लगा था कि हमें एक सचेतन सक्रियता की ज़रूरत है। लेकिन ब्राह्मण का धर्म या इस्लाम के सूफ़ी पन्थ की वह सक्रियता कहीं पर भी नहीं थी, इहजीवन को समग्र रूप से समृद्ध करने का कोई उद्यम नहीं था। सूफ़ीवाद के विरुद्ध इक़बाल की आपत्ति उसकी नेतिवादी दृष्टि की वजह से थी, वहाँ पर एक 'negation of self' को प्रश्रय मिलता था, वेदान्तियों द्वारा कहे गये 'अहं ब्रह्मास्मि' की धारणा के साथ मानो उसका सादृश्य था। *The Reconstruction...* के अंग्रेज़ी भाषण में इक़बाल ने यही कहा था : 'Tasawwuf is always the sign of decline of a nation. Greek mysticism, Persian mysticism, Indian mysticism -- all are signs of decline of these nations; the same is true of Islamic mysticism .... Any philosophy or religious teaching that prevents the blossoming of the human personality is worthless'। इस मानवीय व्यक्तित्व की प्रतिष्ठा के लिए, धर्म से बाहर जाकर नहीं, इस धार्मिक समाज को उन्होंने धर्म के भीतर से ही पुकारने की कोशिश की थी, लेकिन उन्होंने उस धर्म के एक सुसंस्कृत रूप की ही कामना की थी।

इस तरह से इक़बाल के यहाँ धर्म अत्याचार के विरुद्ध उठ खड़े होने की एक पद्धति के रूप में आया है। इस प्रकार वे कह सकते हैं कि, 'फ़क्र

ही सच्ची समाजव्यवस्था की बुनियाद हो सकती है, जिस 'फ़क्र' में 'ज़िक्र' और 'फ़िक्र' शामिल हैं।' यानी ईश्वर के प्रति प्रेम हमें ताक़तवर बनाता है। लेकिन उस प्रेम की अभिव्यक्ति मानव समाज के कार्यों और मानवता की चर्चा में ही होती है। इक़बाल की एकमात्र 'फ़िक्र' यह थी कि धनी वर्ग का नाश हो और ग़रीब का सर्वांगीण रूप से मंगल हो, उसे मुक्ति मिले। 'लेनिन : ख़ुदा के हुज़ूर में' कविता में लेनिन ईश्वर से सवाल करते हैं : मनुष्य का जन्म जिस उद्देश्य के लिए हुआ था, क्या उसने उसका पालन किया है? पूर्व तो केवल पश्चिम की पूजा करता है, और पश्चिम केवल चमकीली धातुओं की पूजा करता है, सभ्यता ने केवल मयकशी और दरिद्रता की स्वतन्त्रता दी है। 'नबी मज़दूर' कविता में इक़बाल ने यह आश्वासन दिया था कि एक दिन केवल समानता की बुनियाद पर समाज की स्थापना होगी, 'इबलीस की मजलिस-ए-शूरा' (शैतान की मजलिस) कविता में उन्होंने लिखा कि सर्वशक्तिमान शैतान के ख़िलाफ़ खड़े होने की ताक़त है मार्क्सवाद। यह बात सच है कि कवि ने मार्क्सवाद को परम सिद्धि नहीं माना था, क्योंकि वहाँ धर्म को किसी तरह का प्रश्रय नहीं था, क्योंकि वहाँ ईश्वर को पूरी तरह से नकार दिया गया था, रूस में समाजवाद की स्थापना के बाद उसके स्वागत में इक़बाल ने कहा था, इसके नकार की एक ही वजह है इसकी ईश्वरहीनता। उनके उस साम्यवाद के साथ यदि ईश्वरबोध जुड़ जाय तो फिर इस्लाम की धारणा तक पहुँचा जा सकता है, इक़बाल की ऐसी धारणा थी। इस धारणा की सारवत्ता यहाँ विचारणीय नहीं है, भले ही कोई-कोई कौतुकवश सोच सकता है कि इस समय का सोवियत मानो इक़बाल के उस कल्पित भावी सपने में पहुँच गया है। यहाँ पर केवल यह बात याद रखी जानी चाहिए कि इक़बाल की चेतना के केन्द्र में साधारण कुचले हुए लोग थे, समस्त इतिहास के प्रवाह में वे उन लोगों को अभ्युन्नत देखना चाहते थे, मुक्त और समतामय, इसी के एक स्वप्नाच्छन्न तीव्र आवेग की भाषा में उन्होंने अपनी वक्तव्यप्रधान कवितायें लिखी थीं, इसी आवेग से उन्होंने उस सब कुछ को धिक्कारा था जो इसका विरोधी था, साम्य के विपक्ष में जो कुछ भी आ खड़ा होता है। हो सकता है आज भी अलीक हो, फिर भी १९३२ में इक़बाल ने अपने 'जावेदनामा' में एक ऐसे ही समाज की छवि की कल्पना की थी, एक ऐसा देश, जहाँ पर :

मशीनों के दानव में इतनी क़ूवत नहीं कि
कुदरत को वश में कर ले
उसके धुएँ से भरा नहीं है उस मुल्क का आसमान
लगातार काम कर रहे हैं जो किसान
उन्हें नसीब है दीये की रोशनी
ज़मींदारों का उन्हें कोई डर नहीं।
दिन-रात पानी की चिन्ता में परेशाँ
ऐसी नहीं उनकी काश्तकारी
उनकी फ़सलों पर नहीं कब्ज़ा किसी और का
न लश्कर, न कोई फ़ौज है उस मुल्क में
हत्या और संघातों से वे नहीं जुटाते अपना भोजन।
झूठ लिखकर और झूठ फैलाकर
मशहूर नहीं होता लेखक
बेरोज़गारों का शोर नहीं वहाँ बाज़ारों में
भिखारियों की करुण रुलाई से
कानों को पीड़ा नहीं सहनी पड़ती।

जो एक दिन ऐसा स्वप्न देख रहे थे, आज हमें गम्भीरता से उन पर ग़ौर करना ज़रूरी है ताकि हम अपने इतिहास को और भी स्वच्छ बना सकें। हमारे अपने सपनों को चरितार्थ करने के रास्तों को त्रुटिहीन बनाने की गरज से और भी बहुत सारी चीज़ों के साथ-साथ आज हम इक़बाल को भी समझना चाहते हैं।

(१९८८)

विद्रोही आत्मा का गीत

२१ अगस्त, १९३१ को बेरूत का बन्दरगाह लोगों की भीड़ से ठसाठस भर गया था। लेबनान के तमाम सीमान्त अंचलों से वे लोग आकर वहाँ जुटे थे, क्योंकि लम्बे प्रवास के बाद आज उनके कवि लौट रहे थे, उनके राष्ट्र कवि। वे सब उन्हें जुलूस की शक़्ल में कवि के जन्मस्थल बिशारी ले जाने वाले थे। एक दिन उन्होंने जहाँ लौटने की कामना की थी, वे सब लोग उन्हें वहीं ले जाने वाले थे। अभी साल भर पहले ही तो लेबनान के एक मित्र को कवि ने चिट्ठी लिखी थी : 'मुझे अपने वतन लौटना ही होगा, पहियों पर दौड़ रही है जो सभ्यता, उससे मुझे ख़ुद को हटाना ही पड़ेगा। मैं लेबनान आऊँगा, और फिर हमेशा के लिए लेबनान में ही रह जाऊँगा।' उसी चिरस्थायित्व के लिए वे इस बार लौट रहे हैं। लेकिन वे जीवन लेकर नहीं, मृत्यु को लिए हुए लौट रहे हैं। १० अप्रैल, १९३१ को उनकी मृत्यु हुई थी। उनके साथ रह रही उनकी बहन मारियाना कवि की अन्तिम इच्छा पूरी करने के लिए उनकी देह को लेकर आ रही थीं, मार-सर्किस चर्च के एक परित्यक्त आँगन में उनकी समाधि बनायी जायेगी। यह वही आँगन था, जिसकी ओर टकटकी लगाकर देखते-देखते किशोर उम्र के कितने ही पल इस कवि ने गुज़ारे थे।

बहुत छोटी उम्र से उन्हें चित्रकारी का शौक़ था। लेकिन चित्रकारी करते दिखते ही उनके पिता उन्हें डाँट देते थे। थोड़ी बड़ी उम्र में जब वे कवितायें लिखने लगे तो उनकी एक छपी हुई कविता देखकर जब लोग उस पर चर्चा कर रहे थे तो सबके सामने ही पिता ने भर्त्सना की थी, उन्होंने कहा था : 'ऐसे बीमार मन की सूरत फिर मुझे दोबारा कभी नहीं दिखनी चाहिए।' पिता घर की कोई ज़िम्मेदारी नहीं उठाते थे, वे अपनी बेतरतीबी

और मयनोशी में खोये रहते थे, माँ के लिए घर-संसार चलाना असम्भव हो जाता था। आख़िरकार एक दिन, सन १८९५ में जब हमारे कवि की उम्र बारह वर्ष थी, अपने बच्चों को लेकर माँ पश्चिमी दुनिया की ओर रवाना हो गयीं और बॉस्टन जा पहुँचीं। क़िस्मत की आज़माइश शुरू हो गई।

उन्हें बॉस्टन के पब्लिक स्कूल में दाख़िला दिलवा दिया गया। उनका नाम क्या था? जिब्रान ख़लील जिब्रान। इतना बड़ा नाम? इसकी क्या ज़रूरत है? स्कूल की टीचर ने नाम को थोड़ा छोटा कर दिया, बोलीं : ख़लील जिब्रान। तब से, इस छोटे नाम से ही उन्हें जाना जाने लगा।

वे अरबी सीखकर आये थे, अब अंग्रेज़ी सीख रहे थे। लेकिन उनका मन तो अपने देश में अटका हुआ था। नदी, झरनों, पहाड़ों और उपत्यकाओं में अपनी मर्ज़ी से घूमने-फिरने की तसवीरों से, निर्जन और निःशब्द की पुकार से उनका मन भरा हुआ था। इस चीज़ को उनकी माँ समझ गयीं। माँ की मर्ज़ी से ही तीन वर्ष बाद ख़लील लेबनान लौट आये, 'मदरसात-अल-हिकमत' में दाख़िला ले लिया और यहाँ आरम्भ हुआ उनका नया पाठ, और इन सबके साथ वे फिर से खुली हवा में, पहाड़ों, झरनों, अंगूर के बग़ीचों में घूमने-फिरने लगे, मानो कोई वहाँ उनसे बातें करता था।

हालाँकि बहुत दिनों के लिए नहीं, उन्नीस वर्ष की उम्र में सन १९०२ में वे एक बार फिर बॉस्टन चले गये। जाते समय उन्होंने किसी को बताया ही नहीं कि सचेतन रूप से वे अपनी जन्मभूमि को यह आख़िरी बार देख रहे थे। वे लौट गये, लेकिन ख़लील कौन-से बॉस्टन लौटे थे? वे अपने टूटते परिवार के सामने लौटे थे। ४ अप्रैल को यक्ष्मा रोग से उनकी प्यारी बहन सुलताना की मृत्यु हो गई थी।[१] और माँ अस्पताल में थीं। उन्हें

१. यहाँ पर लगता है एक तथ्यगत दुर्बोध्यता है। वर्ष १९०२ में ख़लील के बॉस्टन से लौट आने के कुछ ही समय पहले सुलताना की मृत्यु हुई थी, सब समय ऐसा ही कहा गया है, लगभग हर किताब में ऐसा ही उल्लेख है। तो फिर, *Self Portrait* शीर्षक वाली किताब में जिन पत्रों का संग्रह है, उसमें १९०४ में अप्रैल माह में बेरूत से पिता को लिखे इस अंश का क्या तात्पर्य है : 'During the last seven months I have received five letters from Mr. Roy who assures me that my both sisters Miriana and Sultana are in excellent health.' इस चिट्ठी में यदि भूलवश १९०२

मैलिग्नेंट ट्यूमर हो गया था।

एक दिन वे घर में बैठे थे कि दरवाज़े पर उनके बड़े भाई फ़िलिप आ खड़े हुए। उनका रंग–रूप बिगड़ गया था! ख़लील डर गये। वह डर पूरी तरह से निराधार नहीं था। अगले ही साल मार्च में उनके बड़े भाई की भी यक्ष्मा से मृत्यु हो गई। और जून महीने में उनकी माँ चल बसीं। 'जो माँ को खो देता है, वह उस शुद्ध आत्मा को खो देता है' : बहुत दिनों बाद ख़लील ने अपनी 'टूटे पंख' शीर्षक वाली किताब में ऐसा ही लिखा था। उन्होंने लिखा था : 'मनुष्य के होंठों से प्राप्त सबसे सुन्दर शब्द है माँ, सबसे सुन्दर पुकार है माँ : मेरी माँ। माँ तो हमारी सत्ता का साक्षात्कार है, हमारी चिरन्तन शक्ति है; सौन्दर्य और स्नेह से परिपूर्ण।' उस माँ को खोने के बाद, परिवार में ख़लील का एकमात्र सहारा उनकी बहन मारियाना ही थी। मारियाना कह रही थीं, ख़लील को कला की चर्चा करनी ही होगी, वे चित्र अवश्य बनायेंगे, लिखेंगे, और सिलाई–कढ़ाई करके मारियाना घर चलायेगी।

साल भर के भीतर ख़लील ने बीस चित्र बना लिए। अब? इन्हें किसी को दिखाना तो पड़ेगा ही? लेकिन गैलरी किस तरह उपलब्ध हो सकेगी? इतना धन ही कहाँ है? आख़िरकार उनके एक छायाकार मित्र ने अपना स्टूडियो उन्हें दे दिया, वहाँ उनके चित्रों की प्रदर्शनी का आयोजन किया गया। उस प्रदर्शनी में भले ही एक भी चित्र नहीं बिका और किसी ने कोई ख़ास बातचीत भी नहीं की, लेकिन ख़लील को वहाँ आजीवन की एक दोस्त मिल गई, उनका नाम मेरी एलिज़ाबेथ हस्केल था।

मेरी ने अपनी डायरी में लिखा है : वे चित्र देख रही थीं, उन्हें समझने की चेष्टा कर रही थीं कि इतने में एक युवा कलाकार आगे बढ़ आये, वे चित्रों के बारे में समझाने लगे। मेरी मुग्ध हो उठीं, कलाकार में उन्हें बहुत अपनापन दिखायी दिया, धीरे–धीरे वह अपनापन गहरी घनिष्टता में बदल गया। वे लड़कियों के एक स्कूल की प्रधान शिक्षिका थीं, ख़लील से दस वर्ष बड़ी थीं, लेकिन यह बात उनके हृदयों को निकट आने में किसी तरह

की बजाय १९०४ हो गया हो, तो फिर एक समाधान प्राप्त हो सकता है, लेकिन अनुवादक एवं सम्पादक एंटनी फ़ेरिस ने इस विषय में कोई मन्तव्य नहीं किया है। अन्य तथ्यों के आधार पर हम इसे मुद्रण की ग़लती ही मान रहे हैं।

की बाधा नहीं बनी। इतने दिनों में, मेरी ख़लील की सबसे बड़ी प्रेरणा बन गयीं।

चित्रों पर चर्चा के लिए फ़्रांस जाना ज़रूरी था, मेरी की भी यही इच्छा थी। आर्थिक समस्या थी। उसकी ज़िम्मेदारी मेरी ने उठायी। वर्ष १९०८ में इसी उद्देश्य से ख़लील पेरिस जा पहुँचे, वहाँ की एकेडेमी ऑव फ़ाइन आर्ट्स में उन्होंने रोद्याँ के साथ कला पर विचार-विमर्श आरम्भ किया। रोद्याँ के अलावा उन्हें देबुसी और मेटरलिंक का निरन्तर साथ मिलता रहा। ख़लील की चित्रकारी का ढंग देखकर उनका नाम पड़ गया 'बीसवीं शती के ब्लेक'।

दो-एक वर्ष बाद वे लौट आये। पहले वे बॉस्टन आये और फिर वहाँ से न्यूयॉर्क। कुछ वर्षों में ही उनकी एक के बाद एक किताबों का प्रकाशन आरम्भ हो गया, उनमें से कोई अरबी में थी तो कोई अंग्रेज़ी में। अंग्रेज़ी लिखने में बहुत दिनों से उन्हें मेरी मदद करती रही थी, रचना पूरी करने के बाद ख़लील एक बार उन्हें अवश्य पढ़ाया करते। वर्ष १९१८ में उनकी अरबी में लिखी किताब 'जुलूस' के बाद ही अंग्रेज़ी में लिखी किताब 'पागल' प्रकाशित हुई, और फिर लगातार उनका लिखना जारी रहा। समीक्षा, कहानी, कविता, नाटक, गद्य और पद्य में, अरबी और अंग्रेज़ी में, वे निरन्तर लिखते रहे, और साथ में रहे उन्हीं के द्वारा बनाये गये चित्र। इसी बीच मेरी की शादी हो गई, लेकिन इससे उन दोनों के सम्बन्धों पर कोई असर नहीं पड़ा, वे अब भी चिट्ठी-पत्री में एक-दूसरे पर न्योछावर हुए जा रहे थे, ख़लील ने एकाधिक पुस्तकें मेरी को ही समर्पित की थीं। दूसरी ओर, उनकी दो और युवतियों से मित्रता हुई, न्यूयॉर्क की एक शिक्षिका बारबरा यंग और लेबनान की एक लेखिका—मे ज़ियादे। १९२८ में इन्हीं में को एक चिट्ठी में ख़लील ने लिखा था : मेरा जो भी कुछ मैं है, उसके लिए मैं एकदम शैशव से ही स्त्रियों के प्रति ऋणी हूँ। मेरी आँख की खिड़कियाँ और हृदय के दरवाज़े उन्होंने ही खोल दिये हैं। माँ-स्त्री, बहन-स्त्री, मित्र-स्त्री।

स्वदेश और विदेश में अब उनकी ख्याति का कोई अन्त नहीं था। वे कवि थे, वे कलाकार थे। उनकी किताबें निर्वसन स्त्री-पुरुषों के चित्रों से पटी रहती। उन चित्रों को देखकर अनेक लोगों ने ब्लेक की बात कही थी, यहाँ तक कि रोद्याँ ने भी। लेकिन दो-एक चित्रों को देखकर उनके साथ क्या

माइकलएंजिलों की भी याद नहीं आती? सिस्टिन चैपल के कुछ-कुछ चित्रों की याद? ऐसे विचार यदि किसी के मन में अचानक उठें तो वे १९२९ में लिखे ख़लील के पत्र के इस अंश को देखकर निश्चय ही आश्वस्त होंगे कि : 'माइकलएंजिलो, शेक्सपियर, स्पिनोजा और बीथोवन—इन चारों की कथा को लेकर एक किताब लिखी जाय तो कैसा रहेगा?' मनुष्य के मन में जो व्यथा, आकांक्षा, निर्वासन और आशा विद्यमान रहती है, उन्हीं की अनिवार्य अभिव्यक्ति के रूप में उनकी कीर्ति को उन्होंने उस चिट्ठी में पकड़ने की कोशिश की थी।

हालाँकि वह लिखी नहीं गयी। अपने लेखन को लेकर तब उनमें केवल असन्तुष्टि के भाव जाग रहे थे। 'मैं इतना सारा क्यों लिखने गया' उन्हें बार-बार ऐसा लग रहा था। उन्हें लग रहा था, 'काश मैं केवल पंखों को उड़ान देने वाली बात कोई कह पाता एक छोटी-सी किताब में!' उस समय उनका स्वास्थ्य बहुत ही ख़राब चल रहा था, मित्रगण व्याकुल थे, सन १९३० में ख़लील ने लिखा : 'यदि कुछ सुन्दर, कुछ महत लिख पाता, तो मेरी तबीयत एकदम ठीक हो जाती।' अगर कहें कि तो फिर लिख क्यों नहीं रहे? इसका उत्तर है : पता नहीं। तुम क्या मुझे सान्त्वना देना चाहती हो? वे यह सब मे को लिख रहे थे। तो क्या यह कहना चाहती हो कि मैंने बहुत सारा लिखा है और जो कुछ लिखा, वह सभी अच्छा है? लेकिन पुराने लिखे हुए की स्मृति मुझे और भी पीड़ा पहुँचाती है, उनकी तुच्छता के बारे में सोचता हूँ तो मेरे सीने में आग धधक उठती है, उनकी शुष्कता मेरे हृदय को तृषित बना देती है।

इसके भी एक वर्ष पहले एक मेक्सिकन कलाकार मित्र के 'आश्रम' (मूल नाम यही है) नामक स्टूडियो में एक शाम महफ़िल जमी हुई थी। ग्रीक और प्राच्य दर्शन पर चर्चा के लिए स्थापित उस संघ में उस दिन और भी बहुत-से लोगों के साथ-साथ हमारी सरोजिनी नायडू भी मौजूद थीं। वहाँ नाट्यशैली में लिखी ख़लील की नयी रचना 'लैज़रस' पढ़ी जा रही थी। पाठ पूरा हो जाने के बाद ख़लील बहुत सावधानी के साथ उठे और बाज़ू वाले कमरे में चले गये। कलाकार मित्रों ने थोड़ी देर बाद उस कमरे में जाकर देखा, उनके चेहरे पर रुलाई ठिठकी हुई थी। 'अब मैं लिख नहीं पाता, अब पहले-जैसा कुछ भी नहीं हो पाता' वे फफक उठे। मित्रों ने उन्हें समझाया : तुम पहले के लिखे के साथ इसकी तुलना क्यों कर रहे हो?

तुम्हारे लेखन का ढंग बदल रहा है, यह तो अच्छी बात है। ऐसा यदि नहीं होता, तो क्या वही सर्वनाश नहीं होता? तुम्हारा अब भी विकास हो रहा है, यह उसी का प्रमाण है। अच्छे कुछ में ठिठके रह जाना, वह भी कलाकार के लिए मृत्यु-समान ही है।

वे किसी से अपने शारीरिक कष्टों के विषय में कुछ भी साझा नहीं करना चाहते थे। और उनसे मुक्ति पाने के कोई विशेष प्रयास भी नहीं करते थे। ऐसी स्थिति में एक दिन वे भी क्षय रोग का शिकार हो गये। ९ अप्रैल, १९३१ को कुछ दोस्त उनके घर गये तो देखा कि वे तकलीफ़ के मारे दोहरे हुए जा रहे थे, उनके चेहरे पर तब भी बच्चों-जैसी हँसी मौजूद थी। वे अस्पताल जाने को किसी भी तरह से राज़ी नहीं हुए। उन्होंने अपने मित्रों को समझाया कि वे अपने इज़ेल और रंग-तूलिकाओं के बीच रह जाना चाहते हैं, इस घर को वे किसी भी हालत में नहीं छोड़ेंगे। अगले दिन बेहोशी की हालत में उन्हें अस्पताल ले जाया गया। जहाँ उनकी मृत्यु हो गई।

वे अपनी जन्मभूमि लौट जाना चाहते थे, वे मार-सर्किस चैपल के आसपास रह जाना चाहते थे, उनके मित्रों और निकट सम्बन्धियों ने इसकी व्यवस्था करवा दी। इतने दिनों तक जिस बहन मारियाना ने बड़े जतन से उनका पालन-पोषण किया था, वे ही उनके शव को लेकर आ रही थीं। समुद्री मार्ग से रवाना हुआ जहाज़ २१ अगस्त को बेरूत के बन्दरगाह पर पहुँचने वाला था। देश का कवि अपने देश लौट रहा था। वे सभी अपने कवि को जुलूस की शक़्ल में ले जाने वाले थे। शवयात्रा का इतना बड़ा जुलूस इससे पहले बेरूत ने कभी नहीं देखा था।

दो

हमें एक प्रसिद्ध कहानी का क़िस्सा याद है, जहाँ नींद से उठकर एक व्यक्ति को लगा था कि वह एक कीड़ा है।[१] यह कहानी शताब्दी के एक विशेष मानस को अभिव्यक्त कर रही थी। लेकिन इसी के समानान्तर,

१. इस प्रबन्ध के पहली बार प्रकाशन के बाद इस वाक्य के एक अन्यमनस्क स्खलन के विषय में मुझे स्नेहभाजन अभीक मजुमदार ने सचेतन किया था। यहाँ पर दो शब्द बदल दिये गये हैं।

उसके पूरी तरह समकालीन, एक विपरीत मनोभाव की अभिव्यक्ति भी अवश्य ही थी। सन १९१९ में ख़लील जिब्रान की 'पागल' शीर्षक से जो पुस्तक प्रकाशित हुई थी, वहाँ पर भी नींद के टूटने की एक कथा थी। उस कहानी के कथावाचक ने कहा था कि 'नींद से उठते ही मैंने देखा कि मेरे चेहरे पर से मेरे सात-सात मुखौटे चोरी हो गये हैं'। 'चोर चोर' चिल्लाता जब वह सड़कों पर दौड़ रहा था, तो वहाँ पर या तो कोई हँस रहा था या फिर वे लोग डर रहे थे। दुकानों के पास मकान की छत से एक युवा चीख़कर कह रहा था : वह एक पागल है। 'उसे देखने के लिए चेहरा ऊपर करते ही नग्न चेहरे पर सूर्य की किरणें टकराने लगीं, मानो यह पहली बार, हृदय सूर्य के प्रति प्रेम में धधक उठा। मैंने फिर मुखौटों की माँग नहीं की, मैं किसी आवेश में बोलता रहा, धन्य हैं वे तस्कर जिन्होंने मेरे मुखौटे चुरा लिये हैं।' इस तरह वह पागल हो गया।

जिब्रान का लेखन मूलतः इस पागल-दृष्टि का लेखन है। उस पागल को केवल यह लगता है कि : 'मेरे भीतर जो मैं हूँ, वह नीरवता के घर में रहता है। वह चिरकाल वहीं रहेगा, उसे कोई देख न सकेगा, उसका स्पर्श नहीं कर सकेगा।' जिब्रान ने अपनी मित्र मे को एक बार लिखा था : 'मैं कलाकार नहीं हूँ, कवि भी नहीं हूँ। मैं तो बादल का एक टुकड़ा हूँ, सब कुछ से लिपट जाता है जो बादल, लेकिन वह किसी के भी साथ मिल नहीं जाता।' एक गद्यकविता में वे लिखते हैं : 'मैं इस दुनिया में निर्वासित हूँ। मैं पूर्व और पश्चिम घूम आया हूँ। लेकिन मुझे कहीं भी अपनी जन्मभूमि नहीं मिली। कोई भी मेरे हृदय की भाषा नहीं समझ सका। जीवन जो कुछ गद्य में बिखरा देता है, मैं उसे छन्द में समेट लेता हूँ; जीवन जो कुछ छन्द में पकड़ा देता है; मैं उसे गद्य में बिखरा देता हूँ।'

यह चिर-निर्वासन, नीरवता की यह भूमि, बादलों की तरह लीन होते-होते यह जो फिर से अनिश्चय की ओर चले जाना, तो क्या यही जिब्रान की एकमात्र छवि है? इस शताब्दी के पहले दो दशकों में तमाम देशों में इस मर्मज्ञ प्रवणता की बात हमारे लिए अजानी नहीं है, जिब्रान ने जब 'थोड़ी-सी रुलाई थोड़ी-सी हँसी' की रचनायें लिखीं, उसी के आसपास 'गीतांजलि' के अंग्रेज़ी संस्करण का भी प्रकाशन और प्रसार हो रहा था, अरबी में जिब्रान की लिखी कहानियों का संग्रह 'टूटे पंख' भी ठीक उसी वर्ष प्रकाशित हुआ था। उनकी किसी भी कहानी, किसी भी कविता में अध्यात्म

का एक झुकाव ज़रूर मिलता है, सिर्फ़ वे ही प्रकृति के एकदम आभ्यन्तरिक किसी सत्ता में समा जाना चाहते हैं, जो विश्वयुद्धोत्तर मुख्य साहित्यिक प्रवणता के एकदम विपरीत जाना चाहती है। लेकिन यही क्या जिब्रान का एकमात्र परिचय है?

यही अगर उनका पूर्ण परिचय होता, तो फिर समाज के शिरोमणि लोगों ने, धर्म के रक्षकों ने उनकी इतनी ख़िलाफ़त क्यों की थी? क्यों उन्हें हेरेटिक घोषित किया गया, बहिष्कार की सज़ा देने की कोशिश की गई? दूसरी ओर क्यों उन्हें समग्र मध्यपूर्व के स्वर के रूप में चिह्नित किया जा रहा था, पीड़ित मनुष्यों की स्वाधीनता और प्रत्याशा का स्वर? क्योंकि उनके समस्त अस्तित्व में एक विद्रोह का बीज था, इसीलिए उन्हें बहुत कम उम्र में ही 'विद्रोही आत्मा' की अनेक कथाएँ लिखनी पड़ी थी।

इस शीर्षक वाली एक पुस्तक में जिब्रान धर्म की ध्वजा उठाये हुए लोगों की कुटिलता और कुचल डालने वाली छवि सामने लाये थे। उस कहानी के नायक, उनका नाम भी ख़लील ही था, याजकसंघ से उन्हें निष्काषित कर दिया गया था क्योंकि उन पर यह अभियोग था कि वे ग़रीबों का पक्ष लेकर बात करते हैं। जो लोग अज्ञान के अन्धकार में डूबे हुए हैं, जिनके मकानों पर छत नहीं, मुँह में रोटी का निवाला नहीं, उन्हीं की सम्पदाओं से तुम लोग किस तरह अपने आप को गढ़ते रहते हो? याजकों के सामने ख़लील ने यह सवाल उठाया था। इसलिए वे बहिष्कृत हैं। और बहिष्कृत होने के कारण ही जनपद के शासक भी उन्हें अवांछित मानते हैं। उन्हें देश से बाहर निकाल दिया जाय, यह माँग लेकर शेख़ अब्बास के जासूस उनके पास गये, उन्हें गिरफ़्तार कर लिया, वे उन्हें अदालत ले आये, जनता के सामने। जनता की भीड़ की ओर देखकर ख़लील ने कहा : मेरे सारे भाइयो, ये जिसे तुम लोग अपने खेतों के प्रभु समझ रहे हो, उसकी यह अट्टालिका तुम्हारे पूर्वजों की क़ब्रों के ऊपर ही बनी है। मुझे तुम लोगों की करुणा नहीं चाहिए, मैं केवल सुविचार चाहता हूँ। तुम लोग ही मेरी ज्यूरी हो। तुम्हीं बताओ मेरा अपराध क्या है? तुम लोगों के गले में जो ज़ंजीर बँधी हुई है, उसे खोल देने की इच्छा ही मेरा अपराध है। वसन्त में प्रकृति कितनी सजती-धजती है, तुम लोग उसके पास फटे कपड़े पहनकर खड़े होते हो। गर्मी में तुम लोग फ़सल काटकर उनके गोदाम भर देते हो, उसका बहुत थोड़ा-सा प्रसाद तुम्हें मिलता है। और ठण्ड में तुम्हारे कोहरे से ढँके जर्जर

घरों में तुम क़ैद रहते हो। कौन-सी ऋतु तुम्हारी है? तुम किसे अपना प्रभु समझते हो? इन याजकों को? जो केवल तुम लोगों को बाँधकर रखने के लिए शास्त्रों का उपयोग करते हैं? उन्हें? वे तो विश्वासघाती हैं, पाखण्डी हैं, भेड़िये हैं। उनका नाश कर डालो, उन पर झपट पड़ो।

जिब्रान ने अपनी किताब में एक सपना देखा था। उन्होंने लिखा था कि तब ग्रामवासियों ने मिलकर विद्रोह किया। वे सब मिलकर स्तोत्र पढ़ रहे थे, लेकिन वह स्तोत्र था :

> आज़ादी, तुम हमारी ओर देखो
> आओ आज़ादी, दया करके
> हमारी ओर बढ़ाओ अपना हाथ
> वह शक्ति दो जिससे हम ज़िन्दा रह सकें
> ऐसा न हो तो हमारे शत्रुओं को इतना कठोर बना दो
> कि वे पूरी तरह हमारा ख़ात्मा कर सकें
> और हम भी चिरन्तन शान्ति में समा जायें।

जिब्रान सपना देखते हैं कि दो महीने बाद वह जनपद बदल गया है। फ़सल कटाई के समय अब शेख़ की लाल-लाल आँखें नहीं हैं। हर कोई अपनी फ़सल काट रहा है, ग्रामवासियों के घर फ़सलों से भरे जा रहे हैं। वे जिस ज़मीन पर फ़सल उगा रहे थे, वह ज़मीन उन्हीं के नाम की जा रही है। लेबनान जागने लगा है।

उनके अपने देश में उनकी यह किताब जलायी जा रही थी, यह सुनकर जिब्रान बहुत नाख़ुश नहीं हुए थे। बल्कि उन्होंने तो एक चिट्ठी में लिखा था : यह तो कुछ भी नहीं है! 'धर्म और धार्मिकता' शीर्षक से इन दिनों मैं जो किताब लिख रहा हूँ, वह तो और भी अधिक आलोड़न पैदा करने वाली है। हालाँकि, उस किताब को अख़िरकार जिब्रान पूरी नहीं कर पाये। लेकिन उन्होंने १९ मई, १९११ को मेरी को लिखा था : 'तुर्की के नये शासक पर जो सीरिया वाले निर्भर होना चाहते हैं, मैं उनसे कहना चाहता हूँ 'आत्मनिर्भरता'। मैं चाहता हूँ वे ग़रीब लोग इस बात को समझें कि सुन्दर झूठ भी कुत्सित झूठ की ही तरह ख़राब होता है। महाप्रतापी सुलतान का सिंहासन गीली रेत के ऊपर बना है। जब तुम्हारी आँखों के सामने अपरिमेय विश्व पड़ा हुआ है, तो फिर तुम भला क्यों इस कलंकित मूरत के सामने घुटने टेकोगे?'

जिस तरह यह ग़रीबों और शोषितों की दुनिया थी, ठीक वैसे ही जिब्रान ने अपने देश की स्त्रियों की पराधीनता को देखा था। सन १९१२ में लिखे उनके 'टूटे पंख' पुस्तक में सलमा नामक एक लड़की के साथ प्रणय की एक कथा है, उस लड़की के पीड़ित जीवन की कथा। (इसे लोग उन्हीं के व्यक्तिगत जीवन की सत्यघटना न मान बैठें, इसलिए जिब्रान ने मेरी हस्केल के साथ बातचीत में बार-बार यह याद दिला दिया है। बहुत-से लोगों ने सलमा को जिब्रान की युवाकाल की प्रेमिका सोच लिया था, इसलिए यहाँ यह बात बतानी पड़ी।) कोई लड़की किसी को अपने ढंग से प्यार क्यों नहीं कर सकेगी भला? 'हे विधाता / मैंने झुका लिया है माथा / रास्तों पर हम क्यों जागती रहेंगी' रवीन्द्रनाथ की तरह जिब्रान भी इस सवाल को उठाते हैं। लड़कियों पर समाज क्यों अपना प्रभुत्व जमाये रखेगा? यहाँ भी दिखायी देता है धार्मिक अनुशासन, जो कि परिवारों पर अपना प्रभुत्व जमाये रखना चाहता है। उन्हीं के कुचलने से कितने ही जीवन नष्ट हो जाते हैं, जैसे कि सलमा। उस सलमा की समाधि के पास खड़े होकर जिब्रान कहते हैं : प्रिय पाठको, एक समूची जाति को जिस तरह उसके शासक और याजक दमित करके रखते हैं, वैसा ही क्या वे एक लड़की के साथ नहीं करते? जबकि, जिस तरह दीपक के पास उजाला होता है, एक जाति के लिए लड़कियाँ भी तो वही होती हैं? दीपक में यदि तेल कम हो जाये, तो फिर क्या उजाला भी बुझ नहीं जायेगा?

देश के लिए, जाति के लिए, स्त्रियों के लिए यह वेदनाबोध, यह विद्रोह का बोध, उनकी मुक्ति के लिए, उनकी सत्ता के लिए यह आलोड़न : यह सब इतने प्रत्यक्ष रूप से जिब्रान की परवर्ती रचनाओं में फिर नहीं आ सका। यह ठीक है। लेकिन इसके अन्त:सार से उनका लेखन कभी दूर भी नहीं हुआ। सन १९२३ में *The Prophet* शीर्षक से छपी अंग्रेज़ी की किताब जो उनकी सबसे जनप्रिय और सबसे अधिक प्रचारित किताब है (भले ही 'जुलूस' को ही कुछ लोग उनका magnum opus कहना चाहते हैं), जो किताब नि:शब्द की बातों से, अध्यात्म की बातों से भरी हुई है, उसमें भी हमें रह-रहकर यह सब बातें सुनायी देंगी :

> चलो हमारे साथ खेतों में चलो, या फिर हमारे मल्लाह भाइयों के साथ समुद्र में जाकर जाल डालो;....
> ....तुम लोगों में जो सबसे साधारण है

उसकी ज़रूरतें यदि पूरी नहीं हो सके
तो फिर स्निग्ध हवा की छुअन से भी
विश्वविधाता की आँखों में नींद नहीं उतर सकेगी।

या फिर,

तुम्हारा रोज़ का जीवन ही तुम्हारा मन्दिर और धर्म है।
जब भी वहाँ प्रवेश करो सबकुछ लेकर जाना,
हल लेना, धौंकनी लेना, हथौड़ा लेना, वीणा भी ले जाना,
तुमने जो-जो तैयार किया है अपने प्रयोजन या कि आनन्द के लिए।[१]

तीन

हथौड़ा भी लेना और वीणा भी। या फिर शायद इस तरह से भी कहा जा सकता है कि, ले जाना अशान्ति को और शान्ति को भी, विद्रोह को और ध्यान को, दैनन्दिन को और परमता को भी। इसी तरह कहा जा सकता है, क्योंकि जिब्रान के रचना-चरित्र में और व्यक्ति-चरित्र में भी इन दो आपातविपरीत की एक अन्तर्लीन मेल-मुलाक़ात थी। 'जुलूस' शीर्षक वाली यह पुस्तक उन्होंने लेबनान की सन्तान-सन्ततियों को समर्पित की थी, उसकी एक रचना में एक वृद्ध और एक युवा के आपसी संवाद हैं। आराम करने के लिए एक वृद्ध शहर छोड़कर ग्रामांचल आये हैं, पार्थिव ज्ञान और अनुभव से समृद्ध वे जंगल के सिवान पर बैठे हैं। उस जंगल में से धूप में झुलसा एक नग्न युवा अचानक बाहर निकल आता है, उसके हाथ में बाँसुरी है, वह उस वृद्ध के सामने आ खड़ा होता है। उन दोनों में बातचीत आरम्भ होती है। एक की बातों में युक्तियाँ रहती हैं, निराशा की आभा रहती है, और दूसरे की बातों में होती है प्रखर दीप्ति, समग्र के अभिमुख में विश्वास। कोई-कोई ऐसा सोच सकता है, एक[२] ने सोचा भी है, कि इन दो चरित्रों के माध्यम से मानो हमें जिब्रान की निजी दो सत्ताओं का संवाद सुनायी दे रहा है, स्वयं को लेकर स्वयं के मध्य अपने आप को

---

१. अनुवाद ये दो टुकड़े सौमित्र चट्टोपाध्याय के अनुवाद से लिए गये हैं। द्र. 'द्रष्टा', १९९८, पृ. ४२, ८२

२. 'जुलूस' पुस्तक के अंग्रेज़ी भाषा के अनुवादक George Kheirallah ने अपनी भूमिका में ऐसा ही मन्तव्य प्रकट किया है।

समझने-बूझने के उनके अपने पथ को हम समझ पा रहे हैं।

इस समझने-बूझने में अन्ततः कौन-सा अंश बड़ा हो उठता है? या फिर उसके भी आगे यह सवाल उठाया जा सकता है कि समझने-बूझने के इस पथ पर समकालीन अन्य किसी लेखक के साथ क्या जिब्रान का कोई सम्बन्ध बन सका?

अंग्रेज़ी में लिखी 'पागल' पुस्तक का एक अन्यतम अंश है 'पराभव'— 'Defeat'। उस रचना में जिब्रान ने पराभव को ही गौरव के साथ देखने की कोशिश की है। क्योंकि, उन्हें लगा कि वहीं पर उनकी अपनी निःसंगता की शक्ति है, हज़ार विजयों की अपेक्षा वही उन्हें प्रियतम लग रही है, उन्हें लग रहा है कि समस्त सम्मानों की अपेक्षा वह मधुरतर है। सभी लोगों से परित्यक्त होने में ही एक प्रकार की आत्मरक्षा है, उन्हें ऐसा ही लगा; उन्हें लगा कि `And in you I have found aloneness / And the joy of being shunned and scorned'।

'पागल' का प्रकाशन सन १९१८ में हुआ था।[१] ये बातें सुनते-सुनते १९१६ में प्रकाशित एक और लेख की क्या हमें याद आती है, एक भिन्न देश के एक भिन्न कवि की रचना? जो पराभव यहाँ पर 'shunned and scorned' है, उस भिन्न रचना में वह पराभव ही 'forsaken of the day' था, उसे रात के अन्धकार में प्रतीक्षा करनी पड़ रही थी। 'The Song of the Defeated' शीर्षक वाली वह रचना, जिसे अंग्रेज़ी में ही हमारे रवीन्द्रनाथ ने लिखा था, उसमें क्या हमने 'Defeat'-जैसी ही बात नहीं सुनी थी? वहाँ पर भी विजय की अपेक्षा पराभव को ही अधिक शक्तिशाली दिखाया गया है, पराभव वहाँ पर स्वयं को भीड़ से हटाकर एक निःसंगता के घर में ले जाता है। अन्धकार में उस पराभव के सीने में एक मणि झलमल करती रहती है, वही उसका गौरव है।

दोनों रचनाओं का यह मेल निश्चय ही एकमात्र बात नहीं है, इनमें प्रभेद भी काफ़ी हैं। रवीन्द्रनाथ की रचना में यह पराभव का आश्रय एक रात है।

---

१. यह रचना और 'पागल जन' एक ही रचना नहीं है। सन १९१९ में स्वतन्त्र रूप से 'पागल जन' रचना `Yuhanna the Mad' शीर्षक से *Nymphs of the Valley* में प्रकाशित हुई थी, और थोड़ी परिवर्तित भाषा में `John the Madman' शीर्षक से *Secrets of the Heart* पुस्तक से भिन्न-भिन्न समयों में संकलित हुई है।

शिशिर से भीगे फूल और प्रज्वलित दीप लेकर प्रतीक्षा कर रही है वह रात, पराभव की रात। और जिब्रान की रचना में यह पराभव उनकी इच्छाशक्ति लेकर दिन के तेज़ उजाले में आ खड़ा होता है, और वहाँ पर वह होता है 'shall be dangerous'।

'The Song of the Defeated' कविता *Fruit Gathering* में संकलित है। यह पुस्तक जिस वर्ष प्रकाशित हुई, उसी वर्ष रवीन्द्रनाथ की Stray Birds शीर्षक वाली और एक पुस्तक भी प्रकाशित हुई थी, जिसमें एफ़ॅरिज़्म की शैली में दो-पाँच पंक्तियों वाली कवितायें हैं। इसके लगभग दस वर्ष बाद लगभग उसी तरह से प्रकीर्ण कणिका ली हुई जिब्रान की एक किताब दिखायी दी : *Sound and Foam*। इन दोनों किताबों से स्वयं में सम्पूर्ण कुछेक पंक्तियाँ यदि हम एक-के-बाद पढ़ें, यदि हम पढ़ें :

1. Sadness is but a wall between two gardens.
2. The sadness of my soul is her bride's veil. It waits to be lifted in the night.
3. Roots are the branches down in the earth. Branches are roots in the air.
4. A root is a flower that disdains fame.
5. You see but your shadow when you turn to the sun.
6. They throw their shadow before them who carry their lantern in the back.

तो फिर इनका रूपगत और स्वरगत सामीप्य हमें चौंकाता नहीं?

सामीप्य अवश्य है; लेकिन उससे अधिक और कुछ नहीं। दोनों मन का स्वातंत्र्य भी निश्चय ही इन रचनाओं में चिह्नित है। `bird's veil'-जैसा कोई प्रयोग सम्भव है रवीन्द्रनाथ की शिनाख़्त भी कर दे, या फिर सम्भवत : यह भी कहा जा सकता है कि जिब्रान के अंश (१, ४, ५) रवीन्द्रनाथ की अंशों (२, ३, ६) की तुलना में थोड़े और अधिक घनीभूत हैं।

लेकिन मानसिक सामीप्य के ये जो उदाहरण हमारे सामने आये हैं, इनसे हमें केवल इतना ही सोचने की इच्छा होती है कि रवीन्द्रनाथ की रचनाओं के साथ जिब्रान का कोई गाढ़ा परिचय अवश्य था। सचमुच ऐसा था क्या? लगभग बारह वर्ष के अन्तर से (१९१२ /१९२३) दो विदेशी कवियों की अंग्रेज़ी में लिखी दो किताबों ने पश्चिमी जगत को आलोड़ित किया था, उस समय दोनों के गुणग्राही बड़ी संख्या में मौजूद थे, दोनों की

अध्यात्मप्रवणता में थोड़ा-बहुत मेल भी दिखायी दे रहा था, लेकिन वे दोनों कवि क्या एक-दूसरे को ठीक तरह से जान रहे थे? इसके कोई निश्चित प्रमाण हमें नहीं मिलते। मेरी एलिज़ाबेथ हस्केल ने अपनी दैनन्दिन डायरी में जिब्रान के साथ उनके परिचय का विवरण लिख रखा था, या फिर उन्हें लिखे जिब्रान के पत्रों के अंश, कला-साहित्य के आदर्श और अनुभवों के विषय में उनके आपसी विचारों के विनिमय वहाँ अंकित हैं, लेकिन उनमें रवीन्द्रनाथ के विषय में उन लोगों के अनुभवों के कोई ख़ास संकेत नहीं मिलते। जिस न्यूयॉर्क में जिब्रान के जीवन के अन्तिम लगभग बीस वर्ष बीते, उस समय उसी शहर में अलग-अलग चार वर्षों में एकाधिक बार रवीन्द्रनाथ वक्तृता देने पहुँचे थे, अपने चित्रों को लेकर उपस्थित हुए थे। डायरी में या फिर चिट्ठियों में इस विषय में जिब्रान के कोई मन्तव्य नहीं दिखायी देते, किसी सजगता के निशान भी वहाँ नहीं मिलते। नहीं मिलते क्या इसलिए कि सामीप्य के रहने के बाद भी रवीन्द्रनाथ के मन के साथ आख़िरकार एकात्म होने का एक अभावबोध ही उनमें रह जाता है?

पहले हमने देखा है कि जिब्रान की सारी रचनाओं में नीरवता का एक पर्दा पड़ा हुआ है, और उस नीरवता तक पहुँचा देने के लिए वहाँ केवल एक पागल का आह्वान किया गया है। उन्होंने अपने मित्र मिखाइल नेइमिक को लिखा था 'उन्मत्त हो जाओ, उन्मत्त भाई के साथ उन्मत्त भाई बनकर रहो', उन्होंने लिखा था कि दैव भावावेश में पहुँचने की पहली सीढ़ी ही है यह उन्मत्तता, युक्ति के आवरण को हटाकर विश्वरहस्य के सम्मुख ले जा सकती है यह उन्मत्तता। जीवन का उद्देश्य है रहस्यमूल के पास हमें पहुँचा देना, और इसलिए जीवन में हमें पागल होना ही पड़ता है—जिब्रान ने कहा था।

हमें निश्चय ही याद आयेगा कि 'नीरव' और 'पागल' रवीन्द्रनाथ के भी दो प्रिय शब्द हैं। 'Be mad, Misha, be mad' —जिब्रान के इस कथन की तरह रवीन्द्रनाथ भी कह सकते थे 'तू तो आकण्ठ पागल है, / साहस करके यह बता दे तू'। श्रावनघनगहन मोह से दबे पाँव जिन्हें रवीन्द्रनाथ ने आते देखा था, वे तो निशा की तरह ही नीरव हैं, नीरवता ही उनकी सत्ता है। वाणी भी नीरव है, और उस वाणी को सुनने के लिए मुखर कवि को भी नीरव हो जाना पड़ता है। यह नीरवता प्रतिदिन के हलाहल से हटा लेती है, और प्रतिदिन के नियमों में से बाहर निकाल ले जाता है यह पागल।

उस पागल का स्पर्श मिल जाय तो लगता है 'महा अपूर्व की गोद में मैं हमेशा से खेलता रहा हूँ'।

ठीक है। लेकिन इस महा–अपूर्व तक पहुँचने के लिए रवीन्द्रनाथ का पागल एक तोड़ने वाले का रूप लेकर आता है, 'ताण्डवनृत्य के आघात से' चूर–चूर हो जाता है दैनन्दिन का बोझ। 'संहार के रक्तिम–आकाश के बीचोंबीच' वे देखते हैं 'रविकरोद्दीप्त तीसरा नेत्र, उसी की ध्रुवज्योति से उद्भासित हो उठता है उनके 'अन्तर का अन्तर'। और जिब्रान, भले ही उन्होंने कई बार अपने देशवासियों में आत्मनिर्भरता के मन्त्र का प्रचार करना चाहा था, भले ही उन्होंने कई बार प्राच्य मन के 'धैर्य और समर्पणशीलता' को धिक्कारते हुए उन्हें संघर्ष की दुनिया में आने का आह्वान किया था, फिर भी उनका प्रमुख विद्रोह उनकी इस स्वीकृति में दिखायी देता है कि 'my life is an inner life. Little is "happening"।' या फिर इस बात में कि उनके भीतर के 'मैं' का निवास नीरवता के एक घर में है, और वे वहीं पर चिरकाल की तरह अदृश्य और अगम्य रह जाना चाहते हैं।

दोनों ही कवियों ने नीरवता को जीवन के साथ मिलाने की कामना की थी। लेकिन दोनों में बहुत बड़ा प्रभेद यह था कि : रवीन्द्रनाथ ने नीरवता को जीवन में प्रतिष्ठित करने की कोशिश की थी, और जिब्रान ने जीवन को परम नीरवता में प्रतिष्ठित करना चाहा था। रवीन्द्रनाथ नीरवता को दबे पाँव जीवन की ओर आते देखते हैं, और जिब्रान एक जीवन को नीरवता की ओर जाते देखते हैं। इसीलिए दोनों कवियों का अध्यात्म–गान दो विपरीत दिशाओं में चला जाता है।

(१९९८)

अन्तहीन सीढ़ी : काफ़्का

हमें एक मरणासन्न बीमार किशोर की कहानी पता है, जो बहिर्मुखी होकर दिन भर अपनी खिड़की पर बैठा रहता था, दिन भर की छोटी-छोटी घटनाएँ भी उसे ज़बर्दस्त ढंग से आकर्षित करती थीं। वह स्वयं व्याख्या करके हर चीज़ को समझ पाता था ऐसा नहीं था, लेकिन निविड़ रूप से अनुभव करता था कि मानो राजा ने बहुत पहले से उसके लिए अपने दूत को भेज दिया है, बहुत दूर से, कितने ही पहाड़, प्रान्तर, नदी और खेतों को पार करता वह चला आ रहा है, वह आ रहा है, आ ही रहा है। और हमें तब एक भिन्न कविता की यह ध्वनि सुनायी देती है 'वह जो आता है, आता है, आता है' या फिर उसकी अंग्रेज़ी प्रतिध्वनि 'He comes, comes, ever comes'। केवल बढ़ते आने की इस छवि के बारे में सोचते-सोचते हमें तब उस किशोर की याद आ जाती है, अपने राजा से वह भी ऐसे ही किसी दूत का काम माँग लेगा, डाक हरकारे का काम, समय के उतर आने की तरह जीवन भर वह केवल चलता ही रहेगा, यही उसका व्रत है। हालाँकि यह काम उसे कभी नहीं मिल सका, केवल उसकी मृत्युशैया तक राजदूत अपने राजा की ख़बर लेकर पहुँचा था। तब घर की सारी दीवारें तोड़कर उसके सामने खोल दिया गया था तारों से भरे महाकाश का विस्तार।

इस छवि के बनने के कुछेक साल बाद ही दूर देश के और एक बीमार युवक की कल्पना में फिर से एक भिन्न राजदूत दिखायी दिया। तुम एक मामूली प्रजा हो, सौर प्रताप के सामने दूरतम एक छाया की भी छाया, राजा ने तुम्हारे लिए ख़बर भेजी है, सिर्फ़ तुम्हारे लिए। वे अपनी मृत्युशैया पर लेटे हैं, दूत को पास बुलाकर उसके कान में उन्होंने अपनी ख़बर कह दी है, फिर उन्होंने कानोंकान उसे सुन भी लिया है। उनकी मृत्युशैया के

चारों ओर तब सारी दीवारें टूट गई हैं, मुक्त विशालता के बीचोंबीच सीढ़ी ऊपर तक चली गई है, वहाँ सारे राजकुमार खड़े हैं, उनके सामने वह ख़बर पढ़ी गई, और इसके बाद राजदूत अपनी राह चल दिया। वह अनथक है, शक्तिमान है, उसके सीने पर है सूर्य का निशान—उसके लिए सब लोग रास्ते पर से हट गये हैं। कितना सहज होता यदि खुले प्रान्तर से होता हुआ वह जाता, तो फिर थोड़े ही समय में तुम्हारे दरवाज़े पर उसकी दस्तक होती। लेकिन वह तो व्यर्थ ही अपनी शक्ति ख़र्च करता फिर रहा है, क्योंकि वह तो केवल प्रासाद के भीतर कमरों में भटक रहा है, जिनका कभी कोई अन्त नहीं। सीढ़ियाँ हैं, आँगन हैं, बहिर्महल हैं; फिर से सीढ़ियाँ, फिर से आँगन, फिर से महल; हज़ार-हज़ार वर्ष केवल इसी तरह। किसी भी तरह संयोग नहीं होगा, मृतक की ओर से भी कोई ख़बर लेकर नहीं पहुँचेगा शाम को सिर्फ़ तुम अपनी खिड़की पर बैठे रहोगे, और बैठे-बैठे आने वाली उस ख़बर के बारे में सोचते रहोगे।

एक ही तरह के राजा हैं, दूत हैं, प्रतीक्षा है। लेकिन एक ही साथ पूरी तरह से भिन्न। प्रजा नहीं, यहाँ राजा ही मृत्युशैया पर हैं, और राजदूत का रास्ता भी काफ़ी हद तक अलग प्रकार का ही है। वह खुले पथ, पहाड़ों, नदियों, प्रान्तरों में से होते हुए आ सकता था, तो काम सहज हो जाता, हम देख पाते अमल का सौन्दर्य, अमल का समय। लेकिन इसकी बजाय वह केवल कमरों-ही-कमरों में भटकता फिर रहा है, उस विराट दीवार को तोड़ने के बाद भी उसकी वह दीवार तथा तमाम और दीवारें रह ही जाती हैं, रह जाती हैं सीढ़ियाँ-दर-सीढ़ियाँ। एक प्रतीक्षा के भीतर घनीभूत थी मुक्ति की हवा। लेकिन यह एक भिन्न प्रतीक्षा की छवि हमें मिली, जिसमें रुद्ध है अन्तहीन सिर फोड़ने की कोई पीड़ा।

किसके आगे सिर फोड़ना? राजा क्या कहीं पर हैं? अमल ने वह प्रश्न भले ही न उठाया हो लेकिन एक अन्य नाटक के किसी-किसी त्रस्त नागरिक ने ठाकुरदा के समक्ष यह प्रश्न उठाया था, और उन्होंने अपनी निजी सान्त्वना से उनके उद्यत भय और अविश्वास का शमन कर दिया था। मृत्युशैया वाली उस राजकहानी में वही एक ही जिज्ञासा उत्पन्न हुई थी कि राजा कहाँ हैं, उनके वंश का क्या परिचय है, वे हैं भी? एक अन्य कहानी के टुकड़े में यह लेखक, काफ़्का, नाव के किसी अपरिचित माझी की कथा कहेंगे, वह कह गया है कि सम्राट को बचाने के लिए उनके चारों

ओर एक दीवार तैयार की जाय, क्योंकि प्रासाद के सामने एकत्र होकर काले तीरों द्वारा दानव लोग सम्राट को मार डालना चाहते हैं। यह भी अन्ततः किसी 'रह जाने' की ही कथा है, लेकिन 'वह रहना' हर क्षण 'नहीं रहने' की सम्भावना में साँय-साँय कर रहा है, रहने-न-रहने का एक जटिल भार लिए यह छवि हमारे सामने स्थिर हो गई है।

रहने में ही प्रतिपल इस न रहने को देख पाना, जबकि कुछ भी छोड़े बग़ैर इस रहने को ही प्रबल रूप से स्पर्श करने का आवेग, इसी में से निर्मित होता है काफ़्का का जीवन, उनका शिल्प। स्पर्श करने का यह आवेग जिस ऑथेन्टिसिटी को निर्मित करता है, उसी से अनिवार्य रूप से उन्हें दिखायी देते हैं अवान्तर निर्मनन विच्छिन्न जीवनयापन के टुकड़े और उनकी यान्त्रिकता। 'ये कैसे लोग हैं? ये लोग कभी सोचते हैं? या कि इस पृथ्वी पर सिर्फ़ निरर्थक भटकते फिरते हैं?' एक काले लम्बे व्यक्ति ने आघात करके हाथ से चप्पू छीन लिया है, पराभूत व्यक्ति तब आर्त्त स्वर में सबको एकत्र कर कहने लगता है : देखो तुम लोग देखो, क्या मैं ही मल्लाह नहीं हूँ? युक्तिसंगत बात जानकर डाँड़ को पकड़े हुए नये आगन्तुक को सब लोग घेर लेते हैं। लेकिन जैसे ही वह कहता है 'मुझे परेशान मत करो', बाँस की सीढ़ी से सब नीचे उतर जाते हैं। तो फिर, किस तरह के लोग हैं ये? कैसा है यह आचरण?

समझ में न आ सकने वाले इस दमघोंटू आचरण में से समूचे जीवन के रूप को काफ़्का इस तरह से देख पा रहे थे, या फिर वे हमें ऐसा दिखाना चाहते थे कि हमें लग सकता है कि उनकी रचनाओं में अवक्षय के अलावा और कुछ भी नहीं है। मनुष्य अन्ततः असहाय है और चारों ओर से उसे एक कुरूप विश्व ने घेर रखा है, इस बोध को वे इस तरह गढ़ सकते हैं कि किसी को लगे कि यही उनकी रचनाओं का आशाहीन, प्रकाशविहीन केन्द्र है। और इसलिए, एडमण्ड विल्सन की तरह जिनके मन की जड़ें उन्नीसवीं शताब्दी की जड़ता में हैं, वे इस जगत को अस्वीकार करना चाहते हैं, उन्हें लगता है कि शिल्पमहिमा के विचार से काफ़्का को जॉएस-प्रूस्त के निकट ले आना कठिन है, दान्ते तो बहुत दूर की बात है। उन्हें सेन्ट समझने की कोशिश करना ग़लत है, क्योंकि उनकी रचनायें हमें आत्मउन्मोचन के सम्मुख नहीं ले जातीं, दुर्बलमन और पंगुचित्त वाले लोगों की भय की छवियों से भरी हुई हैं उनकी रचनायें, जिनकी बुनियाद

में हैं परिवार, नौकरी, और बुर्जुआ सुखों के साथ जुड़ सकने वाली तमाम इच्छायें और विफलतायें। इसलिए विल्सन–जैसों के लिए काफ़्का 'संशयार्त दलित आत्मा की अर्द्धस्फुट श्वास' भर हैं, वे हमारे नैतिक–नियन्ता नहीं हैं, कोई बड़े कलाकार भी नहीं हैं वे।

अमल की आतुर विश्वासभूमि से या विल्सन–जैसों के निश्चिन्त आश्रय से काफ़्का की रचनायें हमें बहुत दूर ले आयेंगी वह तो स्वाभाविक ही है। इस शताब्दी के युद्धकालीन नये परिवेश के साथ–साथ उनका जो सृजन है, वहाँ अब पुराने ढंग के आशा–बोध का भरोसा भी नहीं रखा जा सकता। लेकिन भंगुर, पीड़ित, दुर्बल व्यक्तिगत जीवन से उठ आने के बाद भी उनकी कल्पना ने जिस आसन्न समाज और राष्ट्र–दुर्विपाक के गाढ़े निशान तैयार कर रखे थे, परवर्ती सोवियत और नात्सी व्यवस्था में विल्सन को उसका कुछ–कुछ प्रतिफलन दिखायी देता है, यह बात उन्हें कहनी ही पड़ी थी। फलतः, जिस असहायता, जिस विच्छिन्नता का तीखा स्वाद हमें काफ़्का की रचनाओं में मिलता है, वह केवल व्यक्तिगत नहीं है, विल्सन का मानना है कि एक विशेष समय की निशानी के तौर पर उनकी सृष्टि हुई है। लेकिन वे केवल इतना याद नहीं रख पाते कि चिरन्तन मानव प्रकृति के पैरेबल के रूप में भी काफ़्का की रचनायें अन्ततः हमारे लिए थोड़ी–बहुत तो ग्राह्य हो ही सकती है।

आश्चर्य की बात यह है कि लुकाच–जैसे मार्क्सवादी विचारक एकदम उलटी ओर से बात को उठाते हैं। वे कहते हैं : बुर्जुआ व्यवस्था के एक ऐतिहासिक पल से ही काफ़्का के अवक्षयी चरित्रों की निरुपाय दशा निर्मित हुई है, लेकिन वह तो इतिहास का ही एक स्तर भर है, उस विषय में लेखक मानो सतर्क नहीं थे। समय के साथ–साथ दूर किये जा सकने वाले रोग के लक्षण के रूप में न देखकर इस दुर्दशा को वे चिरन्तन मानव प्रकृति की समस्या मानते हैं। कभी भी किसी भी दशा में मनुष्य के लिए कोई उपाय नहीं, कोई त्राण नहीं, इस angst एवं निराशा के बीच वे अपने पाठकों को ठेल देते हैं, हालाँकि वे इसे अत्यन्त कुशलता के साथ ही करते हैं। लेकिन वह angst आज हमें क्यों आच्छन्न करेगी ? प्रगति के बोध से दीप्त आज के किसी भी व्यक्ति को इसीलिए दो विपरीतों में से किसी एक को चुनना पड़ेगा; काफ़्का या फिर टॉमस मान, अवक्षयी आधुनिकता या फिर कोई फलदायी यथार्थ।

पिछला अनुच्छेद मैंने भले ही 'आश्चर्य की बात यह है कि'-जैसे शब्दगुच्छ से आरम्भ किया था, फिर भी एक हिसाब से इसमें आश्चर्य करने का कोई कारण नहीं है। शताब्दी के आरम्भ में नये लेखकों में काफ़्का की रचनायें भाषा के स्तर पर समकालीन अन्य लेखकों की तुलना में (जैसे प्रूस्त या जॉएस) स्पष्टतर, अपने गठन में स्फटिक की तरह कठोर, आपातविचार में जटिलताहीन एक स्वच्छन्द प्रवाह वाली थीं। लेकिन उनकी इस सरलता को हम किस तरह समझ सकेंगे, इसे लेकर पाठक या समालोचकों के समाज में वितण्डा का कोई अन्त नहीं। उनकी कहानियाँ क्या रूपक हैं? या कि उन्हें हम प्रतीक की तरह देखेंगे?[१] जिस दुर्ग के भीतर वह दिशाहीन होकर भटकता फिरता है, वह कौन-सा दुर्ग है? उसे किस सुनवाई के लिए लाया जा रहा है? विचारक कौन है? इस अन्ध गोरखधन्धे का वास्तविक परिचय क्या है? बहुत-से लोग इन सारे प्रश्नों को गणितीय समीकरण में समझ लेना चाहते हैं। उनके क़रीबी मित्र मैक्स ब्रॉड के साक्ष्यों को मान कर बहुत-से लोग उस पर धर्म या तत्वविद्या के किसी स्तर पर विचार करना चाहते हैं, 'पिलग्रिम्स प्रोग्रेस' या फिर 'डिवाइन कॉमेडी' की तुलना अनिवार्य रूप से उनके मन में आ ही जाती है। कोई-कोई इसे मनोविज्ञान की ग्रन्थि की अभिव्यक्ति के रूप में देखते हैं। सोचते हैं कि पिता को लिखी चिट्ठी के सूत्रों को पकड़कर उनकी सारी रचनाओं के रहस्य का उद्घाटन करना सम्भव है। इस समाज की जिस ब्यूरोक्रेसी में काफ़्का को अपने दिन बिताने पड़े थे, कुछ लोग उसी के स्पष्ट प्रतिफलन के रूप में उनकी रचनाओं को देखना चाहते हैं। या फिर कुछ लोग मनुष्य की एग्ज़िस्टेन्शियल समस्या की ओर से भी उन्हें देखते हैं, अकेलेपन, निष्क्रियता और निरर्थकता की वजह से विपन्न व्यक्ति अपने परिवेश में बन्दी होकर भटकता फिर रहा है—इसी छवि को वे काफ़्का का अन्तिम परिचय मान बैठते हैं।

काफ़्का का लेखन इस अर्थ में जटिल है कि वे सारे वर्णित रास्ते उन्हें

१. यह बात ध्यान देने योग्य है कि व्याख्या की यह समस्या अनुवादक तक को प्रभावित करती है। पैरेबल के बारे में ही काफ़्का का एक पैरेबल है। विला और एडविन म्यूर के अनुवाद में वह रचना जो शब्द सात बार 'पैरेबल' के हिसाब से अनूदित हुआ है, एरिक हेलर अपनी चर्चा में प्रयोग करते समय सातों बार उसे 'सिम्बल' कहते हैं। हेलर का अन्यतम प्रतिपाद्य यह है कि 'द कैसल' कोई परीकथा नहीं है, वह एक प्रतीकात्मक रचना मात्र है।

समझने के रास्ते हो सकते हैं, और साथ-ही-साथ यह भी लग सकता है कि उनमें से कोई भी रास्ता काफ़ी नहीं है। उन रचनाओं को यहाँ रूपक के रूप में लेने की ही विपदा है। रूपक सबकुछ की ही व्याख्या कर लेना चाहता है, और हरेक क़दम पर, हरेक उच्चारण में वह और एक समान्तराल अर्थ ढूँढ़ लेना चाहता है। इस 'और एक' अर्थ की ओर जाने की प्रवणता के कारण ही अकसर अपनी-अपनी रुचि के हिसाब की व्याख्या की ओर काफ़्का को खींच लाने का अवकाश भी मिल जाता है, लेकिन इसके फलस्वरूप हम प्रत्यक्ष के उस अनुभव को खो देते हैं, जिसे काफ़्का कहना चाहते हैं, जो उनकी विशिष्टता है। पिता के साथ उनके सम्बन्ध, उनकी रुग्णता और आध्यात्मिक उपलब्धि, उनके आसपास का समकालीन समाज, उस समाज और परिवार के साथ उनके जुड़ने की लगातार इच्छा और विफलता—सन्देह नहीं कि इनमें से सभी कुछ उनकी सर्जना के उत्स के मूल में है, जिस सर्जना से उन्हें 'किसी शुद्ध सत्य, अपरिवर्तनीय किसी वलय की ओर पृथ्वी को ले आने' की सामयिक तृप्ति मिला करती थी। लेकिन उत्स ही तो सर्जना नहीं होती। मुझे लगता है कि उत्स के इतिहास को ही समान्तराल रखकर किसी रचना को आद्योपान्त समझ लेने की चेष्टा में विचार की त्रुटि रह जाती है। काफ़्का की रचनायें उनके उत्स का कोई रूपक नहीं हैं। और इसलिए वह किस चीज़ का दुर्ग है, विचारक कौन है, सम्राट क्यों है—इन सब प्रश्नों के एकमात्र किसी सुनिश्चित उत्तर की हमें ज़रूरत भी नहीं है। 'प्रतीक्षा' शीर्षक वाले छोटे-से पैरेबल में काफ़्का ने जिस तरह एक पैराडॉक्स को उचारा था 'परीक्षा में केवल वही पास हुआ है, जिसने प्रश्नों के कोई उत्तर नहीं दिये।'

काफ़्का को समझने के लिए हम मुख्य रूप से 'द ट्रायल', 'द कैसल' और 'द मेटामॉर्फ़ोसिस' पर ही ग़ौर करते हैं, यह असंगत भी नहीं है। लेकिन इन रचनाओं में उनका अभिप्राय क्या था इसे लेकर कुछ संशय होता है, इसलिए आज उन कहानियों के पूरे तात्पर्यों को समझने के उपक्रम में उनके समग्र लेखन-जगत को हमारे अनुभव के सामने लाकर रखने की ज़रूरत है, उनके छोटे-छोटे असंख्य पैरेबल, चिट्ठियों और डायरियों के मन्तव्यों की तिर्यक छुअन में से होकर हमें उन कहानियों के निहित मन की ओर आगे बढ़ना पड़ता है। ऑस्टिन वॉरेन ने एक प्रश्न उठाया था, काफ़्का अपने उपन्यास में जिस हायरार्की की तसवीर पेश

करते हैं, वह किस प्रकार की है? इसका क्या कोई परम सुडौल शिखर है? या कि वैसा कोई शिखर है ही नहीं, सीढ़ी चढ़कर ऊपर जाते-जाते बस एक अन्धकार में महापतन? वॉरेन कहते हैं कि 'दि आन्सर इज़ अनसर्टेन'। लेकिन इसे क्या इतना ही अनिश्चित कहा जा सकता है, यदि हम पैरेबल की मदद लेते हैं? एकाधिक पैरेबल में क्या इसके कोई इशारे नहीं हैं? 'यदि तुमने पैदल चलना शुरू किया हो, कुछ भी हो जाय, चलते रहना। तुम्हारे पास खोने के लिए कुछ भी नहीं है, कोई डर नहीं, अन्त में हो सकता है तुम शिखर पर जा पहुँचो। लेकिन क़दम बढ़ाते ही तुम यदि मुड़ जाओ, उतर आना चाहो, तुम तुरन्त गिर जाओगे—शायद नहीं, निश्चित रूप से। इसलिए यदि अलिन्द में तुम्हें कुछ भी न मिले, बिलकुल मत सोचना, किसी और सीढ़ी पर चढ़ जाना। तुम यदि चढ़ना बन्द न करो, तो सीढ़ियाँ भी ख़त्म नहीं होंगी, आरोहण के साथ-साथ तुम्हारे पैरों तले जाग उठेंगी सीढ़ियाँ-ही-सीढ़ियाँ।'

ये बातें सुनते-सुनते हमारी देशीय पाठ की स्मृति में से 'चलने की गति से पैरों तले जाग उठा है रास्ता'-जैसी कोई पंक्ति सम्भव है दौड़ती चली आये। यहाँ पर, या फिर 'प्रस्थान' शीर्षक वाले और एक पैरेबल में ऐसा ही है, सिर्फ़ जाने की बात। एक व्यक्ति अस्तबल से घोड़ा लेकर बाहर जा रहा है, परिचारक उससे पूछ रहे हैं : 'आप कहाँ जायेंगे?' जवाब आता है : 'पता नहीं। मैं तो सिर्फ़ इतना जानता हूँ कि यहाँ से बाहर। यहाँ से बाहर, और कुछ नहीं, केवल इसी तरह मैं अपने लक्ष्य तक पहुँच सकता हूँ।' 'फिर तो आपको अपना लक्ष्य पता है?' 'हाँ, मैंने कहा तो। यहाँ से बाहर, यही मेरा लक्ष्य है।' यहाँ से बाहर, कहीं और, जीवन इसी तरह चलता रहता है, चरमलक्ष्यहीन लेकिन किसी त्वरित लक्ष्य को लिए हुए—यदि हम उत्तर के इस ढंग को देखें तो फिर वॉरेन इसे 'अनिश्चित' नहीं कह सकेंगे। या फिर, इस अन्तहीन चलने की बात को याद रखें तो मुझे लगता है लुकाच के प्रत्याख्यान पर भी एक बार फिर से विचार करने की ज़रूरत होगी।

हमारे चारों ओर समय का जो दायित्व है, काफ़्का क्या उससे हमारे मन को हटा नहीं लेते? लुकाच यह सवाल करते हैं। इतिहास का जो आधुनिक मनुष्य अपने परिवेश के साथ लड़ना चाहता है, उसे सार्वजनीन निर्वेद की— यह angst की—धारणा पंगु बना सकती है। अदृश्य अबूझ परम

शक्ति के सम्मुख मनुष्य कीटाणुकीट है, असहाय बलि मात्र, आज क्या मनुष्य का यही परिचय है? या कि उसका परिचय यह है कि वह मानव समाज का ही एक व्यक्ति है, सामान्यतम होते हुए भी उसमें इसके संचालन की ज़िम्मेदारी और शक्ति है, इसे संस्कारित करने की? लुकाच का विचार था कि जो आधुनिकता एक परम शून्यता के बोध में ले जाकर मन को केवल निस्तेज और समर्पणमय कर देती है, जो आधुनिकता हमें विरुद्ध-लड़ाई की सम्भावना और रास्ते पर से हटा देती है, काफ़्का हमें उस भयंकर आधुनिकता की ओर ले जाते हैं। और इस तरह, काफ़्का का जगत उन्हें केवल इकहरे किसी चेहरे-जैसा दिखायी दिया था।

लेकिन लगता है कि विचार के इसी ढंग में सम्भवतः कोई इकहरापन प्रच्छन्न है। लुकाच जब 'फ्रांत्स काफ़्का या कि टॉमस मान' शीर्षक वाला प्रसिद्ध प्रबन्ध लिख रहे थे, तब, उन्हें लगा था कि शीतयुद्ध की आबोहवा अब नहीं है, शान्तिपूर्ण सहअस्तित्व की नीति की जीत होने वाली है, उसके पक्ष में काम करने के लिए, शान्ति के पक्ष में काम करने के लिए साहित्य से नियतिवादी निर्वेद को अब पूरी तरह से हटा देना चाहिए। लेकिन परवर्ती तीस वर्षों तक समूची पृथ्वी पर मारणास्त्रों के संग्रह और संगठन के इतिहास ने निश्चय ही उनके उस दिन के भरोसे को ग़लत ही साबित किया था, शीतयुद्ध निश्चय ही उसी दिन ख़त्म नहीं हुआ था। लगता है इस प्रकार के आशावाद में एक तेज़ी है और इसीलिए वह सरलीकृत और इकहरा लगता है। राजनैतिक, सामाजिक सभी ओर हमारे जीवनयापन की जो असत्य प्रकृति है, उसकी समस्याओं को नज़रअन्दाज़ करने का मतलब ही है सत्य की उपेक्षा करके निकल जाना, इतिहास के पटल पर खड़े होकर हमारे समूचे जीवन की एम्बिग्युइटी को अस्वीकार करना भी ठीक वैसा ही बचकर निकल जाने-जैसा है। समाज और व्यक्ति के यथार्थ सामंजस्य की बात आज हमें निश्चित रूप से सोचनी ही होगी, लेकिन वह समाज कौन-सा है, व्यक्ति कौन-से हैं? ब्यूरोक्रेसी की विराट मशीन द्वारा पीसे जाने की वजह से मनुष्य अपना व्यक्तित्व खो चुका है, अपना नाम खो चुका है, वह वस्तु में तब्दील हो चुका है, वह संख्या में बदल गया है। 'द कैसल' उपन्यास में के. के सामने दो कर्मचारी आकर खड़े हुए तो के. ने उनसे कहा : 'तुममें से मैं एक से दूसरे को अलग कैसे करूँगा? फ़र्क़ केवल तुम दोनों के नाम में है, अन्यथा तो तुम दो लोग

हो—तुम दो लोग दो साँपों की तरह एक ही हो!' एकाकार होते जाते धुँधले इन चेहरों से व्यक्ति और समाज के यथार्थ रूप की ही तलाश कर द्वन्द्वात्मक गति से हमें आगे बढ़ना होता है, और आगे बढ़ने के इस रास्ते पर हर स्तर पर खुलता जाता है नया समाज, नयी सम्भावना, लेकिन कभी भी उसके आघात समाप्त नहीं होते, उसकी तलाश, उसका चलना, इस बात का भरोसा भी नहीं होता कि हम किसी अन्तिम लक्ष्य तक पहुँच कर एकदम से ठिठक जायेंगे। फिर भी सीढ़ी-दर-सीढ़ी रह जाती हैं, दरवाज़े-दर-दरवाज़े रह ही जाते हैं। इसका मतलब यह नहीं है कि इस बोध से मनुष्य निष्क्रिय रूप से असहाय होकर रह जायेगा। इसका मतलब केवल इतना है कि अन्ततः किसी परम शून्यता, किसी परम निरुत्तर की सम्भावना को जानते हुए भी, किसी बनावटी परमार्थ की बात न सोचकर भी, स्वस्तिहीन इस अतृप्ति और अन्वेषण का दबाव सीने में रखते हुए भी, वह अपने जीवन का स्पर्श करना चाहेगा, कर सकेगा, और वहाँ से अपने प्रियजनों को ऐसी कोई बात कह सकेगा : 'यदि अच्छे से सोचकर देखता हूँ कि मेरा चरम लक्ष्य क्या है, तो मुझे लगता है, मैं केवल किसी परम विचार के दावे को पूरा करने के लिए दौड़ता फिर रहा हूँ ऐसा नहीं है, बल्कि इसके ठीक उलट है। मैं समस्त मानव जगत को जानना चाहता हूँ, समस्त प्राणी जगत, उनकी मूल इच्छा को समझना चाहता हूँ, उनके नैतिक आदर्श, उसे मैं सहज नियम के अन्तर्गत ले आना चाहता हूँ, और जितना जल्दी सम्भव हो अपने आचरण को वैसा कर लेना चाहता हूँ जिससे समस्त पृथ्वी की आँखों से मुझे प्रसाद मिल सके।'

काफ़्का ने फ़ेलिस को वह चिट्ठी लिखी थी, जहाँ उन्हें लगा था कि उनके लिए 'ह्यूमन ट्राइब्यूनल' ही केवल विवेचनयोग्य है—उससे बाहर और कुछ भी नहीं। मानवीय विवेचना की यह दृष्टि आँखों के सम्मुख रहती है इसीलिए काफ़्का अपनी रचनाओं में किसी सहज समाधान के पथ की कामना नहीं करते, वे केवल दलित आत्मा की श्वास को छुए रहना चाहते हैं। हमारे इस समाज में, जब तमाम पुराने दुर्गों के भीतर फिर से नये-नये दुर्ग निर्मित होते जा रहे हैं, रंग और रूप में बदलाव के बावजूद कुछ और दिनों तक, और भी नये ढंग के दुर्ग गढ़े जायेंगे, सरल आशावाद के बाहर खड़े होकर तब काफ़्का इन सबको समझने में शायद हमारी मदद ही करेंगे। काफ़्का का लेखन हमें सामाजिक बोध से विच्छिन्न नहीं कर देता,

विच्छिन्नता के हाहाकारों को दिखाते-दिखाते वे तो संयोग की इच्छा को ही मूर्त कर देते हैं, उत्पीड़न को प्रकट करके वे जीवित रहने का ही एक ढंग हमें सिखाते हैं। हम अब भी काफ़्का को कम-अज़-कम इस उपलब्धि के लिए तो पढ़ेंगे ही कि जीवन के बहिर्मंडल में किसी एक शून्यता के बोध का मतलब विकल नैराश्य का बोध नहीं है, विच्छिन्नता की परतों को उघाड़कर दिखाने का मतलब उस विच्छिन्नता को स्वीकार कर लेना नहीं है। केवल, कहीं पर भी परम कुछ नहीं है, एक उत्तर के बाद ही दिखायी देगा एक नया प्रश्न, सीढ़ी के बाद और एक सीढ़ी, इस बात को समझ लेने पर हम थोड़े में ही शायद नहीं टूट जायेंगे, हमें सिर्फ़ उस राजदूत का निरन्तर आना दिखायी दे सकेगा, किसी सरल मैदान प्रान्तर को पार करते हुए नहीं, बल्कि प्रकोष्ठों के बाद प्रकोष्ठों में भटकते-भटकते जो अन्ततः कभी भी मेरी खिड़की तक नहीं आयेगा। लेकिन इस बात को समझ लेने का मतलब जीवन का प्रत्याख्यान करना क़तई नहीं है, प्रत्याख्यान केवल उसे सरल करके दिखाने के किसी पलायनवादी ढंग का है।

(१९८६)

पिकासो : तूली से क़लम

लिखते समय अवनीन्द्रनाथ ठाकुर से वर्तनियों की बहुत ज़्यादा अशुद्धियाँ होती थीं। इसे लेकर कोई यदि इंगित करता तो वे कहते : 'मैं स्पेलिंग नहीं देखता, मैं स्पेलबाउण्ड करता हूँ।' यह कलाकार के ही योग्य एक कमाल की युक्ति है। भिन्न देश के भिन्न चरित्र के और एक कलाकार पाब्लो पिकासो को भी हम लगभग ऐसी ही बातें कहते सुनते हैं। उनके मित्र और सचिव सबार्ते ने जब उनके एक लेख में वर्तनियों की बहुत सारी अशुद्धियों के विषय में उन्हें याद दिलाया, तो पिकासो ने कहा था : 'तो इससे क्या हुआ! ग़लतियों से ही तो किसी मनुष्य के व्यक्तित्व के प्रकार को समझा जा सकता है!' वे कहते हैं : 'जिन सारे नियमों से मेरा कोई ताल्लुक़ ही नहीं, ख़ुद को उन सबसे बाँधकर रखने की अपेक्षा मैं ख़ुद ही अपना एक व्याकरण गढ़ लूँगा।'

चित्रों की दुनिया में अपना एक निजी व्याकरण गढ़कर एक पूरी शताब्दी को पिकासो ने 'स्पेलबाउण्ड' रखा था, इस बात को सभी जानते हैं। लेकिन ठीक वैसा ही उनका निजी शब्दों का भी एक संसार था, इस बात की हमें जानकारी नहीं थी। पचास वर्ष पूरे करने के बाद उनके जीवन का एक ऐसा दौर गुज़रा है, जब चित्रकारी से सामयिक रूप से उनका मन हट गया था, तब तूली छोड़कर थोड़े समय के लिए उन्होंने क़लम थाम ली थी। और यहाँ भी हमें अचानक अवनीन्द्रनाथ की तुलना याद आ जाती है, याद आता है कि तीस के दौर में पहुँचकर इस कलाकार को भी लम्बे समय के लिए अपनी कला को छोड़ देना पड़ा था। इसलिए छोड़ देना पड़ा था कि उन्हें लगने लगा था कि बाधाओं को पार करके जाने का आनन्द अब उनके सम्मुख नहीं है, चित्र बनाने का काम अब बहुत ही सहज बात

हो गई है। तो क्या पिकासो का भी ऐसा ही कोई संकट था? उनके बारे में कुछ लोग कहते हैं कि जीवन के आख़िरी पर्व में केवल पुराने का ही अनायास अनुवर्तन करते हुए उनके दिन बीत रहे थे, मानो वे अभ्यासवश काम किये जा रहे हैं। वितर्कयोग्य इस विश्लेषण को यदि कोई मान भी ले तो भी कहा जा सकता है कि किसी और गहरे प्रवर्तन में ही पिकासो को शब्दों के दावे सुनने पड़े थे, क्योंकि उन्होंने अपने शिल्पीजीवन के अन्यतम एक श्रेष्ठ पर्व में ही चित्र बनाना छोड़ दिया था, १९३१ से १९४३ तक बारह वर्षों का एक असाधारण फलदायी समय। १९३५ के वसन्त से अगले वसन्त तक चित्रों पर चर्चा पूरी तरह से बन्द थी, इन दिनों को पिकासो 'जीवन का सबसे ख़राब समय' मान रहे थे, वे एक नयी स्त्री के साथ-संग की जटिलता में आन्दोलित हो रहे थे, और उस व्यक्तिगत संकट के थोड़े ही दिनों में महादेश को अपनी ज़द में लेते फ़ासिज़्म का एक ऐतिहासिक अत्याचारी क्षण दिखायी देने लगा था, भीतरी और बाहरी आलोड़न ने उन्हें एकसाथ घेर लिया था।

लेकिन जो चित्र बनाते हैं, यह आलोड़न तो उन्हें चित्रकारी के और भी निकट ले आयेगा? जीवन के बोध में यदि किसी परिवर्तन का इशारा रहे, फिर तो वह बदलाव उनके अपने शिल्प में ही रूपान्तर लेकर आयेगा? एक कला को छोड़कर दूसरी कला की ओर वे भला क्यों जायेंगे, फिर वह थोड़े समय के लिए ही क्यों न हो?

'अकसर किसी किताब को पढ़ते हुए याद आता है'—राह पर चलते-चलते किसी शाम पिकासो ने सबार्ते से कहा था—'लगता है इसके लेखक लिखने की बजाय चित्र बना पाते तो शायद ज़्यादा ख़ुश होते, समझा जा सकता है कि मनुष्य या प्रकृति का वर्णन करते हुए उन्हें कितना आनन्द मिल रहा है, मानो वे उस कहे हुए का चित्र बना रहे हैं, क्योंकि मन की गहरायी में तो उन्हें रंग और तूली ही अधिक आकर्षित करते हैं।' यह निश्चित रूप से कोई चौंकाने वाली बात नहीं है। फिर भी, थोड़ा सोचकर देखना पड़ता है कि यह बात पिकासो ने क्यों उठायी। ठीक उस समय वे जीवन के पथ के चुनाव करने के प्रसंग में या फिर कलाकार के अपने पथ को चुन लेने के प्रसंग में कुछ सोच रहे थे। कई बार कई लेखकों की कविता या गद्य के विषय में बोलते हुए हम सभी को इस छवि की तुलना की बात करनी पड़ती है, रंग और तूली की बात कहनी पड़ती

है। पिकासो इसी को थोड़ा ज़ोर देकर कह रहे हैं, सिर्फ़ इतना ही है। लेकिन प्रश्न यह है कि क्या कभी इसका उलट नहीं हो सकता? किसी के चित्रों को देखते हुए ऐसा नहीं लग सकता कि ये क़लम से भी कुछ लिखना चाहते हैं?

एक समय ऐसे भी अनेक चित्र हुआ करते थे। जैसे कि तिन्तोरेत्तो का बनाया हुआ 'द मिरेकल ऑफ़ सेंट मार्क', जैसे ३ मई, १८०८ को मैड्रिड में विद्रोहियों की मौत की सज़ा को लेकर बनाया गया गोइया का चित्र, या फिर रूबेंस का 'शान्ति आशीर्वाद', जहाँ पर ज्ञान की देवी युद्ध को पीछे धकेल रही हैं, शान्ति पा रहे हैं ईश्वर और सुख, और इसी के साथ है उनका मुसकराता हुआ शिशु। या फिर हमें इस देश के कलाकार अवनीन्द्रनाथ की एक बार फिर याद आ सकती है। याद आ सकता है कि किस तरह उन्होंने अपने शिष्य से चित्र में एक अतिरिक्त अवयव जोड़ देने के लिए कहा था, ताकि उसमें किसी कहानी का आभास आ जाय, एक समय वे उसी को चित्र की गतिमयता मान रहे थे। लेकिन पिकासो के चित्र नहीं, कहानी कहने के चित्र। वे किसी आकस्मिक उद्‌भास में चित्र बनाया करते थे। एक बार उन्होंने कहा था : 'मैं कैनवस पर क्या चित्र बनाऊँगा, कौन-सा रंग दूँगा, यह सब मैं पहले से कभी नहीं कह पाता। जब काम चल रहा होता है तब भी मैं सतर्क नहीं हो पाता हूँ कि मैं कैनवस पर क्या बना रहा हूँ। मैं जितनी बार कोई चित्र आरम्भ करता हूँ, लगता है मैं ख़ुद को शून्य में फेंक रहा हूँ।' इस शून्य में फेंककर, मूर्ति की सघनता से पिकासो अपने चित्र उठा लाते थे, चित्रों के माध्यम से वे अवचेतन, चौथे आयाम और समकाल के तमाम नवीन आविष्कारों को पकड़ने की कोशिश कर रहे थे।

लेकिन इन सब आविष्कारों के फलस्वरूप उस दिन तो शब्दों की भी परीक्षा बदल रही थी। साहित्य तब ठीक अपने पुराने अभ्यस्त पथ पर नहीं चल रहा था। फ्रांस में अपोलिनेयर लोगों के नेतृत्व में नया आन्दोलन चल रहा था, और उनके साथ जुड़कर कॉक्तो के 'एंटिगॉन' के दृश्यपट की रचना में मदद कर रहे थे पिकासो, बहुत ध्यान से दादाइज़्म की चर्चाओं पर उन्होंने ग़ौर किया था, जहाँ पर ब्रेतों, अरागाँ और एलुआर आदि के साथ शामिल थे मैक्स अर्नस्ट। उनकी अपनी भूमिका में पिकासो के विषय में लिखते हुए उस दिन ब्रेतों ने कहा था : 'आँखों से जितना

दिखायी देता है, सिर्फ़ उतना ही सत्य नहीं है। कलाकार की ज़िम्मेदारी है एक अन्तरतर वास्तवतर उद्घाटन, और पिकासो ने वह ज़िम्मेदारी उठाई थी।' इसी तरह वे अपने समकालीन कविता-जगत के अपने व्यक्ति हो गये थे, क्यूबिज़्म से सुर्रियलिज़्म के दो प्रान्त में उनके जीवन के दो अभिन्न मित्र थे अपोलिनेयर और एलुआर। उस सम्बन्ध की ही हम दूर परिणति देखते हैं, जब तिरासी वर्ष की उम्र में उनके द्वारा बनाये गये शेक्सपियर के कुछेक स्केचों के साथ अरागाँ की एक कहानी (Murmur) को शामिल करके शेक्सपियर शीर्षक वाली किताब प्रकाशित की गई। बालज़ाक का चेहरा पिकासो को क्यों इतना आकर्षित करता था, जिस तरह इसकी कोई संगत व्याख्या नहीं हुई है, नरमुण्ड हाथ में लिए हुए हैमलेट के सम्मुख शेक्सपियर के इन बारह स्केचों को लेकर भी कोई ख़ास बातचीत नहीं हुई है, यहाँ तक कि पिकासो के विषय में लिखी गई प्रमुख रचनाओं में इसका उल्लेख भी नहीं दिखायी देता। लेकिन फिर भी हमें याद रखना होगा कि इस कलाकार ने हमेशा ही अपने मन की एक उन्मुख दिशा खोल रखी थी, जहाँ दृश्य के साथ आकर ध्वनि मिल सकती थी, चित्र के साथ शब्द।

और इसी के फलस्वरूप वे एक दिन चुपके-चुपके कविता लिखने लगे थे। लिखते समय यदि कोई उनके घर में घुस आता तो त्रस्तभाव से नोटबुक हटा लेते, यति चिह्नों के बिना वे नोटबुक में शब्द-सम्पदा बो रहे थे। हालाँकि थोड़े ही दिनों में छुपाकर रखने का समय बीत गया, ब्रेतों ने अचानक उच्छ्वास भरते हुए उनके इस नये काम का पता लगा लिया था, पत्रिका में प्रकाशित करवा कर उन्होंने कहा : 'यह हुआ समग्रता में प्रकाशन।' पिकासो को लगा कि यति चिह्न शब्दों के ऐक्यमय सम्बन्ध को सम्भवत: नष्ट कर सकते हैं। इसलिए एक दिन उन्होंने भाषा के प्राथमिक चिह्नों को भी त्याग दिया, और शब्दों से मानो उन्होंने विराट एक पत्थर-जैसा कविता का अवयव गढ़ लिया था। मानो मूर्ति के साथ उनके शब्दों का एक संयोग तैयार हो गया था। चित्र और मूर्ति के दरमियान तो एक आवाजाही बहुत दिनों से चल ही रही थी, इस बार उस पारस्परिकता में कविता आ जुड़ी।

हालाँकि केवल कविता ही नहीं। सन १९३५ में कवि के रूप में उनकी आत्माभिव्यक्ति के बारह वर्ष के भीतर हमारे हाथों में उनके दो नाटक भी

आ पहुँचे, जो नाटक प्रत्याशा के सरल पथ को फलाँगते हुए आगे बढ़ते हैं। अंग्रेज़ी अनुवाद[१] में जिनके शीर्षक है Desire Caught by the Tail और The Four Little Girls। यूरोपीय साहित्य की किसी गम्भीर चर्चा में हो सकता है हम इन नाटकों का ज़िक्र न सुनें, इस देश में बैठकर 'चाय के धुएँ' की तरह बहते हुए उत्पल दत्त भी कह सकते हैं कि 'पिकासो किसी जन्म में नाटककार के रूप में प्रतिष्ठा नहीं पा सकेंगे' क्योंकि उनके नाटकों को लोग समझ ही नहीं सके हैं। लेकिन फिर भी, पिकासो के शिल्पजीवन में क्या इन दोनों रचनाओं की कोई भी भूमिका नहीं थी? छह वर्षों के अन्तराल में ('लिटिल गर्ल्स' के अंग्रेज़ी अनुवाद की भूमिका में पेनरोज़ ने थोड़ी असतर्कता के साथ ही इसे चार वर्ष कहा था) लिखे इन दो नाटकों को हम कलाकार की सिर्फ़ ख़ामख़याली कहेंगे? यह क्या शब्दों से रूप को सजाना भर है? तमाम कलाओं को जोड़ने का आकस्मिक और उद्‌भट एक कौतूहल मात्र? या कि इसे उनके जीवन के भीतरी और बाहरी आलोड़न के साथ जोड़कर देखा जाना चाहिए?

लेकिन इन सब प्रश्नों के उत्तर देने से पहले दोनों नाटकों का सामान्य परिचय जान लेना ज़रूरी है।

दो

सन १९४१ की १४ से १७ जनवरी के कुछ दिनों के भीतर ही एक बार में लिखा गया था *Desire Caught by the Tail*। छोटे-छोटे छह अंकों वाले इस नाटक में न तो कोई मनुष्य चरित्र था और जीव-जन्तु भी बहुत अधिक नहीं थे, इसके मुख्य पात्र कुछ अनुभव मात्र थे। यहाँ उच्चपद का अहंकार उपन्यास लिखता है, उनकी एक प्रेयसी हैं, प्रेयसी की दो सहेलियाँ हैं दुबली और मोटी हताशा, एक बहन है, नीरवता भी है, एक हैं गोलमाल, और हैं प्याज एवं यवनिका। इनके बीच जो बातचीत होती रहती है, जो घटनाएँ घटित होती रहती हैं, उसकी कोई धारावाहिकता या संगति ढूँढ़ने जायें तो आपाततः हम विफल ही होते हैं, रह-रह कर शरीर की कोई प्रबल माँग उभर आती है, भूख और काम। टेबल पर काम कर रहे हैं, ऊपर से देखे गये अपना इस तरह का एक चित्र बनाकर पिकासो नाटक

१. मूल नाम : Le Desir Attrape par la Queue और Quatre Petites Filles.

आरम्भ करते हैं, और इसके थोड़ी ही देर बाद पहले दृश्य का भी एक कल्पित चित्र दिखायी देता है। खाने की मेज़ सजी हुई है, खाने में परोसी गई है मछली, माँस, शराब और इसी के साथ प्लेट पर रखा हुआ है इनसान का सिर। मेज़ के नीचे से पैरों की कुछेक जोड़ियाँ दिखाई दे रही हैं, लेकिन उनके ऊपर धड़ नदारद हैं। होटल के उस भोजनकक्ष में स्त्री-पुरुषों को लेकर, ठण्ड-गर्मी को लेकर, सभा को लेकर, खाना पकाने को लेकर चर्चा चल रही है। वहाँ नीरवता यदि 'ओह कितनी गर्मी है' कहकर अचानक नग्न हो जाय, तो बहन तुरन्त कहती है 'थोड़ी देर पहले ही तो मैंने कोयले डाले थे, लेकिन फिर भी ताप क्यों नहीं है।' फिर गृहस्थी के कामकाज की बातें करते-करते रात के सवा दो बज जाते हैं, विदा-वाणी के साथ पहला दृश्य ख़त्म होता है।

दूसरे दृश्य में तूफ़ान है, सिर्फ़ तूफ़ान, और यवनिका का आर्त्तनाद। अगले अंक में होटल के एक कॉरिडोर में पाँच दरवाज़ों के नीचे से निकले हुए पाँच जोड़ी पैरों के सिर्फ़ तलवे दिखायी देते हैं, पैरों में घाव लिए वे चीख़ रहे हैं, और अँधेरे में छाया में गाजर खाते पाँच बन्दर दिखायी देते हैं। अगले दृश्य में उस कॉरिडोर के ही बाथटब में दो मित्र उच्चपद का अहंकार और प्याज, अपनी प्रेमिका को देख रहे हैं, प्यार भरी बातें कर रहे हैं, बहन भी सामने है, गोलमाल और नीरवता, साबुन के झाग में सभी उछलकूद कर रहे हैं। फिर जब भोजन का आयोजन चल रहा होता है, कुछ लोग कुछेक ताबूत लेकर आ जाते हैं। उनमें सबको भरकर, कील ठोंककर, उन्हें उठाकर चले जाते हैं।

लेकिन नहीं, इसके बाद भी वे सब फिर से स्वाभाविक रूप से लौट आते हैं। फिर से खाने की बात उठती है, वासना की बात, सुन्दरता की बात। 'खिड़की की आँखों की पलकों से परदे का जो कपड़ा झूल रहा है, सेब के रंग वाले आसमान के आइने में से वह पोंछ रहा है गुलाबी बादल' कोई इस दृश्य के अभिप्राय में जाना चाहता है, दुबली हताशा को लगता है कि कभी 'वह नक्षत्रों की तरह सुन्दर है, उसके बाल मानो 'अल हमरा' के प्रासाद के कमरों की जटिल अराबेस्क की नक़्क़ाशी है।' हमें अचानक क्या जीवनानन्द की याद आ जाती है? लेकिन नहीं, उसी पल वे सब लोग प्यार करते हुए ख़ून की धार में लुढ़क जाते हैं, और उसके सामने यवनिका केवल अपनी तहें खोलती रहती है, खोलती-खोलती बिखरे हुए कपड़ों

की ओट में वह फिर से सबकुछ को ढाँप लेती है।

चौथे अंक में मानो लॉटरी की प्रतियोगिता चल रही है, मानो सबको लाँघकर सभी जीत जायेंगे। उनकी उस उत्तेजना के भीतर आलू तलने का दृश्य, आवाज़ और गन्ध बहती आती है, कक्ष धुएँ से भर जाता है। अगले अंक में 'उच्चपद का अहंकार' का प्रेमसंगम है, और आलिंगन के बाद वह अपनी प्रेमिका को अपने उपन्यास से काटा गया एक टुकड़ा खिलाना चाहता है, वही उसका सॉसेज होगा। वह उपन्यास के ३८००००वें पृष्ठ का कोई अंश पढ़ता रहता है, उसे प्रेमिका के दिमाग़ में घुसेड़ता रहता है। लेकिन इसके बाद ही सभी के सामने वह कह देता है कि उसके लिए शादी करना सम्भव नहीं, और सब लोग मान भी लेते हैं कि प्रेमिका का स्वभाव-चरित्र ज़रा भी सुविधाजनक नहीं है। अगले अंक में दुबली और मोटी हताशा के कमरे में नाटक ख़त्म हो आता है, जहाँ वे आवेश से भरकर अचानक बोल उठती हैं : 'सूर्य! प्यार! कितने सुन्दर हो तुम!' वहाँ वे कील से अटकाये गये अपने डैनों से खोल कर जूतों को फेंक देना चाहती हैं, और दुःख के बर्फ़ जमे सरोवर में छलाँग लगाकर लहरों पर तैरते-तैरते किनारों से दूर चली जाना चाहती हैं। वे कहती हैं 'त्रास के, आतंक के दिन ख़त्म हो गये हैं।' प्रेमिका भी कहती है 'मैंने प्यार को देखा है। उसके घुटने टूटे हुए हैं, वह दरवाज़ों पर भीख माँगता फिर रहा है।' 'उच्चपद का अहंकार' कहता है : 'आओ हम अपनी पूरी ताक़त से कबूतरों के झुण्ड को बुलेट की ओर फेंक दें।' ठीक उसी समय खिड़की में से उस कमरे में सोने का एक विराट गोलक प्रवेश करता है, उसके प्रकाश से कमरा चौंधिया जाता है, सारे किरदार आँखों पर रूमाल बाँधकर एक-दूसरे की ओर उँगली उठाकर कहने लगते हैं : 'तुम! तुम! तुम!' लेकिन उस गोलक पर कुछ अक्षरों की रेखा उभर आती है : 'कोई नहीं।'

तो यह है नाटक। फ़िल्मी जगत के बिम्ब भी कभी-कभी इसके संवादों में चले आते हैं, कभी-कभी सौन्दर्य का आवेश तैयार हो जाता है, फिर भी विशेष रूप से इसका झुकाव तीखेपन, कटुता और रंग में है। यहाँ पर तीखेपन का एक सरल अर्थ भी लिया जा सकता है, स्वाद-गन्ध के तीखे बिम्ब ही इसकी भाषा में सबसे ज़्यादा बिखरे हुए हैं। और इन सब तीव्रताओं के कारण ही, उद्भटों के समावेश के कारण ही, आपात-विशृंखल प्रवाह की वजह से इस नाटक की तुलना के सिलसिले में कभी

अल्फ्रेड जारी के *Ubu Roi* की चर्चा[१] निकल आयी है (जैसा कि अनुवादक फ्रैक्टमान ने सोचा था), तो कभी अपोलिनेयर के *Les Mamelles de Triesias* का प्रसंग निकल आया है (जैसा कि सिमोन द बोउआर ने कहा था)। और हम लोग निश्चय ही याद रखेंगे कि उन दो नाटकों को ही एक समय सुर्रियलिज़्म की पूर्वसूचना और एब्सर्ड नाटकों के अग्रदूत के रूप में देखा जा रहा था।

इसके छह वर्ष बाद, १९४७ में कई महीनों तक फ्राँस्वा जिलो और उनके दो बच्चों की ख़ुशी में डूबकर, छह अंकों वाला उनका दूसरा नाटक लिखा गया : *The Four Little Girls*। चार छोटी लड़कियाँ इस नाटक की पात्र हैं, सभी अर्थों में यह रचना पिछली वाली रचना से भिन्न है। इस नाटक के चारों ओर शब्दों की परीकथा गढ़ी गई है, और गढ़ी गई है शिशुओं की ख़ुशियों की दुनिया। लेकिन केवल आनन्द नहीं, कुछ-कुछ शैतानियाँ भी हैं। शिशु भी सब समय अनाविल शिशु नहीं हैं, वे कभी-कभी थोड़े परिपक्व भी हैं। इसके संवादों की भाषा में बालगीत, जनश्रुतियाँ-कहावत, पहेली, रंग गूँथ दिये गये हैं, प्रवाह के वेग में यहाँ बह आते हैं परी और पंखों वाला घोड़ा, कबूतर और उल्लू, बकरे अथवा नृसिंह। मिशेल लेरी ने कहा था कि 'इसके बिम्ब किसी जापानी फूल की तरह धीरे-धीरे खुलते जाते हैं।' *Desire* के पटल पर शीत, काम और भूख की छवियाँ थीं, और इस नाटक में आज जीवन, मृत्यु और प्यार की बातें थीं। यहाँ अचानक एक व्यक्ति कहता है कि 'जीवन के साथ जो करना है कर लो'। सारे आवेगों के बीच रंग को एक व्यक्ति दिखायी देता है। वह देखता है कि आर्त्तनाद का रंग है नीला, छलाँग लगाने का रंग है फालसा, खाने का भयंकर बैंगनी, और रोष के गन्धक-पीले से ले ली गई हरिताभ रश्मि, नीले रंग से भर उठते हैं उनके गीत और बग़ीचे की मिट्टी। छोटी-छोटी बच्चियों को यहाँ पक्षियों के सींग दिखायी देते हैं, नाख़ून चबाते हुए फूल, यहाँ बादलों से खिड़कियों के काँच पोंछ लिए जाते हैं। इन्हीं में पागलों की तरह उनकी उछलकूद करने की इच्छा होती है, पागल, पागल, पागलों की तरह। बीच-बीच में वे लोग तूफ़ान और बारिश का खेल खेलते हैं,

१. यहाँ याद रखना आवश्यक है कि सन १९४५ में अवरुद्ध शहर के बीच में बैठकर इस रचना के पाठ के अनुष्ठान के बाद पिकासो ने अपने स्टूडियो में ले जाकर अपने मित्रों को इसी किताब की एक प्रति दिखायी थी और सीधे-सीधे बता दिया था कि यही उनके इस नाटक का उत्स है।

जहाज़ के डूबने का खेल। या फिर और एक प्रखर आमोद में वे मग्न हो जाते हैं, जब कोई एक व्यक्ति मार दिये गये बकरे का हृत्पिंड उखाड़ लाता है तथा किसी और से कहता है : 'ज़िन्दा है, ज़िन्दा है वह, कूद रहा है, मार रहा है, डँस रहा है, हटाओ उसे मेरे गले के पास आकर वह कूद रहा है।' सब्ज़ी के बग़ीचे के सजीव पेड़-पौधों के बीच चार चरित्रों की (एक हालाँकि हमेशा ही यह प्रच्छन्न रहता है) की इस उमंग को देखते-देखते इन्हीं के संवाद की भाषा में कोई प्रश्न कर सकता है कि 'क्या यह अच्छा, बुरा और ज्ञान का कोई पेड़ है, या कि नितान्त एक अगड़म-बगड़म?'

तीन

तो हम अपने पुराने प्रश्न पर एक बार फिर लौटते हैं। बड़ी प्रतिभाएँ कभी-कभी नितान्त ख़ामख़याली में ख़ुद को भुलाये रख सकती हैं, इसमें कोई सन्देह नहीं। पिकासो के ये दो नाटक क्या वैसे ही ख़ामख़याल भर हैं, अगड़म-बगड़म? या कि इनमें भी वे अपने समय के किसी चित्र को पकड़ रहे थे? इस तरह की रचनाओं के विषय में अश्रद्धा या अतिश्रद्धा की दो विपरीत कौन-सी प्रतिक्रियाएँ हो सकती हैं, किस तरह के हो सकते हैं दो विपरीत मन्तव्य, फ़्रैक्टमान ने उसका कौतुक सहित उल्लेख किया था। लेकिन अश्रद्धा और अतिश्रद्धा का कोई मध्यवर्ती पथ भी अवश्य होगा?

मंचाभिनय का कोई उपाय नहीं था, लेकिन विभिन्न देशों में Desire का नाट्यपाठ कई बार हुआ था, जिन नाट्यपाठों में कभी डिलन टॉमस-जैसे कवि मौजूद रहते थे, तो कभी ज्याँ पाल सार्त्र-जैसे कोई मनीषी। १९ मार्च, १९४४ को शाम के सात बजे किया गया इसका पहला पाठ बहुत ही यादगार था। इसके ठीक दो सप्ताह पहले कंसन्ट्रेशन कैम्प में कवि-मित्र मैक्स जेकब की मृत्यु हो गई थी। मिशेल लेरी के घर में तमाम बुद्धिजीवी इकट्ठे हुए, संचालन कामू ने किया, नाट्यपाठ दोरा मार, मिशेल तथा लुइस लेरी, सिमोन द बोउआर और ज्याँ पाल सार्त्र-जैसे कई और लोगों ने किया था। लगभग सौ श्रोताओं में बहुत सारे लेखक, कलाकार और अभिनेता भी थे, एलुआर और पिकासो भी थे। बहुत-से श्रोताओं को खड़े रहना पड़ा था, बहुत-से लोग पास वाले कमरे में बैठे थे, श्रोता इतने अभिभूत थे कि और भी कई बार उस पाठ की व्यवस्था करनी पड़ी थी।

बोउआर ने अपने संस्मरण में लिखा है, कामू के हाथ में एक लम्बी-सी छड़ी थी, तय हुआ था कि जब वे उस छड़ी को ज़मीन पर ठोकेंगे तो यह समझा जाय कि दृश्य बदल रहा है, संवाद के आरम्भ होने के परिवेश और चरित्र का विवरण भी वे दिया करते थे। इस के साथ ही बोउआर यह बताना नहीं भूलीं कि पिकासो की मामूली-सी बातों या उनकी भंगिमा को भी उनके अनुरागियों में असाधारण महत्त्व मिलता था, इसलिए पाठ के बाद सब लोग उनका अभिनन्दन करते थे, लेकिन सार्त्र या कामू या फिर स्वयं उनके लिए यह मामला निहायत हो-हुल्लड़ के अलावा और कुछ नहीं था, उन्होंने इसे नितान्त ख़ामख़याल के हिसाब से ही देखा था।

सचमुच ऐसा ही है? सार्त्र ने उस समय के विषय में चर्चा करते हुए कुछ ही दिनों बाद लिखा था, जर्मनी द्वारा लगाये गये प्रतिबन्धों के दिनों में सभी के मन में नात्सी ज़हर प्रवेश कर रहा था इसलिए 'हमारी हरेक न्यायसंगत सोच ही हमारी एक बड़ी जीत थी, सर्वशक्तिमान पुलिस ज़ोर-ज़बर्दस्ती हमारी आवाज़ को रोकना चाहती थी इसीलिए हमारे प्रत्येक शब्द आदर्श-घोषणा की तरह बहुमूल्य हो उठे थे', पिकासो के शब्दों के माध्यम से भी क्या वैसी ही कोई घोषणा सुनायी नहीं दे रही थी?

हम यह नहीं भूलेंगे कि यह नाटक जनवरी, १९४१ में लिखा गया था, नात्सियों के हाथों प्रतिबन्धित रहने के कुछ महीनों बाद। यह वह समय था जब पिकासो के चित्रों में पराभव, अत्याचार, ध्वंस और पाप के अनुभव दिखायी दे रहे थे। यह असम्भव नहीं कि अवरोधगत मानवीय अस्थिरता ने उन्हें चार वर्ष पुरानी यन्त्रणा की याद दिला दी थी : गुएर्निका का नेस्तनाबूद हो जाना। उस ध्वंस की पीड़ा और रोष से ही उनके हाथों चार वर्ष पहले तैयार हुई थी कलाकृति : गुएर्निका। लेकिन जॉन बर्जर ने अपने समग्र विश्लेषण में दिखाया है कि गुएर्निका में ध्वंस की उस प्रत्यक्ष घटना से पिकासो बहुत दूर सरक आये थे, वह काफ़ी हद तक उनका मनन करने योग्य काम-जैसा हो गया था। उस चित्र में कोई शहर नहीं है, कोई विमान नहीं, कोई विस्फोट नहीं, किसी देशकाल की कोई बन्धनसीमा भी नहीं है। बर्जर कहते हैं कि इसकी तुलना में युद्ध के उपकरणों के समावेश से, ध्वंस की वीभत्सता से, घृणा और आतंक से डेविड सिकोरस की कृति 'आर्त्तनाद की प्रतिध्वनि' (१९३७) सीधे-सीधे हमें विषय के पास ले जाती है। पिकासो नहीं ले जाते, यही उनके चित्र की ताक़त है। मृत शिशु

को गोद में लेकर माँ की ऊर्ध्वमुखी आकुलता, टुकड़े–टुकड़े होकर बिखरे हुए प्रत्यंगों के बिन्दुओं में जीवन के लिए दीवानगी से भरा कोई आकर्षण, सारे ध्वंसों के ऊपर खिड़की से बढ़ाया गया उजाले का एक हाथ, एक बलवान साँड़ का सिर, और सब कुछ के केन्द्र में त्रस्त ऊपर की ओर उठा हुआ, चाबुक की मार से घायल घोड़े का एक चेहरा : यह है गुएर्निका। यह मानो यन्त्रणा, छिन्नता, भूख, वासना और अभिशाप का वैश्विक तथा सर्वकालीन कोई आर्त्तनाद है।

नहीं, गुएर्निका के साथ किसी भी अर्थ में हमारे इस नाटक की तुलना नहीं हो सकेगी। लेकिन जिस आवेग से गुएर्निका का जन्म हुआ था, उस आवेग के साथ इन दो नाटकों के दो भिन्न प्रकार के जुड़ाव को मन क्या पूरी तरह दरकिनार कर देगा? दीर्घस्थायी प्रतिबन्धों के धिक्कार और गुप्त प्रतिरोध की पृष्ठभूमि को याद रखते हुए यदि हम *Desire* को पढ़ते हैं, यदि हमें सुनायी दे कि—'नीरवता को नग्न करके उसे शोरबे में डाल दो, शोरबा तो तेज़ी से ठण्डा हुआ जा रहा है', 'क्या ज़बर्दस्त तूफ़ान है! क्या रात है', 'अनेक वर्षों का भार लिए दिन एक अन्धकूप में उतरता जा रहा है', 'समस्त करुणा को लौटा देने वाली बन्द खिड़कियों पर मैं अपने दु:खों की ढेरी की फेरी लगाता फिर रहा हूँ', 'जन्म से मरे हुए तारे के बर्फ़ीले ठण्डे हाथ के पास मेरे क़ीमा किये हुए माँस को ज़िन्दा आगे बढ़ा रहे हैं', 'सुबह वह आया था धूल–धूसरित और हताश, सिक्त और आहत, सब्बल की चोट से क्षतविक्षत माथा', 'वह छिन्न–छिन्न हो चुका है, सर्वांग से उसके रक्त बह रहा है और है असम्बद्ध चीत्कार' : तमाम ख़ामख़यालों के बीच यदि हमें संवादों के ये टुकड़े सुनायी दें, तब क्या गुएर्निका की स्मृति हमें ज़रा भी अपनी ओर नहीं खींचेगी? तब क्या हम नहीं समझ जाएँगे कि जर्मन प्रतिबन्धों के शुरुआती कुछ ही दिनों के भीतर ही उन्हें दरवाज़े बन्द करके आकस्मिक इन शब्दावलियों को लिख लेना पड़ा था? तो क्या इसी के पटल को ध्यान में रखकर नाटक में बन्द कमरे के भीतर से सिर्फ़ कुछेक पैर निकले रहते हैं? इसीलिए प्रमार्त, क्षुधार्त कुछ पात्रों को अचानक कुछ लोग ताबूत में नहीं भर लेते? इसीलिए तो लगातार परतों को खोलकर नाटक के किसी–किसी दृश्य को ओट में कर देती है यवनिका, या फिर सबके ऊपर से ख़ून की बाढ़ बह जाती है, सभी लोग बेहोश हो जाते हैं।

ऐसा नहीं है कि वे इस सम्पूर्ण रचना को सर्वनाश के इस विषाद-व्यंग्य से ही आच्छन्न रखेंगे, पिकासो कभी भी ऐसा नहीं करते। इसी के समानान्तर ही जाग उठेगी जीवित रहने की प्रबलता, जिसका प्रकाश शरीर में है। इसी के बीच उभर आयेंगे ये संवाद भी : 'पागलपन, पागलपन, सारे लोग एकदम पगले हैं', 'डैनों से खोल लेता हूँ कील से अटकाये गये जूते, दुःख के सरोवर में छलाँग लगा देता हूँ, लहरों पर तैरता हुआ किनारे से बहुत दूर चला जाता हूँ', 'त्रास और आतंक के दिन अब ख़त्म हो चले हैं', 'मेरी बुआ के पास एक कैनरी पक्षी हुआ करता था, सारी रात वह पुराने गीत गाया करता था', 'दरवाज़े-दरवाज़े भीख माँगता फिर रहा है मेरा प्यार', और सबसे अन्त में 'जला दो सारी लाइटें। आओ हम अपनी पूरी ताक़त से कबूतरों के झुण्ड को बुलेट की ओर फेंक दें।'

बुलेट की ओर कबूतरों के झुण्ड! याद आता है, गृहयुद्ध के भी एक युग पहले, विदेश से ही रवीन्द्रनाथ ने लिखा था : 'मशीनगन के सामने गाता हूँ जुही के फूलों का यह गीत।' त्रास के विरुद्ध कलाकार का यह एक प्रतिरोध है। कबूतरों के झुण्ड की यह बात नाटक के अन्त में एकदम अचानक आयी थी, किस तरह आई थी यह हम फिर सोचेंगे, जब हमें पता है कि कुछेक वर्षों के भीतर ही यह पिकासो के चित्रों का एक प्रिय प्रसंग बन जायेगा, जब हमें पता है कि १९४९ में शान्ति-कांग्रेस के बाद एक ज़माने तक समूची पृथ्वी पर उनके ये कपोत शान्ति और जीवन के प्रतीक बनकर बिखरे रहेंगे।

युद्ध के शुरुआती दिनों में *Desire* लिखा गया था और युद्ध के थम जाने के बाद उनका *The Four Little Girls* लिखा गया था। उस समय युद्ध समाप्त हो गया था, लेकिन तब संकट ख़त्म नहीं हुआ था। १९४७ में समुद्र तट पर उनके अवकाश के दिनों में सम्भवतः शान्ति और आनन्द की एक आपातछवि थी; इस दूसरे नाटक में मानो उसी का कोई उत्सव है; लेकिन इसके भी भीतर-भीतर अनेक भ्रष्टता और अनेक अस्थिरता का ताप घनीभूत है। इन नाटकों के कुछ दिनों के बाद ही पिकासो अपने 'युद्ध' और 'शान्ति' शीर्षक वाले दो प्रसिद्ध चित्र बनायेंगे, उन चित्रों की पृष्ठभूमि में होंगे कोरियाई युद्ध के अनुभव। हम नहीं भूलेंगे कि १९४७ के आरम्भ में उस नाटक का परिपक्व अन्तिम रूप 'युद्ध' और 'शान्ति' के बाद तैयार हुआ था, सन १९५२ में, और इसीलिए उस नाटक के भीतर मानो उसका

समवेत अन्तःसार घनीभूत है। गुएर्निका का घोड़ा उनके 'शान्ति' वाले चित्र में बदल गया है, यहाँ पर वह पंखों वाला घोड़ा हो गया है, उसके पास ही नृत्यछन्द में स्त्रियों का एक झुण्ड मग्न है। और उसी के आसपास हमें याद आता है *The Four Little Girls* का यह वर्णन : 'विशाल पंखों वाला एक घोड़ा मंच पर घुस आता है और छोटी लड़की के सामने आ खड़ा होता है। इस दृश्य के अन्त में चारों लड़कियों ने अपने गले, हाथों, कमर और पैरों में फूलों की माला लपेट रखी है और वे फूलों से सजे एक नीले जलाशय में नहा रही हैं, नृत्य की ताल में एक लड़की बाहर निकल आती है, उनके हाथ में गुड़िया है। लेकिन जब यह पूरा नाटक ख़त्म होता है, तब लड़कियाँ ज़मीन पर लेटी सो रही हैं, चारों ओर पेड़, फूल और फल हैं, उनके बीच से ख़ून बहने लगता है, ख़ून और ख़ून, समूचा प्रान्त ख़ून के तालाब से भर उठता है। भीतर से धीरे-धीरे विराट सफ़ेद पत्तियाँ जाग उठती हैं, और वे लड़कियों के समूचे शरीर को ढँक देती है।'

जीवन और मृत्यु को इस तरह एक चित्र के भीतर सजाकर देखा था पिकासो ने, उनके प्रतिवाद और प्रेम की एक सम्मिलित शैली के रूप में, तूली से नहीं, क़लम से। और इस तरह देखते हुए उन्होंने किसी नियम को नहीं माना था, उन्होंने अपना ही एक नियम गढ़ लिया था, जो उद्‌भट ज़रूर था, लेकिन तात्पर्यहीन ज़रा भी नहीं।

(१९८२)

लुकाच और घरे-बाइरे

होल्त, कफ़्लर और अबेनड्रॉफ़ के साथ एक लम्बे साक्षात्कार में लुकाच ने एक बार कहा था कि 'इतिहास और वर्गचेतना' पुस्तक में बहुत कुछ ऐसा है जिसे वे अब स्वीकार नहीं कर पाते। यह स्वाभाविक ही है कि जो व्यक्ति जीवन भर दर्शन, इतिहास या साहित्य को लेकर सोचता रहा हो, एक दिन उसकी सोच का विकास होता ही है, वह केवल एक जगह नहीं ठहरी रह सकती। लुकाच के विचारों के इतिहास में भी उस प्रकार की कई स्तर-परम्पराएँ मिलती हैं, और इसके एकदम पहले स्तर में ही 'इतिहास और वर्गचेतना'-जैसी पुस्तक लिखी जा चुकी है। सन १९१९ से लेकर १९२२ के बीच इसे लिखा गया, और ठीक इसके बाद से ही उनके वैचारिक जीवन के दूसरे स्तर का आरम्भ होता है। लम्बे समय बाद, सन १९६६ में वे अपने जिज्ञासुओं को याद दिला देते हैं कि उस पुस्तक की सारी बातों को वे अब स्वीकार नहीं कर पाते, इसमें कुछ भी आकस्मिक नहीं है। लेकिन इससे क्या यह भी अनुमान लगाना चाहिए कि उस समय की अन्य रचनाओं को लेकर भी इसी प्रकार की कोई अतृप्ति उनके मन में रही होगी? अन्य रचनाओं के पुनःप्रचार से क्या परवर्तीकाल में उन्हें किसी प्रकार की बेचैनी हो सकती थी?

लुकाच के कुछ पुराने रिव्यू हाथ लगे तो इस प्रश्न को उठाना पड़ा। इस नये संकलन की सभी रचनायें सन १९२२ की बर्लिन-सामयिकी के कुछेक अंकों में बिखरी हुई थीं, संगृहीत और अनूदित होकर हाल ही में वे हमारे पास पहुँची हैं। यहाँ पर बहुत सारे प्रसंग एक जगह पर मिल रहे हैं। बर्नार्ड और बालज़ाक, लेसिंग और हाउप्टमैन, फ़्रॉयड और दस्तोयवस्की-जैसे सृष्टा या चिन्तकों के बारे में उकसाने वाले तमाम मन्तव्यों से भरपूर

है यह किताब। और इसी के साथ रवीन्द्रनाथ पर लिखी एक रचना भी है, 'घरे-बाइरे' की समालोचना, जो 'घरे-बाइरे' लुकाच को नितान्त एक गाँधीवादी-उपन्यास लगा था, राजनैतिक अभिसन्धि से भरपूर।

'घरे-बाइरे' या 'चार अध्याय'-जैसे उपन्यासों को लेकर राजनीति का वितर्क बिलकुल भी अप्रत्याशित नहीं है। रचनाकाल से लेकर आज इस क्षण तक इन दो किताबों को लेकर हमारी बेचैनी के अनेक प्रमाण चारों ओर बिखरे पड़े हैं, कोई भी मार्क्सवादी समालोचक कभी भी इन किताबों से कन्नी नहीं काट सकता। अभी कुछ दिनों पहले ही प्रबल वाम दृष्टि से निर्मोही होकर रवीन्द्रनाथ की ओर देखने का एक निर्देशनामा हमें मिला है, 'घरे-बाइरे' के विषय में समालोचक ने संगत रूप से प्रश्न उठाया है कि सन्दीप को हमारे सन्त्रासवादी क्रान्तिकारियों के किसी योग्य प्रतिनिधि के रूप में देखा जा सकता है या नहीं। लेकिन प्रश्न एक बात है, और विवेचना अलग बात है। ये सब प्रसंग आते हैं तो हमारी चिन्ता इतनी उत्तेजित हो उठती है कि विवेचना के समय तथ्यपरिवेश लगभग अवान्तर ही हो जाता है। तब हम सुनते हैं कि इन किताबों को लिखकर रवीन्द्रनाथ ने साम्राज्यवाद का जो पोषण किया था, उसके साथ उनके नाइटहुड पाने का एक सम्बन्ध था इसे अस्वीकार नहीं किया जा सकता। ब्रिटिशराज की ओर से रवीन्द्रनाथ को जो 'सर' की उपाधि मिली, उनकी प्रमाणित ब्रिटिशभक्ति ही इसका अवधारित कारण है या नहीं, उसे लेकर दो-चार बातें अवश्य की जा सकती हैं। लेकिन 'घरे-बाइरे' रचना के साथ इस घटना को जोड़ लें तो फिर उसे नितान्त उत्साह का अतिरेक ही कहना पड़ेगा। क्योंकि तथ्यों की ओर ध्यान दें तो हम देखेंगे कि सन १९१५ के मई महीने से 'घरे-बाइरे' धारावाहिक रूप से पत्रिका में प्रकाशित होना आरम्भ हो गया था, यह रचना लगातार ग्यारह महीनों तक प्रकाशित होती रही, और नाइटहुड की घोषणा उसी वर्ष ३ जून को हुई। एक अंक से पूरे उपन्यास के राजनैतिक अभिप्रायों का अनुमान लगाना सम्भवतः थोड़ा कठिन रहा होगा, इसलिए इस सम्बन्ध को उतना स्वीकार्य नहीं माना जा सकता।

एक ही तरह के उत्साह के कारण समालोचक सोचते हैं कि १९३९ में सुभाषचन्द्र को 'देशनायक' के रूप में वन्दित करते समय क्रान्तिकारियों के विषय में रवीन्द्रनाथ ने जो दो-चार निरुपाय प्रशस्तिवाक्य कहे थे, तब

उनकी ज़रूरत नहीं थी, क्योंकि तब तक क्रान्तिकारियों के संगठन का नाश हो चुका था। इसलिए उनके लिए डरने की कोई वजह नहीं थी सोचकर ही रवीन्द्रनाथ उस समय यह छोटी-सी स्वीकृति लिख सके थे कि, '...परवर्तीकाल की पीढ़ी में इच्छा का अग्निगर्भरूप मैंने बंगाल के तरुणों के चित्त में देखा है। देश में उन्होंने दीप जलाने के लिए ही उजाला लेकर जन्म लिया था, उन्होंने ग़लती से आग लगा दी, वे स्वयं झुलस गये, पथ को उन्होंने विपथ बना डाला। लेकिन उस भयंकर भूल की ज़बर्दस्त विफलता में उस दिन वीर हृदयों की जो महिमा व्यक्त हुई थी, मैंने भारतवर्ष में ऐसा तो कहीं और नहीं देखा।' लेकिन, रवीन्द्रनाथ को पढ़कर हमें इतने दिनों बाद यह पता चलेगा कि केवल इतना-सा कहने के लिए उन्हें १९३९ के निरापद (!) समय तक प्रतीक्षा करनी पड़ी थी? ऐसी ही बातें क्या हमने पहले कई बार उनसे नहीं सुनी थी? राष्ट्र के विप्लव में जो लोग युगान्तर लाना चाहते थे, सन १९२१ में भी कवि ने उनके विषय में लिखा था : '...इस प्रलय-हुताशन में उन लोगों ने स्वयं की आहुति दी थी, इसलिए वे केवल हमारे ही लिए क्यों सभी देशों में सभी के लिए नमन करने योग्य हैं। उनकी निष्फलता भी आत्मा की दीप्ति से समुज्ज्वल है।' देशनायक के बारे में कहते हुए, 'चार अध्याय' के पाँच वर्ष बाद, सन्त्रासकों के विषय में उन्होंने लिखा था 'पथ को उन्होंने विपथ बना डाला'; और महात्मा में प्रसंग में १९२१ में उस प्रबन्ध में, 'घरे-बाइरे' के पाँच वर्ष बाद, लगभग एक ही भाषा में उन्होंने लिखा 'पथ छोड़कर अपथ पर चलना', लेकिन इन दोनों में ही त्याग-महिमा की वन्दना की गई थी।

तब लगता है कि वास्तविक मार्क्सवादी चिन्तकों से हम थोड़े और धैर्यमय विश्लेषण की प्रत्याशा करते हैं, एक स्पष्ट पद्धति की रूपरेखा की प्रतीक्षा करते हैं। हमारे देश में वैसी आलोचना बहुत सुलभ नहीं है इसीलिए लुकाच की रिव्यू देखकर मन प्रसन्न हो जाता है। शताब्दी के अन्यतम श्रेष्ठ मार्क्सवादी समालोचक की क़लम से जब हम 'घरे-बाइरे' के बारे में उनके विचार पढ़ते हैं, तो यथार्थ पद्धति की एक दिशा मिलने का सोचकर हम उत्सुक हो उठते हैं। लेकिन लुकाच की यह आलोचना भी क्या आख़िर तक वैसा कोई योग्य परिप्रेक्ष्य पाती है?

दो

लुकाच को लगता है कि देश के स्वाधीनता-संग्राम का विरोध करना ही रवीन्द्रनाथ का वैशिष्ट्य है, इसे लेकर वे एक प्रचार-पुस्तिका लिखते हैं, 'घरे-बाइरे' वैसा ही एक दुर्बल प्रचार-मात्र है। इस किताब में राष्ट्रीय आन्दोलन के आरम्भिक दिनों की कुछ छवियाँ हैं। भारतीय बाज़ार से ब्रिटिश सामान को हटा कर देशी उत्पादों से भर देने के काम में हिंसा का पथ कितना फलप्रद है, इस किताब में उस पर विचार किया गया है। भारतवर्ष अत्याचार का शिकार है और दासत्व में बन्दी है, इसे लेकर रवीन्द्रनाथ में किसी प्रकार के उद्वेग नहीं हैं, क्योंकि वे केवल शाश्वत सत्ता के अनुसन्धानी हैं। रवीन्द्रनाथ देश को चिरकाल पराधीन रखने के अनुकूल ही सारी युक्तियाँ सजाते हैं, स्वाधीनता आन्दोलन के विरुद्ध उनमें जड़ता भरी घृणा के भाव हैं, वे इसी बात को ध्यान में रखकर सारे चरित्र गढ़ते हैं। यहाँ का सन्त्रासवादी आन्दोलन जो कि मूलतः एक रोमांटिक यूटोपियावाद ही है, उसे लुकाच मानते हैं, लेकिन वे जानते हैं कि उसमें एक महिमान्वित आत्मत्याग और आदर्शवाद होता था। त्याग के उस आदर्श को रवीन्द्रनाथ केवल भ्रष्टाचार के रूप में ही दिखाते हैं। उनके उपन्यास के वह भ्रष्ट स्वदेशी नेता गाँधी के एक घृणास्पद कैरिकेचर मात्र हैं। घटना जब चरम पर जा पहुँचती है, तब स्वदेशियों की हिंसा से आक्रान्त सभी लोगों की रक्षा इस उपन्यास के ज़मींदार नायक ब्रिटिश पुलिस की मदद से करते हैं। और इन बातों को कहने की कोशिश में रवीन्द्रनाथ अपनी कहानी की बुनावट या चरित्रों की सृष्टि में कोई विश्वसनीयता भी नहीं ला पाये हैं, कहानी का 'आध्यात्मिक' पक्ष नितान्त ही स्थूल प्रकार का एक पेटीबुर्जुआ विलास बनकर रह गया है।

जर्मनी के समकालीन जो बुद्धिजीवी रवीन्द्रनाथ को लेकर मत्त थे, उन्हें लुकाच बताना चाहते हैं : लेखक अथवा विचारक, जिस भी रूप में क्यों न हो, पूरी तरह से अपांक्तेय व्यक्ति हैं ये रवीन्द्रनाथ। सर्जनात्मक क्षमता में शून्य, सारे चरित्र तयशुदा ढाँचे में बँधे हुए, कहानी में कोई आकर्षण नहीं, बीच-बीच में उपनिषद या गीता की प्रतिध्वनियाँ करते हैं : ऐसे एक लेखक को लेकर भी जर्मनी मत्त हो सकता है, उसका कारण जर्मन पाठकों की रुचिभ्रंशता है, आज वे टेक्स्ट और कोटेशन में भेद नहीं कर पा रहे हैं। क्लासिकल दर्शन और स्पेंग्लर के बीच जिन्हें किसी प्रकार की भिन्नता

की जानकारी नहीं, वे आज किस तरह समझ पायेंगे कि ये रवीन्द्रनाथ नितान्त एक भारतीय फ़्रेनसेन हैं! लेकिन, यहाँ तक कि तुच्छ और थका देने वाले गुस्ताफ़ फ़्रेनसेन भी रवीन्द्रनाथ से बड़े लेखक हैं, लुकाच ऐसा सोचते हैं।

विदेश में उन दिनों कितने ही लेखकों से रवीन्द्रनाथ की तुलना की गई थी, अच्छे अर्थ में और निन्दार्थ में भी! कभी तलस्तोय या दस्तोयवस्की, कभी ट्रेलप या किपलिंग, कभी हेस या ओकाकुरा! लेकिन फ़्रेनसेन? इस नाम के लेने से समझ में आता है कि लुकाच की असन्तुष्टि कितनी ज़्यादा बढ़ गई थी। समस्या यह है कि इतनी असन्तुष्टि क्या केवल इस उपन्यास की वजह से थी, या कि इसका कोई सामयिक तात्पर्य भी था?

लेख के लगभग शुरुआती हिस्से में ही स्पेंग्लर के नाम के उल्लेख से सम्भवतः एक इशारा हमें मिलता है। स्पेंग्लर की किताब 'पश्चिम का विलय' उस समय किसी भी उपन्यास की लोकप्रियता को अतिक्रमित कर चुकी थी, युद्ध में पराजित जर्मनी उस समय यूरोप की ओर पीठ करके प्राच्य जगत की ओर उन्मुख होकर देख रहा था। स्पेंग्लर पश्चिम की भयावहता की तसवीर दिखा रहे थे, और दूसरी ओर रूडोल्फ़ स्टेनर की 'एंथ्रोपोसॉफ़िकल स्कूल' या फिर काइज़रलिंग की 'स्कूल ऑव विज़्डम' ने रहस्यवाद का एक नया रूप गढ़ लिया था। फलतः, स्पेंग्लर, रवीन्द्रनाथ, गाँधी और काइज़रलिंग कई लोगों के लिए मानो एकाकार हो गये थे, एक प्राच्य पुनरुत्थान की उत्तेजना में एक समूचा देश अधीर हो उठा था, और सम्भव है कि उसी उत्तेजना के फलस्वरूप सन १९२१ में जर्मनी में रवीन्द्रनाथ की पुस्तक की आठ लाख से अधिक प्रतियाँ बिकी थीं।

चरम प्रतिक्रिया और चरम प्रगति, इन दोनों ओर से ही यूरोप में तुरन्त इसका विरोध दिखायी देने लगा। पेरिस में आँरी मासिस का 'पश्चिम के स्वपक्ष में' प्रकाशित हुआ था, इसमें चेस्टरटन की भूमिका थी। प्राच्य के विषय के बारे में कहते हुए ये मासिस जब स्पेंग्लर, रवीन्द्रनाथ या गाँधी को धिक्कारते हैं, तब एक ही साँस में लेनिन का नाम भी लेते हैं। और दूसरी ओर लुकाच-जैसे प्रगतिशील लोग भारतीय अध्यात्मवाद के विषय में सभी को सावधान कर देना चाहते थे, और इसी के फलस्वरूप सन १९२१ के उस उन्माद के बाद, कुछ समय पहले प्रकाशित 'घरे-बाइरे' के अनुवाद के आधार पर ही अपनी चेतावनी उचार रहे थे।

मार्क्सवाद की दृष्टि से इस अध्यात्मविलास या फिर अतीतोन्मुखता पर आक्रमण होंगे, यह संगत बात है। लेकिन उस आक्रमण के समय क्या लुकाच भी थोड़े अविश्वासी और असंवृत नहीं हो जायेंगे? सन्दीप को जब वे गाँधी का कैरिकेचर मानते हैं, तब क्या वे ग़ौर नहीं करते कि उस उपन्यास का जर्मन अनुवाद भी भारतवर्ष के असहयोग आन्दोलन से पहले १९२० में छप चुका है? उन्हें क्या यह पता नहीं होना चाहिए कि जब मूल रचना लिखी जा रही थी, उसी साल भारतीय राजनीति में गाँधीजी ने प्रवेश किया था? स्वदेशी आन्दोलन के बॉयकॉट और असहयोग आन्दोलन के बॉयकॉट को एकाकार कर लेना, हमें क्या लुकाच-जैसे चिन्तक से ऐसी आशंका होगी?

यदि मान भी लें कि पहले की रचना में प्राग्-व्यंग्य गुँथा हुआ है, तो भी हमारी जिज्ञासा शान्त नहीं होती। सन्दीप का स्वदेशी का प्रचार क्या गाँधीजी की देशचर्चा का पूरी तरह विरोध नहीं है? अपनी छोटी-सी आलोचना में भी लुकाच ने एकाधिक बार तमाम हिंसा-मन्त्रों की बात उठायी है, कहते हैं : उपन्यास में मनन का जो संघात है उसके मूल में हिंसा के प्रयोग का प्रश्न है। देश की आज़ादी के लिए हिंसक आन्दोलन नैतिक रूप से समर्थन योग्य है या नहीं, उपन्यास में इस पर विचार करते हैं रवीन्द्रनाथ। यदि करते हैं तो फिर उस विचार में सन्दीप की भूमिका किधर है? वह तो इस घोषणा में है कि 'ये हमारे धर्मकर्म-विचारविवेक के दिन नहीं हैं, आज हमें निर्विचार, निर्विकार होकर निष्ठुर होना होगा, अन्याय करना होगा, आज पाप को रक्तचन्दन' लगा देना होगा? सन्दीप कभी भी 'मृत्यु के प्रेम में मुग्ध होकर कमलदल पर लेटे-लेटे दशम दशा में प्राण त्यागने' के लिए राज़ी नहीं है, वह ज़ोरदार ढंग से ही कहना चाहता है कि 'या तो मैं चोरी करूँगा या फिर डाका डालूँगा।' गाँधीवाद के एक विपरीत ध्रुव पर ही सन्दीप की आवाजाही है, उपन्यास से इस तत्व के धुँधले रहने की अपेक्षा नहीं है।

ऐसा भी नहीं है कि सन १९२२ में गाँधी-रवीन्द्रनाथ के दो भिन्न राजनैतिक अवस्थान दुनिया के लोगों के लिए पूरी तरह से अस्पष्ट थे। सन १९२२ की डायरी में रोलाँ ने लिखा था : रवीन्द्रनाथ 'व्यक्ति के पूर्ण स्वाधीनता के समर्थक हैं; और गाँधी(ने)....व्यक्ति को गणकौशल के अधीन करने की वजह से उसकी मर्यादा कम कर दी है।' रोलाँ को तब यह लगा था

कि गाँधी जितने आदर्शवादी हैं उससे कम अन्तर्राष्ट्रवादी हैं, उनमें एक आध्यात्मिक राष्ट्रवाद का आदर्श है। और रवीन्द्रनाथ को डर लग रहा था कि हमारे उग्र राष्ट्रवाद में पश्चिम के प्रति एक प्रतिक्रियाशील विरोध है, जैसे कि 'यह शत्रुता केवल सरकार और अंग्रेज़ों के विरुद्ध नहीं है, पश्चिम के ज्ञानविज्ञान समेत सब कुछ को लेकर पश्चिमी सभ्यता के विरुद्ध है, मानो विज्ञान में प्राच्य और पाश्चात्य की कोई भेदरेखा है।'

'घरे-बाइरे' उपन्यास में रवीन्द्रनाथ ने इसी चेतना की ज़मीन पर खड़े होकर देश के संगठन की ओर, देश की रचना की ओर मन लगाने पर विचार किया था। सन्त्रासवाद ही हो, या फिर बिना किसी तैयारी के किसी आकस्मिक आवेग की अभिव्यक्ति हो, देश की मुक्ति के रूप में उन्हें वह ग्रहणयोग्य नहीं लगा था, उसका उन्होंने बिना किसी दुविधा के प्रत्याख्यान ही किया था। वह प्रत्याख्यान संगत था या नहीं, देश के लिए उस दिन वही वास्तविक रास्ता था या नहीं, स्वाधीनता के स्व-अंश के जागरण को लेकर रवीन्द्रनाथ की व्याकुलता का कोई तात्पर्य था या नहीं, यह बात ज़रूर उठ सकती है। लेकिन उस पथ को स्वीकार न कर पाने के कारण ही एक व्यक्ति अभिसन्धिमय राजभक्त के रूप में गिना जायेगा, यह यथेष्ट सुयुक्ति नहीं है। लुकाच ने स्वयं ही इस आन्दोलन के साथ इटली के कार्बोनारियों की तुलना की है या फिर रूस के नारोदनिक लोगों के साथ, वे इसकी अवास्तविक अतिशयता को समझ गये थे। लुकाच का मानना था कि कार्बोनारियों या नारोदनिकों की तरह ये स्वदेशी लोग भी एक रोमांटिक यूटोपिया के शिकार थे। लगभग ऐसा ही क्या निखिलेश ने भी नहीं सोचा था, जब उसने कहा था 'चीखकर माँ कहते हुए, देवी कहते हुए मन्त्र पढ़कर जिन लोगों को केवल सम्मोहन की आवश्यकता होती है, उनका वह प्यार देश के प्रति उतना नहीं होता, जितना नशे के प्रति होता है'?

नारोदनिक लोगों ने विच्छिन्न सन्त्रासवाद पर विश्वास किया था, उन्होंने सोचा था कि साधारण लोगों के व्यापक सहयोग के बिना भी ज़ार के विरुद्ध लड़ाई सम्भव है, और इसीलिए थोड़े ही दिनों में सरकारी अत्याचारों के चलते यह संगठन ध्वस्त हो गया था। लेनिन ने इनके कार्यों की तीखी आलोचना की थी, हालाँकि इसके साथ-ही-साथ उन्होंने इनकी त्यागमयी संग्रामी शक्ति की प्रशस्ति भी की थी। इसके पहले हमने इस देश के क्रान्तिकारियों के प्रसंग में रवीन्द्रनाथ के प्रशस्तिमय किसी-किसी मन्तव्य

का उल्लेख किया है, लेकिन इस बात को वे सोचे बिना नहीं रह सके कि देश के समग्र लोगों के साथ इस आन्दोलन का कोई भीतरी जुड़ाव तब तक भी नहीं हो सका था। लगभग नारोदनिकों की ही तरह 'उस दिन के उन दुःसाहसिक युवकों ने सोचा था कि समूचे देश के होकर वे कुछ लोग आत्मोत्सर्ग के द्वारा राष्ट्रविप्लव ला देंगे; उनके लिए यह सर्वनाश था, लेकिन देश के लिए यह मामूली बात थी। समूचे देश के अन्तःकरण से ही समूचे देश का उद्धार जाग उठता है, उसके किसी एक अंश से नहीं।'

अब, ये विचार किसी को प्रतिक्रियावादी भी लग सकते हैं। लेकिन उस बात को निर्धारित करने के लिए समालोचक को तो आलोच्य व्यक्ति और उसके कर्मवृत्त की व्यापकता के विषय में सोचना ही पड़ेगा, उसे आलोच्य देश के वास्तविक परिवेश की छोटी-मोटी बातों के विषय में भी सोचना पड़ेगा। क्यों किसी समय पूरी दुनिया ने एक व्यक्ति पर ग़ौर किया था, उनके मनन और सर्जना पर, इस बात को तो उन्हें थोड़ी सहिष्णुता के साथ समझना ही पड़ेगा? उसी निबन्ध में जब लुकाच दस्तोयवस्की की बात करते हैं, तब वे उनकी प्रतिविप्लवी भूमिका के प्रसंग की बात करते हैं। 'पज़ेस्ड' उपन्यास भी उन्हें केवल प्रचार-पुस्तिका-जैसी लगी थी, लेकिन वहाँ वे विश्वासयोग्य एवं फलप्रद रूप में उसका प्रचार कर सकते हैं। तो फिर, विश्वास करने योग्य प्रतिविप्लवी रचना तैयार कर सकें तो वे अनेक श्रद्धा के योग्य हो जाते हैं? सन १९२२ में ही कुछ अन्य प्रबन्धों में, दस्तोयवस्की के विषय में उन्होंने उनकी स्वभावगत दुविधा को दिखाया है, राजनैतिक पक्षपात और कवि-दृष्टि की दुविधा। दस्तोयवस्की जो समाधान प्रस्तुत करते हैं वे पूरी तरह से व्यक्ति-केन्द्रित है, उनकी निर्भरता मानव-सम्बन्धों पर है, समस्त लोगों में उन्हें प्रेम और करुणा से सिक्त एक मानवीय हृदय के दर्शन होते हैं। उनकी वाणी ईसाईयत की, रूसी दकियानूसी चर्च की वाणी मात्र है। एक हिसाब से वे विफल हो चुके हैं, लेकिन फिर भी उनकी महिमा विपुल है। लुकाच कहेंगे, प्रचारक के रूप में कितने ही आवेग के साथ दस्तोयवस्की विप्लव का विरोध क्यों न करें, कितने ही विश्वास के साथ वे धार्मिक पन्थ की बात क्यों न करें, उनकी रचनाओं से ही हम समझ जाते हैं कि विप्लव कितना ज़रूरी है।

उस देश में रवीन्द्रनाथ की चर्चा के प्रसंग में कभी-कभी हालाँकि दस्तोयवस्की का नाम भी लिया गया है, लेकिन इन दोनों की तुलना की

कोई बात मैं अभी नहीं उठा रहा हूँ। ये नाम केवल यह दिखाने के लिए लाने पड़े कि सारे प्रसंगों पर विचार करते हुए लुकाच एक ही मानदण्ड का उपयोग नहीं करते। उनके अपने कथन के हिसाब से यदि यही सही है कि `the significance of an intellectual trend is evident precisely from what it can say about the most burning contermporary questions -- if it presumes to point the way in an age of confusion' (रवीन्द्र के प्रसंग में कहा गया), तो इसी सूत्र का वे दस्तोयवस्की और रवीन्द्रनाथ के विषय में क्या एक ही तरह से उपयोग करते हैं? या कि कोई पूर्वाग्रह उन्हें इतना अधिक आच्छन्न करता है कि वे कहानी को भी ठीक तरह से नहीं पढ़ते, और पाठकों को बताते हैं कि : स्वदेशी लोगों के हिंसक आन्दोलन से विपर्यस्त सभी को निखिलेश अपने दलबल और ब्रिटिश पुलिस की मदद से बचा लेता है!

तीन

विदेश की एक पत्रिका में जो लेख साठ साल से भी पहले प्रकाशित हुआ था, जिस लेख के बाद लुकाच में भी बहुत सारे बदलाव घटित हुए तथा वे और भी परिपक्व हुए, उस प्रसंग में आज नये सिरे से जानने का क्या मतलब है, यह प्रश्न तो उठ ही सकता है। लेकिन बात ठीक लुकाच को लेकर भी नहीं है, 'घरे-बाइरे' को लेकर भी नहीं। उस उपन्यास में रवीन्द्रनाथ की दीर्घकाल से पालित आत्मशक्ति की ही अभिव्यक्ति थी, उनकी अन्य रचनाओं और कर्मकृतियों के साथ इसकी संगति को देख पाना बहुत ही सहज है, उपन्यास के अमूल्यविषयक उपाख्यान में सन्त्रासवादियों के विषय में उनकी भिन्नतर दृष्टि के इंगित हैं, इन सब बातों को मान लेने के बाद भी यह स्वत:सिद्ध रह जाता है कि राजनीति और शिल्पनीति के दो भिन्न कोणों से ही 'घरे-बाइरे' का सन्दीप एक स्थूल और असफल सृष्टि है। आज लुकाच के सम्बन्ध में सवाल उठाना दरअसल सन्दीप को पुनर्प्रतिष्ठित करने का आयोजन नहीं है, 'घरे-बाइरे' विषयक कोई मीमांसा भी नहीं। लुकाच का यह प्रबन्ध, मार्क्सवाद के सद्य-उत्साही और भी किसी-किसी प्रबन्ध-जैसा ही है, जो चरमपन्थ की विपदा के विषय में सम्भवत: हमें फिर से सतर्क कर देता है।

सोवियत विश्वविद्यालयों में दस्तोयवस्की-पाठ्यक्रम को लेकर एक निर्देश

जारी किया गया था जो इस प्रकार था कि 'प्रतिक्रियावादी बुर्ज़ुआ-व्यक्तिकेन्द्रित भावादर्श की अभिव्यक्ति के रूप में दस्तोयवस्की की रचनायें' पढ़नी होंगी। ये निर्देश सन १९५३ के हैं, स्तालिन की मृत्यु के बाद, लेकिन विस्तालिनीकरण से पहले। और सन १९५५ में विस्तालिनीकरण के बाद, उस निर्देश को बदलकर उसकी शुरुआत ऐसी कर दी गई थी : 'मुक्ति-आन्दोलन के दूसरे स्तर पर जो गहरा अन्तर्विरोध रूसी अभिजात-बुर्ज़ुआ समाज को क्षरित कर रहा था, दस्तोयवस्की की रचनाओं में उसका विवेचनमूलक प्रतिफलन है।' तो फिर क्या एक ही चीज़ को दो तरह से देखा जा सकता है? समस्या यह है कि कब और किस दिशा से चीज़ों को देखा जाय।

लुकाच ने स्वयं पूरी तरह से स्वीकार नहीं करना चाहा, फिर भी किसी-किसी की यह धारणा पूरी तरह से बेबुनियाद नहीं है कि सन १९५६ के बाद से उनकी शिल्पदृष्टि में एक और मोड़ दिखायी देता है। 'समकालीन यथार्थवाद का अर्थ' (१९५८) पुस्तक में इसके चिह्न हैं, आधुनिकतावाद के पुरोधा किसी-किसी लेखक के विषय में उनकी नयी सोच के निशान भी उसमें हैं, काफ़्का-जैसे आधुनिकों के विषय में इस पुनर्विश्लेषण में उन्होंने कहा है कि यह केवल क्षरण के निशान नहीं हैं, यथार्थवाद के विपरीत नहीं है, यह बुर्ज़ुआ समाज के जटिल क्षणों का एक शिल्पीजनोचित अनुभव है। फिर यहाँ भी उनका दृष्टिकोण बदल गया है। इस बदली हुई मानसिकता में, फिर से विचार करने का अवकाश होता तो क्या रवीन्द्र पर किया गया विवेचन भी लुकाच के हाथों कोई पूर्णतर परिप्रेक्ष्य पा जाता? तो फिर क्या हम मार्क्सवाद का किसी भिन्न मात्रा में प्रयोग उस लेख में देख पाते?

(१९८३)

काफ़्का का स्वप्न

बेचैनी भरा सपना देखते-देखते एक सुबह ग्रेगोर साम्सा की नींद टूट जाती है, और पाता है कि वह एक बड़ा-सा कीड़ा बन गया है। उसकी नींद क्या सचमुच टूट गई थी? या कि वह उसके सपने का ही कोई प्रसार था? जोसेफ़ के. भी सुबह अपने बिस्तर पर सोया हुआ था, जब उसे अपनी गिरफ़्तारी का परवाना सुनना पड़ा। क्या वह जाग रहा था? या कि यह भी नींद ही थी? एक और के. है, वह शाम को किसी गाँव पहुँचा, एक सराय में उसने ठौर ढूँढ़ा, थकान के मारे आँखों में नींद उतर आयी, और थोड़ी ही देर बाद उसे यह ख़बर सुनने के लिए जागना पड़ा कि यहाँ पर एक दुर्ग है, उस दुर्ग के काउंट की अनुमति के बिना कोई यहाँ रात नहीं बिता सकता। लेकिन क्या सचमुच के. जाग गया था? जागा था जोसेफ़ या ग्रेगोर? या कि इसका सभी कुछ केवल उनकी नींद के बीच में खुल जाना है, तल से और अतल की ओर केवल चलते चले जाना? शुरुआत के बाद 'द मेटामॉर्फ़ोसिस', 'द ट्रायल' या 'द कैसल' में पात्र जिन घटनावलियों की ओर बढ़ते रहते हैं, वह क्या जागरण में होता है? या कि स्वच्छ किसी नींद की ही दुनिया में?

काफ़्का की लगभग सभी प्रमुख रचनाओं में हमें इसी प्रकार की शयन की भंगिमायें मिलती हैं, नींद से भिन्न किसी जागरण की ओर पहुँचने का मानो कोई अदृश्य दरवाज़ा। 'इन द पेनल कॉलोनी' शीर्षक वाली लम्बी कहानी में जिस अभियुक्त की कथा है—और काफ़्का के मुख्य पात्र पर तो लगभग हर वक़्त कोई-न-कोई अभियोग लगा ही रहता है, उसे पता नहीं होता कि उसका अपराध क्या है, उसे नहीं मालूम कि वह किसके पास कौन-सी सज़ा पाने जा रहा है—उस अभियुक्त को भी दी जाने वाली

सज़ा का विवरण आलंकारिकता में ही निबद्ध था। पशमीना ओढ़े बिस्तर पर नग्न अवस्था में वह औंधेमुँह लेटा है, हाथ, पैर और गर्दन को बाँधने की तमाम रस्सियाँ चारों ओर रखी हुई हैं, वह किसी तरह का शोर-शराबा न कर सके इसका भी ज़बर्दस्त इन्तज़ाम किया गया है। इस अभियुक्त को भी, हम नहीं भूल पाते कि नींद में से उठाकर लाया गया था, क्योंकि निर्दिष्ट भूमिका में आकर उसके पास यहाँ सोने का कोई अधिकार नहीं था।

नींद अथवा स्वप्न के इन सब आस्तरणों के बीच में काफ़्का यथार्थ से परे कहानी कहने का एक ढंग तैयार कर लेते हैं। लेकिन इतना ही सतर्कतापूर्ण है उनका इन आस्तरणों में चले जाना कि हम पकड़ ही नहीं पाते कि हम कब एक अविश्वसनीय दमघोंटू अस्तित्व के भीतर डूबे गए हैं, जो एक ही साथ स्वाभाविक भी है और अस्वाभाविक भी। स्वप्न जैसे तरल होकर इसके उसके बदन पर ढुलक जाते हैं, एक के साथ दूसरा मिलकर जिस तरह बहुवर्णीय हो उठते हैं स्वप्न, टूटना और कोलाहल, युक्ति की संरचना के विन्यास को लगातार तोड़ता रहता है, ऐसी कोई विपर्यस्त स्वप्नरीति काफ़्का की नहीं है। बल्कि स्फटिक की तरह कठोर चिंतन के आभास में ही वे पाठकों को आगे ले जाना चाहते हैं, स्वप्नप्रदेश के बीच में से होते हुए कठोर राहों पर चलने का उनका कोई आह्वान मानो इसी भंगिमा में जागा हुआ हो। और इसी तरह वे जीवन के मर्म को खोद कर लाना चाहते हैं, जो जीवन किसी ऊर्ध्वगामी नदी-जैसा है, जैसा कि उन्होंने अपनी डायरी में एकबार लिखा था। उन्होंने लिखा था, स्वप्न-जैसा यह अन्तर्जीवन चित्रित करके जाने के अलावा उनका कोई और काम नहीं है।

स्वप्न-जैसा यह अन्तर्जीवन और कहानी कहने की यह स्वप्नरीति, इसमें कभी-कभी क्या उनके अपने जीवन की भी अनेक स्वप्नकथाएँ एकाकार होकर घुलमिल जाती हैं? के. अथवा जोसेफ़ के. एक हिसाब से ख़ुद काफ़्का हैं, यह बात तो कहने की भी अपेक्षा नहीं है, 'द कैसल' के प्राथमिक अध्यायों में 'के.' के बदले उन्होंने पहले 'मैं ही' लिखा था, स्वयं को स्वयं के बाहर से देखने की गरज से ही बाद में प्रथम पुरुष को लाना पड़ा, लाना पड़ा स्वप्न-जैसा द्रष्टा और दृश्य की अभिन्नता लेकिन दुविधा में दो-फाड़। इसी अभिन्नता में, काफ़्का का नींद-भरा स्वप्न, अपने अवतल को जानने का उनका अपना अनुभव, कभी-कभी प्रत्यक्ष रूप से भी शायद उनके काम आया था।

‘द ट्रायल’ के अन्तिम अंश को ज़रा याद किया जाय। सीधी चढ़ाई वाले रास्ते पर जोसेफ़ अपने दो साथियों के बीच में चल रहा है, शहर को पार कर वे लोग एक खुले प्रान्तर में आ पहुँचे हैं, एक परित्यक्त निर्जन मकान से लगे पत्थर के एक टुकड़े के पास। उसके साथी उसकी कमीज़ और कोट उतार लेते हैं। ठण्डी हवा बह रही थी, चाँद की रोशनी में चारों ओर का वातावरण स्निग्ध-गम्भीरता लिए हुए था, अचानक एक व्यक्ति का अंगावरण हट जाता है, म्यान के भीतर से एक लम्बी, पतली धारदार छुरी बाहर निकल आती है। जोसेफ़ के सिर के ऊपर वे दोनों उस छुरी को लहराने लगते हैं, उसे समझ में आ जाता है कि उसे ही छुरी को पकड़ना होगा, लेकिन वह पकड़ नहीं पा रहा। और ठीक उसी समय पास वाले मकान की ऊपरी मंज़िल पर उसकी नज़र जाती है, उसे कुछ उजाला-सा महसूस होता है, एक खिड़की खुलती है, कोई धुँधली-सी काया मानो झुक कर देख रही हो, अपना हाथ बढ़ा रही हो। कौन है वहाँ? कोई मित्र? कोई मददगार? क्या वह कोई अदृश्य न्यायाधीश है? कहाँ है उसकी अदालत? उँगलियों को शून्य की ओर पसारकर जोसेफ़ अपना हाथ ऊपर उठा देता है, कोई मददगार नहीं आता, और तभी छुरी आकर उसके सीने में घुस जाती है, एकबार, और, और एकबार।

असम्भव नहीं कि इस कहानी को पढ़ते-पढ़ते हमें काफ़्का के एकाधिक स्वप्न-वृत्तान्तों को याद करने की इच्छा हो। असहायता, त्राण की आकांक्षा, आक्रान्त और आक्रमणकारियों की छवि, इन सब बिम्बों से भरे रहते हैं उनके स्वप्न। लेकिन वे केवल साधारण छवियाँ नहीं हैं, कभी-कभी मानो इस ‘ट्रायल’ का ही नक़्शा काफ़्का की डायरी में, उनके विभिन्न स्वप्नों की प्रतिच्छायाओं में दिखायी देता रहता है। एक दिन उन्होंने सपना देखा कि घर से बाहर निकलते ही दोस्त लोग कह रहे हैं कि ‘तुम्हारे पीछे वह क्या है?’ सिर के पीछे हाथ लगाने पर पता चलता है कि वहाँ तलवार की मूठ है। सब लोग उसे घेर लेते हैं, उसकी कमीज़ उतार लेते हैं, म्यान से निकालने की तरह उनकी पीठ, त्वचा और माँस में बिन्धी हुई उस पुरानी तलवार को धीरे से खींच कर निकाल लेते हैं और मुसकराते हुए उसकी ओर बढ़ा देते हैं। हम इसके साथ काफ़्का के और एक दिन के सपने को जोड़कर विचार कर सकते हैं, जब वे देख रहे थे कि मानो वे अपने पिता के साथ कहीं जा रहे हैं। वे दरवाज़े के बाहर आ खड़े हुए हैं, सामने एक बड़ी-सी दीवार

है, पिता मानो नृत्य के छन्द में उस पर चढ़ गये, लेकिन उन्होंने उसकी ज़रा-सी भी मदद नहीं की। वे घुटनों के बल सरककर चढ़ने की कोशिश करने लगे, दीवार और ऊँची होती चली गई, कहीं पर कोई अवलम्बन नहीं। या फिर किसी और रोज़ : खिड़की की कंगनी पर पिता छलाँग लगाते हुए चढ़ रहे हैं, दोनों हाथ फैलाकर उस पर चल रहे हैं, मानो अपने बाथरोब के कोने को पकड़कर चढ़ने की कोशिश कर रहे हैं काफ़्का, लेकिन पिता मानो रुखायी के साथ और-और दूर जाते जा रहे हैं।

'द ट्रायल' की आरम्भिक पाण्डुलिपि की शुरुआत एक दिन इस तरह हुई थी : एक धनी व्यापारी का बेटा, जोसेफ़ के., पिता के साथ तुमुल झगड़े के बाद लक्ष्यहीन रास्ते पर निकल जाता है, थका हुआ, दिशाहीन। या फिर, 'द जजमेंट' कहानी की मूल कथा पिता और पुत्र के द्वन्द्व पर आधारित है, अन्ततः गेयर्ग को उसके पिता डूब कर मर जाने का शाप दे देते हैं, वह मरता भी है। और 'अमेरिका' में कार्ल रसमान को सोलह वर्ष की उम्र में उसके पिता घर से निकाल देते हैं। यह सब पुनरावर्तन आकस्मिक नहीं है, इन सब प्रयोगों में काफ़्का की अपनी ही गृहस्थी के सम्बन्धों का आभास मिलता है, जिन सम्बन्धों की ऊसरता में वे पिता को केवल एक अत्याचारी ब्यूरोक्रैट के रूप में देख पाते हैं, जिन सम्बन्धों के घावों की वजह से क्षोभ से भरकर वे पिता को लिख सकते हैं : 'मेरा सारा लेखन ही आपको लेकर है।' और दूसरी ओर, ईश्वरहीन धर्मातुर काफ़्का के जीवन के परम न्यायाधीश यदि कहीं पर हैं, तो वे भी उसी ब्यूरोक्रैट की शक़्ल में ही आते हैं। काफ़्का के वही अमेय अदृश्य न्यायाधीश, विडम्बना से भरी उनके पिता की छवि और 'द ट्रायल'-जैसी कहानी के दूरस्थायी अनिच्छुक हिलते हुए हाथ अन्ततः एकाकार हो जाते हैं, भीतर-ही-भीतर एकान्त होकर मिल जाते हैं उनके स्वप्न, उनका जीवन और उनका शिल्प।

लेकिन यह जो अविचार, अत्याचार और आक्रमण का आर्त्तनाद है, ये जीवन को क्या किसी दमघोंटू हताशा की ओर ही ठेलते रहते हैं, किसी नहीं की ओर? डायरी में हालाँकि काफ़्का ने ज़रूर कहा है कि वे केवल अपने समय के 'नहीं' के ही प्रतिनिधि हैं, शताब्दी के आरम्भ में एक भयावह क्षरण के समय को ही उन्होंने अपनी चेतना की तीव्र चमक से छुआ था, उनके अपने फेफड़ों और स्वरयन्त्र के हन्तारक क्षय को भी उन्होंने कोई प्रतीक मान लिया था, भुवन की समस्त ग्लानि के अन्तःसार

को वे आपात–आयासहीनता के साथ निश्चित हाथों में उठा लाये थे। फिर भी हमें उनकी दुविधा की बात याद आ जाती है, याद आता है 'द मेटामॉफ़ोंसिस' लिखने के कुछ दिनों बाद उस कहानी के विषय में उनका यह आत्मधिक्कार : 'मज्जा मज्जा में अपरिपक्व! अन्त तो पूरी तरह से अपाठ्य!' या फिर, विचारणीय बात यह है कि मृत्यु से पहले अपने मित्र मैक्स ब्रॉड को उन्होंने लिखा था कि उनकी अप्रकाशित सारी रचनायें जला दी जायें। यह सोचने में भी डर लगता है कि वह मित्र यदि उनके निर्देशों को मान लेता तो, क्योंकि इन अप्रकाशित रचनाओं में ही 'द ट्रायल' और 'द कैसल'–जैसी रचनायें भी थीं! अपनी रचनाओं के विषय में काफ़्का का विश्वास कुछ कम था ऐसा नहीं है, साहित्य तो उनके लिए सुख और पूर्णता का द्योतक था, तो फिर भी उन्होंने अपने मित्र के लिए क्यों वह मर्मान्तक निर्देश लिख छोड़ा था? मैक्स ब्रॉड का अनुमान है कि किसी–किसी व्यक्तिगत दुरभिज्ञता का आघात उन्हें अगाध शून्यता के बोध की ओर ले गया था, इसीलिए वह उदासीनता थी। और इसके अलावा, रचना के लिए उन्होंने ऐसा परम मानक तय किया था, जिसके विषय में हमेशा सोचते रहते थे कि वे उसे छू नहीं सके। ब्रॉड निश्चय ही ग़ौर नहीं कर पाये कि उनके द्वारा कहे गए पहले और दूसरे कारण के बीच शायद एक विरोधाभास ही दिखायी देता है, लेकिन उस बात को यदि छोड़ भी दें तो यह सोचना पड़ता है कि इस 'परम मानक' का अभाव यदि सच है तो फिर काफ़्का ने किस ओर से उस अभाव को महसूस किया था।

इसका कोई सुस्थिर उत्तर आज निश्चय ही कोई नहीं दे सकता, आज हम केवल किसी–किसी भाष्य से, काफ़्का की ही डायरी की किसी नज़ीर से अनुमान लगा सकते हैं। एकदिन उन्होंने ख़ुद से कहा था—'तो फिर स्वयं को खोल दो। मनुष्य को बाहर निकल आने दो। हवा और नीरवता में साँस लो'। ख़ुद को स्वजनहीन, परित्यक्त, विच्छिन्न, निर्वासित और आश्वासनहीन मानते हुए भी उन्हें मानवीय पृथ्वी का आकर्षण याद आता है, जो आकर्षण उन्हें सबकुछ भुला देना चाहता है। वे क्या किसी और पृथ्वी पर रह रहे हैं, अपने मैनरिज़्म की वजह से? ऐसा सोचने के साथ–ही–साथ काफ़्का को याद आता है कि उनकी माँ उन्हें किस तरह समस्त छिन्नताओं की वेदना से बचाकर रखती थीं, उन्हें याद आता है कि यह कृतज्ञता भी एक जीवन है! उनके पतन का कारण क्या उनकी आत्मकेन्द्रिकता

थी, स्वयं को लेकर अविरल उद्वेग केवल? किसी ऊर्ध्वतर आत्मिकता के लिए कहीं कोई आकुल प्रार्थना नहीं थी? इन प्रश्नों से उन्होंने अपने आप को केवल जर्जरित ही किया था। और इन सब द्वन्द्वों और क्षोभ के निशान देखते-देखते हम फ़ेलिस को लिखी अपनी उपान्त्य चिट्ठी तक पहुँच जाते हैं : 'मैं केवल किसी परम विचार की माँग को पूरा करने के लिए भागता फिर रहा हूँ ऐसा नहीं है; बल्कि ठीक इसके उलटा है। मैं समस्त मानवजगत को जानना चाहता हूँ, समस्त प्राणीजगत, उनकी मूल इच्छा को समझना चाहता हूँ, उनके नैतिक आदर्श, उसे मैं सहज नियम के अन्तर्गत ले आना चाहता हूँ, और जितनी जल्दी सम्भव हो अपने आचरण को वैसा कर लेना चाहता हूँ जिससे समस्त पृथ्वी की आँखों से मुझे प्रसाद मिल सके।'

इस चिट्ठी में दुनिया से छिन्न न होकर भी अपने अन्तर्मूल से जीवन के मर्म तक पहुँचने का जो आवेग काफ़्का के मन में दिखायी दिया था, उसकी समग्रता का बोध उनकी रचनाओं में नहीं आ रहा था तो क्या इसे लेकर काफ़्का सोच-विचार कर रहे थे? उनकी सर्जना इस पृथ्वी को एक सत्य, शुभ सत्ता तक ले आयेगी, उनके जीवन और सपनों में इसी की आकुल इच्छा थी—मानवीय पन्थ और तुरीय पन्थ के बीच—वे जिस सामंजस्य की तलाश कर रहे थे, आख़िर में उन्हें क्या ऐसा लग रहा था कि वे उसका स्पर्श नहीं कर पाये? तो क्या इसीलिए अपनी रचनाओं को लेकर उनमें इतनी अतृप्ति थी? इन सब बातों का आज कोई विशेष महत्त्व नहीं है, लेकिन पाठक के रूप में हमें फिर भी सोचना पड़ता है कि परम के स्वप्न से बिंधी काफ़्का की रचनाओं से कौन-सा रूप हमारे सामने अन्ततः ध्रुव इशारा बनकर जागता रहेगा : आततायियों के सामने मरणासन्न जोसेफ़ द्वारा उच्चारित अन्तिम आत्मबोध 'मानो एक कुत्ता है', या कि अजानी अदालत की ओर उठी हुई उनकी स्पन्दित वे भंगुर उँगलियाँ? इसी के उत्तर पर काफ़्का को पढ़ने का हमारा ढंग निर्भर करेगा। इसी के उत्तर पर उनके स्वप्न को समझ पाना या न समझ पाना निर्भर करेगा।

रिल्के : माल्टे से एलिजी

क्या यह हो सकता है कि सचमुच जानने योग्य बातें अभी तक जानी ही नहीं गयीं, न तो वे देखी गयीं और न आज तक कही गयीं? क्या हो सकता है कि हज़ारों वर्षों से मनुष्य केवल देखता, सोचता और लिखता रहा लेकिन अवहेलनापूर्वक उसने इस लम्बे समय को लुढ़क जाने दिया है? रिल्के ने अपनी पुस्तक 'माल्टे' में ये कातर प्रश्न उठाये थे, ये तथा इन-जैसे कई और, उन्होंने बार-बार ही कहा था : हाँ, ऐसा हो सकता है। और चूँकि हो सकता है इसलिए उन्हें ही आज जीवन के मूल प्रश्नों को छूना होगा। वे कितने ही तरुण और तुच्छ क्यों न हों, आज माल्टे को लगातार लिखना ही होगा, दिन-रात लिखना होगा, यही उनका भवितव्य है।

लेकिन वे क्या लिखेंगे? किस तरह लिखेंगे? उन्हें लगता है एक समय आयेगा, जब उनके अपने हाथ मानो ख़ुद से दूर हो जायेंगे, और तमाम ऐसे शब्द बहते चले आयेंगे जिन्हें लिखने की शायद उनकी कोई इच्छा ही नहीं थी। एक शब्द दूसरे का अनुसरण करता हुआ नहीं आयेगा, सारे अर्थ बादलों की तरह मानो एक-दूसरे में मिल जायेंगे और बारिश बनकर झरने लगेंगे। ये सारी बातें लिखने की टेबल के सामने घुटने झुकाये माल्टे का आर्त्तनाद बन जायेंगी : 'सबसे दूर हटकर, ख़ुद से दूर होकर, मैं स्वयं को मुक्त करना चाहता हूँ एकान्त मन से, और रात्रि के इस नीरव विजन में स्वयं को लेकर थोड़ा गर्व भी करता हूँ। मैंने जिनसे प्रेम किया, मैंने जिनके गीत गाये, उनकी आत्मा मुझे शक्ति देती है, समर्थन देती है; वे लोग मुझे झूठ से और पृथ्वी के विषवाष्प से दूर हटाकर रखते हैं; और, तुम, हे मेरे ईश्वर! मुझे कुछ ऐसी महत कविता लिखने का प्रसाद दो, जिससे मैं ख़ुद को समझा सकूँ कि मैं न्यूनतम व्यक्ति नहीं हूँ, जिनसे मैं घृणा करता हूँ

मैं उनसे भी निम्नतर नहीं हूँ।'

लिखनी होंगी कुछ महत कवितायें। लेकिन वह तो कोई बहुत अनायास घटना नहीं है, इसके लिए कितने दिनों के कितने ही प्रयासों की ज़रूरत होती है। माल्टे को यह भी लगता है कि अट्ठाईस साल की उम्र हो गई, इस बीच क्या कुछ भी लिखा गया? कितने दिनों की कितनी प्रतीक्षा चाहिए एक साधारण-सी सर्जना के लिए? पूरा जीवन, समूचा लम्बा जीवन इन्तज़ार करने के बाद सम्भव है कि अन्त में जाकर कोई मात्र दस अच्छी पंक्तियाँ लिख ले। कविता तो केवल आवेग जगाना नहीं है, कविता अनुभव होती है। एक कविता लिखने के लिए कितने ही शहर देखने पड़ते हैं, कितने लोग, कितनी वस्तुएँ, कितने ही जीवों को जानना पड़ता है, कितने ही पक्षियों की उड़ान, सुबह खुलते जाते छोटे-छोटे फूलों की कितनी ही भंगिमायें। अपरिचित देशों के तमाम रास्तों पर लौटना होता है, कितने कुछ आशातीत के देखने-सुनने में, अवश्यम्भावी कितने ही विच्छेदों में, कितने ही अस्पष्ट शैशव-दिनों में, बीमारी के दिनों में, शान्त और निर्जन किसी कमरे में, समुद्र के किनारे सुबह का उजाला, तारों के साथ कितनी बार रात्रि-भ्रमण के लिए उड़ जाना। याद करनी पड़ती है प्रेम की कितनी ही रातें, एक से पूरी तरह भिन्न कोई और। उसे मुमूर्षु के पास बैठना पड़ता है, खुली हुई खिड़कियों वाले कमरे में किसी मृतक के पास। इन सबकी समवेत स्मृति की दरकार होती है, और इन सबको भूल जाने की क्षमता भी होनी चाहिए। जब ख़ून में से यह सब मिट जाय, जब एक से दूसरे को अलग कर पहचाना न जा सके, तब ही कविता का दुर्लभतम मुहूर्त आ सकता है!

'माल्टे' पुस्तक में यह जो महत और दुर्लभ क्षण के लिए प्रतीक्षा स्तम्भित है, 'माल्टे' के प्रकाशन के थोड़े ही दिनों बाद 'डुइनो एलिजीज़' में मानो उसी का एक आकस्मिक उद्‌भास दिखायी दिया था। अट्ठाईस वर्षों में कुछ भी नहीं हुआ इसलिए माल्टे ने आक्षेप किया था, पैंतीस साल पार कर लेने के बाद रिल्के के पास उस आक्षेप का शायद और कोई कारण नहीं था। इतने दिनों के सारे अनुभव, उनका देखना और दर्शन ने सघन होकर उनके दस पर्व वाले महागीतिकाव्य का रूप ले लिया था। डुइनो के दुर्गप्रान्त में अचानक उनकी चेतना में बारिश की तरह कुछ शब्द झर गये थे, अचानक उनके सामने मानो किसी देवदूत का आविर्भाव हुआ, और उसी क्षण में

रची गई थी इस शताब्दी की महत रचनाओं में अन्यतम एक रचना। दस एलिजी लिखने में उन्हें दस वर्ष का समय लग गया, १९२२ के अनूठे वर्ष में इस दुनिया के सामने प्रूस्त, एलियट और रिल्के की कुछ युगन्धर पुस्तकें सामने आयीं, लेकिन इन सबकी शुरुआत पहले विश्वयुद्ध के कुछ वर्ष पहले ही हो चुकी थी। माल्टे ने जिसे ख़ून में मिल जाने वाली तैयारी समझा था, उसका सभी कुछ मानो तब तक रिल्के के जीवन में घटित हो चुका था, उनकी एलिजियों में जीवन और मृत्यु को लेकर उनका एक सर्वांगीण बोध घुलमिल गया था। उस समग्र बोध के एक प्रतीक के रूप में आते हैं एलिजी के देवदूत या Angel।

लगभग हमउम्र और एक कवि, वॉलेस स्टीवेंस, भिन्न देश में बैठकर अपने एक देवदूत के बारे में लिख रहे थे, जो आकर कहेंगे 'I am the angel of reality'। जिस दरवाज़े पर स्वागतम् टँगा हुआ है, वहाँ क्या कोई नहीं आयेगा? क्षण भर के लिए सम्भव है यह Angel वहाँ दिखायी दे जाय, इसके बाद फिर से सब ख़ाली-ख़ाली। वे देवदूत कहते हैं—'मेरे ही देखने में तुम देखते हो, मेरे ही सुनने में तुम सुनते हो,'। कहते हैं, लेकिन बहुत ही क्षणिक है उनका अस्तित्व, मन के खुले दरवाज़े के सामने बहुत थोड़े समय के लिए ही आकर वे खड़े होते हैं : Seen for a moment standing in the door!

घर और द्वार की इन छवियों में से होते हुए—प्रतीक्षा, पाने और पाकर खोने की इन छवियों में से होते हुए—या फिर आवागमन की इस छवि में—हम रवीन्द्रनाथ के नाम को भी याद कर सकते हैं, घर के सामने से पल भर में गुज़र गये उनके राजा के दुलाल की बात, उनकी 'खेया' या 'गीतांजलि' की कोई-कोई कविता। इन सारे प्रतीकों के तात्पर्य भले ही शब्दशः समान न हों, लेकिन कहीं पर एक गूढ़ ऐक्य अवश्य है। रिल्के या रवीन्द्रनाथ या स्टीवेंस इन सब छवियों में से होते हुए हमें किसी एक आन्तरिक सत्य की धारणा तक पहुँचा देना चाहते हैं। 'चतुरंग' के शचीश ने रूप और रूपातीत के संघर्ष से किसी कठोर जीवनसत्य को समझने की कामना की थी, श्रीविलास से वह अचानक कह सका था कि 'मैं कवि हूँ'। विश्व-आवागमन के सत्य को खोज लेना तो कवि का ही दायित्व है! स्टीवेंस ने अपनी पुस्तक 'The Necessary Angel' में कहा था कि 'कवि एक पृथ्वी का निर्माण करता है, और हम अजाने ही उसकी ओर बढ़ जाते हैं'।

उन्होंने कहा था, 'यदि हमारे भीतर की वह पृथ्वी न होती, तो फिर हमारे चारों ओर की यह बाहरी पृथ्वी मिथ्या हो जाती।' उन्होंने और भी कहा था : 'ईश्वर पर विश्वास करना छोड़ देने के बाद इनसान को अपनी मुक्ति कविता के सार में मिलती है। कवि अदृश्य के याजक हो जाते हैं।'

एक हिसाब से, रिल्के के देवदूत भी इस अदृश्य के ही याजक हैं। हम अपनी प्रकृति में विच्छिन्न होकर रह रहे हैं; हमारी आकांक्षा और योग्यता में, हमारे विचार और काम में, हमारे आदर्श और यथार्थ में कोई सामंजस्य नहीं दिखायी देता। लेकिन कोई एक शक्ति क्या नहीं है जिसमें इस विपरीत का साष्टांग मिलन घटित हो गया है? दृश्यजगत के बाहर एक अदृश्य-मण्डल हमारी चेतना में बिखरा हुआ है। ऐसी कोई शक्ति क्या नहीं है जो क्षण भर में इस दृश्य-अदृश्य की भिन्नता का लोप कर सकती हो, दृश्य में ही ला सकती हो अदृश्य की द्युति? यही तो भीतर की पृथ्वी का काम है और इसी भीतर की सम्पूर्ण शक्ति केवल एक देवदूत के भीतर समाहित है। हम दृश्यजगत को ही एकमात्र सत्य मानकर उससे चिपटे रहना चाहते हैं इसीलिए इस दृश्यातीत का आह्वान हमें आन्दोलित नहीं करता, हम सहज रूप से उसके आविर्भाव को सहन नहीं कर पाते। लेकिन रिल्के ने सोचा था कि 'मनुष्य की दृष्टि से नहीं, इस देवदूत के माध्यम से ही पृथ्वी को देखना शायद मेरा असली काम है।'

देवदूत की इस परम चेतना को क्षीण मनुष्य अपने अधिकार में नहीं ले पाता तो क्या इस वजह से उसके करने के लिए कुछ भी नहीं है? और तभी प्रतीक्षा की बात आती है, तैयारी की बात आती है, लगन की बात आती है। जीवन के छिन्न सारे क्षण अनिश्चयता की ओर ढुलक जाते हैं, अर्थहीनता की ओर, तुच्छता की ओर। लेकिन हम शायद केवल स्वयं को ही तैयार रख सकते हैं, बड़े जतन से, धो-पोंछकर रख सकते हैं मन के बीचोंबीच एक कमरा, जहाँ पर क्षय हो रहे क्षणों के भीतर अचानक कभी हम अन्तहीन का स्पर्श कर सकें। रिल्के कहेंगे, यह तैयारी ही प्रेम है, यह तैयारी हमारा होना है।

दृश्य और अदृश्य का यह विचार इसीलिए हमें अनिवार्य रूप से जीवन और मृत्यु के विचार तक पहुँचा देता है। समझ में आता है कि क्यों 'माल्टे' की सबसे पहली पंक्ति यह सवाल होगी : 'तो फिर क्या लोग यहाँ बचने के लिए आते हैं? मैं तो बल्कि सोचता था कि मृत्यु के लिए

ही वे यहाँ आते हैं।' डुइनो एलिजीज़ के पोलिश अनुवादक को रिल्के ने एक चिट्ठी में लिखा था : 'इन एलिजियों में जीवन और मृत्यु की स्वीकृतियाँ एकाकार हो गई हैं। यहाँ पर हमारे जैसे अनुभव हैं, जैसे उद्यापन हैं, उस तरह यदि इसके एक को छोड़कर सिर्फ़ दूसरे के विषय में सोचूँ, तो फिर इसकी सीमाबद्धता हमें अनन्त से दूर हटा देती है। मृत्यु जीवन की वह दिशा है जिसने हमसे मुँह फेर रखा है, हमने जिस पर प्रकाश नहीं डाला। हम अपने अस्तित्व की सबसे बड़ी चेतना तक पहुँचना चाहते हैं, वह चेतना एक ही साथ इन दो बाधा-बन्धनरहित प्रदेशों में आश्रय पाती है।....इस पार-जैसा कुछ नहीं होता, उस पार-जैसा भी कुछ नहीं होता, केवल एक महान ऐक्य है, और उस परमता को पा चुके हमारे देवदूत हैं।'

तो फिर रिल्के के विचार से मृत्यु अस्तित्व का कोई अवसान नहीं है, वह मानो मनुष्यों को अतिक्रमित करता कोई अस्तित्व भी नहीं है। मृत्यु मानो जीवन का ही कोई चलायमान एक स्तर है। उस तरह से देखने पर इनसान एक दिन अपनी मृत्यु के अनुभव को अपने ही अन्तर्गत के रूप में जान सकता है। किसी भी मनुष्य की मृत्यु मानो मेरी ही एक टुकड़ा मृत्यु है, जीवन जिस अन्त की प्रतीक्षा में रहता है, इन सब मृत्युधाराओं के माध्यम से मानो उसी की तैयारी होती रहती है। और तब मृत्यु रिल्के को भयानक नहीं लगती, वह जीवन की सबसे बड़ी घटना मात्र बन जाती है।

कोई यह ज़रूर कह सकता है—एक ने तो कहा भी है (Guardini) कि, रिल्के में मृत्यु को भयहीन रूप से देखने और समझने की जो आकुल चेष्टा है, वह तो उनकी मृत्यु को लेकर डर का ही एक प्रमाण है? एक हिसाब से यह बात ज़रूर मायने रखती है। लेकिन तब याद रखना होगा कि इस अनिवार्य भय के सामने ही चेतनायुक्त मनुष्य अपने दार्शनिक मनन द्वारा, अपनी कला की सर्जना द्वारा, अपने सामाजिक कार्यों के माध्यम से भिन्न-भिन्न रूपों में अपना प्रतिरोध खड़ा करते हैं। रिल्के ने उसी प्रतिरोध के आयोजन से कविता के भीतर जीवन और मृत्यु को इस तरह ऐक्यमय देखने की साधना की थी, या फिर 'माल्टे' में जिस तरह उन्होंने एक बार लिखा था : 'भय के विरुद्ध लड़ने के लिए मुझे रात भर लिखना पड़ता है!' उन्हें अविश्राम तैयारी के तहत कई वर्षों तक लिखना पड़ा, और उन सब रचनाओं में जीवन को लेकर वे केवल विलाप ही करते रहे ऐसा नहीं है, उनकी एलिजियों में हम अस्तित्व की जयध्वनियों

के बीच क्रमशः विलाप से आनन्द की ओर अग्रसर हो जाते हैं। और तब लगता है कि जीवन–मृत्यु की, दृश्य–अदृश्य की इस समग्रता को मिला चुकी उनकी रचनायें भी मानो साफ़ हवा में सुदूर के उस घण्टे की ध्वनि–जैसी है, जिसे माल्टे ने एक दिन अपने प्रिय कवि की रचना में सुना था।

नाट्य-मुक्ति और रवीन्द्रनाथ

जिस तरह धर्म की अफ़ीम से या फिर प्राकृतिक शठता और बहकावे में मन को भुलाये रखा जा सकता है, ठीक वैसे ही कभी-कभी व्यवहार में 'पुराण' शब्द भी आ जाता है। तब पुराण हमारे लिए केवल मृत तथ्यों का समाहार होता है, निर्जीव एक तिथिबाह्य अस्तित्व, उससे अधिक और कुछ नहीं। तब उसके अभ्यासमंथर आलस्य से हमें कुछ नहीं मिलता, किसी भी अर्थ में वह हमारे निर्माण में मदद नहीं करता। 'लाल कनेर' के राजा को जब पुराण-चर्चा में भुलाये रखने का षड्यन्त्र चल रहा था, कहा जा रहा था कि अब कुछ दिनों तक 'पुरावृत्तान्त की जेबकतरी चलती रहे', तब सरदारों के मन में पुराण का यही तात्पर्य था। वे चाहते थे कि इस तरह राजा वर्तमान के बोध से पूरी तरह स्खलित हो जायें।

लेकिन पुराण वर्तमान से चेतना को हटाने का काम क्यों करेगा? क्या यही उसका स्वभाव है? रवीन्द्रनाथ इस अंश में ठीक क्या दिखाना चाहते थे? इसके एक इंगित का अनुमान किया जा सकता है जब हम देखते हैं कि पुराण शब्द के अनिश्चित इस भ्रान्त प्रयोग के समानान्तर नाटक में राजा एक प्रगाढ़ सत्य को उचारते हैं। कहते हैं : महाकाल नवीन को सामने अभिव्यक्त करते चल रहे हैं। महाकाल के भीतर से इस प्रकार पुराण जब केवल नवीन को अभिव्यक्त करते चलते हैं तब वह सत्य होता है, और जब उसका अर्थ केवल अतीत को वहन करते फिरना होता है तब वह घोर मिथ्या बन जाता है।

महाकाल नवीन को सामने अभिव्यक्त करते चलते हैं, इस विश्वास के साथ देखें तो एक भी छिन्न निमेष फिर एकाकी स्वतन्त्र होकर खड़ा नहीं

रहता, उसकी सफलता अवरोधहीन कालस्रोत के अंश के रूप में आकार लेती रहती है। समय मानो एक दीर्घ एकक अस्तित्व है, जो अन्तहीन रूप से क्रमशः खुलता जा रहा है और हर क्षण वर्तमान इस तरह अपने स्वभाव में अतीत के निर्यास को आत्मसात् कर रहा है। वर्तमान के भीतर अतीत तब जीर्ण–भार होकर नहीं रहता, वह एक संजीवित प्रवाह बन जाता है।

ऐसा लगता है कि रवीन्द्रनाथ इस प्रवाह को अपने नाटकों में ओतप्रोत अंगीकार कर लेना चाहते थे। वे इसीलिए नाटक के विषय और विन्यास में व्याप्त समय और स्मृति का उपयोग करते हैं। साम्प्रतिक को दूर हटाकर देखने की इच्छा से अब पश्चिमी नाटकों का भी एक अन्यतम ढंग बन गया है पुराणपन्थ या क्लासिकल अनुवर्तन, मानो जड़ों की तलाश के रूप में। जैसा कि सार्त्र कहेंगे : मेटरलिंक की 'नीली चिड़िया'–जैसे शिशु–सेव्य प्रतीक अब हमें नहीं चाहिए, लेकिन आज भी हम पुराण चाहते हैं, मृत्यु का, निर्वासन का, प्रेम का पुराण। जैसे कि एक समय येट्स को लगा था कि सरल लोककथाओं को ही हमें अपनी श्रेष्ठ रचनाओं में फिर से संचारित कर लेना होगा, हमें उसके दूरगामी चित्रबहुल जीवन को पकड़ना पड़ेगा। या फिर जैसा कि ब्रेष्ट ने चाहा था; इसी क्षण को पकड़ने के लिए जिस प्रकार उन्होंने देशकाल को ख़ासा घुमाकर थामने की कामना की थी : 'मदर करेज', या 'गैलीलियो' का दूर समय, 'कॉकेशियन चॉक सर्किल' का दूर देश। इस तरह शायद वास्तविकता की धारणा भी काफ़ी हद तक बदल जाती है, आधुनिक को पकड़ने के लिए कई बार वास्तविकता की रुद्ध दीवार को हटा देने की ज़रूरत पड़ती है। रवीन्द्र के नाटकों में भी हमें बार–बार ऐसा ही दिखायी देता है, समय और स्मृति के स्पर्श से साम्प्रतिक के पेषण को वे किस तरह आधुनिकता की मुक्ति में खोल देते हैं, किस प्रकार वे वास्तविकता की छोटी–मोटी माँगों का प्रत्याहार कर लेते हैं।

हालाँकि यह व्याप्त समय वहाँ पर निश्चय ही प्रचलित पुराण की राह पकड़कर नहीं आता। मिथ रिच्युअल आर्केटाइप में संहत एक नित्य जन्म लेते लोकपुराण की बात शायद वे अगोचर में सोच रहे थे, जिस प्रकार 'फाल्गुनी' के कवि ने एक विश्वपुराण के बारे में बताया था। याद आता है, पुराण की चर्चा में भुलाये रखने के प्रस्ताव के समानान्तर 'लाल कनेर' में प्रतिविन्यस्त एक संवाद है, अध्यापक को अचानक कहना पड़ता है :

'देख रहे हो, वह कौन जा रहा है?' धानी रंग के कपड़े पहनी हुई नन्दिनी उस समय 'पृथ्वी के प्राणों से भरी प्रसन्नता को अपने सर्वांग में समेटे' दूर पथ पर जा रही थी। पृथ्वी की प्रसन्नता को अपनी देह में वहन कर नन्दिनी ही उस समय क्षण भर में नव-पुराण बनकर जाग उठती है। पाठक या दर्शक की लोकस्मृति को इसी तरह क्षण भर में समाज में, निसर्ग में एकसाथ गुँथे हुए हमारे नवान्न के ग्राम स्पर्श कर जाते हैं। और थोड़ी ही देर में जब अनूप-उपमन्यु के क्षय होते यौवन के लिए नन्दिनी आर्त्तनाद कर उठती है, जब वह कहती है : 'वे लोग आषाढ़-चतुर्दशी के दिन हमारी नदी में नौकाचालन प्रतियोगिता खेलने आते थे', तब इस कथन के साथ-ही-साथ आद्यन्त काल के संग हम अपना जुड़ाव पा जाते हैं। देशकाल की स्मृति इसी तरह एक अन्यतर पुराणमहिमा के साथ पाठक को लीन कर लेती है। 'लाल कनेर' की रंगभूमि से पुराणवागीश जो निःशब्द होकर हट जाता है, उसे हम तब संगत ही मान सकते हैं।

नितान्त ही भिन्न प्रसंग में रवीन्द्रनाथ ने 'मनुष्य का धर्म' पुस्तक में मनुष्य की तीन जन्मभूमियों की बात कही थी। उसका पहला निवास स्थान है पृथ्वीलोक, द्वितीय भूमि है स्मृतिजगत, और तीसरा जन्म मानो आत्मिक निखिल में है। ये तीन जगत हैं लेकिन एकत्र रूप से जुड़े हुए, मनुष्य जानता है कि उसकी मुक्ति केवल त्रिजगत के समन्वय में है।

रवीन्द्रनाथ के नाटक भी इसी त्रिलोक में जन्म लेते हैं। एक अनतिनिर्देशित स्थानकाल में विन्यस्त होता है उसका घटनाजगत, लेकिन वह हमें किसी निविड़ आत्मिक-चेतना में पहुँचा देता है, इस तरह आत्मभूमि और वस्तुभूमि दो सिरों को तानकर रखती है, उसके मध्यवर्ती संयोग का पथ तैयार करती है लोकस्मृति। 'शारदोत्सव' से अन्त्यकाल तक के जिस समयखण्ड में रवीन्द्र के नाटकों ने अपना ढंग अर्जित कर लिया था, जहाँ पर प्रथानुगत्य की समस्त माँगों से बचकर रवीन्द्रनाथ आत्मस्थ हो गये थे, उस अंश के अन्तर्विन्यास में हम व्यापक रूप से इसी लोकस्मृति का सुन्दर प्रयोग देखते हैं।

दो

पहले-पहल जब बाङ्‌ला नाटक तैयार किये जा रहे थे, तब उन्हें भिन्न-

भिन्न आदर्शों में संस्कृत नाटक और जात्रा सहयोग कर रहे थे। लेकिन नाटककारों के लिए बहुत दिनों तक यह सहयोग बिलकुल यान्त्रिक था, वस्तुत: वे लोग नई विदेशी शैली को ही बलपूर्वक पकड़े रहना चाहते थे। केवल उपादान के विन्यास के लिए, वैचित्र्य-सृष्टि की इच्छा से या फिर कभी नितान्त आत्मरक्षा के निमित्त वे लोग देशी ऐतिह्य की ओर हाथ बढ़ा रहे थे—यदि 'ऐतिह्य' शब्द का प्रयोग यहाँ किया जा सकता हो। प्रतियोगिता की सम्भावना तब तक ख़त्म नहीं हुई थी, जात्रा और नाटक एक समय प्रतिरोधी और प्रतिद्वन्द्वी बनकर सामने आ खड़े हो रहे थे। लोगों की रुचि को एक ओर से दूसरी ओर खींचने की इच्छा से ही कभी-कभी कुछ यौतुक देना पड़ता था, इसलिए गिरीशचन्द्र वग़ैरह जात्रा से प्रभावित हुए बिना नहीं रह सके। इस अर्थ में जात्रा अथवा संस्कृत नाटक उन लोगों के लिए एक ऐसा बन्धन था जिससे कन्नी काटकर चलना समस्या थी। लेकिन रवीन्द्रनाथ के हाथ में यह मुक्ति के पन्थ के रूप में आया। क्योंकि उन्होंने तो आत्मरक्षा के कारण उसका प्रयोग नहीं किया था, उन्होंने इसका प्रयोग आत्मपरिष्कार के लिए किया था। रंगमंच पर दृश्य की स्थापना में जात्रा के तुल्य मुक्ति चाहिए, इसीलिए यह बात कहते समय भी उन्हें याद आया था कि 'प्राच्यदेश के क्रियाकर्म खेल-आनन्द समस्त सरल-सहज हैं'। इस क्रियाकर्म खेल-आनन्द की विशेष प्राच्यभंगिमा को अपने अधिकार में लाने के लिए ही रवीन्द्रनाथ जात्रा या संस्कृत नाटक लाये थे, परीकथाओं का आवेश या फिर स्वच्छन्द प्राकृतिक आनन्द।

इसी वजह से उनके लिए जात्रा जनजीवन का नामान्तरण है। टॉमसन ने उनके नाटकों में मेले के जिस पैटर्न पर ग़ौर किया था, उस पैटर्न में सहज सरल जीवन के सौन्दर्य को रंगमय बनाना ही रवीन्द्रनाथ का अभिप्राय था। 'अचलायतन' के दर्भकपल्ली के रहवासी इस तरह मिट्टी के पास चले जाते हैं, या फिर केवल 'अचलायतन' ही क्यों, उनके लगभग सारे ही नाटकों में इस तरह वे एक अविच्छिन्न जनजीवन-प्रवाह की रचना कर लेना चाहते हैं। इसी के अंग के रूप में देखें तो 'ठाकुरदा और उनका दलबल' कहकर पश्चिमी ढंग से नाक ऊँची करके उपेक्षा करने की अब और इच्छा नहीं होती, वे भले ही न समझ पायें लेकिन हम तो देख पाते हैं कि क्यों 'फाल्गुनी' का बाउल या 'राजा' का पागल थोड़ा-सा मुग्ध और उल्लसित करके हमारी काल-कालान्तर की स्मृति को आन्दोलित

कर देते हैं, बाउल–बैरागी के चिरन्तन बांग्लादेश के सजीव रूप के हिसाब से ठाकुरदा और धनंजय को हम बड़ी ही सहजता से पहचान लेते हैं। ये तमाम चरित्र समग्र नाटक के अन्तःशरीर में एक देशी नक़्शा बना देते हैं, लेकिन बनाते बहुत आधुनिक ढंग से हैं, क्योंकि हम उसे जीवित स्वभाव में देख पाते हैं। बंकिम के संन्यासियों की तरह वे नितान्त बाहरी आगन्तुक नहीं हैं।

तेज़ी से बढ़ रहे जटिल नगर–मन्यता के समानान्तर इस श्यामल की अवतारणा का शायद कोई मतलब रहा होगा। ऐसा नहीं है कि इसमें 'गाँव लौट जाओ'–जैसा कोई सरल परामर्श है। रवीन्द्रनाथ के ध्यान में आधुनिक समस्याएँ ही थीं, भले ही उन्हें उन्होंने चिरन्तन समस्या कहा—और उनके किसी–किसी जीवनघनिष्ट उत्तर पर भी वे विचार कर रहे थे। लेकिन उस उत्तर को उन्होंने ग्रामीण–मण्डन के साथ जोड़ लिया था। इसके माध्यम से वे बांग्लादेश के चिरन्तन जुड़ाव के सूत्रों को अविच्छिन्न रखना चाहते थे, उन्होंने विलीन होते जाते अस्तित्व के आकर्षण को पृष्ठभूमि में सजीव कर लेने की कोशिश की थी।

संस्कृत नाट्यजगत को वे इस तरह उपयोग में लाते हैं। कहीं–कहीं प्राचीन नाट्य–शैली में प्रस्तावना तैयार हो रही है, या फिर कहीं पर राजवयस्य[१] की चरित्रभंगिमा आ रही है, या फिर यहाँ तक कि किसी घटना विशेष से पुराने किसी नाटक की याद आ जाती है,—लेकिन ये सारी गौण बातें हैं। 'रत्नावली' के राजअन्तःपुर में अग्निकाण्ड की घटना जिसे हम 'राजा' या फिर 'मुक्तधारा' के घटनाकौशल के रूप में देख रहे हैं, ये सब तथ्य भी यहाँ पर उतने गणनीय नहीं हैं। किन्तु केवल राजा के परिपार्श्व के गठन के द्वारा एक अर्द्ध–ऐतिहासिक माया की रचना, इतिहास का विषय न होते हुए भी अनायास महिमा में इतिहास का रंगीन आवरण तैयार कर लेना—यही उनकी रचनाओं में बहुत ज़रूरी फ़ॉर्म बन जाता है। 'राजा' के ठाकुरदा अचानक राजकर्मी की वेशभूषा में चले आते हैं, 'अचलायतन' में दादाठाकुर का भी योद्धा–वेश में राजकीय आविर्भाव होता है, लगभग सारे ही नाटकों में राजा की उक्तियाँ केन्द्र में रहती हैं,—इसमें से ही लोककल्पना जीवित हो उठती है और दूर–मध्य अतीत को स्पर्श करती

---

१. संस्कृत नाटकों में राजा के संग–संग रहने वाला एक चरित्र–विशेष।

रहती है, लेकिन ठीक प्रत्यक्ष रूप से नहीं, काफ़ी कुछ तिर्यक रूप से। कभी इसी शैली में तो कभी अगोचर रूप से परीकथा का निःसृत निर्यास संचारित होता रहता है अमल की कपोल कल्पना में, 'शारदोत्सव' में विजयादित्य का छद्मवेशी व्यवहार अथवा 'फाल्गुनी' के 'ओ रे कोतवाल, ओ रे कोतवाल'-जैसे स्वतःछन्दोमय संवाद के प्रयोग में। 'शारदोत्सव' के ठाकुरदादा जब बालकों को पंचाननतला के मैदान में घुमाकर लाना चाहते हैं, और फिर जब हमें बच्चों की बातें सुनायी देती हैं : 'नहीं, कहानी नहीं, आज वट के नीचे बैठकर ठाकुरदा की पाँचाली[१] होगी', 'वट के नीचे नहीं, ठाकुरदा, आज पारुलडांगा चलो', तब उस पंचाननतला का मैदान, वट के नीचे, पाँचाली पारुलडांगा आपस में घुल-मिलकर बांग्लादेश के एक सनातन ढाँचे का निर्माण कर लेते हैं। वैसा ही 'डाकघर' में है : लाठी के छोर पर पोटली बँधी हुई और नागराजूते[२] पहने हुए वह आदमी, ग़िलहरी और अंजीर के पेड़ के नीचे झरना, पाँचमुड़ा पहाड़ और शामली नदी, पारुलदीदी, सुधा की बनिया-बहू पुतुल, क्रौंचद्वीप का नीला पहाड़ और अन्त में अमल का यह सवाल : 'उसकी नाक में नथनी, उसकी लाल पट्टियों वाली साड़ी। वह सुबह अपने हाथों से काली गाय का दूध दुहकर मिट्टी के सकोरे में फेनवाला दूध लाकर मुझे पिलायेगी, और शाम के समय गौशाला में दिया दिखाकर मेरे पास आकर बैठेगी और सातभाईचंपा की कहानी सुनायेगी।'

दिया दिखाकर आना! भाषा की यही भंगिमा आज हमारे लिए कितनी दूर की दुनिया हो गई है!

इसी के साथ प्रकृति का आयोजन भी याद हो आता है। 'शारदोत्सव', 'डाकघर', 'फाल्गुनी' में प्रकृति प्रत्यक्ष अस्तित्व है, लेकिन अन्यत्र भी वह समस्त अवयवों के साथ संलग्न है, बल्कि इसी वजह से और भी समझ में आता है कि रवीन्द्रनाट्यावली में वह कितनी अनिवार्य अंश के रूप में उपस्थित है। यह प्रकृति क्या वहाँ पर रोमांटिक कवि के योग्य अनुषंग के रूप में है? क्या यह केवल सौन्दर्य का ध्यान है? एक प्रकार की पलायनवादी सोच? सद्यतन बांग्लादेश में बैठकर हमें अनुभव करने में परेशानी नहीं होती कि इस निसर्ग-संसार में रवीन्द्रनाथ ने आधुनिक युग

१. बाङ्ला गीति-काव्य।
२. चमड़े से बने विशेष प्रकार के जूते।

का एक नया रिचुअल तैयार की कोशिश की थी, 'शारदोत्सव' एवं 'फाल्गुनी' के माध्यम से, धीरे-धीरे वह पालागान[१] तक पहुँचा था, वर्षा-वसन्त के नित्य उत्सव के जो नृत्य-गीत हैं, वे स्पष्ट रूप से आज हमारे जीवन के अंग बन गये हैं।

इस तरह नृत्य, गीत और कविता का उपयोग रवीन्द्र के नाटकों को जीवन के समतल से उठा कर आत्मिक तल पर ले जाता है, स्मृति का परिमण्डल उसे साम्प्रतिकता से थोड़ी दूरी पर पर खींच कर रखता है; लेकिन इसका कुछ भी इसे सच्चे अर्थों में दूर नहीं ठेलता, बल्कि निविड़ रूप से इसे देशकाल के बोध में ही थामे रहता है। इसीलिए प्राच्य देशों के सहज सरल क्रियाकर्म, खेल-आनन्द एक ही साथ रवीन्द्र के नाटकों के विषय और विन्यास बन जाते हैं, यहीं पर उनके नाटक यथार्थ रूप से मुक्ति की तलाश कर पाते हैं।

तीन

एक ओर से देखें तो कहना पड़ेगा कि एकमात्र रवीन्द्रनाथ ही बाङ्‌ला नाटक के सम्पूर्ण स्वकीय नाट्यविन्यास, उसके लोकजीवन के साथ सघन सम्बन्ध से योजित एक नाट्यरूप को जान सके थे। साथ-ही-साथ यह भी सही है कि प्रतीच्य के आधुनिक पर्व को इसी भंगिमा ने स्पर्श किया हुआ है, अभी तक उन्हें ही शायद हमारे देश का आधुनिकतम नाटककार कहा जा सकता है।

'जितनी भी नाटकीयता है उससे नाटक को छुड़ा लेना होगा' यह बात आज लगातार दोहरायी जा रही है। आधुनिक विदेशी नाटकों में इसीलिए हमने नाटक की प्रचलित संरचना को बार-बार टूटते देखा है, तमाम द्रुत पर्यावसान में से होते हुए आज हम एब्सर्ड या उद्‌भट नाटक की दुनिया में आ खड़े हुए हैं। ग़ौर करना होगा कि हमारे देश में इस मुक्ति का एक सूत्र रवीन्द्रनाथ के हाथों ही तैयार हो रहा था। उनके नाटकों का इतिहास हमें दिखा देता है कि किस तरह से वे प्रचलित चरित्रों अथवा प्लॉट के गठन की धारणा का वर्जन कर रहे थे, किस तरह स्थानकाल के विन्यास को क्रमशः निविड़ ऐक्य में थाम कर फिर से टुकड़े-टुकड़े कर बिखेर रहे

१. विशेष प्रकार के बाङ्‌ला नाट्यगीत।

थे, थोड़े एक्सप्रेशनिस्ट ढंग से। 'फाल्गुनी' के मंचविहीन उन्मुक्त अभिनय में वे दर्शकों और अभिनेताओं के बीच अनायास जुड़ाव की तलाश कर रहे थे लेकिन प्रचलित रीति से बाहर लाकर वे नाटक को नृत्य और गीतों के सम्मिलित उत्सव में संलग्न कर रहे थे—यह सब कुछ ही हमारे ध्यान देने योग्य विषय है।

ठीक है, यहाँ पर काफ़ी कुछ आधुनिकता के इंगित मिल रहे हैं। यहाँ तक कि उस अन्तिम बात के बाद एक सहज समीकरण का विचार ही मन में आता है, हो सकता है हम सोचें कि ब्रेष्ट के हावभाव के साथ कहीं पर रवीन्द्रनाथ का एक सामंजस्य तैयार हो रहा है। तो क्या इस वजह से ब्रेष्ट के 'एपिक थिएटर' और रवीन्द्र के नाटक समान स्तर पर तुलनीय होंगे? 'विर्सजन' लिखते समय ही रवीन्द्रनाथ समझ गये थे कि प्रचलित ट्रैजिडी की धारणा उनकी अपनी दुनिया नहीं है। लेकिन उस दुनिया से मुँह मोड़ने के बाद जैसा ब्रेष्ट के यहाँ है, वैसा रवीन्द्रनाथ के यहाँ नहीं। 'लाल कनेर' या फिर यहाँ तक कि 'मुक्तधारा' में भी कभी लग सकता है कि एपिक की तर्ज पर यहाँ मोन्टाज का थोड़ा उपयोग किया जा रहा है, भिन्न-भिन्न टुकड़े एकसाथ गुँथे हुए—इसके बावजूद, साधारण ढंग से कहें तो नाटक के विषय को क्रमावर्तित रूप से निर्मित करने की पुरानी पद्धति को भी रवीन्द्रनाथ पूरी तरह नहीं छोड़ देते। उसे वे सम्भवत: काफ़ी हद तक काव्यमयता में, बहुत अर्न्तमुखी करके ले आते हैं, सिर्फ़ इतना ही। नैचुरलिज़्म की उद्दण्डता से हटा लेने की इच्छा से ये दोनों ही एक-जैसे हैं, लेकिन हटा लेने के लिए ब्रेष्ट जिस तरह एम्पैथी-विमुख हो पाते थे, रवीन्द्रनाथ के लिए वैसा सम्भव नहीं था।

ब्रेष्ट ने ख़ुद परवर्ती जीवन में यह कहकर आक्षेप किया था कि वे अपनी किसी-किसी बात को वापस नहीं ले पा रहे हैं। जैसे कि वे समझ गये थे कि उनके एलिएनेशन-तत्व को थोड़ी ग़लत व्याख्या में बहुत दूर तक खींचकर ले जाया जा रहा है। फिर भी अभिनेता और दर्शक नाटक के चरित्रों को काफ़ी हद तक विवेचना की भंगिमा में देखेंगे, यही उनकी रचना की प्राथमिक शर्त है। इस विवेचन के फलस्वरूप अभिनय का कोई दबाव नहीं बनेगा, यह धारणा ग़लत है। और फिर यह विवेचना केवल यह नहीं कि अभिनय करते समय आवेग को संयत करना होगा। यह तो शिशिर भादुड़ी ने भी कहा था; आवेग-विह्वल होने पर वे कैसे जान पायेंगे

कि चेहरे पर ठीक से प्रकाश पड़ रहा है या नहीं, या फिर सहअभिनेता किसी तरह विपन्न हो रहे हैं या नहीं। यह तो बुद्धिमान अभिनेतामात्र की स्वाभाविक माँग है। लेकिन चरित्र को अपनी ओर से काफ़ी हद तक वस्तुगत दूरी पर रखकर जिस निर्वैयक्तिकता का संचार होता है, अभिनय के क्षण में ही चरित्र की समालोचना करने की जो भंगिमा होती है, वह एक अलग वस्तु है। इस निर्वैयक्तिक समालोचना में पहुँचना किसी भी ओर से रवीन्द्रनाथ का अभिप्राय नहीं था।

'लाल कनेर' के विश्लेषण के प्रसंग में रवीन्द्रनाथ के परामर्श पर विचार करके देखिए। नन्दिनी तथा अन्य तमाम चरित्र एक ही साथ व्यक्तिगत मनुष्य और मनुष्यगत वर्ग के भी हैं, यह बात हालाँकि कवि ख़ुद ही याद दिला देते हैं। फिर भी दर्शकों से कहते हैं : 'वर्ग की बात भूल जायें, सिर्फ़ यह याद रखिए कि लाल कनेर की पूरी विषयवस्तु नन्दिनी नामक एक मानवी की छवि है'। उनका परामर्श है 'जो गूढ़ है उसे प्रकट करते ही उसकी सार्थकता चली जाती है'। इन सब ज्ञापनों में दर्शक को अनुभूति की दुनिया में शामिल कर लेने का ही आग्रह है, आवेग की ओर से उसे खींचने का अभिप्राय; और ठीक इसी वजह से इन दो भिन्न नाटककारों के संगीत के उपयोग की एक मानक पर विवेचना असंगत हो जाती है, रवीन्द्र के नाटकों में गीतों के प्रयोग की सार्थकता-विफलता की विवेचना सम्पूर्ण रूप से एक अलग पथ से होकर आती है। ब्रेष्ट जिस समय नाटक में गीत को लाते हैं, उसी वक़्त वे उस विषय में सतर्क अभिनिवेश की माँग करते हैं; एक अन्य स्तर का जो संचार हुआ उसे स्पष्ट रूप से समझा देना आवश्यक है। रोज़मर्रा की भाषा, प्रगाढ़ भाषा और गीत—ये तीन स्तर मानो हर समय परस्पर भिन्न रूप में मौजूद रहते हैं, कभी भी मानो एक के स्वाभाविक क्रम के रूप में दूसरा न दिखायी दे, गीतों का उपयोग कभी भी इस तरह से न हो कि ऐसा लगे मानो आवेग की प्रबलता के कारण यहाँ पर शब्द अपना सामर्थ्य खो बैठे हैं, 'थ्री पेनी ऑपेरा' में ब्रेष्ट ने ऐसा निर्देश दिया था। रवीन्द्रनाथ में, हम जानते हैं, इसके विपरीत इच्छा ही प्रवहमान थी। उनके नाटकों में 'plain speech अजाने ही कब 'heightened speech' की ओर लुढ़क जाती है और वह गीतों में आवेगनिविड़ उच्चारण पा जाती है। इसीलिए ठाकुरदा या धनंजय जब गाना आरम्भ करते हैं तो वह संवाद का ही विकास होता है, उसे हम किसी स्वतन्त्र अनुभव के रूप में नहीं देख पाते। फलतः

आधुनिक मननस्वभावमण्डित कोई नाट्यदल यदि इन सब चरित्रों को भावविह्वल, आत्मविस्मृत रूप में दिखाते हैं तो अभियोग का कोई कारण नहीं पैदा होता, बल्कि उसे ही संगत माना जा सकता है।

अर्थात् देशीय स्वभाव में रवीन्द्रनाथ ने नाट्यमुक्ति के जो निर्देश रखे थे वे ब्रेष्टीय अर्थ में मुक्ति नहीं है। दो चरित्रों की कामनाओं और अनुभवों के प्रभेद को साफ़-साफ़ न देखकर किसी-किसी सतही सादृश्य में उन्हें समतुल्य नहीं कर सकते। और यह भी ठीक है कि रवीन्द्रनाथ से ब्रेष्ट तक पहुँचने का कहीं कोई एक रास्ता अवश्य है, भले ही वह कोई सहज राजपथ न हो। हो सकता है बाङ्ला नाटक आज उस पथ के आविष्कार में उन्मुख हो सके।

जिस आविष्कार का अर्थ यह नहीं है कि ब्रेष्ट या उनके-जैसी ही किसी पश्चिमी भंगिमा को हम समूल अपने उपयोग में लाना चाहेंगे। हम यदि ऐसा करते हैं तो फिर ऐसा नहीं लगता कि वह गमले का पौधा एक विलासितापूर्ण चर्चा से अधिक कोई प्राणवन्त इंगित दे सकेगा। हम यदि ऐसा करने जायें तो फिर वही ग़लती करेंगे, जिस प्रमाद में उन्नीसवीं सदी के साम्प्रतिक लोग डूबे हुए थे। उन्होंने सम्भवतः समकालीन इब्सन को न गिनकर अतीत दिनों के शेक्सपियर, रासिन या मोलियर का वरण किया था, और हम इतना गर्व अवश्य कर सकेंगे कि हमने नित्यनूतन ताज़े समकाल को ही थामा था, इओनेस्को, वेस्कर या फिर असबोर्न, या सामयिक पृष्ठों से क्रमशः और भी उत्तेजक नाम। इसके फलस्वरूप हमारे अनुभव ज़रा भी समृद्ध नहीं होंगे, ऐसा नहीं है। लेकिन ऐसे अनुभवों के बारे में यदि मैं कहूँ, तो गिरीशचन्द्र-जैसे लोग ही क्या कुछ कम थे ? इनमें से होते हुए हम जो चीज़ नहीं पा सकेंगे वह है जीवित रहने का अपना निजी ढाँचा, हमें नहीं मिलेगा कोई प्रवाह, रचना करने की स्फूर्त प्रबलता। याद रखना होगा कि एब्सर्ड के प्रवक्ता इओनेस्को-जैसों को भी आज ऐतिह्य के साथ जुड़ाव पैदा करने की समस्या पर सोचना पड़ रहा है। बांग्लादेश में साम्प्रतिक नाट्यचर्चा जब और एक बार अपनी दिशा से भटकती लग रही है, तब इस विपन्नता के सामने एक बार एकाग्रता के साथ ग़ौर करना बेहतर होगा कि रवीन्द्रनाथ ने क्या करना चाहा था, जातीय जीवन की स्मृति में उन्होंने किस प्रकार अपने नाटक के गठन को मिला लिया था, वे विषय और विन्यास के समन्वय से किस प्रकार एक देशीय

नाटक का ढंग अर्जित कर रहे थे। केवल अपने देश में निहित रहने की जड़ता नहीं, केवल काल में ही मुक्त होने की उच्छृंखलता नहीं। योग्य शिल्प में ही इन दोनों के मध्य जाने-आने की कोई सहज प्रणाली ढूँढ़ लेनी पड़ती है, काल में ही देश की सत्ता को प्रवाहित कर लेने के ढंग को तलाशना होता है। स्पानी कवि हिमेनेथ ने एक पंक्ति की कविता में लिखा था, 'डैने और जड़ें : जड़ों को पंख मिलें और पंखों को जड़ें'। कालस्वभाव के परिवर्तन के साथ-साथ रवीन्द्रनाथ अपनी नाट्यशैली में भी बदलाव ला रहे थे, उस शैली ने भी सब समय भीतर यह माँग की थी : जड़ों को पंख मिलें और पंख को जड़ें। इसी तात्पर्य का बोध हममें आये तो हमारे नाटकों में एक बार फिर से लोकपुराण का सजीव स्पर्श मिल सकेगा और एकमात्र तभी रवीन्द्रनाथ की नाट्यचर्चा की एक ऐतिहासिक भूमिका इस देश में सम्भव हो सकेगी।

(१९६६)

नृत्य गीत नाटक

सोफ़ोक्लीस के एक नाटक में निर्वासित इडिपस के साथ ग्रामीण जनता की बातचीत इस प्रकार चल रही थी :

> पहले झरझर झरते इस झरने से शुद्ध अंजलि में पुण्य जल भर लाओ। निपुण शिल्पियों द्वारा तैयार किये गये प्राणों को मेषशावक के रोमों से सजा दो। उषा की ओर मुँह करके तीन बार जलांजलि दो। उस बर्तन को ख़ाली कर दो, उसे जल और मधु से भर लो।
>
> फिर दोनों हाथों में जैतून के सत्ताईस पत्ते रखकर प्रार्थना करो। प्रार्थना करो : हम जिन्हें करुणामयी कहकर पुकारते हैं, वे कृपया करुणा दिखायें और हमारी रक्षा करें।

यह सुनकर हमें अत्यन्त भिन्न प्रकार के और एक नाटक के प्रसंग की याद आ सकती है। 'कॉलोनस में इडिपस' से बहुत दूर का मामला है रवीन्द्रनाथ का 'शारदोत्सव', लेकिन लगभग उसी तरह स्पन्दित छद्मवेशी सम्राट बोलते रहते हैं :

> उस कासवन से कास उखाड़ लाओ। आँचल भरकर धान के रोपे लाने होंगे। और, आज तुम लोग शेफाली के फूलों की माथा गूँथकर वहाँ छोड़ आयी हो, उन्हें ले आओ।...
> अब अर्घ्य सजाया जाय...एक बार पूर्व आकाश में खड़े होकर मैं वेदमन्त्र पढ़ लेता हूँ।...
>
> अब तुम सब लोग मिलकर अपने शारदोत्सव के आह्वान-गीत को गाते-गाते वन्यपथ की प्रदक्षिणा कर आओ। ठाकुरदा, तुम गाना आरम्भ करवाओ। तुम लोगों को उत्सव के गीतों से वनलक्ष्मी को जगाना होगा।

हम लोग निश्चय ही ध्यान रख रहे हैं कि इन दो अंशों में बहुत साधारण-सा प्रभेद नहीं है। भयंकर पातालदेवी यूमेनाइसदेस से प्रेम करने का आयोजन और श्रीमयी इस प्राकृतिक सत्ता की अर्चना एक ही मानदण्ड से तुलनीय नहीं हो सकते। फिर भी आह्वान की ये भंगिमायें मानो काफ़ी हद तक समीपवर्ती हैं, और ये भंगिमायें, हमें नाटक के अन्त:स्थित एक अन्य ढाँचे की याद दिला देती हैं। 'कॉलोनस में इडिपस' को कहा गया है मानो वह एक धार्मिक कविता है। प्रेम से, क्षमा से, यहाँ तक कि निसर्ग के सौन्दर्य की उत्तेजना से इसके भीतर मानवभाग्य का अदृश्य दिग्वलय अभिव्यक्त होता रहता है। उस अर्थ में 'शारदोत्सव' भी क्या एक प्रकार का धर्माचार नहीं है? कोई आनुष्ठानिक आचारधर्म नहीं, फिर भी इसकी समूची संरचना में ही मानो एक व्रत-गीत का विन्यास रह जाता है।

यह जो बालकों से घिरे हुए सम्राट शरत-ऋतु का स्वागत कर रहे हैं, इसे केवल अलीक कविकल्पना समझना ग़लत होगा। हमारे व्रतों में एक-एक ऋतु को जीवन के लावण्य के रूप में संचित कर लेने का सत्र है, जैसे भादुली के व्रत में हम देखते हैं शरत का उत्सव, जैसे शीत के कुहासे से वसन्त को उन्मोचित कर लेने का उत्सव है माघमण्डल व्रत में। इन सब व्रतों की गहरायी में पृथ्वी को शस्यमयी देखने की सार्वजनीन कामना है, या फिर सुफला धरणी के प्रति कृतज्ञता का एक संयुक्त निवेदन। इस निवेदन में फिर शिल्पसर्जना का आवेश भी शामिल हो जाता है। और, हमारा 'शारदोत्सव' भी क्या एक हिसाब से ऐसा ही नहीं है? नये धान की मंजरियों से डलिया सजाने का आनन्द यहाँ पर स्वत:प्रोत्साहित हो उठता है, प्रकृति, फल और फ़सल के माध्यम से स्वयं को पूरी तरह से उद्गत कर रही है, इसमें सम्राट को सौन्दर्य का सार दिखायी देता है। इसमें सन्देह नहीं कि व्रत की मूल भावना से काफ़ी अनुशीलित आधुनिकता में विषय को ले जाया गया है, ऐसा तो होना ही था। फिर भी लक्षेश्वर के दिनयापन की आसक्ति में, उपनन्द की कर्ज़दारी की तकलीफ़ों में, विजयादित्य के पुत्र की कामना में और बच्चों की छुट्टी की पृथ्वी में घुलमिल जाने की प्रसन्नता में 'शारदोत्सव' मानो एक आधुनिक व्रतकथा का रूप ले लेता है। हमें स्पष्ट रूप से सुनायी देता है कि इस राज्य में पहली बारिश के बाद बीज बोने से पहले एक महोत्सव आयोजित होता है, किसान गृहस्थ लोग वन में जाकर सीता की पूजा और वनभोजन में मत्त हो उठते हैं।

एक और दिशा से दोनों में गढ़न के सादृश्य को समझ लेना सम्भव है। लोकव्रतों में किस तरह एक नाटक आकार ले रहा है, 'बंगाल के व्रत' पुस्तक में अवनीन्द्रनाथ ने इसका विश्लेषण करके दिखाया है। 'इसे एक महानाटक नहीं कहा जा सकता, लेकिन निश्चित रूप से मैंने यहाँ नाट्यकला का अंकुर देखा है।' यह नाटक चल रहा है चरित्रों से, कहानी की क्रमिकता से; और इसका उपाय है गीत और बालगीत। जनजीवन में से सहज रूप से उठ आने के कारण कब इन गीतों और बालगीतों में ये सब शिल्प घुल-मिल जाते हैं, इस पर हमारा ध्यान ही नहीं जाता और व्रतकथाएँ अनायास ही व्रतगीतों में तब्दील हो जाती हैं।

तो फिर रवीन्द्र के नाटकों के प्रसंग में नाट्यगीतों से भरपूर उत्स की इस स्मृति को याद रखना होगा, याद रखना होगा कि इस विशेष देशीय गढ़न से ही रवीन्द्रनाथ ने अपने नाटकों के गढ़न को आविष्कृत करने की कोशिश की थी। हालाँकि इस आविष्कार के लिए उन्हें लम्बे समय तक प्रतीक्षा करनी पड़ी थी। यह आकस्मिक नहीं है कि 'शारदोत्सव' की रचना से पहले पूरा एक ज़माना उन्होंने नाटक लिखना बन्द कर रखा था, 'चित्रांगदा' और 'मालिनी' के बाद वे मानो समझने की कोशिश कर रहे थे कि हमारा अपना चेहरा कहाँ पर है। रवीन्द्रनाथ साहित्य के संसार में जिन 'चिरपीड़ित धैर्यवान स्वजनवत्सल' लोगों की छवि देखना चाहते थे, उसकी जड़ों की तलाश की व्यापक तैयारी उनके पद्मा पार के जीवन में चल रही थी। क्रमिक रूप उत्तेजक, आत्मदीक्षामय 'स्वदेशी समाज' प्रबन्ध की रचना हुई, उन्होंने घोषणा की कि मेला अथवा जात्रा हमारा नितान्त अपना शिल्प है, बाउल-बैरागियों के जीवन के ढंग का उन्हें साहचर्य मिला था। इन सबमें से शिल्प की जो धारणा निकल कर आयी उसमें किसी विदेशी नाटक की पुरानी या प्रचलित चाल को पूरी तरह से स्वीकार कर लेना उनके लिए सम्भव नहीं था, उन्हें मिट्टी के साथ सम्पृक्त और एक नाट्यविन्यास गढ़ लेना पड़ा। इस विन्यास के भीतर रखकर देखें तो हम समझ पाते हैं कि रवीन्द्रनाथ के नाटकों ने अवश्य ही एक सांगीतिक ढाँचे को गढ़ लेना चाहा था, इसीलिए उनके नाटकों में गीतों की विवेचना के प्रसंग में विदेशी नाटकों की विवेचना के मानदण्डों का उपयोग नहीं किया गया है। हमारे नाटकों में गीत उसके स्वभाव से ही क्यों आयेंगे, इस विषय में उन्होंने ही आख़िरकार सन १९३५ में लिखा था :

> इसलिए आज भी मैं देख रहा हूँ कि बाङ्ला साहित्य में गीत जब-तब जहाँ-तहाँ बिनबुलाये अनधिकृत रूप से प्रवेश करने में कुण्ठित नहीं होते। इससे अन्यदेशीय अलंकारशास्त्र-सम्मत रीति भंग हो जाती है। लेकिन हमारी रीति हमारे ही स्वभाव के अनुकूल है। हम किन प्राणों से उसकी भर्त्सना करते हैं? उस दिन हमारे नटराज शिशिर भादुड़ी किसी शोकपूर्ण अति गम्भीर नाटक के लिए मुझसे गीत की फ़रमाइश कर बैठे। कोई भी विलायती नाट्येश्वर ऐसा प्रस्ताव नहीं देते, उन्हें ऐसा लगता कि यह नाट्यकला के बीच में एक अभ्युत्पात है। आजकल के अंग्रेज़ी पढ़नेवाले भी सम्भव है कि इसी तरह के अनियम पर तर्जनी उठायेंगे। मैं वैसा नहीं करता, मैं कहता हूँ कि हमारा मन अपने आनन्द के तगादे से ही स्वभावत: आदर्श की सृष्टि कर लेगा। उस सृष्टि में कला-तत्व के संयम और छन्द को बचाकर चलना होगा, लेकिन उसका चेहरा यदि साहबी साँचे का न हो तो फिर उसे ठोक-पीट कर बदलना होगा, मैं ऐसा नहीं कह सकूँगा। विदेशी अलंकारशास्त्र पढ़ने के बहुत पहले से हमारे नाट्य, जिसे हम जात्रा कहते हैं, वह तो गीतों के सुरों में ही ढला हुआ है।

तो फिर 'गीतों के सुरों में ढले' इस ढाँचे से ही अनायास गीत उठ आते हैं। जिस अर्थ में गिरीशचन्द्र-जैसे लोग, दर्शकों के स्वस्तिविधान के लिए, जात्रा के साथ प्रतियोगिता के लिए पूरी तरह से भिन्न गढ़न में बीच-बीच में गीतों का उपयोग करते थे—रवीन्द्रनाथ का आकर्षण उस अर्थ में नहीं है। और फिर जीवन के निर्यास के रूप में गीत को समझने की एक इच्छा भी है। गीत तो केवल शिल्प-अलंकार ही नहीं होते, इसे रवीन्द्रनाथ ने हमारी एक सम्पूर्णता की अभिव्यक्ति माना था। पक्षी जो गीत गाते हैं वह केवल विधिदत्त शक्ति का खेल है, लेकिन मनुष्यों के गीत तो स्वयं को रचने की शक्ति है, अपने अन्तरतम को व्यक्त कर पाने का आनन्द है। हमारी दैनन्दिन की आदतें अवश्य ही आत्मरचनाशील उस आनन्द को रुद्ध कर देना चाहती हैं, महापंचकों के दल रह-रहकर ही परेशान होकर धिक्कार के स्वर में कह उठते हैं : 'गीत! अचलायतन में गीत!' 'लाल कनेर' के राजा की तरह इस समाज के सीने में भी सारे सुरों की छुअन से स्वयं को बचाकर वह बूढ़ा मेढक बैठा हुआ है। ऐसा नहीं है कि यहाँ पर गीत नहीं हैं, लेकिन कार्यदक्ष लोगों की दुनिया में संगीत भी अन्ततः एक वाणिज्यिक विनिमय बनकर रह गया है, वह अति-अभ्यस्त जीवनयापन का ही और एक जड़ अंश बन गया है। छन्दोमय मानवस्वभाव स्वत: जिन गीतों में अभिव्यक्ति पाता है, यान्त्रिक दिनों के क्षरण में अन्ततः उसे फिर

ढूँढ़ पाना कठिन हो जाता है। जबकि उसे ही रवीन्द्रनाथ हमारे सामाजिक जीवन का सबसे बड़ा प्रयोजन मान रहे थे, जैसा कि उन्होंने अजितकुमार चक्रवर्ती को एक चिट्ठी में लिखा था : 'शान्तिनिकेतन में बाहर के प्रान्तर का सौन्दर्य जिस प्रकार अगोचर में बच्चों के मन को तैयार करता है, वैसे ही गीत भी जीवन को सुन्दर ढंग से गढ़ने का एक मुख्य उपादान है। इसके द्वारा उनके जीवन के प्राचीर की एक बड़ी खिड़की को खोला जा रहा है।'

इसीलिए यक्षपुरी में रंजन की टूटी हुई सारंगी यन्त्र-दानव के विरुद्ध खड़े होने का एक बड़ा अस्त्र हो सकती है। ग्रामप्रधान के मुँह पर चुटकी बजाकर रंजन बताता है कि काम की ज़ंजीरें खुल जायेंगी अगर कुदाली के बदले हाथों में मादल मिल जायें, क्योंकि उसके लिए काम और छन्द अभेद सम्बन्ध में गुँथे हुए हैं। श्रम और संगीत की परस्पर सापेक्षता आज शायद थोड़ी अस्पष्ट लगती है, लेकिन अब भी तो हमारे अनुभवों में नाव खेते समय गाये जाने वाले, छत के निर्माण के समय गाये जाने वाले गीत हैं। 'लाल कनेर' में इसीलिए किसानों के खलिहान में पौष के गीत बज उठते हैं, मादल की ताल पर श्रमिकों के हाथों में कुदाली नृत्य करती है। हमारे चारों ओर नित्य ही जिन अकाल-ग्रामप्रधानों के गम्भीर चेहरे दिखायी देते हैं वे भी निश्चय ही ऐसी स्थिति में अपने स्वर मिलाकर कहेंगे, 'यह कैसी है तुम्हारे काम की धारा,' लेकिन रवीन्द्रनाथ अपनी समग्र जीवन-धारणा में, शान्तिनिकेतन की व्यावहारिक शिक्षा-चर्चा में या फिर अपनी रचनावली के गूढ़कोष में काम के साथ सुरों के इस सहज आवागमन का रास्ता ढूँढ़ ही लेते हैं। गीतिछन्दोमय इसी पथ को वे जीवन का सच्चा पथ मानते हैं। इस अर्थ में, गीत उनके नाटकों का विन्यास भर नहीं हैं, वे नाटक के विषय भी हैं।

दो

लेकिन 'शारदोत्सव' में ढाँचे एवं विषय को पकड़ने के लिए यह जो गीतों का उपयोग किया गया है, अविकल वही अवयव बार-बार वापस नहीं आ सकते। क्योंकि शिल्पी स्वभावतः अपनी रचना के क्रम में और भी नवीन जटिलताओं को आत्मस्थ कर लेना चाहेंगे। 'शारदोत्सव' के समय जो काफ़ी हद तक व्यक्त था—परवर्ती चर्चा में वह ख़ासा ओट में चला जायेगा, यही प्रत्याशित है। अर्थात् 'राजा' या फिर 'मुक्तधारा' में इसी

समान मर्म को सम्भवतः हम महसूस कर सकेंगे, लेकिन वह समस्त अस्तित्व में सीझा रहेगा, उसे हम केवल स्फुरित इंगितों में ही पकड़ सकेंगे, एकदम स्वतन्त्र रूप से उसे चिह्नित करके दिखाना मुश्किल है। तब हमें याद आता है कि लगभग बीस वर्ष की उम्र से ही रवीन्द्रनाथ के हाथों नाटक-चर्चा का जो ढंग तैयार हो रहा था, थोड़ा आगे बढ़कर वह भले ही स्खलित हो गया, किन्तु फिर भी उसका अनुभव उन्हें परवर्ती जीवन में काम आया। 'वाल्मीकिप्रतिभा'-जैसे ऑपेरा की स्थापना से ही जिस 'नाटक' को वे पकड़ना चाहते थे, जो 'राजा और रानी' या 'विसर्जन' में और भी प्रकट होकर दिखा, उसी 'नाटक' को उन्होंने 'शारदोत्सव' की शिक्षा के साथ मिलाने की कोशिश की थी। शायद इसी वजह से उन्हें एकबार अत्यन्त दुर्बल सूरत में 'प्रायश्चित' भी लिखना पड़ा था। परम्परागत अर्थ में दुर्बल। लेकिन फिर भी उसमें धनंजय बैरागी और उनका दलबल आता है। रवीन्द्रनाथ का अभिप्रेत सांगीतिक ढाँचा यहाँ पर नाट्य ढाँचे से पूरी तरह से भिन्न है। इसके बाद से रवीन्द्र के नाटकों की साधना इन दोनों के जोड़ को मिलाने की कोशिश में चलती रहेगी, और उसी पर नाटक में संगीत के प्रयोग की सफलता की विवेचना निर्भर करेगी।

'वाल्मीकिप्रतिभा' से नाटकों को गीतों से सम्पृक्त करने का चलन आरम्भ हुआ था, इसका लक्ष्य था 'गीतों के माध्यम से नाट्य की लड़ी' बन जाना। लेकिन गीतों में रवीन्द्रनाथ नाटक को भला कैसे पकड़ेंगे? गीत उनके लिए लोकातीत को स्पर्श करने का उपाय था, गीतों का स्पन्दन जिस आवेग को जन्म देता है 'वह कोई सांसारिक घटनामूलक आवेग नहीं है'। विशेष रूप से प्राच्य और प्रतीच्य की संगीतचर्चा में वे इस एक बड़ी भिन्नता को महसूस करते हैं कि 'यूरोप का संगीत प्रकाण्ड, प्रबल एवं विचित्र मनुष्य के विजयरथ के ऊपर से बज उठा है' लेकिन 'कोई एक विशेष उद्दीपन—जैसे युद्ध के समय सैनिकों के मन को युद्ध के उत्साह में उत्तेजित करना,—ऐसा हमारे संगीत के प्रयोगों में नहीं दिखायी देता।' आपसी चर्चा के दौरान उन्होंने आइंस्टाइन को बताया था कि हमारे गीत बहुत लिरिकल हैं, लेकिन यूरोपीय गीत मानो महाकाव्यात्मक व्यापकता से भरे होते हैं, मानो अपने गढ़न में गॉथिक। रोम्याँ रोलाँ से भले ही उन्होंने कहा था कि 'बीथोवन और बाख़ मेरे प्रिय हैं,' फिर भी अगले ही पल वे इस सन्दिग्ध सवाल को भी उठाते हैं कि : 'पश्चिमी संगीत में किसी-

किसी आवेग को ही रूप देने की कोशिश की जाती है। क्या यह ठीक है? संगीत के लिए भी क्या यह उचित नहीं कि आवेग को लक्ष्य के रूप में न रखकर उसकी गणना उपादान के हिसाब से की जाय?'

वस्तुतः, अनिर्देश्यता में भी पश्चिमी संगीतकला में आवेगपुंज का ऐसा प्रतिघात चलता रहता है कि उसी में से एक अन्तर्लीन नाट्यदेह अपना आकार ग्रहण कर लेती है। बीथोवन की नौवीं सिम्फ़नी जब अन्तिम पर्व में सहसा उत्ताल कण्ठस्वर में विस्फारित होकर कह उठती है 'अब यह विषाद और नहीं, आओ हम आनन्द की ध्वनि के साथ अपने स्वर मिलायें', तब हम–जैसे अदीक्षित श्रोताओं को भी उसके तुमुल आलोड़न का थोड़ा-सा आभास मिल ही जाता है। हम भी काफ़ी हद तक समझ पाते हैं कि क्यों जॉर्ज टॉमसन इस 'कोरल सिम्फ़नी' के साथ ही शेली के 'मुक्त प्रोमिथियस' के प्रसंग का उल्लेख करना चाहते हैं, किस तरह वे इसकी पृष्ठभूमि में फ्रांसीसी क्रान्ति की आग को देख पाते हैं। अथवा इस उदगीर्ण कण्ठस्वर से पहले भी इसके यन्त्रों की झनकार के बीच किस तरह आनन्द और विषाद का क्षणिक मंथन चल रहा था, चल रहा था नाटक, उसका एक परिचय वैगनर के अन्तर्दर्शी विश्लेषण में निहित है। इसके चार अलग-अलग चलन के साथ वे अनायास ही समान्तराल सजाकर गेटे के नाटकों के भिन्न–भिन्न अंशों को दिखाते हैं, वे दिखाते हैं कि कहाँ पर 'नौवीं सिम्फ़नी' और 'फ़ाउस्ट' सदृश हो उठे हैं, मानो वे एक ही नाटक हैं।

ये प्रबल नाटक भारतीय संगीत के अन्तःशील परिचय नहीं हैं। हो सकता है इसी उपलब्धि से रवीन्द्रनाथ को कम उम्र में यूरोपीय कण्ठसंगीत सुनकर शायद थोड़ा कौतुक बोध हुआ था। मैडम नीलसन का गायन उन्हें किसी पक्षी का अनुकरण करने की हास्यजनक चेष्टा–जैसा लगा था, क्योंकि 'गाना और अभिनय तो एक ही चीज़ नहीं है। अभिनय को यदि गाने के साथ मिला दें फिर तो यह गाने की विशुद्ध शक्ति को आच्छन्न कर देना हुआ।'

सन १९१२ में ऐसा कहा गया, जबकि इसी बीच रचे जा चुके थे 'राजा' या 'अचलायतन'–जैसे नाटक। थोड़े अलग अर्थ में, अभिनय को गाने के साथ संलग्न कर लेना तब उनकी ही ज़िम्मेदारी थी। उन्होंने तो विशुद्ध कला के रूप में नाटक को विच्छिन्न करके रखने की कभी कामना नहीं की, संयुक्त प्रयासों में उन्होंने इसी के अभिनय की प्रत्याशा की थी। वहाँ पर नाटक के व्यावहारिक या सांसारिक आवेगताप के साथ किस प्रकार

गाने की विशुद्ध शक्ति को मिलाया जा सकता है, निश्चित रूप से यह उनकी सोच का विषय था।

हालाँकि जितने ज़ोर के साथ वे यूरोपीय और भारतीय गीतों के प्रभेद को दिखाते हैं, उसका सारा कुछ शायद उनके अपने गीतों के विषय में उतना गण्य नहीं है। उसका एक कारण जैसे यह कि 'वाल्मीकिप्रतिभा' के समय से ही रवीन्द्रनाथ के सुरों के प्रयोग में यूरोप का थोड़ा-बहुत प्रभाव दृष्टिगत होने लगा था, उसी तरह यह भी सच है कि बाङ्ला गीत बहुत पहले ही अपने शब्द-सामर्थ्य के कारण भारतीय संगीत की मुख्य धारा से आज़ाद हो चुके थे। 'चित्र अवनि की वस्तु है और गाना आकाशीय है' यह बात कहते समय कवि याद दिला देते हैं कि 'शब्द' इन दोनों के मध्यवर्ती है, उसके भीतर एक ही साथ आबद्ध हैं रेखा और ध्वनि, चित्र और गीत। इसी के फलस्वरूप रवीन्द्रनाथ देखते हैं कि जिस नाट्यरूप का हिन्दुस्तानी संगीत में आश्रय नहीं हुआ वह कीर्तन में है, नाट्यगीतों में: 'कीर्तन में जीवन की रासलीला के साथ संगीत की रासलीला घनिष्ट रूप से सम्मिलित है।...(कीर्तन ने) परिवर्तनशील क्रमिकता को शब्दों और सुरों के साथ मिलाकर व्यक्त करने की कोशिश की थी।'

केवल कीर्तन ही नहीं, लोकसंगीत के एक समृद्ध अंश में भी हम गतिमान जीवन के ही एक कथाचित्र को खिलते हुए देखते हैं, उसके बीच प्रबल नाट्यसंघात न भी रहे तो भी कम-अज़-कम प्रत्यक्ष के वर्णन की भंगिमा तो है। और इसी के संगत प्रयोग से किस प्रकार नाटक आकार ले सकता है उसका एक साम्प्रतिक उदाहरण हमें सत्यजित राय की 'गुपी गाइन ओ बाघा बाइन' फ़िल्म में मिलता है। इस फ़िल्म का उल्लेख अन्य कारण से भी यहाँ प्रासंगिक लगता है, क्योंकि एक ओर जिस तरह इसके विषयवृत्त से कभी-कभी 'लाल कनेर' के जाल और मैदान, शक्ति और शान्ति की लड़ाई की याद आ जाती है, दूसरी ओर वैसे ही इसके गीतों, शब्द और सुरों की आरोपभंगिमा रवीन्द्र के गीतिनाटकों की याद दिला देती है।

गीतों का यह नाटक रवीन्द्रनाथ के नाटकों के गीतों में मिल जायेगा, हमें अपने देशीय चरित्र को ही आधुनिकता में विन्यस्त कर लेना होगा, दो भिन्न ढाँचों का जुड़ाव एक संगतिमय ऐक्य में सम्भव हो जायेगा; यही प्रतीक्षित था। लेकिन इसे मानना ही पड़ेगा कि इसके अनन्तर ऐसा सर्वत्र घटित नहीं हुआ। 'शारदोत्सव'-जैसा भले ही न हो लेकिन 'फाल्गुनी' में

भी एकदम सीधे-सीधे गीतों का ही अवलम्बन है, गीतों की चाबियों से ही इसके एक-एक अंकों के दरवाज़े खोले जाते हैं। लेकिन 'राजा' या 'मुक्तधारा' या फिर 'लाल कनेर' के विषय में तो ऐसा नहीं कहा जा सकता। इन सब नाटकों में प्रयोग किये गये कोई भी गीत क्या नाट्याभिनय में प्रयोग योग्य हैं? अभिनय की समग्रता को स्थिर रखने के लिए इन सब गीतों को लेकर निर्देशक कितने संकटापन्न हो सकते हैं उसका प्रमाण बहुरूपी सम्प्रदाय के अभिनय में है। उन्हें नाटक में से कुछ गाने चुने लेने होते हैं, और वह भी एक-एक रात में अलग-अलग तरह के गीत, यहाँ तक कि 'राजा' में कभी नाटक के बहिर्भूत कोई गीत चला आता है। यह अनिश्चितता केवल निर्देशक की ही नहीं है, रचयिता की भी है। उन्हें भी ठीक से नहीं पता कि कौन-सा गीत नाट्य-स्वभावगत है और-सा विशुद्ध अलंकरण है। दो ढाँचों के बीच अनायास सामंजस्य नहीं बनने के कारण ऐसा हुआ है। 'राजा' में—यहाँ तक कि 'प्रायश्चित' की तुलना में सम्पूर्ण रूप से नवीन होकर भी 'मुक्तधारा' में—उस जोड़ का निशान मानो साफ़-साफ़ दिखायी देता है। गीत इन सब नाटकों की चारित्रदीप्ति होकर भी बहुल प्रयोगों में बिखरे हुए हैं। यह बात कहते समय हम यह भूल नहीं रहे हैं कि रवीन्द्रनाथ के अनुसरण में किसी-किसी को यह अंग्रेज़ी पढ़नेवालों की तरह तर्जनी उठाये लग सकता है। लेकिन हम यहाँ जो बेचैनी का अनुभव करते हैं वह उस 'साहबी साँचे' के अभाव की वजह से नहीं है। 'सर्जना में कला-तत्व का संयम एवं छन्द' कितना रह पा रहा है, वही संशय का विषय होता है। रवीन्द्र के नाटकों में गीत सब समय ही उस संयम और छन्द को स्थिर रख रहे हैं, ऐसा अब हम नहीं कह सकते।

तीन

रवीन्द्रनाथ के अन्त्यपर्व की नाटकचर्चा में, उनके नृत्यनाट्यों में जोड़ों को मिला देने योग्य एक आयोजन दिखायी दिया था। आपातविवेचना में ये रचनायें थोड़ा-सा पीछे रह जाने-जैसी लग सकती हैं। क्योंकि, प्रश्न उठ सकता है कि बीस वर्ष की उम्र में लिखी 'वाल्मीकिप्रतिभा' के साथ नयी रचनाओं 'श्यामा' और 'चण्डालिका' का प्रभेद क्या सिर्फ़ इतना ही नहीं है कि यहाँ पर समय की वजह से गीत के साथ नृत्य का सम्मिलन सहज रूप से हो गया है?

यहाँ तक कि थोड़ा-सा प्रभेद भी तात्पर्य में बहुत बड़ा हो सकता है, इसे हम शायद क्रमिक रूप से समझ सकेंगे। लेकिन उसके पहले समझ लेना होगा कि विशुद्ध विन्यास की ओर से भी गीतिनाटक और नृत्यनाटक एक ही चीज़ नहीं हैं। 'वाल्मीकिप्रतिभा' रचना के अन्यतम आदर्श के रूप में थी यूरोपीय ऑपेरा की शैली, इससे कुछ समय पहले ही वे विलायती समाज के अनुभव लेकर लौटे थे। किसी-किसी पर्यटक समूहों की कृपा से हालाँकि बांग्लादेश में बैठे-बैठे ही उन दिनों ऑपेरा का स्वाद पाना सम्भव था। अमृतलाल बसु लिंड्से स्ट्रीट ऑपेरा हाउस के संस्मरण लिख रहे हैं, जहाँ साहब लोग इतालवी ऑपेरा ग्रुप को कुछेक साल के लिए बुला लाये थे। 'वाल्मीकिप्रतिभा' के दो-चार वर्ष पहले से ही, जोड़ासाँको के ठाकुरबाड़ी पर इसका प्रभाव दिखायी देने लगा है। ज्योतिरिन्द्रनाथ के 'मानमयी' और स्वर्णकुमारी देवी के 'वसन्त उत्सव' के रास्ते पर से होकर आया था 'वाल्मीकिप्रतिभा' नाटक, तीनों की ही रचना विद्वज्जनसमागम के उत्सव के उपलक्ष्य में की गई थी।

अवश्य ही 'वाल्मीकिप्रतिभा' ऑपेरा के प्रचलित ढंग से, कम-अज़-कम इतालवी ऑपेरा की भंगिमा से काफ़ी हद तक स्वतन्त्र रूप से रचा गया था। उस उम्र में हर्बर्ट स्पेंसर के विचारों से रवीन्द्रनाथ कितने अधिक प्रभावित थे, उनकी रचनाओं में इसके प्रमाण बिखरे हुए हैं। शब्दों में हृदय के उद्‌गारों का यदि संचार हो जाय तो फिर अपने आप ही वहाँ पर कुछ-न-कुछ सुर लग ही जाते हैं, स्पेंसर के इस सूत्र का मानो प्रत्यक्ष परीक्षण 'वाल्मीकिप्रतिभा' में हुआ है। इसलिए यह नाटक उनके लिए संगीत की मुक्ति के हिसाब से बहुत आनन्ददायक था, सुर वहाँ पर केवल शब्दों के वाहक थे। वैगनर के पूर्ववर्ती यूरोपीय ऑपेरा में शब्दों का मूल्य गौण था, सुरों की स्फूर्ति ही वहाँ पर बड़ी बात थी। इसीलिए वैगनर के आविर्भाव से हमें ऑपेरा का युगान्तर दिखायी देता है, उनकी रचनाओं में सुरों के मुक़ाबले पुरोभाग में शब्द चले आये हैं। रवीन्द्रनाथ के मन ने वैगनर की शैली पर आधारित 'म्यूज़िक ड्रामा' में सामंजस्य की खोज की, जहाँ सुर शब्दों का अनुचर बन सके। 'कविता सामने रहेगी, सुर होंगे अनुगामी' या फिर 'सुर और शब्द के विवाह में शब्द ही पुरुष है और सुर स्त्री', वैगनर की ये सारी प्रिय उक्तियाँ रवीन्द्रनाथ के भी शब्द हो सकते थे।

इसलिए 'वाल्मीकिप्रतिभा' का विन्यास विद्रोही होते हुए भी तुलना में

सहज है, और परवर्ती 'माया के खेल' में पूरी तरह से विपरीत चाल दिखायी दी। यह है 'नाट्य के सूत्र में गीतों की लड़ी'। सुरों और शब्दों को लेकर नाटक रचना का जो परीक्षण 'वाल्मीकिप्रतिभा' से आरम्भ हुआ था, वह यहाँ स्पष्ट रूप से ठिठक गया है। इसलिए बहुत दिनों बाद जब 'चित्रांगदा' का गीतरूप तैयार हुआ, तब हमने पुरानी पद्धति की परिणति ढूँढ़ते हुए कौतूहल का अनुभव किया था।

अब इस लम्बे जीवन के प्रान्त में आकर स्पेंसर के विचार सम्भवतः थोड़े दूर सरक गये हैं। और भारतीय राग-रागिनियों के विषय में उनके वक्तव्य भी किंचित् बदले हैं। धूर्जटिप्रसाद और दिलीपकुमार के साथ सतत् बहसों के प्रवाह में इसके भीतर का एक अन्य चरित्र उन्हें दिखायी दे रहा था, और शान्तिदेव घोष बता रहे थे कि नृत्यपरिकल्पना साथ में थी और इसलिए नृत्यनाट्यों के गीतों में बँधे हुए छन्दों का प्रयोग थोड़ा अनिवार्य हो गया था। यहाँ अब नहीं कहा जा सकता कि शब्द सुरों के अनुगामी हैं या फिर सुर शब्दों के, यहाँ पर मानो शब्द और सुरों की एकसमान मर्यादा की प्रतिष्ठा से नाटक आकर्षित करने में सफल हो गया है। 'चित्रांगदा', 'चण्डालिका' या फिर 'श्यामा' की सघन-संहत नाटकीयता की तुलना में 'वाल्मीकिप्रतिभा' क़िस्सागोई -जैसा लगता है, विवरणधर्मी, यह भी ध्यान देने योग्य विषय है। ठीक उसी तरह ध्यान देने योग्य है—और यही शायद विन्यास के दृष्टिकोण से बड़ी बात है—कि, इस अन्तिम पर्व में रचनाओं के संवादों और गीतों को बहुत स्वतन्त्र रूप से ही सजाया जा सकता है, जैसा कि उनके 'राजा' या फिर 'राजा और रानी'-जैसे नाटकों में सजाया जा सकता था। प्रभेद केवल इतना है कि उन सब नाटकों में संवादों के अंश गद्य या फिर पद्य में कहे जा रहे हैं, यहाँ पर उस पाठ में सुर लग रहे हैं, अभिनय में नृत्य जुड़ रहा है। क्योंकि 'जिस प्रकार पैरों से चलने की कला नृत्य है, ठीक वैसे ही वाक्य का कलात्मक रूप गीत है'। इन दो कलाओं के एकसाथ मिलने का अनुभव पुरानी चर्चाओं में नहीं है। और, 'माया का खेल' में तो नहीं ही है, यहाँ तक कि 'वाल्मीकिप्रतिभा' में भी द्रुतगामी संघात का ढंग उतना ज़ोरदार नहीं हो सका है।

नाटक के गीत और गीत के नाटक को इस प्रकार मिलाने का काम नृत्य कर रहा है। रवीन्द्रनाथ ने अपने नाटकों में छोटे-छोटे नृत्यों की परिकल्पना बहुत दिन पहले से कर रखी थी, 'फाल्गुनी' के अभिनय में वे स्वयं नाचे

थे और हमारे लोकजीवन के सामीप्य से नृत्य के आदर्श इस देश में ही पा जाना सम्भव है,—इन सब तथ्यों को ध्यान में रखकर भी कहना पड़ेगा कि जापान भ्रमण या जावा की यात्रा के परोक्ष फल के रूप में रवीन्द्रचर्चा में इस नये कलारूप का आविर्भाव हुआ था। इस प्राच्यजगत के परिमित श्रीमण्डित कला की अभिव्यक्ति के विषय में वे रोज़नामचे या चिट्ठीपत्री में केवल आग्रह प्रकट करते हैं, लगता है उसी के अवयव में वे व्यापक रूप से एक प्राच्य एवं भारतीय ढंग को देख रहे हैं। येट्स अथवा एज़रा पाउण्ड जो जापानी 'नो नाटक' की ओर देख रहे थे, चीनी और जापानी कविताओं के प्रति उत्सुक हो रहे थे, उसमें एक नवीनता की उत्तेजना थी, यहाँ तक कि धर्म-निर्यासमय प्रेरणा भी थी। लेकिन रवीन्द्रनाथ का यह देखना वस्तुतः आत्म-आविष्कार की ही एक प्रक्रिया थी, पूरब की दुनिया से वे मानो भारतीय जगत का ही अन्तःस्रोत लेकर लौटे थे। इसलिए उनकी पचहत्तर वर्ष की उम्र में जब प्रतिमा देवी ने उनसे 'चित्रांगदा' को नृत्य में ढाल देने का अनुरोध किया, तो क्षण भर में समूचा उद्यम जाग उठा था। जावा और जापान में उन्हें नृत्य में देह-भंगिमा के जिस संगीत को समझने का अवसर मिला था, उसकी समग्र स्मृति यहाँ पर क्रियाशील हो उठी।

असम्भव नहीं कि काबुकी-अभिनय की 'देवायसी' रीति भी उन्हें पसन्द आयी थी। पश्चिमी बैले या ऑपेरा को जिस ऑर्केस्ट्रा का सहयोग मिलता है उसका अवस्थान मंच से नीचे है; श्रोताओं के सामने होकर भी मानो थोड़ा अगोचर। लेकिन काबुकी सहज रूप से ही अपने वादकों को मंच के तख़्तों पर ले आते हैं, क्योंकि मायाविभ्रम रचना को लेकर वे कोई अतिरिक्त सतर्कता नहीं बरतते थे। रवीन्द्र के तत्वावधान में यह रीति अब हमारे मंचों की एक प्रचलित शैली है। इसके अलावा काबुकी के नर्तक-अभिनेता जिस प्रकार तख़्तों पर पैरों के निरन्तर संघर्षण के ज़ोर का उपयोग नाटकीयता के संचार के उपाय के रूप में करना चाहते हैं, उस शक्ति की अभिव्यक्ति भी रवीन्द्र की नृत्य नाटिकाओं का सामान्य लक्षण है। यह विशेष रूप में गणनीय विषय है कि मणिपुरी की तुलना में क्रमिक रूप से उनके नृत्यनाट्य में कथक अथवा कथकली का प्रयोग बढ़ने लगा था।

इसका अर्थ अवश्य ही यह नहीं है कि इन सब नृत्यनाट्य में किसी बँधे-बँधाये नृत्य के नियमों का विधान है। रवीन्द्र-संगीत के अनुरूप रवीन्द्र-नृत्य का भी कोई घराना नहीं है, यह विचारणीय है। या कि शायद इस तरह

से कहा जा सकता है कि रवीन्द्र-नृत्य का घराना नाना प्रदेशों की नृत्यभंगिमाओं का यथेच्छ संकलन है, जहाँ पर शैली के मुक़ाबले भावों की माँग अधिक महत्त्वपूर्ण हो उठती है। इसलिए उनके नाटक में भावों को प्रकट करने के अनुकूल किसी भी आत्मस्फूर्त ढंग से नृत्य की चर्चा चल सकती है तथा उनके ही तत्वावधान में हम देखते हैं कि एक ही भूमिका के नृत्याभिनय में कभी मणिपुरी, कभी कथक, यहाँ तक कि कभी रूस के लोकनृत्य या फिर सिंहल का कैण्डीनृत्य भी आता है। जैसे कई बार योग्य गायिका के साहचर्य मिलने के कारण नाटक के अलंकरण के हिसाब से भी उन्होंने गीतों का प्रयोग किया है,—इन सब नृत्यों का व्यवहार वैसा नहीं है। अलंकरण वाला नृत्य थोड़ा-बहुत 'चित्रांगदा' में था, लेकिन अन्त में रवीन्द्रनाथ ने उसके वर्जन का ही परामर्श दिया था, उन्हें वह 'समग्र रूप से बाधाजनक' ही लगा था। फिर भी एक-एक समय में अवसर के हिसाब से अलग-अलग प्रकार के नृत्य में उनका प्रश्रय रहता है, उस तथ्य से इस नाट्य-विन्यास के ही एक गूढ़ तात्पर्य को हम पकड़ सकते हैं। हम समझ जाते हैं कि नृत्य को उन्होंने स्वाभाविक आत्माभिव्यक्ति के एक अनिवार्य उपाय के हिसाब से देखना चाहा था। पद-संचालन में, हाथों की मुद्राओं में, आँखों एवं चेहरे के सजीव संचालन में समूचा शरीर जिसके लिए जिस भंगिमा में जाग उठना चाहे, उसे उसी तरह उसी दिशा में मुक्त कर देना उन्हें सम्भव लगा था। इसी की पूर्वसूचना बहुत पहले 'वाल्मीकिप्रतिभा' के क्षीण नृत्य-निर्देशन में थी, जिसकी स्मृति में इन्दिरा देवीचौधुरानी ने लिखा था '...गाने के साथ ढोलक बजाते-बजाते नाचते-नाचते रंगमंच पर कूदने को थोड़े-से स्वाभाविक आनन्दविकास की एक भंगिमा कहा जा सकता है। लेकिन इन सब नृत्यों में ही शायद रवि काका के परवर्ती नृत्यकला के विकास के अंकुर निहित थे।' ऐसा ही है, और इस अर्थ में रवीन्द्रनाथ के नाटक, नृत्य अथवा गीत चरित्रों की सम्पूर्ण आत्माभिव्यक्ति बन जाते हैं। इस आनन्दमय आत्माभिव्यक्ति में ही उनके नाटक के ठाकुरदा या धनंजय नृत्य और गीतों में मत्त हो उठे थे, आकाश में बादलों को देख पंचक नृत्य से थिरक उठे थे तथा इस आत्माभिव्यक्ति के आवेग से ही एक दिन 'फाल्गुनी' के नेत्रहीन बाउल इकतारा हाथ में लेकर मंच पर नाच उठे थे।

(१९६९)

काल की मात्रा

'चित्रांगदा' नृत्यनाट्य का पूर्वाभ्यास देखकर रवीन्द्रनाथ ने प्रतिमादेवी को लिखा था 'यह पूरी चीज़ अत्यन्त द्रुत और सुगठित हो तो बहुत अच्छा हो। यह नाटक लिरिकल के मुक़ाबले ड्रामाटिक अधिक है।' ध्यान देने योग्य बात यह है कि ड्रामाटिक प्रयोजन की उपलब्धि के लिए ही कवि इस सुगठित द्रुतता की प्रत्याशा कर रहे हैं। उनकी बड़ी उम्र की नाट्यकला में लगता है यही तथ्य विशेष रूप से निर्णायक रहा है। 'बहुशाखायित व्याप्ति और वैचित्र्य' से मुक्ति लेकर रवीन्द्र के नाटक क्रमशः एक 'बाहुल्यवर्जित सुस्पष्टता का सामंजस्य' खोज रहे थे, ऐसा क्या किसी अक्षमता की वजह से था या कि नितान्त ही अभिप्रेत था, क्या नूतनतर कोई नाट्यादर्श उनकी परिकल्पना को भीतर से समृद्ध कर रहा था : इन सब जिज्ञासाओं के उत्तर में वे तथ्य शायद सहायक होंगे।

संकुचन का सूत्रपात हमें काव्यनाटक 'चित्रांगदा' से दिखायी देता है। पूर्वरचित दो पाँच-अंक वाले नाटकों के बाद 'चित्रांगदा' स्पष्ट प्रतिवाद था, लेकिन वह मानो कवि का प्रतिवाद था, नाटककार का नहीं। नाटक में कविता का प्रयोग क्रमिक रूप से मानो उन्हें पराभूत कर रहा था, अब उनका लक्ष्य कविता में नाटक का उपयोग करना था। 'मालिनी' में यहाँ तक कि पूरी रचना में तुक का निर्वाह भी दिखायी देता है, और इसके बाद ही समझने को बाक़ी नहीं रहता कि 'गांधारी का आवेदन' या 'कर्णकुन्ती संवाद' के समय आसन्न, काव्यनाट्य को इस बार नाट्यकाव्य की सरलता में आश्रय मिलने वाला है।

ग्रीक नाटकों के साथ तुलना की बात सोचकर 'मालिनी' के विषय में कहा गया था कि वह देशकाल की धारा से विच्छिन्न है। लेकिन उस

नाटिका में अवयव-संहति के बावजूद उसके नाट्यरूप को ग्रीक मानना कठिन है। क्लासिकल नाटक के विधान के अनुसार कालैक्य और देशैक्य की बात वहाँ कवि को याद थी, लेकिन याद विवेचना के समय थी, रचना के समय नहीं।

क्लासिकल इन ऐक्यों का प्रयोजन बाद में काफ़ी हद तक ख़त्म हो गया था। शेक्सपियर से लेकर पिछली शताब्दी तक इस ऐक्य की धारणा की तुच्छता बार-बार प्रमाणित होती रही और कॉर्नेई के इस विश्वास पर किसी ने कोई ख़ास उत्साह नहीं दिखाया कि नाट्यकाल और मंचकाल का सर्वसम होना ठीक होता है। दृश्य-विन्यास और काल-प्रवाह के अविच्छिन्न ऐक्य के विचार से आधुनिक नाटककार सम्भवत: उतने विचलित नहीं हैं, वे तो केवल और अधिक गाढ़े आत्मिक ऐक्य की खोज करते रहते हैं। फिर भी दूसरी बार सोचना पड़ता है जब हम देखते हैं कि वर्तमान शताब्दी एकांकियों के प्रति अत्यधिक आग्रही है, हर दिशा से काव्यनाटकों के पुनर्जन्म की मुखर घोषणायें सुनायी देती हैं और शॉ तो यही सोच रहे थे कि नाट्यकला में एक बार फिर नये सिरे से ग्रीक आदर्श प्रतिष्ठित हो जायेंगे। साम्प्रतिक काल के पश्चिमी नाटक, सार्त्र की संज्ञा के अनुसार, 'निदारुण लेकिन छोटे' होते जा रहे हैं। उनका सुगठित घटना-काल अकसर बहुत थोड़े घण्टों में सिमटा रहता है और इसीलिए सार्त्र याद दिला देते हैं कि हमें फिर से एक नये प्रकार के ऐक्यबोध को वापस लाना पड़ रहा है : दृश्य का ऐक्य, काल का ऐक्य।

यह अवश्य याद रखना होगा कि यह ऐक्य अब पुराने ढंग-जैसा सरल नहीं है। क्योंकि दृश्यमान ढाँचे के भीतर समय के एकाधिक चलन को बहुत-से नाटककार एक ही साथ पकड़ना चाहते हैं, जिसका नमूना सार्त्र के ही एक नाटक में मौजूद है : 'दि कंडेम्ड ऑव अल्तोना'। इस नाटक की घटना-भूमि को दो भिन्न तलों पर सजाया गया है। निचले तल में हमारी घड़ी में बँधा हुआ समय चल रहा है और ऊपरी तल पर हमें एक अन्त:समय का उपयोग दिखायी देता है जो वास्तविकता को अतिक्रमित कर और एक सत्य का स्पर्श कर रहा है। इस आत्मगत सत्य के अन्तहीन समय की पृष्ठभूमि पर खड़े होकर नायक फ्रांत्स का सैमसन के साथ एकात्मबोध घटित होता है, लगता है वह भी कई-कई सदियों से एक विराट भार को वहन करता चल रहा है, और उसके घर में टुकड़ा समय खींच कर लाने

के निमित्त वह योहाना को धिक्कारता है। दोनों तलों का मध्यवर्ती दरवाज़ा अन्तहीन समय और खण्ड समय को आपस में जोड़ देता है, जो केवल स्थानों का ही संयोग बिन्दु नहीं है, काल का भी है। समय की इन दो चालों को एकत्र करके एक जटिल विन्यास निर्मित हुआ है, और इस विन्यास को केवल शैली का खेल मानने का कोई कारण नहीं है यदि हम याद रखें कि इसके माध्यम से सार्त्र व्यक्ति और उसके परिवेश के डायलेक्टिक्स को समझ लेना चाहते थे।

काल की इस नयी जटिलता को आयत्त करने के लिए नाटक और कविता के अन्तश्चारी समन्वय की ज़रूरत महसूस की गई। येट्स ने बड़ी उम्र में एक शैली को चुन लिया था, जिसकी प्रेरणा उन्हें जापानी 'नो नाटक' से मिली थी। 'फ़ोर प्लेज़ फ़ॉर डांसर्स' के एक निर्देश में उन्होंने बता दिया था कि दीवार के सामने किसी भी ख़ाली जगह को मंच बनाया जा सकता है। इसकी तुलना 'तपती' की भूमिका में उच्चारित रवीन्द्रादर्श के साथ की जा सकती है, जहाँ पल-पल में दृश्य-पट उठाने की आदत को लेखक ने बचपना माना है। येट्स और रवीन्द्रनाथ के इस समान विवेचना के सूत्र के हिसाब से जापानी जीवन और कला के अनुभवों को शायद अन्यतम माना जा सकता है। याद आता है कि १९१६ में जापान भ्रमण के दौरान रवीन्द्रनाथ उन लोगों की जीवन-यात्रा, शिल्प-निर्माण के परिमित संयम और 'हृदय की मितव्ययिता' के निरलंकृत सौन्दर्य से बहुत गहरे अभिभूत थे। 'जापानयात्री' में उन्होंने प्रसन्न होकर लिखा था : 'मैंने अपने देश में तथा अन्यत्र भी काफ़ी हृदयोच्छ्वास देखा है, वह यहाँ नज़र नहीं आता।' यह बात सही है कि कवि ने अपनी गीतिप्रतिभा के योग्य एक नाट्यरूप इसी बीच अर्जित कर लिया था, वहाँ हमें प्रचलित के साथ समझौते की इच्छा फिर नहीं दिखायी देती, हम समझ जाते हैं कि मितव्ययिता का आदर्श वे अपनी कल्पना के बल पर ही अर्जित कर सकते हैं। लेकिन फिर भी हमें लगता है कि जापान के अनुभव रवीन्द्रसाहित्य में उद्दीपक की तरह हैं। लगता है कि आत्मस्थ प्रवणताओं को व्यक्त करने का कोई एक सहृदय समर्थन उन्हें यहाँ मिल गया है और परवर्ती नाट्यावली में उन्होंने कलाकार की सचेतन दृढ़मनस्कता में संहति को गढ़ लिया है। जापान-यात्रा से कुछ दिनों पहले ही 'फाल्गुनी' में अभिनय के प्रसंग में गगनेन्द्रनाथ को उन्होंने सतर्क किया था कि अभिनय के आरम्भ होने के बाद एक बार भी यवनिका

नहीं गिरेगी, इसके बावजूद नाट्यदेह को रास्तों–घाटों–मैदानों–गुफाओं के चतुर्विध दृश्यों में स्तरान्वित करना ही पड़ा। लेकिन इसके बाद की दो प्रबल नाट्य–रचनाओं 'मुक्तधारा' और 'लाल कनेर' में हम आधुनिक नाट्य–शिल्प के अनुकरणीय एक नये आदर्श तक पहुँच जाते हैं। क्लासिकल नाटकों को प्रयोजन की माँग के कारण एक संहति के आदर्श को स्वीकार करना पड़ा था, वहाँ एक गीतिसंयम अर्जित किया हुआ था। और आधुनिक नाट्यकला उस गीतिसंयम के लक्ष्य को पकड़कर देशकालगत संहति में जा पहुँची। इस नये संहत नाट्यरूप में क्रमशः समय का एक स्वतन्त्र बोध निर्मित होने लगा।

रवीन्द्रनाथ भी इसी लक्ष्य की ओर चले थे, उनकी नाट्यचर्चा का इतिहास इस बात को प्रमाणित करता है। 'राजा और रानी', 'विसर्जन', 'चित्रांगदा', 'मालिनी' या फिर यहाँ तक कि 'शारदोत्सव', 'राजा', 'अचलायतन' भी जब १९१६ के आसपास या परवर्तीकाल में रूपान्तरित होते हैं, नाट्यरूपान्तर या फिर भाषांतर, तब हम देखते हैं कि नाटककार ने अनिवार्य रूप से दृश्य–बहुलता को कम किया है और उसी के हिसाब से समय को भी। 'राजा और रानी' अवश्य ही स्पष्ट रूप से काल के विषय में निर्देश नहीं देते, कम–अज़–कम इसका पूर्वार्द्ध तो अनिर्देश्य में ही बिखरा हुआ है। लेकिन बाद में इला–कुमार की कहानी में 'सप्तमी का अर्द्धचन्द्र क्रमशः पूर्णशशि' हो जाता है, उस पूर्णिमा को भी निष्फल करके फिर अन्तिम दृश्य में विक्रम प्रतीक्षा में रहते हैं, क्योंकि 'पूर्णिमानिशीथ में आज कुमार के साथ इला का विवाह होगा'। पूर्णिमा से पूर्णिमा का यह प्रसार 'तपती' में अवास्तविक है। 'राजा और रानी' के पाँच अंक 'तपती' के पाँच दृश्यों में पर्यवसित हैं, उसके पहले दो में मीनकेतु के अर्चनादिवस और अन्त में है दूर देशान्तर में मार्तण्ड की उपासना। 'विसर्जन' में कुछेक दिनों की घटनाएँ : जीवबलि निवारण, रघुपति का षड्यन्त्र, ध्रुवहत्या का आयोजन है तथा श्रावण के अन्तिम दो दिनों में भिक्षा माँग लेना। अंग्रेज़ी अनुवाद में व्याप्त इस समय को एक दिन के विरामहीन एक दृश्य के आयतन में समेट लिया गया तथा जयसिंह के प्रति रघुपति के निर्देश में भी तात्पर्यमय परिवर्तन आ गया। उसे आधी रात से पहले राज–रक्त लाकर देना होगा : 'before it is midnight' ! 'विसर्जन' में श्रावण के अन्तिम दो दिन 'द सैक्रिफ़ाइस' में कुछेक घण्टे मात्र हैं। 'चित्रांगदा' का समय कम–अज़–

कम एक वर्ष है, चित्रांगदा को एक वर्ष के लिए छद्म रूप धारण कर सकने का वरदान प्राप्त हुआ था। काव्य-नाटक में ग्यारह दृश्यों में बिखरा हुआ यह वर्ष नृत्य-नाटक के छः दृश्यों में सम्पन्न होता है। 'मालिनी' का चतुर्दृश्य-विन्यास अवश्य ही काफ़ी हद तक संयम का इतिहास है, लेकिन 'कर्णकुन्ती-संवाद'-जैसी रचना की भूमिका के हिसाब से ही उसकी कथा विवेच्य है और वहाँ पर भी कवि सम्पूर्ण कालैक्य का प्रयोग करते हैं ऐसा नहीं है। पहले के तीन दृश्यों और चौथे दृश्य के बीच समय का इतना व्यवधान है कि घटनाओं और चरित्रों में बहुत सारा परिवर्तन हमारे अगोचर में ही घट जाता है, कई बार लगता है कि एक ग्रीक नाटककार शायद विषय को केवल चौथे दृश्य की ही अवतारणा से लेना चाहते। इस कालखण्ड का संकुचन सम्भव नहीं हो सका, फिर भी अंग्रेज़ी 'मालिनी' में चार दृश्यों को दो दृश्यों में समेट दिया गया है और बीच में केवल एक समय-सेतु रह गया है।

कोई पृथक नाट्यादर्श ही निश्चित रूप से इस सर्वात्मक परिवर्तन की वजह है। और पृथक नाट्यादर्श भी किसी आन्तरिक सद्भाव से अनुप्राणित है, यह भी सही है। क्या है वह आन्तरिक सद्भाव जिसके फलस्वरूप क्रमिक रूप से 'मुक्तधारा' या 'लाल कनेर' तक पहुँचा जा सकता है? क्या वह केवल यह कि कवि यहाँ पर 'निदारुण और छोटे' हो जाना चाहते हैं, आधुनिक मानस के योग्य रूप के खोजी हैं? यह तो निश्चित है, लेकिन शायद यही सब कुछ नहीं है। शायद एक ही साथ समय के विषय में कवि की धारणागत परिपक्वता है। 'शारदोत्सव' से मानवनाट्य को प्रकृति ने वलयित कर लिया है और आत्मिकता के नाटक एवं शरत-वसन्त ऋतुएँ अब पृष्ठभूमि से पुरोभूमि तक आ जाना चाहते हैं। इस चरण से ही उनके नाटकों में समय ही क्रमिक विषय बन गया है तथा सन १९१६ में प्रकाशित 'फाल्गुनी' नाटक में उस विषय की सम्पूर्ण परिपक्वता दिखायी दी थी। कहा जा सकता है कि समय के बारे में इस धारणा की स्थापना के बाद रवीन्द्र के नाटकों में काल की एक स्वतन्त्र मात्रा दिखायी देने लगी थी।

'फाल्गुनी' में अनन्त समय का तत्व है। उससे भी पहले 'डाकघर' में अनन्त समय का चित्र था। सम्भव है कि यह बात पहले पाठ में पकड़ में ही न आये, लेकिन हर प्रहर जो प्रहरी डाकघर के सामने घण्टा बजाता है उसकी अनुगूँज पूरे नाटक में छाया की तरह अनुसरण करती रहती है, इसकी यदि

उपलब्धि न हो सके तो फिर 'डाकघर' के बहुत सारे करुणाव्याकुल अनुभव अनायत्त ही रह जायेंगे। नाटक के कुछ संवाद यहाँ याद रखने चाहिए :

> तुम घण्टा नहीं बजाओगे प्रहरी?
> अभी समय नहीं हुआ।
> कोई कहता है कि समय बहा जा रहा है, कोई कहता है समय नहीं हुआ।
> अच्छा,
> तुम्हारे घण्टा बजा देने से ही तो समय हो जायेगा?
> ऐसा होता है क्या। जब समय होता है तो मैं घण्टा बजा देता हूँ।

फिर :

> ...तब तुम्हारा वह घण्टा बजता है—घन् घन्, घन् घन! तुम्हारा घण्टा क्यों बजता है?
> घण्टा सबको यह कहता है, समय बैठा नहीं है, समय तो बस चला जा रहा है।
> कहाँ चला जा रहा है? किस देश की ओर?

इसके बाद, अमल समय के साथ समय के देश में चले जाने की जो आकांक्षा व्यक्त करता है, वह मानो अस्फुट रूप से देशकाल को एक जगह सन्निहित कर देता है। प्रहरी जब सतर्क करता हुआ कहता है 'उस देश में सभी को जाना होगा बाबा' तब उसमें हम केवल 'फाल्गुनी' के श्रुतिभूषण के पारलौकिक परामर्श को ही नहीं सुनते, हमें उसका एक अतिरिक्त प्रलेपन भी मिलता है : समय से छिन्न होने की वेदना नहीं, समय के साथ जुड़ने की आकुलता। इसलिए अमल को जो घण्टा सुनायी देता है वह राजा के कानों में घण्टा बजाने-जैसा बिलकुल नहीं होता। विस्तारित सौन्दर्यजगत के सीने के भीतर से लम्बी साँस में एक आवाज़ आती है, एक प्रहर में भी उसकी आँखों में आच्छादन उतर आता है, और 'दोपहर में जब धूप चिलकती रहती है, तब घण्टा बजता है घन् घन्—फिर कभी-कभी रात में अचानक....कमरे का दीपक बुझ गया है, बाहर के किस अँधेरे के भीतर से घण्टा बजता है घन् घन्।' इसके बाद जब हम सुनते हैं कि पहाड़ पर से राजा का हरकारा 'कितने दिन और कितनी ही रातों से वह बस उतरता आ रहा है', लगता है जिसे अमल ने कई बार देखा है—बहुत दिन पहले—तब संशय नहीं रहता कि निरन्तर समय के चलने की पथच्छवि सुन्दर जीवन के रूप में उसकी नज़रों के सामने उद्‌भासित

हो उठा है। इसलिए अब उस हलके देश की कल्पना उसके लिए सहज है 'जहाँ पर किसी भी चीज़ का कोई भार नहीं, जहाँ ज़रा-सी छलाँग लगाने पर पहाड़ को फलाँग कर जाया जा सकता है।'

लेकिन यहाँ भी विषय को कवि की भावना से, सौन्दर्य के रूप में देखा गया है। दार्शनिक के तत्व रूप में यही 'फाल्गुनी' में प्रकट हो जायेगा। 'गीतों के विषय क्या हैं?' 'शीत के वस्त्रहरण।' 'फाल्गुनी' के भीतर की यह बात कहते हुए कवि जीर्णताहीन नीलिमा-निर्मल आकाश का उल्लेख करते हैं, 'प्रकाश' अंश में नव यौवन के दल इस सुन्दर प्रिय पृथ्वी के प्रति अपने हृदय का अर्घ्य निवेदित कर देते हैं। नेत्रहीन बाउल के साहचर्य में वह अब ऐसे प्रदेश में जा पहुँचे हैं जहाँ सभी लोग कहते हैं 'जाना है, जाना है'। यह चिरागत प्रवाह, यह अमलिन सौन्दर्य और अनिर्देश्य इस विच्छेद-व्याकुलता के 'जाना है, जाना है' उच्चारण में ही 'डाकघर' नाटक का सारा कुछ व्याप्त था, 'फाल्गुनी' में यह परिपक्वता का एक अंश मात्र है। इस अनुभूति का आद्यान्त चित्रचिह्न और भाष्य-व्याख्या लेने के लिए रास्तों-घाटों-मैदानों को अतिक्रमित कर यात्री संघ आज यहाँ आ पहुँचे हैं। चन्द्रहास ने बहुत पहले ज्ञान के द्वारा समझाया था कि समय चीज़ ही खेल है, चले जाना ही उसका लक्ष्य है। लेकिन समस्त देह और मन से इस कथन के सत्य की उपलब्धि के लिए इसे गुफा तक में प्रवेश करना पड़ा, उस उपलब्धि को व्यक्त करने वाली भाषा उसे नहीं आती। 'शीत के वस्त्रहरण' इस गीत का विषय है। साम्प्रतिक कालखण्ड में जिसे हम अवसान, जरा और मृत्यु के रूप में देखते हैं उसके सत्यरूप के आविष्कार में पता चलता है कि जीवन तो अनन्तप्रवाहित है, वसन्त ही नये ढंग से आत्माभिव्यक्ति के लिए शीत का छद्मवेश धारण करता है। समय के ये दो रूप हैं : Facts की ओर से हम जरा को देखते हैं, Truth की ओर से हम अक्षय जीवन-यौवन को देखते हैं'।

दो

'मुक्तधारा' की अवतारणा-रीति इस फ़ैक्ट की ओर से है, 'लाल कनेर' में उसकी जगह ट्रुथ ने ले ली है। विन्यास की ओर से महत्त्वपूर्ण इन दो नाटकों के आभ्यन्तरिक चरित्रों में यह एक बड़ा भेद है तथा इसी के फलस्वरूप समय के प्रयोग से दोनों नाटकों में भिन्नता आ जाती है।

'मुक्तधारा' के इन क्रमिक संवादों पर ग़ौर किया जाय :

१. सूर्य तो डूब चला, मेरी सुमन तो अब भी नहीं लौटी।
२. उसके पीछे से सूर्य मानो क्रुद्ध हो उठे हैं।
३. वह देखो संजय, गौरीशिखर के ऊपर सूर्यास्त की छवि। कौन आग का पंछी बादलों के पंख पसारकर रात की ओर उड़ता जा रहा है...पंख नीचे करके रात के गह्वर की ओर गिरा जा रहा है....गोधूलि का प्रकाश उस नीले पहाड़ पर मूर्च्छित होकर पड़ा है...।
४. सूर्य अस्त हो गया है, आसमान में अँधेरा होने को है, लेकिन....धूप की मदिरा पीकर मानो लाल हो गया है।
५. भैरवमन्दिर के त्रिशूल को अस्त होते सूर्य के उजाले ने मानो डूबने के डर से जकड़ रखा है।
६. मैं अन्धकार की प्रतीक्षा कर रहा था, मेरी चिट्ठी मिल गई ?
७. भाई, अँधेरा हो गया।
८. ठाकुर दिन तो गया, अँधेरा हो आया है।
९. गोधूलि का प्रकाश जितना बुझता जा रहा है, हमारे यन्त्र का शिखर उतना की काला होता जा रहा है।
१०. कौन आया है ? कौन हो ? जवाब क्यों नहीं देते ? बूधन हो क्या ?...ऊः, झिल्लियों की झनकार से आसमान की देह अवसन्न हो रही है।
११. शिवतराई में ? इस अमावस रात में ?
१२. अँधेरे के सीने में खिलखिलाकर हँस उठा।...प्रहर जाग रहा है, प्रहरी जाग रहे हैं / तमाम तारे काँप उठे हैं।

यह नाटक जो कि बहुत लम्बा नहीं है, इसमें हमें कम-अज़-कम बारह कथन ऐसे मिले जहाँ पर स्पष्ट रूप से समय का निर्देश है। ऐसे दो-एक और भी इंगित चुने जा सकते हैं। अर्थात् नाट्य-प्रयोजक के लिए यहाँ पर स्वेच्छा-प्रयोग का अवसर नहीं है, संवादों की समता की रक्षा के लिए काल-विन्यास को उन्हें निश्चित रूप से मानना ही पड़ेगा।

पहले संवाद में अस्ताचलगामी सूर्य से बारहवें उद्धरण 'तमाम तारे काँप उठे हैं' तक समय की एक संगत धारावाहिकता कितने निपुण ढंग से सजायी गई है। निर्वाणमुखी प्रकाश का रंग पल-पल में बदल जाता है, फिर जाने कब वह फीके अन्धकार में से होते हुए गाढ़े तमस में बेनिशान हो जाता है—इसकी हरेक छवि मानो चरित्रों की बातों में लिखी हुई है। प्राक्-गोधूलि के रक्तिम-उजास से लेकर गोधूलि के मूर्च्छित उजाले तक,

और फिर उससे अन्धकार के सीने के भीतर हम चले जाते हैं। अन्धकार भी एक ही प्रकार का नहीं है। पहले अन्धकार में गोपन बातें सम्भव है : 'मेरी चिट्ठी मिल गई?' लेकिन थोड़ी देर बाद, सब कुछ इतना ज़्यादा स्याह होता जाता है, कि फिर सारे चरित्र एक-दूसरे को नहीं देख पाते, डर के मारे काँपती छाती लिए पूछते रहते हैं 'कौन आया है? कौन हो? जवाब क्यों नहीं देते?' अन्त में अमावस्या रात्रि के अन्धकार के सीने के भीतर से मुक्तधारा का कल्लोल जाग उठता है, ऊपर आकाश में तब 'तमाम तारे काँप उठे हैं'।

कितनी देर की यह घटना है? शाम से लेकर रात तक कुछेक घण्टे मात्र। अभिनय के लिए कितने समय की ज़रूरत होती है? इससे कम नहीं। यहाँ पर नाट्य-काल और मंच-काल लगभग समन्वित हो गये हैं। यहाँ पर स्मरणीय है कि आधुनिक एकांकी पद्धति से रवीन्द्रनाथ की यह नाट्यदेह निर्मित नहीं हुई है, क्योंकि चरित्र और घटनागत बहुलता के कारण—यहाँ तक कि motif की बहुलता के कारण भी 'मुक्तधारा' और 'लाल कनेर' परिकल्पित हुए हैं, लेकिन इसी में संचारित है ऐक्यमय काल। इस शैली के लिए एक ऐसे छोटे कालखण्ड के निर्वाचन की दरकार थी जहाँ पर वर्तमान क्रिया एवं लिप्त चरित्रावली संघर्ष और सम्भावना के शिखर पर खड़ी हैं। 'मुक्तधारा' में उस सीमाबद्ध समय को कवि ने गोधूलि और अन्धकार के रूप में अर्जित कर लिया है।

गोधूलि क्यों? संध्या का विषण्ण रक्तिमाभ मण्डल आतंक और वेदना की द्विआयामी चेतना को स्पर्श कर सकेगा, शायद इसलिए। अन्धकार क्यों? इसके उत्तर में थोड़ी दुविधा महसूस होती है। 'तो फिर मैं उन्हें नहीं पा सकूँगा' गणेश की इस उद्भ्रान्त जिज्ञासा के जवाब में धनंजय जब बताता है कि 'तूने तो हमेशा के लिए पा लिया है' तब उसमें जीवन का जो अडिग विश्वास व्यक्त होता है, रवीन्द्र की रचनाओं में उषा ही तो उसकी अभ्यस्त पृष्ठभूमि है।

लेकिन यहाँ पर, कुछ और नाटक या फिर उसकी मृत्यु की घटना के साथ 'मुक्तधारा' के अभिप्रायगत स्वातन्त्र्य को समझ लेना होगा। अभिजित रंजन नहीं है, बल्कि एक हिसाब से वह इन दो चरित्रों के विपरीतमुखी गति है। 'मेरा सीना भी भरा हुआ है रुलाई से' यह है अभिजित का परिचय, और रंजन चन्द्रहास की ही तरह 'विधाता की हँसी' है, उसे दुःख की कोई ख़बर नहीं। रंजन बहिर्जगत के खुले प्रकाश का अनुषंग लेकर

अनायास यक्षपुरी की सरहद में चला आता है, और अभिजित बंदी प्रासाद जीवन से गौरीशिखर की ओर मुक्ति की कामना करता है, जहाँ पर भावी पथ निर्मित होगा। वह रुद्ध है, नाटक में हम इस बात को भूल नहीं पाते, कभी–कभी जयसिंह की आतुरता याद आती है। 'अभिजित उस मारनेवाले के भीतर का पीड़ित व्यक्ति है' रवीन्द्रनाथ की इस व्याख्या से यह बात और भी स्पष्ट हो जाती है, इस चरित्र में पीड़ा के स्वरूप को उद्घाटित करना ही कवि का प्रयोजन था। इस पीड़ित अनुभव के योग्य अनुषंग की रचना जयसिंह के ही अवसान के दृश्य की तरह 'तिमिररूपिणी' रात्रि ही कर सकती है।

मात्र यही नहीं। इसके बाद भी प्रश्न उठता है कि अभिजित का जन्मवृत्तान्त क्यों हमें जानने दिया गया। थोड़े ही समय में अतीत का बहुत सारा क्यों हमारे अनुभव की मुट्ठी में खोंस दिया गया? इसमें क्या नियति के इंगित हैं? 'तुम लोग सोच रहे हो कि तुम्हीं ने आग लगायी है? नहीं, यह आग किसी भी तरह से लगनी ही थी' विश्वजित के प्रति अभिजित की यह उक्ति सुनने में मानो थोड़ी कठोर तथा निष्ठुर लगती है, लेकिन उसके बाद ही झरने के नीचे उसका परित्यक्त जन्म, पश्चिम का गौरीशिखर, मुक्तधारा का आह्वान एवं अमावस्या के अन्धकार के साथ यह संगतिपूर्ण ही लगता है। इसमें रह गई है एक अमोघ नियति की अनिवार्यता, कसी हुई बुनावट में जो और भी दमघोंटू निविड़ता भर देती है। शायद सिंगे की किसी-किसी रचना की छाया पाठकों के मन में उभर सकती है, वही fate, वही मृत्यु के इशारे, वही संहत कालखण्ड में सुप्रखर जीवन–मर्म।

'फ़ैक्ट' की ओर से यह है 'मुक्तधारा'। लेकिन नियति या मृत्यु को लेकर सिंगे के विचारों से रवीन्द्रनाथ निश्चित नहीं हो पाते, इससे वे एक आह्लादकारी अवतरण भी रख देना चाहते हैं, उपस्थापन को वे 'फ़ैक्ट' से दूर हटा देना चाहते हैं। तभी जरा और मृत्यु का दूसरा आयाम आँखों के सामने प्रकट होता है, अक्षय जीवन–यौवन। तभी 'मुक्तधारा' के परवर्ती प्रयास से 'लाल कनेर' का प्रयोजन घटित होता है। लेकिन 'फ़ैक्ट' से हटा लेने के क्या कोई इंगित 'मुक्तधारा' में नहीं हैं? यह तो सम्भव नहीं। वस्तुतः उस उद्देश्य को ध्यान में रखकर ही सिहरन पैदा करने वाले अन्धकार में से धनंजय के सन्तकण्ठ का आभास देना पड़ा था : 'तूने तो हमेशा के लिए पा लिया'।

इस अन्तिम संवाद में से, यहाँ तक कि समग्र रूप से धनंजय और उसके दल की उपस्थिति से, एक द्विस्तरीय अनुभव की सृष्टि हुई है। रचना के रूपायन में यह कितनी सफल हो सकी है? नाट्यकाल और मंचकाल को मिला देने का आदर्श धनंजय के इन अंशों में थोड़ा प्रक्षिप्त प्रतीत होता है। अनायास सामंजस्य के कारण समझ में नहीं आता कि वह नाट्यदेह में लिप्त है। जहाँ पर 'प्रायश्चित' नाटक का वह धनंजय बैरागी है, और शिष्यों को लेकर गुरु के आविर्भाव से जहाँ पर अचलायतन के संवादों का थोड़ा आभास मिलता है, वे सारे अंश 'मुक्तधारा' की समय-संहति को किंचित् मात्रा में तरल कर देते हैं, निकट-समय से उसे दूर-समय की ओर नहीं फैला पाते।

तीन

'लाल कनेर' में यह सम्भव है। 'लाल कनेर' के बाह्य अवयव में स्थान और कालगत ऐक्य की केवल एक माया रची गई है, और उसी के साथ प्रच्छन्न बनावट लिए यह नाटक वृहत्तर काल में बिखरा हुआ है। स्थान-काल के उपयोग के विषय में केवल आपातविचार से दोनों नाटक समान लग सकते हैं। वस्तुतः, इससे पहले अर्जित उसकी निपुणता ने 'लाल कनेर' में एक नवीनतर सम्भावना की तलाश कर ली थी।

भाग्य के फेर से, कालनिर्देशक वाक्यावली इस नाटक में भी थोड़ी-बहुत है ही :

१. देखते नहीं, पौष की धूप पके हुए धान के लावण्य को आकाश में फैला रही है।
२. यह क्या बात हुई, सुबह से ही मदिरा?
३. वह बर्छे की नोक पर मानो सूर्य की रोशनी के एक-एक टुकड़े को बींध कर चल रहा है।
४. आज सुबह वे लोग पौष का गीत गाते हुए मैदान की ओर जा रहे थे, तुमने सुना था?
५. रात जब गहरा जायेगी तब मैं तुम्हारे कुन्द के फूलों की माला पहनूँगा।
६. तुम्हारे माथे पर लाल कनेर का गुच्छा आज प्रलयगोधूलि के मेघ के समान दिखायी दे रहा है।
७. देखते-ही-देखते सिन्दूरी मेघों से आज की गोधूलि रक्तिम हो उठी है।

८. सरदार! सरदार! देखो, उसने बर्छे की नोक पर मेरी कुन्द-फूल की माला झुला रखी है।

मैं भले ही कह रहा हूँ काल-निर्देशक, लेकिन ये सारे निर्देश 'मुक्तधारा' की तुलना में काफ़ी तिर्यक हैं। धूप का लावण्यवर्ण पहले ही सुबह का आभास दे जाता है। किशोर को लेकर नाटक के सूत्रपात में भी शायद उस नवीन प्रभात का ही परिवहन है, फिर पौष का गीत तो सुबह ही ध्वनित हो उठा था इस बात का पता विशू द्वारा नन्दिनी के स्पष्ट उल्लेख से चल जाता है। 'सुबह से ही मदिरा' चन्द्रा के इस धिक्कार के साथ-ही-साथ प्रभात मानो अपने लावण्य से काफ़ी हद तक दूर हट जाता है, और जब जानकार एवं बीमारी से किंचित् शिथिल चन्द्रा सरदारनियों को 'बारिश की फुनगी पर रोशनी के टुकड़ों के जुलूस में' देख रही होती है, तब धूप से झुलसे हुए मध्याह्न का आभास काल-परिवेश तथा चरित्रों की रचना में एक ही साथ बिखर जाता है। अन्त में धीरे-धीरे सूर्य जाने कब उतर आता है, अध्यापक को नन्दिनी के माथे पर लाल कनेर प्रलय-गोधूलि के समान लगता है, उस प्रतिमा में क्या काफ़ी हद तक वास्तविक अस्त-आभा भी नहीं बिखरी हुई थी? थोड़ी ही देर बाद तो नन्दिनी को कहना पड़ेगा : 'देखते-ही-देखते सिन्दूरी मेघों से आज की गोधूलि रक्तिम हो उठी है।'

इसका परिणाम कहाँ है? 'मुक्तधारा' की तरह आग का कोई पंछी अन्धकार के गह्वर में नहीं कूदा, फिर भी लगता है कि अन्धकार ने क्रमशः 'लाल कनेर' के समग्र नाट्यकाल पर भी अधिकार जमा लिया है। शक्ति उपासक राजा की ध्वजा-पूजन के लिए और कौन-सा समय प्रशस्त है? इसके अलावा, अन्तिम क्षणों में नन्दिनी ने सरदार के बर्छे की नोक पर अपनी माला को निगृहीत होते देखा था वह तो अन्धकार में ही सम्भव था। हम तो सरदार की प्रतिश्रुति नहीं भूले : 'रात जब गहरा जायेगी तब मैं तुम्हारे कुन्द फूलों की माला पहनूँगा।' उसका आस्फालन निष्फल नहीं था, नाट्य के अन्त में यह अन्धकार का वातावरण है।

लेकिन यहाँ तक आकर हम मुश्किल में पड़ जाते हैं। अन्धकार का वातावरण? यदि अन्धकार है तो फिर अवसान में कैसे सम्भव है दूर उस गाने की टेक कि 'धूल का आँचल आज भर उठा है पकी फ़सल से'? इसमें कोई सन्देह नहीं कि यहाँ पर मात्र पहले दो चरणों का ही फिर से उपयोग किया गया है, वह भी तात्पर्यमय दो-एक शब्दों के परिवर्तन से,

फलतः धूप का स्वर्ण या उजाले की ख़ुशी फिर लौटकर नहीं आते। यहाँ तक कि पौष की डलिया भरी जो फ़सल थी, दिन के अन्त में वह अब धूल के आँचल में है, ऐसी कल्पना भी सम्भव है। फिर भी सन्देह रह ही जाता है। अँधेरे की पृष्ठभूमि में वह गीत मानो संगतिहीन है।

और 'लाल कनेर' की पाण्डुलिपि में प्रयुक्त नाटक के अन्तिम गीत के रूप में विशू की यह बातें यदि हम सुनते 'मेरी अन्तिम रागिनी का पहला स्थाई / दोहराने वाले कौन है रे तू' लेकिन ऐसा नहीं लगता कि समय के साथ उसका कोई संघर्ष होता। 'पश्चिम में यह दिन के पार / डूबते सूर्य की राहकिनारे /रक्ताभ घूँघट सिर पर / कौन है रे तू'—इसे स्वीकार कर लेना आख़िर तक रवीन्द्रनाथ के लिए सम्भव नहीं हो सका था, क्योंकि ऐसे में नाटक विशू और नन्दिनी के व्यक्तिगत सम्बन्धों की परिधि में चिह्नित होता। लेकिन साथ-ही-साथ ऐसा भी लग सकता है कि नाटक के अन्त को अन्धकार से हटाना ज़रूरी था, इसलिए भी गीत में यह परिवर्तन किया गया। 'मुक्तधारा' में संहत निदारुणता के साथ 'लाल कनेर' की प्रसारित समग्रता की आस्वादनगत भिन्नता को हम सहज ही अनुभव करते हैं, अभिजित का विषाद-विधुर आत्म-बलिदान और रंजन का दुस्साहसिक मृत्यु-वरण भिन्न परिप्रेक्ष्य की प्रत्याशा रखते हैं।

यह यदि सच है तो एक बार फिर नये सिरे से सोचना होगा। इन अन्तिम क्षणों में क्या नाटककार ने थोड़ी-सी आज़ादी ली थी? आदि से अन्त से पहले के क्षण तक समय का प्रवाह अविच्छिन्न रखकर यह अन्तिम स्वतन्त्रता क्या संगत है? 'मुक्तधारा' की तरह मंचकाल और नाट्यकाल को एक कर लेने का आग्रह यहाँ पर नहीं है, लेकिन फिर भी लग रहा था कि समय को यहाँ समग्र एकक में गिनकर थोड़ा छोटा कर लिया गया है, समग्रता में लेकिन ह्रस्वाकार में—एक पूरे दिन की इस छवि को कुछेक घण्टे में अभिनीत किया गया था।

और एक दिशा से देखने पर भी समय का यह एकक हमें स्थिर ही लगता है। नाटक के आरम्भ में नन्दिनी और अध्यापक के संवादों से हमें पता चला कि 'आज' रंजन और नन्दिनी का मिलन होगा, फिर विशू सरदार या फिर राजा सभी से नन्दिनी अपने 'आज के' दिन के आने की ख़ुशी का ज़िक्र करती है, तथा बाद में उस प्रतीक्षा को थोड़े भिन्न अर्थ में हमने पूर्ण होते देखा है : उसने आने का कहा था, आया भी। तो फिर यह उस

एक दिन की बात है जिसकी सुबह नीलकण्ठ पक्षी का पंख लेकर आयी थी, और जिसकी शाम रंजन का मृत शरीर वहन कर लायी थी। यह वही दिन है जिसके आरम्भ में हमने ध्वजा-पूजन का उल्लेख देखा, अन्त में हमने देखा कि जाल में से पूजार्थी राजा निकलकर आ रहे हैं।

क्या वह भी सही है? यह क्या वही एक दिन है? तो फिर भला किस तरह कुबेरगढ़ में रंजन की उपस्थिति के बाद ही क्रमिक रूप से ये संवाद सम्भव हैं?

> वह रंजन है न, राह में गाता हुआ जा रहा है?
> रंजन यहाँ आया है, तू जैसे भी हो कर...
> उसे पाँच दिन पहले एक बार देखा था, फिर नहीं देखा।
> उस रोज़ रात को शंभू प्रधान के घर पर मैंने उसे देखा था।

उसके प्रसंग में दिन की यह उल्लेखमाला क्या परस्परविरोधी नहीं है?

श्रमिकों के दल ने जिस नगर में आश्रय ले रखा है, उसका नाम है यक्षपुरी। इसमें अलग-अलग कुछ गढ़ हैं : कुबेरगढ़, वज्रगढ़, इसी तरह के और भी। ये गढ़ कुछेक मोहल्लों में बँटे हैं, वर्णानुक्रम से जिनकी पहचान है। नाट्य-व्यापार कुबेरगढ़ के उस मोहल्ले में घटित हो रहा है जहाँ राजमहल है, जिस केन्द्र से राजा और उनके 'अन्तरंग पार्षद' स्वर्णसंग्रह का परिचालन कर रहे हैं। इस कुबेरगढ़ के तमाम मोहल्लों के बाशिंदों से ही हमारे श्रमिकों का दल बना है, जो लोग भीतर-ही-भीतर विद्रोह के आयोजन के लिए तत्पर हैं। ट-ठ मोहल्ले में 'आरी चलाने वालों ने थोड़ी खिटखिट शुरू कर दी है', और मूर्धन्य लोग थोड़े मधुर रस से भले ही सिक्त हो रहे हों, लेकिन दन्त्य-न मोहल्ला 'अब भी जर्जरित है'।

इसी बीच रंजन आता है। तो फिर क्या रंजन राजा का बोझा ढोने वाले लोगों के कहे अनुसार पाँच दिन पहले ही कुबेरगढ़ आ पहुँचा है, उसे शंभु प्रधान के घर पर देखा गया है? जिसके आविर्भाव मात्र से सारे प्रचलित कार्यों के ढंग खिर जाते हैं, बातों-ही-बातों में जो वेश बदल लेता है, उसे ये सभी लोग अभी कुछ दिनों से ही पहचानते हैं, केवल विशू, गोकुल या फागूलाल वग़ैरह उसे नहीं पहचानते? यहाँ तक कि विशू, जो विशू श्रमिकदल के विद्रोही अस्तित्व को धीरे-धीरे जगा रहा है? वह सम्भव होता नज़र नहीं आता। तो फिर लगता है कि रंजन के एक दिन के भीतर भी अनेक

दिनों का समाहार है, वह आज ही आया है और उसे आये हुए बहुत दिन हो गये हैं : ये दोनों ही समान रूप से सच हैं। फिर, एक अभिनेता-समालोचक जिस तरह ग़ौर कर रहे हैं, हमारा आलोच्य दिन एक ही साथ छुट्टी का दिन भी है और काम का भी। किशोर काम पर निकल गया, फागूलाल कहता है कि छुट्टी है और विशू अपनी नन्दिनी की छुट्टी में से कभी-कभी 'अपने काम पर' लौट जाने की कोशिश करता रहता है। फागूलाल ने कहा था कि आज ध्वजा-पूजन है, इसलिए छुट्टी है। नाटक के अन्त में उस पूजा के आरम्भ होने से पहले किशोर कहता है : 'आज मैं काम पर नहीं गया,....मेरे पीछे डालकुत्ता[१] छोड़ दिया'। तो फिर क्या मैं इसे फागूलाल की व्यक्तिगत छुट्टी का दिन मात्र कहूँगा? कथन के स्वर-तात्पर्य से तो हमें ऐसा नहीं लगता, इस वाक्य-विन्यास पर ध्यान दीजिए : 'आज छुट्टी का दिन है। कल उनका मारणचण्डी का व्रत था। आज ध्वजा-पूजन है, उसी के साथ अस्त्रपूजा भी है'। इसके अलावा, अध्यापक द्वारा प्रत्यक्ष देखी गई यह छवि भी है : 'वह देखो। खुदाई करने वाले हमारे दल धरती का सीना चीरकर ज़रूरत का बोझा सिर पर रखकर कीड़ों की तरह सुरंग के भीतर से ऊपर चले आ रहे हैं'।

इतनी सारी विपरीत घटनाएँ हैं, लेकिन संगत सुषम रेखा को भी हर क्षण स्थिर पकड़ कर रखा गया है—क्या यह अनभिप्रेत शिथिलता मात्र है? यह क्या असंयत स्वेच्छाचार है? या फिर इसमें कोई गूढ़तर प्रेरणा 'लाल कनेर' की नाट्यरीति को किसी एक तात्पर्य में व्यंजित कर रही है?

इस नाटक के मध्यवर्ती अंश में शायद वह व्यंजना थोड़े और सूक्ष्म ढंग से मौजूद है। राजा जाल की ओट में थे और वहाँ पर वे कोटर में बैठे एक मेढक में अपना प्रतिमान तलाश रहे थे, जिसके पास जीवित रहने का मन्त्र नहीं, टिके रहने का जादू था। 'यह मेढक एक दिन पत्थर के एक कोटर में घुस गया था। उसी की ओट में वह तीन हज़ार वर्षों से टिका हुआ था। इस तरह कैसे टिके रह सकते हैं मैं उससे इसी का रहस्य सीख रहा था'। 'सीख रहा था' वाक्य का मौजूदा अतीत रूप हमें थोड़ा चौंका देता है, क्योंकि हम देख पाते हैं कि उस मेढक की उम्र तीन हज़ार वर्ष है। थका पहाड़, पर्वत का शिखर या फिर हज़ार वर्ष पुराने वटवृक्ष से भी अधिक

---

१. यूरोपीय शिकारी कुत्ता विशेष। Grey-Hound Dog.

प्रभावी है राजा का यह वर्णन, मेढक का यह तीन हज़ार वर्षों का अस्तित्व : क्योंकि उस समय की कोई वास्तविक सम्भावना पर विचार करने के लिए इस क्षण मन उत्सुक नहीं होता। लेकिन हमारे अगोचर में ही राजा का अस्तित्व है—अतएव समग्र 'लाल कनेर' का अस्तित्व—साम्प्रतिक काल से चिरन्तन काल में, रूपमय काल से कालहीनता में प्रसारित होता जाता है और नाटकीय चरित्रावली में विशेष और निर्विशेष परस्पर रूप से निगूढ़ ढंग से अन्तःप्रविष्ट होते रहते हैं। ये एक ही साथ दो भिन्न अनुभवों में जीवित रहते हैं, परिवेश में और परिवेश के बाहर। इसलिए इस नाटक में कोई वास्तविक क्रम नहीं है, यहाँ परावास्तविकता का चलन है।

आधुनिक एकांकीकारों की शैली में रवीन्द्रनाथ के नाट्यरूप निर्वाचित नहीं हैं। जिस प्रकार इनमें स्थान और काल की संहति प्रार्थित है, ठीक वैसी ही व्याप्ति की आकांक्षा भी इसकी गहरायी में मिली हुई है। 'पंचम हेनरी' नाटक की प्रस्तावना में शेक्सपियर ने अपने कोरस से कहलवाया था : 'jumping o'er times / Turning the accomplishment of many years / Into an hour-glass ' तथा इसके लिए उन्हें दर्शकों से मदद माँगनी पड़ी थी 'on your imaginary forces'। इस hour-glass का रवीन्द्रनाथ ने भी उपयोग किया था, लेकिन दर्शकों के सक्रिय सहयोग से बाहर रहकर नहीं, नाटक की संरचना के भीतर से ही। दर्शकों की कल्पना दूरवर्ती भासमान प्रवाह में यहाँ अगोचर में ही जाने कब एक स्तर से अन्य स्तर पर चली जाती है, निःसमय की ओर।

रवीन्द्र के नाटक जहाँ पर महत्तम हैं वहाँ पर समय इसी तरह निःसमय में मिल जाता है। 'मेरी बड़ी इच्छा हो रही है कि मैं इस समय के साथ चला जाऊँ—जिस देश के बारे में किसी को नहीं पता, वहीं बहुत दूर' : अमल की यह इच्छा मानो चरितार्थ हो जाती है जब नाटक की उक्त सिद्धि हमें दूर के जगत का स्पर्श करा लाती है और एक ही साथ कई तलों वाले अनुभवों के सम्मुख खड़ा कर देती है। ट्रैजिडी की ख्यातनामा अभिनेत्री सिबिल थॉर्नडाइक ने अपने अभिनय में इस निःसमय को पाने की कोशिश की थी, क्योंकि `Get above it into Timelessness, into the realm of imagination, the mind of God, into a place of quiet knowledge where the two opposites namely intense feeling and beyond feeling are co-existent! निविड़ अनुभव और ग़ायब अनुभव को इस प्रकार मिला

लेना ही शिल्प की महिमा होती है। 'मुक्तधारा' तीव्र धारदार फ़ॉर्म में intense feeling को समाहित किये हुए है। लेकिन वहीं पर, लगता है कि वह साम्प्रतिक मशीनी समय और सामयिक समस्याओं में ही निहित है। उस एक ही काल और समस्या को पृष्ठभूमि में गण्य करके भी 'लाल कनेर' उससे जो पार पा सका उसका एक बड़ा कारण यह है कि, intense feeling और beyond feeling यहाँ एकसाथ संलग्न हो गई हैं। 'मुक्तधारा' समयबद्ध है, 'लाल कनेर' समयमुक्त : 'मुक्तधारा' में आवेग का दबाव है, 'लाल कनेर' में है आवेग की मुक्ति। किस पद्धति से यह मुक्ति सम्भव हो सकती है? थॉर्नडाइक ने अभिनेताओं को बताया था, `your technique : a flexible voice'! रवीन्द्रनाथ भी शायद इसी लक्ष्य के अभिप्राय से कह सकते थे, 'your technique : a flexible sequence'।

चार

कह सकते थे नहीं, उन्होंने कहा भी था। थोड़े अन्य शब्दों में 'लाल कनेर' के लगभग समकाल में उन्होंने अन्यत्र लिखा था 'काल या देश की मात्रा बदलते ही रचना का रूप और भाव बदल जाता है।' समीपवर्ती कुछ बातें क्रमशः इस प्रकार हैं :

> देश कहो, या कि काल कहो, जिससे रचना की सीमा तय कर दी जाती है, दोनों ही आपेक्षिक हैं, दोनों ही माया हैं।
> विश्वसृष्टि का वैचित्र्य भी देशकाल की मात्रा के अनुसार है।
> काल या देश की मात्रा बदलते मात्र ही सृष्टि का रूप और भाव बदल जाता है।

'लाल कनेर' में काल की यह मात्रा बदल जाने की घटना के बाद, कवि ने समय को बाहर की ओर से एक नये शिल्परूप में तोड़ दिया था—नाट्यसृजन में अपनी परिपक्व शैली को नृत्यनाट्य में। उन्होंने 'लाल कनेर' में आपात-ऐक्य में विच्छिन्नता को भर दिया था, आपातविच्छिन्न कुछेक अंशों के माध्यम से उन्होंने नृत्यनाट्य में ऐक्य का स्पर्श किया था। 'चित्रांगदा', 'चण्डालिका' या फिर 'श्यामा' में दृश्यों की बहुलता नहीं है, लेकिन एक ही दृश्य-प्रेक्षण की धारावाहिकता भी यहाँ पर अनावश्यक ही है। 'चित्रांगदा' छह, 'चण्डालिका' तीन तथा 'श्यामा' को चार परिशिष्टों में सजाया गया है तथा उसमें साम्प्रतिक काल का द्रुत अपसारण भी घटित

हो रहा है। तीन स्त्रियों के जीवन के लम्बे द्वन्द्व भरे असमतल पथ पर चलने की पूर्ण छवि इन तीन रचनाओं में अभिव्यक्त हो रही है, लेकिन उसके एक द्रुत सुगठित प्रवाह का रचाव भी हमें शिल्प-रूप में दिखायी देता है। प्यास से कातर आनन्द के आविर्भाव से थोड़े ही पहले प्रकृति की जो विह्वलता है, उसे हम काल के प्रवाह में अविच्छिन्न मानने के ही अभ्यस्त होते हैं। फिर भी तो सच यह है कि माँ के सामने इतिहास का वर्णन करती हुई प्रकृति कहती है 'उस दिन दोपहर का घण्टा बजा, दोपहर की धूप धू-धू कर रही थी' और हम तुरन्त ही काल के अनुभव की एक अनिर्देश्य दूरी को पा जाते हैं। फिर दूसरी ओर, 'श्यामा' के चौथे दृश्य में ही वज्रसेन का प्रेम, उत्कण्ठा, अनुभव, घृणा, व्याकुलता और अनुताप उत्तरोत्तर उसे विचलित कर देते हैं, श्यामा के प्रवेश और प्रस्थान के बीच एकाधिक नि:संगता में हम वज्रसेन को संवादमुखर होते सुनते हैं। यहाँ पर भी बिखरे हुए समय को स्वल्पकाल की सीमा में अनायास बाँध लिया गया है। लेकिन इसके द्वारा किसी असंगति का बोध मन में नहीं जागता, बल्कि सुषमा की तृप्ति ही मन में जाग उठती है। ऐसा कैसे हुआ ? आद्यन्त नृत्य-गीत के सामंजस्यपूर्ण उपयोग से ही लगता है कि कालसीमा में यह सीमाहीन काल का अनुभव सम्भव हुआ है। सन् १९३० में आइन्स्टाइन के साथ चर्चा करते हुए कवि ने ऐसे ही एक मन की सम्भावना के विषय में बताया था जिसके लिए 'the sequence of things happens not in space, but only in time like the sequence of notes in music. For such a mind its conception of reality is akin to the musical reality...। इस सांगीतिक सत्य का अनुसन्धान 'लाल कनेर' में किसी एक पद्धति से किया गया था, नृत्यनाट्य में किसी और पद्धति से। काल के अंशों को योजना के तहत नहीं, गीत जिस ऐक्य को दिखाता है 'वह रस की अखण्डता को सम्पूर्ण करता है' इस बात को रवीन्द्रनाथ अन्यत्र भी ग़ौर करते हैं। कवि को यह विश्वास था कि इन गीतों और उनके अभिनय-नृत्यों के माध्यम से अखण्ड समग्र को सहज तथा निविड़ रूप से हासिल किया जा सकता है। 'लाल कनेर' की रचना के परवर्ती काल में जावा यात्रा के अनुभवों ने शायद उनके इस विश्वास को और बल दिया था। वहाँ उन्होंने महसूस किया था कि नर्तकियाँ अपनी समूची देह से बोलती हैं, वे देह से ही समय के ऊपर अल्पना रच जाती हैं और 'इनका संगीत ही ताल होता है, इनका नृत्य ही गीत होता है'। यह प्रेरणा हमें

'चित्रांगदा', 'चण्डालिका' और 'श्यामा' में दिखायी दी थी, जहाँ पर रस अथवा समय की अखण्डता की सृष्टि से नृत्य और गीत के युगल सहयोग ने रवीन्द्र के नाटकों में एक अन्यतर मात्रा की योजना को सम्भव कर दिया है। इसके लिए नृत्यनाट्य-जैसे एक सुगठित रूप की ज़रूरत थी। काल की मात्रा को बदल लेने के साथ-ही-साथ भाव और रूप किस तरह बदल जाते हैं, यह सम्भवतः उसका एक बहिरंग प्रमाण है।

इस तरह लगता है कि रवीन्द्र के नाटकों में काल के उपयोग को कई स्तरों पर सजाकर देखा जा सकता है। पहले वह थी धारणा और नाट्यविषय, बाद में आया उसका रूप या नाट्य-संरचना। 'डाकघर' में परिमित-काल से अनन्तकाल की ओर का खिंचाव था, 'फाल्गुनी' में था आबद्ध समय के भीतर अनन्त को समझ लेना। यह धारणा ही बाद के नाटकों में रूपमय हो गई। 'मुक्तधारा' में हम आबद्ध काल की संहति देखते हैं, 'लाल कनेर' में आपातसंहति के भीतर प्रसारित मुक्ति। इसके भी बाद नृत्यनाटकों में लौट कर बन्धनमुक्त एक गूढ़तर संहति की खोज, परिमित और अनन्त को मिलाकर काल की इस मुक्ति को नृत्य सम्भव कर देता है। नटराज के जो चेले हैं 'महाकाल के विपुल नृत्य' में ही 'बन्धन खोलने के साधन' को सीख रहे थे, इस अन्तिम शिल्प-रूप में काल की मुक्ति की प्रत्याशा उनके लिए बहुत स्वाभाविक ही थी।

(१९६४)

लाल कनेर, क्रिसेन्थिमम

'लाल कनेर की पूरी विषयवस्तु ही नन्दिनी नामक एक मानवीय चरित्र है' रवीन्द्रनाथ जब इसे याद रखने का परामर्श दे रहे थे, तब वे निश्चित रूप से इसके अति-यथार्थवादी परिमण्डल को नहीं भूले थे। और उसी से संलग्न रामायण के रूपक की व्याख्या से हमें यह समझ में आ जाता है। अर्थात् नन्दिनी की भी 'रूप की माया की ओट में अनूठी' सत्ता को भी एक ही साथ देखना होगा, यह भी उनका प्रच्छन्न वक्तव्य है, क्योंकि एक ओर से देखने जायें तो उसी निर्यास के भीतर ही 'लाल कनेर' का नाट्यविषय निहित है। तो फिर क्यों आग्रहपूर्वक दर्शकों को मानवी-रूप की बात याद दिलाना पड़ती है?

इसका जवाब शायद हमें 'चतुरंग' में सतीश की बातों से मिल सकता है। सतीश ने देखा था कि सृष्टा किस तरह रूपातीत से रूप की ओर चले आते हैं, और इसीलिए उन्हें रूप से अरूप की ओर जाना पड़ता है, विपरीत पथ पर आगे बढ़ें तो ही मिलन घटित होता है। कलाकार भी अपने बोध से सर्जना में उतर आता है, उस बोध के स्पर्श के लिए हमें सृष्टि के ही बाह्य अवयव को पकड़ना होता है। प्रश्न यह है कि रचना में स्पर्श-योग्य वह अवयव कहीं पर रखा हुआ है या नहीं। रवीन्द्रनाथ को लगा था कि ऐसा कम-अज़-कम 'लाल कनेर' में तो है।

लेकिन नियमों से बँधे हमारे समालोचकों को ऐसा नहीं लगा। एक युग पहले की दु:सह स्मृति से हमें पता है, यहाँ तक कि 'लाल कनेर' को भी नितान्त काव्यात्मक माना जाता था, और अभी उस दिन भी श्रीयुत कृष्ण कृपलानी ने इस विषय में लिखा था : 'The treatment is characteristically Tagorean, logic and mysticism weakening each other!' शायद इसके साथ किन्हीं विदेशी विद्वानों की धुँधली धारणाएँ भी शामिल थीं, जो लोग विभ्रान्त रूप से इन सब रचनाओं को नितान्त पश्चिम के प्रचलित आदर्शों के साथ मिलाना चाहते थे। 'लाल कनेर' के संवादों या प्रतीकों की कोई अनुगूँज उनके पास नहीं थी, और यह अस्वाभाविक भी नहीं था। फलस्वरूप हमारे भी किताबी या प्रातिष्ठानिक दायरे में अतिसम्मान के द्वारा ही रवीन्द्र के नाटक उपेक्षित रहे आये थे, हम किसी ऐसे प्रतिमान को पकड़ ही नहीं पा रहे थे कि जिसके द्वारा इसके योग्य कोई परिमाप सम्भव हो सके, इसके योग्य पाठ या अभिनय सम्भव हो सके।

इसका एक कारण शायद यह भी था कि प्रातिष्ठानिक चर्चा में एलिज़ाबेथ के नाट्यादर्श को ही चिरन्तन मान लिया गया था, ग़लत ढंग से लगभग वहीं पर बाङ्ला नाटक का इतिहास भी आवर्तित हो रहा था। पूरी शताब्दी को व्याप्त करता विश्व-नाटक में जो नवीन विन्यास दिखायी दिया उसका कोई बोध हमारे मंथर मन तक नहीं पहुँचा था। कविता किस तरह से आत्मस्थ होकर अन्य शिल्प-रूपों में आ रही है, स्पानी कवि उनामूनो को क्यों कहना पड़ा 'उपन्यास, इसका मतलब ही है कविता', नाटक में हम परिमित वास्तविकता के बदले गूढ़तर जातीय सत्ता को कितना ढूँढ़ पाते हैं—उसके बारे में हमें बहुत थोड़ी ही जानकारी थी। हमारे मंच को भावुक तुच्छता से बचाने के लिए रवीन्द्रनाथ ने कौन-से समान्तराल आदर्श की रचना की थी, दुर्भाग्यवश वह बहुत दिनों तक हमारे ध्यान में नहीं आ सका।

उस हिसाब से बहुरूपी[१] द्वारा 'लाल कनेर' का अभिनय एक ऐतिहासिक गौरव की घटना थी। इस अभिनय में जैसे एक ओर उठ आया था नाटकीयता का सामर्थ्य, उसकी सतेज मंच-योग्यता, इसी तरह से इन्होंने बता दिया कि कविता और जीवन परस्पर-विच्छिन्न मामला नहीं है। इसके लिए निश्चय ही मंच या अभिनय की भी पुरानी धारणा को तोड़ देने की ज़रूरत थी। मैंने सुना है कि रवीन्द्रनाथ के जीवन-काल में भी 'लाल कनेर' का मंचन कम ही हुआ था, इसका विन्यास बहुत ही जटिल है, लेकिन बहुरूपी की इस सार्थकता के बाद आज शौक़िया तौर पर दफ़्तरों में आमोद-प्रमोद के लिए भी यह नाटक निर्वाचित हो सकता है, वे भी आज

१. एक प्रसिद्ध नाट्य-समूह।

देख पाते हैं कि इसके अभिनय से किस तरह दर्शकों और मंच का आपसी जुड़ाव तैयार होता है।

विचार-प्रणाली के इस परिवर्तन का तात्पर्य निश्चय ही बहुत गहरा है। केवल रवीन्द्रनाटक-बोध के प्रसंग में ही नहीं, तात्पर्य बांग्लादेश के अभिनय-शिल्प के मामले में भी दिखायी देता है। यह नया अभिनय जिस तरह साहस से भरकर इस नाटक की मानव-सापेक्षता का आविष्कार करता है, वैसे ही दूसरी ओर से प्रमाणित होता है कि बाङ्ला-मंच इस बार केवल बालकोचित रोमांच या खेल-जैसी वास्तविकता में आबद्ध नहीं रहेगा, वह अब कविता की दुनिया को भी थाम लेना चाहता है। यह दुनिया तो केवल 'ठाकुरबाड़ी का नया शग़ल' कहकर उड़ा देने वाली दुनिया नहीं थी इसे प्रमाणित करके यह अभिनय हमारे मंच के इतिहास का एक स्पष्ट माइलस्टोन बन गया है।

बहुरूपी के निर्देशक ने कभी-कभी लिखा कि उन्होंने किस तरह से रवीन्द्रनाथ के नाटकों को पढ़ा था। इसके चरित्र कैसे 'आद्योपान्त व्यक्ति को अभिव्यक्त करने के' रूप हैं, वे इसकी व्याख्या करते हैं, सरलता और सोफ़ेस्टिकेशन को एकसाथ मिलाकर वे उस चरित्र में रूपायित करना चाहते हैं। इसी के फलस्वरूप उन्हें 'लाल कनेर' की छोटी-छोटी भूमिकाओं में भी दिखायी देता है कि वहाँ किस तरह एक सम्पूर्णता का आयोजन है, जैसे किशोर, वैसे ही मँझले सरदार। हालाँकि इन दो चरित्रों की सम्पूर्णता दो भिन्न अर्थों में आती है। रवीन्द्रनाथ के सबसे परिपक्व इस नाटक में भिन्न-भिन्न सभी लोग मानव-स्वभाव के बहुत सारे अलग-अलग स्तरों में संलग्न हैं, मानो एक अतल गुफा में पतनशील भिन्न-भिन्न अवस्थान। फलतः वे कभी भी यान्त्रिक परिकल्पना में क्लिष्ट नहीं महसूस होते, व्यक्तिगत स्वतन्त्रता के माध्यम से ही वे हमें स्पर्श करते हैं। मँझले सरदार की सम्पूर्णता की झलक थोड़े समय के लिए देख लेना इस रचना का नाटकीय पक्ष है। लेकिन किशोर कमउम्र, अब भी अपने भीतर कई-कई रूपों में विभक्त नहीं हुआ है, स्वयं को वह अपने समग्र आन्तरिक अस्तित्व की विभा में व्यक्त करता है। विभान्वित यह प्रकाश ही, जैसा कि निर्देशक को लगता है, कविता है।

अभिनय में इसीलिए ऐसे किसी क्षण में नाटक के सुरों को तैयार करने की ज़रूरत थी कि जहाँ से कविता का यह संयमित प्रकाश जीवन के साथ

ठीक तरह से मिल सके, और पूरा मामला केवल भावुकता-मात्र न लगे। मंच पर किशोर के 'नहीं मैं सँभल कर नहीं चलूँगा, नहीं चलूँगा' कहने के साथ-ही-साथ उसके शारीरिक आवर्तन में सुर बाँधने का काम सम्पन्न हो जाता है। इसके बाद पूरा अभिनय संगत रूप से ही नाटक में कविता के साथ मिलकर अग्रसर होता है।

कहाँ है कविता? सुलभ किसी कवित्व में नहीं, इस अभिनय की कविता किसी चरित्र के आभ्यन्तर को क्षण भर के लिए बाहर बिखरा देने की सफलता में है। सुन्दरी सरदारनियों की विलास-यात्रा का एक टुकड़ा अचानक चमचमाता हुआ मंच पर चला आता है, लिप्सातुर आग्रह लिए चन्द्रा लगभग उनके पैरों के पास तक चली जाती है, उनके अलंकार-झंकृत उपहास से भगा दिये गये पशु की तरह घुटनों के बल घिसटते हुए लौट आती है—कविता चन्द्रा के उस तिर्यक मुहूर्त में है। 'नीले चँदोवे के नीचे शराब की खुली महफ़िल में' विशू के इस कथन के साथ-ही-साथ फागूलाल का शरीर झुक जाता है, एक क्षण के लिए उसकी दोनों आँखें व्याकुल होकर दूर के आकाश में निविष्ट हो जाती हैं, तब है कविता। कविता तब है, जब समापन के समय मुक्ति की ख़ुशी के मारे शरीर में एक अलग हिल्लोल लिए अध्यापक दो छोटी-छोटी शिशुसरल तालियों पर बाहर निकल आते हैं। अध्यापक भी तो राजा की ही तरह एक जाल की ओट में थे, वह जाल आँखों से दिखायी नहीं देता, इसलिए बाहर निकल कर आने को भी दृश्यमान करना कठिन था। लेकिन उनके इस अन्तिम आविर्भाव से मामले को अभिनेता मानो चाक्षुष ही कर देते हैं।

सिर्फ़ यहीं पर नहीं, कविता का इससे भी बड़ा क्षण तब आता है जब समग्र अभिनय में हम हरित देश की खोई हुई सत्ता को पुनर्जीवित होते देखते हैं। निर्देशक जानते हैं कि रवीन्द्र के नाटक गूढ़ रूप से देशीय प्राणशक्ति की प्रवहमानता के साथ घुलेमिले हैं, नाटक की इस विशेष प्रकृति को वे अकसर मंच पर साकार कर लेते हैं। 'पौष ने तुम लोगों को पुकारा है' गीत के नेपथ्य-उत्सव के साथ नन्दिनी का किशोरी-सुलभ चंचलता लिए तेज़ी से आना-जाना, पैरों में किंचित् नृत्य का आभास, होंठों पर थोड़ा गाने का। या फिर पृष्ठभूमि में विशाल आकाश अचानक नीलाभ उजास से भर उठता है, पुरोवर्ती फैले हुए जाल वाली मंच-सज्जा ओट में चली जाती है, विशू और नन्दिनी अपने मध्यवर्ती 'एक आकाश' को थामे हुए दूर

'प्यार करते हैं, प्यार करते हैं' गीत में विलीन हो जाते हैं, मानो थोड़ी देर के लिए हम भी प्राकार की बहिर्गत आनन्दधारा को पहचान लेते हैं। सार्त्र के एक नाटक के अन्तिम दृश्य में निर्देश दिया गया है : कमरा हरे उजास से भर उठेगा, यह उजास अतीत, वर्तमान और भविष्य के मिलन का प्रतीक बन जायेगा। 'लाल कनेर' का यह उजाला भी ठीक उसी तरह केवल स्थान की जड़ता को नहीं हटाता, काल की छिन्नता को भी पोंछ देता है, इस प्रवहमानता के बीच हम अविच्छिन्न क्षण हो जाते हैं, उसके अभ्यन्तर से जाग उठता है देश। यहाँ तक कि प्रकाश के कौशल से दृश्य-रूप में भी नीले और हरे की इस देश-प्रकृति को दिखाने के ज़रूरत नहीं पड़ती, कभी उसका समस्त खिंचाव स्वरक्षेप में ही चला आता है। घोर यान्त्रिक ध्वनि को मलिन करती उसी के द्वन्द्व से सजायी गई तृप्ति मित्र की 'अनूप, शक्लू'—पुकार की याद हो आती है, छोटे-छोटे दो डैश-चिह्नों से रवीन्द्रनाथ ने जो स्वरलिपि तैयार रखी थी, उसका ऐसा प्राणवन्त उदात्त उपयोग, ऐसा वेदनामय सबल दीर्घ खुला आह्वान मंच पर बहुत कम ही सुनायी देता है। इस कण्ठ का प्रक्षेप ऐसी माया रच देता है कि हमें लगता है मानो ईशानीपाड़ा-जैसे ही मैदान, प्रान्तर में विस्तृत बांग्लादेश की किसी स्वाभाविकता में हम खड़े हैं। 'पागल भाई' पुकार में अभिनेत्री लगभग एक ही कौशल का प्रयोग करती हैं, और फिर सरदारों की युद्धयात्रा की ओर धावित होने के अन्तिम क्षणों में। अन्तिम क्षणों में ही क्यों ? यहीं पर थोड़ा संशय जागता है। सरदार के हाथ में कुन्द के फूलों की माला दे देना सम्भव है, लेकिन मुझे नहीं लगता कि लड़ाई के क्षण में वह मुक्त आह्वान का संयोग उनके लिए प्रयुक्त हो सकता है।

और इसी के साथ यह नाटक प्रत्यक्ष, अवयवमय और आघातशील भी है। अत्यन्त परिचित जीवन का यह नाटक, हो सकता है गोकुल के प्रवेश के साथ आरम्भ हो जाय। रवीन्द्र के नाटकों में साधारण लोग नितांत साधारण-जैसे नहीं होते, इस धारणा के उन्मुक्त प्रतिवाद की तरह मंच पर एक-एक कर दिखायी देते हैं गोकुल, चन्द्रा, फागूलाल या बाद में प्रधान-जैसे लोग। उनके द्वारा व्यवहार की गई शब्दावली के साथ निर्देशक आचरण या स्वरक्षेप का ऐसा सामंजस्य तैयार कर देते हैं कि वे कभी भी हमसे दूर नहीं हटते। ३२१ का चालचलन देखकर भले ही सन्देह होता रहता है कि यह पूरा मामला ही बनावटी है, एक बार फिर किताब से मिलान करने के

बाद ही निश्चिन्त हुआ जा सकता है कि इसका सब कुछ पाण्डुलिपि में दिये गये निर्देशों के अनुरूप ही था। अभिनय के चातुर्य से हम समझ पाते हैं कि किस प्रकार नाटक की परतों में छोटे सरदार लोग, चिकित्सक या पुराणवागीश मौजूद हैं। पुराणवागीश क्यों यह बोलते हुए आते हैं कि 'यह तो भयंकर आवाज़ आ रही है' वह प्रचण्ड कर्कशता में समग्र मंच पर समझ में आ जाता है, मानो किसी पाशविक चीत्कार से सब कुछ जल उठता है, जाल के आवरण की कोख से एक-एक कर निकलते रहते हैं छूँछड़े कर दिये गये 'राजा की जूठन'-जैसे लोग, इन सबके बीच धारदार स्वर में निकलती आती है नन्दिनी की चीख़। यह सब कुछ मिलकर अनोखी शक्ति की किंभूत ख़र्च की यह उत्कट पीड़ा हमें अवसन्न कर देती है; नाटक के शब्दों को दृश्य में ले आने का ऐसा निदारुण उदाहरण हमारे अनुभवों में विरल है। तब हम नहीं कह सकते कि यह सब पूरी तरह से हमारे यथार्थ के बाहर की दुनिया है, प्रतिदिन के साथ संघर्ष करते हुए यह हमें किसी और स्तर पर ले जाता है।

दो

लेकिन 'लाल कनेर' की समूची विषयवस्तु क्या सचमुच नन्दिनी नामक एक मानवीय चरित्र है? अर्थात् इस वाक्य का झुकाव यदि 'मानवी' से 'नन्दिनी' शब्द की ओर हो जाय, तो क्या उसे हम नाटक का उचित परिचय मान सकते हैं? नन्दिनी ही समग्र दृश्यपट पर अधिकार जमाये रहती है और चन्द्रा की तरह हम भी कह सकते हैं कि यहाँ पर हमने लगभग सभी को 'नन्दिनी में ही पा लिया है', यहाँ तक कि सरदार-जैसे लोगों को भी। फिर भी अन्त में बहुत ज़रूरी होती है राजा की समस्या, राजा की मुक्ति। 'राजा' नाटक में जिस तरह राजा केन्द्रीय सत्ता होते हुए भी हमारा मूल आकर्षण सुदर्शना के लिए संचित रहता है, यहाँ पर भी ठीक उसी तरह ध्रुवशक्ति नन्दिनी से बड़े हो उठते हैं अहंरुद्ध राजा। यह सही है कि रंजन के साथ उसका मिलन होगा या नहीं ऐसा एक सहज नाटकीय कौतूहल नन्दिनी को घेरे रहती है। या फिर मंच पर दिखायी देता यह चरित्र विचित्र मानव सम्बन्धों में उसके आचरण को स्पन्दित करता है, यह बहुत प्रत्यक्ष रूप से होता है। लेकिन नाटक का तात्पर्य काफ़ी हद तक नीचे उतर आता यदि जाल के अवरोध के कारण हम अपने अहं या ego के ढंग, आत्मश्लाघा

के भीतर से निकल कर अन्त में उसकी तुच्छता की उपलब्धि पर ध्यान नहीं देते। मंच पर राजा अदृश्य हैं और अन्त में दृश्यमान होते हैं, ये दोनों ही तात्पर्यमय घटनाएँ हैं, यह ठीक अन्य राजाओं की तरह एब्स्ट्रैक्शन की धारणा मात्र नहीं है। या फिर लोर्का जिस तरह कई नाटकों में अपने किसी चरित्र को नेपथ्य में रखते हैं, जिस तरह 'द हाउस ऑफ़ बेर्नार्दा अल्बा' में सारी लड़कियाँ घूमती-फिरती पुरुषप्रवर पेपे की करतूतों के बारे में बताती रहती हैं लेकिन वे कहीं दिखायी नहीं देतीं, 'लाल कनेर' की अनुपस्थिति वैसी कोई सहज नाटकीयता भी नहीं है।

बहुरूपी के अभिनय से यहाँ पर एक प्रश्न उठता है। जाल से मुक्ति के बाद हमारा मन राजा के प्रति कितना उन्मुख हो सका? निर्देशक निश्चय ही जानते हैं कि राजा की तीन भिन्न उपस्थितियों में रवीन्द्रनाथ क्रमशः उन्हें अवरोध से मुक्ति की ओर ले आये हैं। नितान्त घटनाक्रम के हिसाब से नहीं, चरित्र के हिसाब से ही यह मुक्ति घटित होती है। पहले आविर्भाव में 'समय नहीं है, ज़रा-सा भी नहीं', इसके बाद हमें सुनायी देता है 'अभी समय नहीं हुआ' और तीसरे आविर्भाव में 'तुम्हें मेरा परिचय देने का समय आ गया है'। समय कैसे आया? जब तक उन्हें मृतयौवन के अभिशाप का पता नहीं चला, उसके पहले ही किस तरह जाल खुल गया? अपने भीतर प्रेम का जाग उठना ही वह उपाय है। यहाँ पर याद रखना चाहिए कि 'पश्चिम यात्री की डायरी' में इस किताब का प्रसंग उल्लिखित है : 'स्त्री के भीतर से विचित्र रसमय प्राणों का उद्रेक यदि पुरुष के उद्यम में संचारित होने में बाधा पाता है तो ऐसा होने पर ही उसकी सृष्टि में यन्त्र का प्रादुर्भाव घटित होता है।' उस बाधा से मुक्ति तब मिलती है, जब पीड़ा की थकन लिए राजा कहते हैं : 'तुम शायद रंजन को चाहती हो? मैंने सरदार से कह दिया है उसे तुरन्त लेकर आये'। अब नन्दिनी और रंजन के मिलन के मार्ग में राजा कोई बाधा नहीं थे, वे अब उन्हें एक साथ बैठाकर नहीं लाना चाहते, वे ख़ुद दूर हट जाना चाहते हैं : उसी समय नन्दिनी के प्रति उनका प्रेम पूर्णता को प्राप्त होता है। और इस चरितार्थता के रास्ते का पता हमें दूसरे स्तर पर मरे हुए मेढक के उल्लेख से मिला था : 'निरन्तर टिके रहने की बजाये मैंने उसे मुक्त कर दिया। यह क्या अच्छी ख़बर नहीं है?'

ये स्वरानुक्रमण अभिनय में अच्छी तरह से आते हैं या नहीं, निश्चित तौर

पर कुछ नहीं कहा जा सकता। यहाँ तक कि मूल नाटक में ही कभी–कभी राजा की भाषा के प्रयोग की समता में तमाम स्तरों की स्वतन्त्रता धुँधली पड़ जाती है। जिस मानवीय विच्छेद या अहंकेन्द्रिकता के दृश्य–प्रतीक के रूप में जाल का उपयोग किया गया है, कण्ठ के कौशल से उसका संचार कितना सम्भव है ? एक ही साथ लुब्धता, आसक्ति और दांभिक व्यवधान को कितना महसूस किया जा सकता है ? कम–अज़–कम अन्त में दरवाज़े के खुलने के बाद मंच पर व्याप्त अन्धकार में राजा छिप जाते हैं, इससे थोड़ा नुक़सान ही होता है और इसलिए आशंका जन्म लेती है, उस गाढ़े अन्धकार का वहाँ पर कोई विशेष प्रयोजन नहीं था। फिर भी उसका संचार क्या इस वजह से है कि पोशाक या अवयव के साथ दर्शकों के सामने स्पष्ट रूप से प्रकट नहीं होना चाहते थे शंभु मित्र ? 'माथा मानो सात हिस्सेवाले घर का मुख्य दरवाज़ा, दोनों बाँहें किसी दुर्गम दुर्ग के लोहे के अर्गल' इस वर्णन से मेल नहीं खाएगा, इसलिए ? श्रमिकों के कपड़ों के आधुनिक ढंग के साथ राजा की वेशभूषा जिस विरोध को निर्मित करती है वह इस नाटक के लिए बाधाजनक नहीं है, इसके फलस्वरूप वास्तविक ढाँचा थोड़ा हिल जाता है और यह प्रत्याशित ही है। लेकिन शारीरिक विघ्न वाली बात अलग है। मेरे एक दार्शनिक मित्र के साथ भले ही मैं एकमत नहीं हूँ कि राजा को अब बहुत तुच्छ दुर्बल व्यक्ति के रूप में दिखाना ही ठीक है, इससे उनकी अंतरालवर्ती आत्मश्लाघा अचानक ख़ासी हास्यास्पद दिखाई देती है, अहंविलास की गरिमा टूट जाती है—लेकिन फिर भी लगता है कि मुक्त राजा को बहुत स्पष्टता में रखने की ज़रूरत थी, इस नाटक को ठीक तरह से पकड़ सकें तो नंदिनी का जिस प्रकार वर्णन किया गया है, उसके साथ अक्षरश: मिलान करने की आकांक्षा फिर दर्शकों के मन में नहीं जागती

नंदिनी के विषय में भी सोचना पड़ता है। नंदिनी की सफलता केवल उसके आनंदमय अस्तित्व में है, 'मैं हूँ' इस सत्य को इस प्रकार किसी और ने अनुभव नहीं किया। लेकिन रहने का यह आनंद उसके आचरण में ही दिखाई देता है, वाणी में नहीं। बाद में जब मृत रंजन के पास खड़ी होकर उसे मृत्यु की ताक़त का पता चलता है और वह राजा से कहती है : 'मेरा वह मरना तुम्हें मार डालेगा। मेरे पास अस्त्र नहीं है, मेरा अस्त्र मृत्यु है' तब उसके चरित्र में जिस पैमाने पर बदलाव होता है, अभिनय की

उत्तेजना में वह उतना महसूस नहीं होता। और तब हम ग़ौर करते हैं कि पहली बार शायद हमारा ध्यान जाता है कि निर्देशक पाण्डुलिपि में वर्जन या पुनर्विन्यास की थोड़ी-बहुत लिबर्टी ले लेते हैं।

संयोजन आपत्तिजनक होते हुए भी इस प्रकार के मंचप्रयोग में आंशिक वर्जन कभी-कभी अनिवार्य भी हो जाता है। प्रश्न यह है कि यह वर्जन क्यों। पुराणवागीश के बहुत सारे संवादों को छोड़ दें तो वह नज़र नहीं आता, 'भयंकर आवाज़ों' के आलोड़ित परिवेश में दो पंडितों की चर्चा नाट्यप्रयोग के लिए असुविधाजनक है तथा विषय के लिए थोड़ा व्याख्यापरायण है। लेकिन जब अंत में पौष का गीत लगभग वर्जित हो जाता है, तब शायद उतने ही सहज रूप से हम इसका समर्थन नहीं जुटा पाते। 'लगभग वर्जित' कहना पड़ता है, कारण कि निर्देशक उस गीत को रखना ही चाहते हैं और उसका उपयोग भी करते हैं लेकिन अभिनय के एकाधिक अनुभवों से हम देखते हैं कि वह ठीक तरह से दर्शकों तक नहीं पहुँच पाता। इसे क्या हम सांगठनिक विघ्न समझें? वस्तुतः लगता है कि किंचित् दुविधान्वित अलग भंगिमा में रखने-न-रखने के बीचोंबीच है यह गीत। इसके प्रयोग में निर्देशक और भी उच्चाशा क्यों नहीं रखते? रवीन्द्र के नाटकों में कई बार गीतों का बाहुल्य रहता है, लेकिन ध्रुवपद की तरह लौटकर आया हुआ यह सुर तो अकारण नहीं है। शायद इस बात का भय हो सकता है कि यह गीत आधुनिक सभ्यता के विषय में रवीन्द्रनाथ के एक अतिसरलीकृत समाधान को प्रकट कर रहा है, हो सकता है कोई यह सोचे कि समूचे यन्त्रविज्ञान को त्यागने के छल के रूप में इस पौष के गीत का फिर से आविर्भाव हुआ है। आप्टन सिंक्लेयर ने भी ऐसी ही शिकायत उनके सत्तरवें वर्ष के अभिनन्दन के समय की थी, उन्होंने याद दिला दिया था कि समस्या यन्त्र की नहीं है, यन्त्रों के उपयोग की है। शिकायत शायद कुछ ज़्यादा ही थी, क्योंकि यदि हम यह सोचें कि इसे रवीन्द्रनाथ ने याद नहीं रखा तो हम ही उनके विचारों को अतिसरलीकृत कर लेंगे। आर्थर कॉनन डायल ने जिस आध्यात्मिक समाधान के विषय में सिंक्लेयर को जानकारी दी थी, उसके जवाब में तत्कालीन इस सोशलिस्ट विचारक को कहना पड़ा : 'On the subject of spiritualism, my attitude has to be, wait and see'—सिंक्लेयर ने ध्यान नहीं दिया कि यह आध्यात्मिकता रवीन्द्रनाथ की नहीं है।

'उससे कहा था कि उसके हाथ से कुछ भी नहीं लूँगा, लेकिन लेना पड़ा—उसका अन्तिम दान' ऐसा कहकर विशू कंगन से गिरे हुए लाल कनेर को उठा लेता है, इसे निर्देशक दलबद्ध 'लड़ाई के लिए चलो' पुकार के सामने ला देते हैं। इसका कारण दुर्बोध्य नहीं है। श्रमिकसंघ के उत्ताल आविर्भाव से जयध्वनि गूँजने लगती है, विभिन्न अस्त्रों को थामे समवेत प्रशस्त हाथ लगभग मूर्ति की-सी कठोरता से मंच को भर देते हैं—कुछ पलों के लिए हमारा विध्वस्त तन्द्रालस मन आन्दोलित हो उठता है। इस अनुभूति में ही नाटक को समाप्त करने में जो प्रबलता है, संगत रूप से शंभु मित्र उसी को पकड़ना चाहते हैं। हमारी अचेत हताशा पर आघात करने योग्य है यह आयोजन। केवल राजनैतिक प्रॉपेगैण्डा नहीं, या फिर शिल्प प्रशस्ति के पुलिन्दे वाले किसी संग्रामी प्रोग्राम में नहीं, शिल्प के अपने अधिकार से ही तो जीवन का वेग और उल्लास पहुँच पाता है, 'लाल कनेर' ने इस बार इसे प्रमाणित कर दिया। लेकिन उसकी इस सम्पूर्ण पराजय को स्वीकार करके भी प्रश्न उठता है, रवीन्द्रनाथ के अभिप्राय क्या अभिनय में अविकल दिखायी दिये? इसी के आपातवैषम्य में पृष्ठभूमि में गीत का भी कोई दीप्त वातावरण रखकर एक जटिल संगठन दिखा देना, क्या यह सम्भव नहीं था? वास्तव और परावास्तव को मिला लेना? शक्ति-परीक्षण के लगभग चरम में पहुँचकर इस अन्तिम क्षण में मानो निर्देशक ने चैलेंज को छोड़ दिया।

यहाँ एक तुलनीय रचना की याद आ रही है, स्ट्रिंडबर्ग का 'स्वप्न नाटक'। उसका भी प्रतीक एक दुर्ग और एक फूल से निर्मित होता है, आत्मकारा में बन्दी ऑफ़िसर और उसे मुक्त करने योग्य स्वर्ग से निष्काषित एक इन्द्रकन्या, ऐग्नेस। नन्दिनी की तरह यह चरित्र भी पहले निष्पाप सरलता में दिखायी देता है, लेकिन धीरे-धीरे वह अनुभवों से दुःखी हो उठता है। यह नाटक भी जड़ वस्तुपिण्ड से चेतना की मुक्ति को दर्शाना चाहता है, यह अहंमयता से विगलित होने का रास्ता दिखाना चाहता है। हमें वहाँ भी सुनायी देता है : 'क्यों कचरे के ढेर से निकल आते हैं फूल। उजाले की ओर खिल कर झर जाते हैं, यही उनका आनन्द है।' और अन्त में, जब धीरे-धीरे समूचा दुर्ग जल जाता है, और उसमें दिखायी देती है हताश, शोकमय, प्रश्नातुर चेहरों की भीड़, तब फूल की एक कली आकस्मिक प्रस्फुटन से विशाल एक क्रिसेन्थिमम में तब्दील हो जाती है।

यह क्रिसेन्थिमम और लाल कनेर लगभग समतुल्य है लेकिन विन्यास में ये दोनों नाटक पूरी तरह से समान नहीं हैं। 'स्वप्न नाटक' को स्वप्नछाया की तरह समूचे को लगभग एक ही स्तर पर दिखाना होगा। 'लाल कनेर' को जाग्रत जगत में लेकर आना होगा। जाग्रत जगत में, लेकिन पूरी तरह से हमारे जाने-पहचाने चौबीस घण्टों की सरहद में भी नहीं। विशू का लाल कनेर को उठा लेना अवश्य ही क्रिसेन्थिमम के जल उठने-जैसा प्रकट नहीं है, इस बीच उस फूल के विषय में हमने इतनी बार सुन लिया है कि वहाँ पर वह कोई अलग जगह नहीं घेरता, उसे जगह मिल ही जाती है। लेकिन जो था इस क्रिसेन्थिमम के खिलने में, दृश्य-रूप में, हमारे नाटक के समापन में क्या उसे ही रवीन्द्रनाथ ने श्रुति के गीत के रूप में नहीं देखा था ? हमें जिस तरह आग के बीच में क्रिसेन्थिमम दिखायी देता है, लड़ाई के आह्वान में पौष के गीत को उस तरह से सुन सकें तो रचना के दोनों स्तर यहाँ पर आख़िर में अभिनय के साथ घुलमिल सकते हैं। तब वह गीत संग्राम का विकल्प नहीं लगता, वह संग्राम का आन्तरिक सामर्थ्य ही प्रतीत होता है। और तब नन्दिनी के मानवी रूप को अबाधित रखकर ही उसे अतिक्रमित कर जाने का नाटकीय अभिप्राय मंच से दर्शकों तक परिवाहित हो पाता है। यह परिवहन अभिनय के अन्तिम प्रान्त में पहुँचकर कहीं पर मानो ठिठक जाता है।

(१९६९)

समय का देश

तर्क अथवा तत्व से मानो काफ़ी हद तक हमारा जीवन अस्फुट हो आता है, सहज सम्बन्धों के बीच मानो एक बाधा-सी तैयार हो जाती है। वैसे किसी तर्क के माध्यम से नहीं, समग्र सत्ता में से जीवन को पाना चाहते हैं एक कवि, इस विश्व को वे उसके समग्र स्वरूप में देखना चाहते हैं। ऐसे कवि-स्वभाव वाले कई व्यक्ति हमें रवीन्द्रनाथ के नाटकों में दिखायी देते हैं। हालाँकि कवि के रूप में उनका कोई परिचय नहीं दिया गया, लेकिन उनका परिचय उनकी वेदना की सघनता और उनके अनुभवों के सत्य में है। बल्कि वे कई बार कवि नाम से जिन चरित्रों का निर्माण करते हैं, वे ही हमारे अनुभवों से दूर खड़े रहते हैं, मानो थोड़ी बनायी हुई बातों की अलीक भंगिमा लेकर, जैसे कि 'फाल्गुनी' के आरम्भ में कविशेखर या फिर 'ऋणशोध' के शेखर कवि। या फिर उनके नाटकों में हमें कभी कुछ दार्शनिक भी मिल जाते हैं, जो लोग सुन्दरता की व्याख्या करते हैं। वह व्याख्या भी बहुत सुन्दर होती है, लेकिन वह व्याख्या उस सौन्दर्य को पूरी तरह से हमारे सीने के भीतर नहीं पहुँचा पाती। 'शारदोत्सव' के संन्यासी उसी तरह के एक दार्शनिक हैं। 'प्रकृति का प्रतिशोध' के संन्यासी या फिर 'राजा' के ठाकुरदा या कि 'मुक्तधारा' के धनंजय को हम उस एक गोत्र के ही मान सकते हैं। वे सभी अपनी सोच के हिसाब से जीवन को समझना चाहते हैं, सुन्दरता को पकड़ना चाहते हैं। लेकिन समस्त इन्द्रियों को उन्मुक्त कर जो लोग अनायास सौन्दर्य के पास ले जाते हैं, रवीन्द्र के नाटकों में ऐसा कवि-स्वभाव लेकर कुछ और लोग आते हैं। उस तरह के कुछ हमारे प्रिय लोग हैं यतीन, अभिजित, जयसिंह और— छोटे, लेकिन जो सबसे बड़े हैं—वे हैं 'डाकघर' के अमल।

यह एक कमाल का विरोधाभास हमारे जीवन में है : रोज़मर्रा में अत्यन्त अभ्यस्त होने के कारण ही हम प्रतिदिन को नहीं देख पाते। क्यों नहीं देख पाते? हम भूल जाते हैं कि प्रेम में एक ही साथ एक लिप्तता और उदासीनता, आसक्ति और निरासक्ति रहती है। हम लोग ग़लत ढंग से लिप्त हैं, ग़लत ढंग से आसक्त हैं। निरासक्ति की किंचित् दूरी से जीवन की ओर देखें तो ही उसे बिलकुल अपने ढंग से पाया जा सकता है। केवल तभी किसी को लग सकता है :

हे धरणी, क्यों प्रतिदिन
तृप्तिहीन
एक ही लिपि को पढ़ती रहती है बार-बार।

या फिर, जैसा कि और एक देश के कवि एमिली डिकिन्सन ने लिखा है :

It struck me – every Day–
The Lightning was as new
As if the Cloud that instant slit
And let the Fire through!

'गृहप्रवेश' के यतीन ने भी उसी तरह से 'जीवन के बीच-बीच में स्वर्ग का उजाला' देखा था। झाऊ के पेड़ की सरसराहट, नदी में ज्वार, दूर पपीहे की पुकार ने उसे अपने जन्म की याद दिला दी थी। नील पहाड़ पर मूर्च्छित गोधूलि के प्रकाश से अभिजित की आँखें भर उठी थीं, सीने में साँस भरकर वह कह उठा था 'सुन्दर है यह पृथ्वी'। ठीक यही बात हमने बहुत दिनों पहले जयसिंह के मुँह से भी सुनी थी : 'सुन्दर है जगत!' लेकिन वहाँ पर, जयसिंह ने अपने संघर्ष के चित्र को सजाकर, अपने संशय की आकुलता में अपनी वेदना को और भी व्याप्त करके प्रकट किया था। 'इस सुन्दर सुखमयी धरणी' की ओर से मुँह मोड़े जिस देवी की ओर वह देख रहा है, कहाँ है वह देवी? यतीन ने भी कहा था, हमें याद आता है, 'जीवन भर हाथ जोड़कर मैं बस प्रतीक्षा ही करता रहा।' फिर भी यह प्रतीक्षा अथवा संशय पूरी तरह से अनिश्चित नहीं है, यही प्रतीक्षा सौन्दर्य को उसके अन्तरतम सत्य तक ले आती है, जिस तरह अमल की प्रतीक्षा उसके चारों ओर के समूचे जीवन को सौन्दर्य से भर देती है।

ये जो चरित्र हैं, मुझे इनमें एक सामान्य एकरूपता यह दिखायी देती है कि ये सभी परिचयहीन हैं, पिता-माताविहीन हैं। ग्राम-सम्बन्ध के क्षीण सूत्र

को पकड़कर अमल को उनकी बुआ लेकर आयी थीं, अभिजित झरने के पास पड़ा मिला था, जयसिंह को भी रघुपति ने पाला भर था, और यतीन को हम उसकी मौसी की छत्रछाया में ही देखते हैं। इसी के साथ हमें रवीन्द्रनाथ की कहानियों के कुछ लड़कों की भी याद आ सकती है, जो ग़ैरदुनियावी पंख लेकर अतिथि या आपदा के रूप में थोड़े दिनों के लिए संसार में आते हैं। चरित्रों की निर्मिति का यह एक ही ढंग जब बार-बार लौटता है, तब समझ में आता है कि कोई एक विचार अवश्य ही इसमें से होते हुए कुछ कहना चाहता है। थोड़ी देर पहले ही मैंने कहा था कि प्रेम में एक ही साथ आसक्ति और निरासक्ति का लगाव काम करता है। दैनन्दिन का एक क्लीव आवर्त होता है, वह हमें ग्लानि के फंदे में कस लेना चाहता है, इससे दूर हटकर खड़े होने-जैसी एक आसक्तिहीनता की बहुत दरकार होती है। और यदि वहाँ खड़े हो सकें तो ही जीवन के हरेक बिन्दु के लिए मन मोह से भर उठता है, यह एक रहस्य है। तो क्या रवीन्द्रनाथ इसी वजह से अपने इन चरित्रों को सम्बन्धहीन बनाकर रखते हैं? जैसा कि विभूतिभूषण ने भी कई बार किया था? तब वे लोग शायद संसार से थोड़ा अलग होकर खड़े रह पाते हैं, जीवन का एक पक्ष खुला रहता है, और उस खुले पथ पर ही वे संसार को उसके समग्र स्वरूप में, उसके वेदनामय सौन्दर्य में देख पाते हैं—कवि शायद यही कहना चाहते थे।

लिप्त होकर रहने में ही यह निर्लिप्तता रह जाती है और इसीलिए सुन्दरता के साथ विषाद लिपटा रह जाता है। हमारे राग पूर्वी या फिर तोड़ी में 'छिन्नपत्र' के कवि को विशाल जगत का समस्त हाहाकार सुनायी दिया था, या फिर इस अपरितृप्त जीवन के लिए प्रकृति पर उनमें आजन्मकाल के लिए एक क्षोभ जागा था, अनन्त-प्रसारित प्रकाण्ड उदासीन प्रकृति के चेहरे पर भी उन्हें 'एक गहन विषण्णता' दिखायी दी थी। 'छिन्नपत्र' की चिट्ठियों में सौन्दर्य मानो विषादमथित है और इसीलिए वे हमें और भी मज़बूती से अपनी मुट्ठी में जकड़ लेते हैं, यतीन, अभिजित, जयसिंह या अमल भी उसी तरह से सुन्दरता को हमारी आँखों के सामने एक विषादवलय के भीतर लेकर आते हैं। 'मेरा सीना भी रुलाई से भरा है': अभिजित ने इतना ही खोलकर कहा था। लेकिन जिन लोगों ने खोलकर नहीं कहा उनकी प्रच्छन्न रुलाई हमें इन सब संवादों में सुनायी देती है : यतीन जब बताता है कि 'सुख ऐसी चीज़ है जो तारों की तरह अँधेरे के बीच-बीच

में दिखायी देता है' या फिर जयसिंह का यह कहना कि 'मरना / इतना मधुर है, मुझे पहले / उसका स्वाद मिल सकेगा' या फिर जब अमल कहता है कि वह केवल काम की तलाश करता रहेगा, 'ढूँढ़ने पर यदि नहीं मिले तो मैं फिर से ढूँढ़ूँगा।' यह विषाद कैसा विषाद है? मृत्यु तो एक उपलक्ष्य मात्र है। यह सही है कि इन चरित्रों का एक अन्य सामान्य लक्षण है मृत्यु की आसन्नता। यतीन और अमल को हम मृत्युशैया पर ही देखते हैं, जयसिंह और अभिजित अपनी ही इच्छा से अवसान की ओर अग्रसर हो रहे हैं। इन सब आसन्नताओं ने मानो उन चरित्रों के बोलचाल में क्षोभ का एक स्वच्छ पर्दा तैयार कर दिया है। और शायद डिकिन्सन के शब्दों में यह भी कहा जा सकता है, Death sets a Thing significant / The Eye had hurried by —जाते समय ही और भी ज़ोर से बज उठता है रह जाने का खिंचाव, तब कुछ भी नज़रअन्दाज़ नहीं रह जाता। सिर्फ़ इतना ही नहीं, मृत्यु के सम्मुख खड़े होकर ही अपने जीवन के साथ सम्पूर्ण जीवन का सम्बन्ध एक बार अपनी कौंध दिखा जाता है, मृत्यु का क्षण ही समय में नि:समय को पहचान लेने का चरम क्षण होता है।

इसीलिए यह विषाद, वस्तुतः, समयबोध का विषाद है। तमाम क्षणों को अवसन्न आदतों में जो देख जाता है, वही उथली शान्ति के साथ दिनयापन कर सकता है। लेकिन जो 'कवि-काहिनी' के कवि की तरह देखता है :

> मेरे हृदय में
> दुर्दान्त समय के प्रवाह की अविराम गति ने
> नया कुछ नहीं गढ़ा, तोड़ा नहीं पुराना भी—

लेकिन जीवनानन्द के किसी चरित्र की तरह जिसने जाना कि 'उस समय, इस समय, सब समय का सारा इतिहास ही एक-सामयिक है', उसका अनुभव तुरन्त ही सबसे अलग हो जाता है। तब वह सुतीर्थ की तरह आज के आकाश की नीलिमा को देखकर प्राचीन मिस्र की लड़कियों के बारे में सोच सकता है, वह सोच सकता है मानो 'नील नदी के किनारे अन्तिम जाड़े की धूप में' वह बैठा है। अमल के विचार भी क्या इससे कुछ भिन्न हैं? रूपायन अवश्य अलग है, लेकिन उसके भीतर का सत्य एक-जैसा ही है। अमल जब कहता है :

> मुझे मानो आँखों के सामने दिखायी देता है—लगता है मानो मैंने <u>बहुत बार</u> देखा है—<u>बहुत दिनों पहले</u>—कितने दिन यह मुझे याद नहीं आता। कहूँ?

मुझे दिखायी दे रहा है कि राजा का डाक हरकारा पहाड़ पर से अकेले लगातार नीचे उतरता आ रहा है—उसके बायें हाथ में लालटेन है, कंधे पर चिट्ठियों की थैली। कितने ही दिन और कितनी ही रातों से वह लगातार उतरता चला आ रहा है। पहाड़ के पैरों के पास जहाँ झरने का रास्ता ख़त्म हो गया है वहाँ नदी के मोड़ वाले रास्ते से होकर वह लगातार चला आ रहा है—नदी के किनारे ज्वार के खेत हैं, उसी की सँकरी गलियों के भीतर से होता हुआ वह तो बस चला आ रहा है—उसके बाद हैं गन्ने के खेत—गन्ने के उन खेतों के पड़ोस से ऊँची मेंड़ है, उस मेंड़ पर से होता हुआ वह लगातार चला आ रहा है—रात-दिन वह अकेले चलता आ रहा है; खेतों में झींगुरों की झनकार सुनायी दे रही है—नदी के किनारे एक भी इनसान नहीं, केवल चाहापक्षी[१] दुम हिलाते-हिलाते घूम रहे हैं,—मुझे यह सब दिखायी दे रहा है। वह मुझे जितना ही आता दिखायी देता है, मेरा सीना उतना ही ख़ुशी से भर उठता है।

तब, सारे समयों का इतिहास ही अचानक एक-सामयिक हो उठता है। हमारे टुकड़े समयों के अलग सुरक्षा तब टूट जाती है और इसीलिए ये सारी छवियाँ अथवा अमल की ये सारी ख़ुशियाँ हमारे लिए वेदना के आघात लेकर आती हैं। इस दीर्घ उद्धरण में 'केवल' शब्द के आवर्तित प्रयोग, या फिर घटित हो रहे वर्तमान के स्पन्दित प्रयोगों पर हम ध्यान दिये बिना नहीं रह पाते। अमल का यह बहुत दिनों से बहुत दिन पहले का देखा हुआ मानो सनातन प्रवाह को जकड़े रहता है, और अतीत तथा भविष्यत् के दो डैने वर्तमान के साथ हर क्षण जुड़े रहते हैं।

अपने दैनन्दिन जीवन में हम सिर्फ़ देखते हैं, जैसा कि द्विजेन्द्रनाथ ठाकुर ने एक बार कहा था, 'कतरे हुए डैनों वाला वर्तमान क्षण'। लेकिन यदि हम 'स्मृति स्वप्न' और 'आशास्वप्न' को मिलाकर इस क्षण को देख पाते, यदि अतीत और भविष्य के प्रवाह पर रखकर इस वर्तमान को पाना जानते, तो फिर कोई तुच्छ भी एक स्वर्गिक लावण्य को पा सकता था। एक ही जगह पर खड़े होकर, एक ही उजाले में, एक ही कोण से यदि किसी अटल पहाड़ को भी यदि हम देखें तो भी वह देखना मेरे पिछले क्षण में देखे गये से भिन्न हो जाता है, पहाड़ भी गतिशील हो उठता है, क्योंकि

---

१. एक जलीयपक्षी जिसका समूचा शरीर फूलदार और पीठ सुनहरी होती है। यह चोंच की मदद से कीचड़ में अपना भोजन तलाशता है।

इस क्षण में मेरे देखने के साथ पिछले क्षण की स्मृति जुड़ी हुई है। इस तरह बेर्गसाँ ने अपने गतिशील-तत्त्व को समझाया था, और यह गतिशीलता ही वस्तुशरीर की लावण्यता को ला सकती है। समय के उसी लावण्य से आँगन की गिलहरी अमल की आँखों और कानों को भर रही है, पाँचमुड़ों पहाड़ वाला गाँव, दही वाले की पुकार, प्रहरी का घण्टा, नेत्रहीन श्रीदाम की भिक्षा, साँय-साँय करती दोपहर को बुआ का रामायण पढ़ते-पढ़ते सो जाना, या फिर क्रौंचद्वीप पर नीले पहाड़ के सूर्यास्त पर हरे पक्षी का उड़ जाना। इनमें बहुत कुछ परम्परागत ढंग से सुन्दर है, लेकिन ऐसा बहुत कुछ है जिसमें से हम सभी सौन्दर्य को अलग से नहीं पकड़ पाते। अमल ऐसा कर पाता है क्योंकि उसे पता है कि समय का एक देश है, समय के साथ बहुत दूर देश जाते-जाते वह ऐसा देख पाता है।

अपनी बुद्धि के हिसाब से प्रहरी ने आक्षेप किया था 'उस देश में सभी को जाना पड़ता है बाबा।' हम भी इसे सरल अर्थों में अमल की मृत्यु से पहले का एक कथन मान सकते हैं। लेकिन यह तो मृत्यु का कथन नहीं है। यह तो समस्त वस्तुजगत की ही और एक आयाम की बात है, उसका चतुर्थ आयाम। साँय-साँय करती दोपहर केवल एक दोपहर मात्र बनकर पड़ी हुई है, उसे उस समय के आयाम के साथ संलग्न कर देने के साथ-ही-साथ वह सौन्दर्य के कैनवस पर स्पन्दित हो उठता है। काल की मात्रा में जाग उठा देश (space) हमारे सामने इस तरह उसका रूप बदल देता है। इसीलिए, अमल ने जो पहाड़ पर से डाक हरकारे का लगातार नीचे उतर आना देखा था, वह तो समय के पथ पर चलने की एक छवि थी। बेर्गसाँ को भी 'समय का पथ' शब्दबन्ध का प्रयोग करना पड़ा था, 'पथेर पाँचाली' के अपू को भी 'जन्म-जन्मान्तर के पथिक आत्मा' की बात सोचनी पड़ी थी। उस पथिक-छवि से संलग्न करके देखने की वजह से अमल का कुछ भी देखना और कुछ भी सुनना सुन्दर हो उठा था। 'गृहप्रवेश' का गृह यतीन के लिए 'किसी भी काल में ख़त्म नहीं होगा' इसीलिए, 'जो सब रास्ते अभी बनाये नहीं गये, दुर्गम पहाड़ के ऊपर से उन भावी रास्तों को' अभिजित देख सकेगा। जयसिंह के सामने पड़ा रहेगा सहज, सरल जीवन का अनन्तप्रसारित पथ। काल से छिन्न कर लेने पर इस पथ का कोई अर्थ नहीं रह जाता, दार्शनिक हमें याद करा देते हैं कि केवल देश या केवल काल नितान्त एक ऐब्स्ट्रैक्शन मात्र है, इन दोनों को एकान्त रूप से

मिला कर ही हमारा सचमुच का अनुभव तैयार हो पाता है।

एक होता है प्रत्यक्ष–काल और दूसरा धारणा–काल। इस प्रत्यक्ष–काल से धारणा–काल की ओर अविराम जाना–आना ही सुन्दरता का बोध है। प्रत्यक्ष की आँखों से देखें तो हम अपनी परिवर्तनशील दृश्य–परम्परा को ही देख पाते हैं। हम सिर्फ़ उन्हें प्रतिदिन के सामान्य रूप में देख पाते हैं। और धारणा–काल में समय मानो एक बहुत बड़ा प्रवाह है, अतीतहीन, भविष्यहीन एक चिरवर्तमान धारा। उसी में सब कुछ घटित हो रहा है, लेकिन वह मानो घटनावलियों के बाहर खड़ा है। घटना को छूकर भी इस तरह घटना के बाहर है समय का देश, हलका, वहाँ किसी भी चीज़ का भार नहीं है। यह देश ही अमल का राजा बन जाता है। हम सभी कभी–न–कभी उसके पास जाना चाहते हैं, प्रहरी के अर्थ में नहीं, फ़कीर के अर्थ में : मृत्यु के अर्थ में नहीं, सुन्दरता के अर्थ में।

(१९७८)

मर्त्य से स्वर्ग जो चाहता है

'कवि, मैं यदि तुम्हारा गीत सुन लूँ तो मरणलोक से उठ कर आ सकती हूँ': एक तरुणी के इस आवेग का वर्णन हमने एक दिन रवीन्द्रनाथ से सुना था। कवि की उम्र उस समय कम थी, उन्हें स्वयं नहीं पता था कि वे भविष्य में अपने गीतों से कितने ही असंख्य लोगों के लिए संजीवनी तैयार कर लेंगे। उन्हें मालूम न था कि कितने निभृत अवकाश में उनकी बातें उन्हें ही लौटाकर कितने ही लोग सोचेंगे कि 'खड़े हो तुम मेरे गीतों के उस पार'। उस तरुणी ने मरण के उस पार से उठ आने की बात कही थी, एक हिसाब से उस बात का मूल्य बहुत है, लेकिन दूसरी ओर से हमें यह कहने की इच्छा होती है कि उनके गीत हमें मानो मृत्यु के पास ही ले जाते हैं, कम-अज़-कम जीवन और मृत्यु के एक उजाले और अँधेरे के सन्धिस्थल पर, जिस प्रदोष में खड़े होने पर धीरे-धीरे हमारी निर्जीवता, दीनता और तुच्छताएँ झर जाती हैं; जिसके प्रलेपन से धीरे-धीरे हमारे भीतर का और एक लघुभार छन्दोमय 'मैं' आकार लेने लगता है। रवीन्द्रनाथ के गीत हमें प्रतिदिन के बाहर ऐसे ही एक भारहीन अ-दीन भुवन में ले जाते हैं, हमारे निविड़तम सत्य के रूबरू खड़ा कर देते हैं रवीन्द्रनाथ के गीत।

कुछ वर्ष पहले, मेरे कुछ प्रवासी कवि मित्र लगभग एक ही साथ भारत लौटे थे। पुराने सारे मित्रों ने मिलकर एक शाम पुनर्मिलन की एक बैठक जमायी थी, विद्युतसंकट की वजह से उस दिन घर में अँधेरा था। अँधेरे के उस धुँधलके में बैठे थे 'कृत्तिवास' पत्रिका के तमाम कवि, एक दिन जिन्हें सभी ने प्रचलित संस्कार-विरोधियों के रूप में जाना था। उनमें से किसी ने कहा था कि उन्हें रवीन्द्रनाथ से कुछ भी नहीं मिलता! तो किसी ने कहा था कि उन्होंने रवीन्द्रनाथ को अब तक नहीं पढ़ा। समय मिलेगा

तो शायद कभी पढ़कर देखेंगे, किसी ने ऐसा आश्वासन भी दिया। लेकिन उस शाम जब सब चुप थे, तब गाना गाने का प्रस्ताव आया, अनिवार्य रूप से तब गले से रवीन्द्रनाथ के गीत ही निकल आये। और कौन-से गीत थे वे? 'उस आसन के नीचे की मिट्टी में लोटूँगा'। लौट आये एक मित्र ने विभोर होकर 'तुम्हारे चरणों की धूल से धूसरित' होने का आत्मनिवेदन ही गाया था। मानो वह खुला प्रान्तर घर के भीतर चला आया, वह पूरा दल ही निविष्ट हो गया, सभी के कण्ठ में एक-एक करके सुर गुनगुना उठे वे रवीन्द्रनाथ के ही सुर थे : साम्प्रतिक के साथ उनका घोषित व्यवधान पल भर में पता नहीं कहाँ उड़ गया।

ऐसा ही होना था। वॉलेरी ने एक बार कहा था : उजाले से धुली रात और उसके तारों के पुंज मनुष्य का सब कुछ बदल देते हैं। हमारे आसपास जो कुछ भी है, तब मानो वह सब कुछ अदृश्य हो जाता है, हम एक व्याप्त सरलता से भर उठते हैं। मानो, हमारे एक परिचित निर्मोक से हम तब हट जाते हैं, 'मैं' और 'नहीं-मैं' के बीच सारी भिन्नता लुप्त हो जाती है। रवीन्द्रनाथ के गीत मानो वैसे ही हैं, मानो एक विराट प्राकृतिक गहरी रात है, उसके सम्मुख खड़े होने पर वस्तु का सारा भार अचानक हलका हो जाता है, हमारे सारे झूठ हट जाते हैं, बनावटी ढंग से बात करने का संसार बिला जाता है।

किस तरह बिला जाता है? सुर निश्चय ही उसका एक उपाय है। ये सुर, रवीन्द्रनाथ कहेंगे, मानो मनुष्य के गीत नहीं हैं, वे समस्त जगत के हैं। 'परज मानो अवसन्न देर रात की निद्राविह्वलता है; कानड़ा मानो घने अन्धकार में अभिसारिका गहरी रात की पथविस्मृति है भैरवी मानो संगविहीन असीम की चिरविरहवेदना; मुलतान जैसे धूप से तपे दिनान्त की थकी हुई साँसें; पूरबी मानो शून्यगृहचारिणी विधवा संध्या का अश्रुपात।' तो फिर ये सुर हमें सारी बातों के बन्धनों से, समस्त दैनन्दिन परिवेश से छुड़ाकर ले जाते हैं। बात सुनते-सुनते जाने कब शब्द खो जाते हैं, अचानक हमें प्रतीत होता है मानो सुरों की वेदना शब्दों को थोड़ी दूर सरका रही है, हम तब शब्दों पर उतना ध्यान नहीं देते। लेकिन तुरन्त ही कवि हमें फिर से शब्दों की ओर, भाषा और चित्र की ओर ले आते हैं, तो यह है उनका ढंग। सुरों के साथ उनके गीतों में चित्र इसी तरह घुलमिल जाते हैं, उनमें इस प्रकार आवागमन चलता रहता है कि सब कुछ मिलकर किसी भी श्रोता

की जीवन-स्मृति आन्दोलित हो उठती है। हमारी निःसीम आकांक्षा जाग उठती है, कभी हमारा समस्त प्रेम सीने के भीतर घनीभूत हो उठता है, युधिष्ठिर के रथ की तरह मानो हम भी उस क्षण जीवन से थोड़ा-सा ऊपर उठ जाते हैं। 'छिन्नपत्र' की एक चिट्ठी में रवीन्द्रनाथ ने लिखा था : 'पृथ्वी के इस समूचे हरे दृश्य पर मानो किसी ने अश्रुवाष्प का एक आवरण डाल दिया है।' उनके गीतों के शब्द भी मानो वह हरित दृश्यावली है, जिसके ऊपर सुर अश्रुवाष्प का एक आवरण लपेट देते हैं।

यदि इसी आवरण में से बार-बार कोई पृथ्वी को देख पाता है, तो फिर साहस के साथ वह कह सकता है : मैं कोई नहीं हूँ। परस्पर लड़ाई-झगड़े में मत्त, निन्दा-चर्चा में कुटिल उच्चाशा की ग्लानि से भरे इस अपजीवन से अनायास वह उठ खड़ा हो सकता है, क्योंकि अचानक उसे विश्व-विषय के अन्तःसार का एहसास होता है, इसीलिए वह स्वयं को अस्वाभाविक कह सकता है : 'तू तो पागल है, ज़ोर गले से / बता दे यह बात'। लेकिन यह कैसा अस्वाभाविक है, जिसके दरवाज़े पर दस्तक देने पर भी कोई जवाब नहीं मिलता? घर से निकाल कर राह पर लाने की पुकार ही तो प्रत्याशित थी। यह कौन अस्वाभाविक है जिसे कवि भीतर ही रहने का कहते हैं? यह उलटे चलने का एक ढंग है। बाहरी दरवाज़े के कपाट जब बन्द हो जाते हैं, तब भीतरी दरवाज़े खुलते हैं। भीतर के उस खुले दरवाज़े से अपने और तरह के पथ पर यह पागल ज़रूर निकल आयेगा। और तब देने-लेने के हिसाब ख़त्म हो जायेंगे, उसका समूचा शरीर हलका हो जायेगा, वह सुरमय हो उठेगा। जैसा 'अचलायतन' में पंचक को अकसर लगता था या फिर जैसे सुदर्शना ने भी कभी-कभी अपनी समूची सत्ता में महसूस किया था। चारों ओर बादलों के उतर आने पर उसके निविड़ घेरे के भीतर बैठे रहना, या फिर दिक्-दिगन्त खोल दिये गये किसी प्रान्तर के मध्य खड़े होकर सान्ध्य विषाद के आविर्भाव को देख पाना : इन सब अनुभवों का कहीं कोई वस्तुप्रतिरूप है क्या? मैं ऊँचे स्वर में बता देता हूँ : मैं पागल हूँ; और तुरन्त उन सब प्रेमिल जगत, जिनका हमें नाम नहीं मालूम, की ओर गीतों की नावें खुल जाती हैं, 'कूल से मैंने अपने गीतों की नाव खोल दी है, बहा दिया है बीच समन्दर पाल उठाकर।'

रवीन्द्रनाथ के गीतों में हमेशा एक नाव के बारे में हम सुनते रहे हैं, हमेशा उसके जाने की बात होती रही है। लेकिन हम कहाँ जायेंगे? किस मरणलीला

में? कोयल की पुकार वाले किसी गाँव की प्राकृतिक तसवीर में नहीं, अब किसी जनपद–वधू के आकर्षण में नहीं, अब केवल इतना कहा जा सके कि 'अबकी वीणा तुममें–मुझमें, हम अकेले।' मैं जो चलता हूँ, मैं जो प्रतीक्षा करता हूँ, वह केवल इस तुम के लिए। इस 'तुम' को स्पर्श करने का क्षण स्वयं को जान पाने का क्षण है।

मुझे तो लगता है कि समस्त कलाएँ स्वयं को जानने की ही कला है। क्योंकि एक हिसाब से स्वयं को जानने की सम्पूर्णता ही सभी को जानने का पाथेय है। इस धारणा में यदि हम केवल प्राचीन उपनिषद को ढूँढ़ने जायें तो हम ग़लती करेंगे, यह हमारे अनुभवों से अर्जित बोध है। हम देख सकेंगे कि आधुनिक लोग भी सिर्फ़ इस आत्मबोध के संकट को लेकर ही लड़े जा रहे हैं। इसीलिए टॉमस मान जैसे श्रेष्ठ आधुनिक को भी कहना पड़ा : जीवन की तीन प्रधान वाणियों में से एक यह है कि, मनुष्य जब सचमुच स्वयं को जान जाता है तब वह कोई और व्यक्ति हो जाता है।

प्रतिदिन के बीचोंबीच बैठकर हम वही 'कोई और व्यक्ति' नहीं हो पाते। नहीं हो पाते, लेकिन होना चाहते हैं। हम उस हरेक पल को पाना चाहते हैं जहाँ हम अपने भीतर इस 'किसी और व्यक्ति' को देख सकेंगे। ये कोई ईश्वर नहीं हैं, ये कोई अतिमानव नहीं हैं, यह मेरे मैं का ही मूल केन्द्र है। उसी मैं की ओर मेरे जाने की कामना की इस वेदना को रवीन्द्रनाथ अपने कितने ही गीतों में जगा देते हैं। इसीलिए उनमें इतनी प्रतीक्षा है, इतना जाना–आना। जाना–आना सिर्फ़; इसकी कोई निवृत्ति नहीं, इसकी कोई प्राप्ति नहीं; ' तुम जाने कब आओगे' इसलिए अब और बैठे नहीं रहना, अब केवल प्रतिश्रुति है : 'मैं बाहर निकलूँगा'।

पुराने दिनों के नाटकों में मेटरलिंक ने प्रतीक्षा कर रहे कुछ नेत्रहीन चरित्रों का निर्माण किया था, वे अपनी भावी नियति के लिए बैठे हुए हैं। या फिर तुलना के हिसाब से बुद्धदेव बसु हमें आधुनिक काफ़्का की याद दिला देते हैं, रवीन्द्रनाथ के गीत की प्रतीक्षारत छवि के प्रसंग में या फिर अमल की प्रतीक्षा के समानान्तर उन्हें काफ़्का के किसी–किसी चरित्र की याद आयी थी। या फिर जैसे एक समय रिल्के ने लिखा था : अनन्तकाल से एक भावी सत्ता उतरती आ रही है। लेकिन उस सत्ता का क्या परिचय है? किस वजह से यह प्रतीक्षा है? क्या यह भगवान के लिए है? बहुत–से लोगों की तरह जैसा कि बुद्धदेव भी कहते हैं? इसमें सन्देह नहीं कि स्पष्ट

रूप से ही ईश्वर का ध्यान रवीन्द्रनाथ की किसी-किसी रचना की बुनियाद है, हो सकता है कि परोक्ष रूप से भी कई बार उनकी रचनाओं को यह ईश्वरमुग्धता पकड़े रहती हो : लेकिन आज तक भी हममें से कइयों के मन को वे सब गीत उतने नहीं भाते, जहाँ हम नि:संशय एक तर्कातीत ईश्वर पर ही विचार करने के लिए बाध्य होते हैं। अमल जो अपने राजा की चिट्ठी के इन्तज़ार में बैठा रहता है, उस वेदना को समझ लेने के लिए किसी धार्मिक-भावुकता में जाने की बिलकुल भी ज़रूरत नहीं होती। जिसने जीवन से प्यार किया, उसी को कभी-कभी इसकी वेदना की आहट सुनायी दी है, दिनयापन का हर तुच्छ टुकड़ा भी उसकी नज़रों में अनूठा हो उठता है। तब, युगों-युगों से उतर आते इस रूप की ओर देखकर कहा जा सकता है, थोड़े और बड़े होने पर अमल भी शायद कह सकता था : 'खड़े हो तुम मेरे गीतों के उस पार / मेरे सुरों को मिल जाते हैं चरण, तुम मुझे नहीं मिलते'!

इस पार और उस पार, इनके बीच वे एक जोड़ की तलाश करते हैं! नीत्शे ने कहा था, मनुष्य एक सेतु की तरह है, मानो वह अवमानव और अतिमानव के बीच एक सेतु है। वह जो स्वयं कोई परिणाम नहीं, उसमें से होते हुए कोई बड़ा परिणाम अर्जित हो रहा है, नीत्शे को लगा था कि यही मानवीय साधना है। रवीन्द्रनाथ की दुनिया और नीत्शे की दुनिया में दुस्तर व्यवधान है, लेकिन यहाँ पर मानो वे दोनों एक-जैसी ही बात कह सकते हैं। कुछ दिनों पहले एक महिला ने कहा था 'आज चाँदनी रात में सभी गये हैं वन में' गीत थोड़ा स्त्रैण है। बात ग़लत नहीं है, लेकिन तभी हमें रवीन्द्रनाथ का यह बोध याद आ जाता है कि हम सभी के भीतर एक नारीसत्ता पुंजीभूत रूप से विद्यमान है, इस नारीत्व ने ही मानो उस सेतु को तैयार किया है। इसी सेतु पर से कवि स्वयं को उनकी रात के हाथों में सौंप देते हैं, उनकी सर्जनात्मकता के हाथों में। बहुत नम्र है उनकी भूमिका, वे उनके कमरे को सिर्फ़ धोकर रखेंगे, और एक आविर्भाव की प्रतीक्षा करेंगे। हमने अपने कवि के ठीक वैसे ही गीत सुने हैं : 'मेरे इस कमरे को बड़े जतन से / धोना पोंछना होगा मुझे / जागना ही होगा मुझे तो / क्या पता वह कब आ जाये!' मैं फिर से कहना चाहता हूँ कि इसके साथ धर्म-चेतना का कोई अटूट सम्बन्ध नहीं है, जो मैं कहूँ तो जीवन-चेतना ही धर्म-चेतना है, शिल्प-चेतना ही धर्म--चेतना है।

रवीन्द्रनाथ के गीत स्वयं को रचने के गीत हैं। ये एक विरामहीन आत्म-जागरण के, आत्म-दीक्षा के गीत हैं : मेरे लिए कम-अज़-कम वहाँ पर वे अच्छे हैं। दीक्षा की इस वेदी से मैं प्रतिदिन के आत्मचरित की ओर नज़र दौड़ाता हूँ। देखता हूँ कि मेरे स्वभाव में ऐसे किसी पद्म ने आकार ग्रहण नहीं किया है जहाँ श्री और सौन्दर्य आकर पैर रखेंगे। इसी बोध से फूट पड़ी है रुलाई, अपचय, अक्षमता और अपूर्णता की रुलाई। हम अचानक एक विशाल गह्वर के सामने आ जाते हैं, उत्तरहीन, समाधानहीन एक प्रश्नाकुलता का तीखा स्वाद कभी-कभी उनके गीतों में आ जाता है। तब हम अँधेरी राह पर अकेले पागल के कण्ठ से आर्त्तनाद सुनते हैं : 'समझा दे, समझा दे'। 'अँधेरी रात में अकेला पागल रोता रहता है': यह पागल हम लोगों-जैसा ही कोई व्यक्ति है, जिसे कोई अन्तिम बात नहीं पता, उसे कोई भी अन्तिम बात समझ में नहीं आती, वह केवल समझना चाहता है। अस्ताचल के आकाश को देखकर उसे याद नहीं आता कि किस अन्तहीन पश्चिम की ओर उसका गन्तव्य है, उसे नहीं लगता कि यह कोई सोने से की गई विवाह की सजावट है, बल्कि वह तो माँग करता है : 'मुझे उसका अर्थ सिखा'। पागल के इस कथन के साथ-ही-साथ हमारी सारी आधुनिक कातरता मथित हो उठती है।

सब समय यह कातरता बहुत प्रकट रूप में होती है, ऐसा नहीं है। यदि ऐसा होता तो वह केवल एक भावुक विलाप बनकर रह जाती। इस रुलाई का भी एक अभिजात संवरण है। मुझे कई बार लगा कि अतुलप्रसाद में यह व्यथा और समर्पण मानो संवरण की सीमा को पार कर जाते हैं, मेरी रुचि से थोड़ी दूर सरक जाते हैं। लेकिन रवीन्द्रनाथ अपने इस दु:ख के भुवन को ऐसी तृप्ति के साथ गढ़ लेते हैं कि अबू सईद अय्यूब-जैसे धीमान विचारक को भी लगता है कि दु:ख की अपेक्षा उनके आनन्द के गीत ही अधिक संख्या में हैं। नितान्त तथ्यों की ओर से यह बात हालाँकि सच नहीं है। समग्र गीत-संग्रह में रवीन्द्रनाथ ने बार-बार दु:ख की ही कथा कहने की कोशिश की है, यही उनके लिए स्वाभाविक था, क्योंकि दु:ख ही उनका स्वयं को गढ़ने का पथ था। लेकिन वह दु:खबोध हमें कहीं भी हताश नहीं करता, वे इतने ही हौले से कहते हैं : 'हो न सका उसका खिल उठना / जाने कब कली गिर पड़ी टूटकर'।

'मर्त्य से स्वर्ग जो चाहता है' इस पंक्ति को सुनते ही विफलता में भी एक

दु:साहस आकर शामिल हो जाता है। मुझे नहीं मिला, मैं नहीं कर सका, यह बोध तो रह ही जाता है। लेकिन इसी के साथ लगता है कि जो मुझे करना था वह तो तुच्छ नहीं है, वह तो बहुत बड़ा है। मैं केवल हाथ फैलाकर लेता ही नहीं हूँ, मैं बहुत कुछ दे भी सकता हूँ, तब सीने में यह गर्व जाग उठता है। 'शारदोत्सव' के उपनन्दन की याद आ जाती है। उसे क्या मैं दु:खी कहूँगा? शायद ऐसा ही है। उसे क्या मैं सुखी कहूँगा? शायद ऐसा भी है। उसे नहीं मिला, यही शायद उसका दु:ख है। लेकिन फिर भी वह ठहर नहीं गया, यही उसका सुख है।

वॉलेरी ने जब कहा था कि दिन के प्रशस्त उजाले में हम केवल अपने कार्यों के साथ बँधे हुए हैं, तब उन्होंने हम सभी के अनुभवों की बात कही थी। नक्षत्रखचित रात के आलोक में काम करने वाले वे लोग बिला गये हैं; अब 'man of action' ही फिर 'measure of things' नहीं हो सकता। जिसने घर में आधा और बाहर आधा करके ख़ुद को बाँधा था, वह आज सहज हवा में बह जायेगा। अश्रुनदी के सुदूर पार है वह घाट, जहाँ हाट के लोग अपनी बातों का भार लेकर नहीं पहुँचेंगे, वहाँ नीरवता ही एक बड़ा आश्रय है। इस आश्रय के पास आकर मुझे समझ में आता है : 'घर में मुझे बहुत-से लोगों का मन रखना होता है' या फिर हमें पता है कि 'वेला बीती हाट के दिन / लोगों की बातों का बोझा ख़रीदते' या फिर बादलों से दिन में अँधेरा घिरने पर याद आया कि 'काम के दिनों में तमाम कामों में / रहता हूँ तमाम लोगों के साथ / आज मैं बैठा हूँ तुम्हारे ही आश्वासन में।'

'तुम्हारे ही आश्वासन में'! तुम, तुम। कौन है यह तुम? 'गीतवितान' का यह अन्तिम गीत प्रकृति सर्ग का है और 'राजपुरी में बजाता है वंशी' पूजा सर्ग का, इस बात पर ग़ौर करके बुद्धदेव बसु परेशान थे। 'राजपुरी में बजाता है वंशी' प्रेम की कविता भी लग सकती है, यह बात कहने में बुद्धदेव को कोई दुविधा महसूस नहीं हुई। लेकिन इसे प्रेम वाली श्रेणी में ही सजा देते तो क्या हम अत्यन्त तृप्त हो जाते? और 'बादलों पर बादल जमे हैं, अँधेरा घिर आता है': तो फिर वह भी किस तरह अतीन्द्रिय इंगित पर सहिष्णु बना रहेगा भला? इसे भी प्रेमगीत क्यों न कहा जायेगा? जिसे न देखकर यह बादलों की बेला काटना मुश्किल है, प्रतीक्षा में जो दरवाज़े के किनारे बैठा हुआ है, क्या वह प्रेमी या फिर प्रेमिका नहीं है? इस विषय में निश्चित रूप से कुछ भी कहने का उपाय नहीं, 'तुम' एक कमाल का

सर्वनाम है, वह केवल शब्दिक अर्थ में ही 'सर्वनाम' है। 'मूँद दो मेरी आँखें: फिर भी तुम मुझे दिखायी देते हो; / बन्द कर दो कान, फिर भी तुम्हें ही सुनता हूँ / पैर यदि न भी हों मैं तुम्हारी ओर ही जाता हूँ'—रिल्के की इस कविता के विषय में बुद्धदेव ने कहा था कि इसे 'एक ही साथ हम एक मर्त्य-मानवी और भगवान के उद्देश्य से रचित मानने के लिए ख़ुशी-ख़ुशी राज़ी हैं।' ठीक है, लेकिन मुझे लगता है कि यह उससे भी थोड़ा अधिक है, यह एक ऐसा थोड़ा-सा विभाजित स्तर है जहाँ मानवी और ईश्वर के साथ ही घुलीमिली है एक और सत्ता : आत्मसत्ता। कब ये तीनों मिलकर एक हो जाती हैं, और कब इनमें से एक संचारित होकर दूसरी में चली आती है, वह किसी को नहीं पता। और इस महिमान्वित अगोचर को ही गीत के सुर एक आभास के ज़रिये हमारे सामने रूपायित कर देते हैं।

नारी से प्रेम करने के साथ-साथ मेरा मन पूर्णता की आकांक्षा में बिखर जाता है, और इस तरह कोई भी प्रेम परम के प्रति एक आत्मनिवेदन बन जाता है। इसीलिए, जब हम सुनते हैं 'तुम्हें नये ढंग से पाऊँगा इसलिए खोता हूँ हर क्षण / ओ मेरे प्रेम के धन', तब यह गीत 'गीतवितान' के पूजा की श्रेणी में सजाया गया है या नहीं, यह सब तुच्छ हो जाता है। वह जहाँ भी रहे, प्रेम में या कि पूजा में, उसका परिणाम एक ही चराचरव्यापी विशालता, विषण्णता और देश तथा काल के बन्धनहीन एक ही महाशून्यता में है। किशोर वय में मन जब जाग उठता है, तब उसका जो प्रेम है, उसके सामने तो कोई प्रत्यक्ष लक्ष्य नहीं होता, वह तो प्रेम करने को ही प्रेम करता है। रवीन्द्रनाथ के गीत हमारे भीतर उसी सजीव कैशोर्य, पात्रनिरपेक्ष उस एकाकी प्रेम के निर्यास को बचाये रखते हैं। जिसने इस प्रेम को जाना है वह समझता है : 'पुष्पवन में पुष्प नहीं हैं, हैं अन्तर में'। प्राणपिंजर में जिस प्रेम को आज चिरबन्दी बना लिया है, इसी तरह, समस्त दु:खों को वह सुख की पोशाक पहना देना जानता है।

प्रेम है, सुख की यह पोशाक है, हृदय में 'सुख का घर है' लेकिन अचानक किसी आघात से दु:ख के अवयव उस पोशाक से बाहर निकल आते हैं। यह सोचना ग़लत है कि पश्चिम के जिन दार्शनिकों ने दु:ख को देखा, वे सभी हमें निराशा में डुबो देते हैं। यहाँ तक कि कीर्केगार्द को भी कहते सुनता हूँ : 'मेरी सुखहीनता में था मेरा सुख'। वे घोषणा के अन्दाज़ में कह

सकते हैं : 'मेरा दुःख मेरा दुर्ग है'। शायद इस दुर्ग शब्द का उपयोग रवीन्द्रनाथ ने नहीं किया, किन्तु देश-काल के हिसाब से बहुत दूर के ये भिन्न कवि भी कहेंगे, दुःख के अनुभव किस प्रकार अपचय से बचाकर मनुष्य को बड़ा बनाते हैं। इस बात के साथ-ही-साथ मेरे सामने उभर रहा है 'लाल कनेर', विशू का मलिन-उज्ज्वल चेहरा। उसने नन्दिनी से प्रेम किया था, लेकिन वह इस बात को कभी कह नहीं सका। वह कुछ भी नहीं पा सका, लेकिन थोड़ा-बहुत कुछ पा लेने के लालच में बड़ी वेदना को उसने कभी खोया नहीं था। एक ही साथ हमने उसके उदासीन और समर्थ, उदास और लिप्त चरित्र को उस नाटक में देखा है। उसके अन्तर के कोमल अश्रुवाष्प कभी-कभी निश्चय ही दिखायी देते हैं, नन्दिनी के व्याकुल प्रश्न पर, 'तुम कहाँ चले गये कहो तो' इस कौतूहल के जवाब में मानो वह गा उठता है 'ओ चाँद, आँसुओं में आज ज्वार आया है'। इस गीत में आती है नाव, आते हैं सफल लोगों के दल जो लोग 'घाट के किनारे पार हो गये', फिर इस गीत में 'दिशा भुलाने वाला पागल' दिखायी देता है, इस दुःखपारावार की लहरों के ऊपर जिसकी हँसी की आवाज़ सुनायी देती है। मानो विशू भी, और विशू की तरह इस गीत के सारे श्रोता भी, भीतर-ही-भीतर कीर्केगार्द की तरह महसूस करते हैं कि कहीं : मेरी सुखहीनता में ही था मेरा सुख।

जन्म लेते-न-लेते ही मर जाते हैं क्षण, पाते-न-पाते ही हाथ से छूट जाता है पाना। एक मृत्यु-गह्वर ने हमारे जीवन को घेर रखा है। लेकिन उस मरणलोक से कितनी ही स्मृतियाँ उठ आती हैं, इस पार उस पार कानाफूसी होने लगती है। हम लोग जीवन की ज़िम्मेदारियों से नहीं भागते, उसके प्रत्यंग को हम दोनों हाथों से जकड़ लेना चाहते हैं, चेहरे पर ग्लानि के कोई निशान नहीं, अमल के सौन्दर्य से भर जाते हैं दसों दिगन्त, हम स्वयं को उद्‌भिदों की तरह उद्‌गत कर लेना चाहते हैं सजीव—लेकिन इसी बीच सीने के पीछे एक अविराम गोपन स्वर ध्वनित होने लगता है : 'ओ चाँद, आँसुओं में आज ज्वार आया है'।

इस ज्वार से जाग उठते हैं रवीन्द्रनाथ के गीत।

(१९७५)

निभृत प्राणों के देवता

घन श्रावण–मेघ–जैसा

अंग्रेज़ी 'गीतांजलि' की पाण्डुलिपि सुनकर जो लोग मुग्ध हो गये थे, उनमें से एक थे स्टॉपफ़ोर्ड ब्रुक। वे सोच रहे थे कि कवि क्या इन कविताओं के प्रकाशन के लिए राज़ी होंगे। इनके प्रकाशित होने पर वैसा कोई आलोड़न कहीं पर भी नहीं उठेगा, उन्हें ऐसा भी लगा था। इनका मूल्य सिर्फ़ इतना होगा कि ये कवितायें निभृत क्षणों की सुकुमार संगिनी के रूप में पाठकों के साथ रह जायेंगी, सबके सामने ऊँचे स्वर में पढ़ने लायक़ कवितायें शायद ये नहीं हैं।

ब्रुक जब ऐसा सोच रहे थे तो निश्चय ही कविता और उसके काम को लेकर एक भिन्न धारणा उनके मन में जाग उठी थी। उन्होंने स्वयं ही शान्त और आत्मस्थ किसी कविता की कामना की थी, जिसे पढ़कर लगे मानो वह रचना किसी पाठक की प्रत्याशी नहीं है। कविता तो किसी ओट में छिपकर सुन लेने की चीज़ है, स्वगतकथन मात्र : युवाकाल में रवीन्द्रनाथ ने एक समय मिल की इस धारणा का प्रतिवाद किया था। लेकिन प्रौढ़ता में पहुँचकर उन्हें ऐसी रचनायें लिखनी पड़ीं कि जो किसी ओट में छिपकर सुनने के ही गीत थे, जिन्हें पढ़कर ब्रुक की तरह कोई भी सोच सकता था कि : कवि क्या इन कविताओं के प्रकाशन के लिए राज़ी होंगे।

केवल ब्रुक ही ऐसा सोच रहे थे अवश्य ही ऐसा नहीं है। रचनाओं के आदृत होने के बाद रवीन्द्रनाथ ने ही अजितकुमार चक्रवर्ती को लिखा था : 'मुझे ख़ुद कितनी बार लगा और मैंने तुम लोगों से कहा भी कि बाङ्ला भाषा में भी ये ठीक साहित्य में गिनने लायक़ नहीं हैं—ये केवल

मेरे मन की बातें हैं, मेरे ही प्रयोजन से लिखी गयीं।' यह बात सुनकर हम थोड़े विह्वल हो उठते हैं, हम समझने की कोशिश करते हैं कि इसमें विरोधाभास ठीक किस जगह पर है। 'केवल मेरे मन की बात' होने से, अपने ही प्रयोजन के लिए लिखी होने से, तो क्या वह 'साहित्य में गिनी जाने योग्य नहीं होती?' १९१२ में लिखी इस चिट्ठी का परवर्ती अंश है, 'अब ऐसा लग रहा है कि सिर्फ़ अपने लिए लिखना ही सबके लिए लिखना होता है—और अलंकार को यदि छोड़ दें तो मूल्य बढ़ जाता है।' अपने लिए लिखने पर ही वह सबके लिए लिखना होता है, तो फिर इस धारणा तक पहुँचने में रवीन्द्रनाथ को इतने दिन लग गये? तो फिर, विचार के इस कोण से, उनकी पूर्ववर्ती—या फिर परवर्ती—रचनाओं के विषय में हम लोग क्या निर्णय लेंगे? तो फिर क्या वे सब 'यथार्थ रूप से तमाम लोगों के लिए लिखी हुई' नहीं थीं?

इस बात पर विचार करने जायें तो समझ में आयेगा कि क्यों एक दिन समालोचकों ने ग़लती से यह सोचा था कि 'गीतांजलि' का पर्व कविप्रतिभा के निर्वासन का पर्व है। यह सोचकर बहुत-से लोग व्याकुल थे कि 'खेया' से 'बलाका' के मध्यवर्ती लम्बे आठ वर्षों के समयखण्ड में रवीन्द्रनाथ ने कविता से छुट्टी ले ली थी और वे नितान्त ही गीतों के जगत में लौट गये थे, 'गीतों से सहलाता फिरता हूँ इस भुवन में'! इन लोगों ने जो यह ग़लत व्याकुलता को महसूस किया था, वे जो इस समय को कविता से दूर हट जाना समझ रहे थे, इसका कारण निश्चय ही रवीन्द्रनाथ की ही तरह उनका भी अस्पष्ट वही संशय था 'ये ठीक साहित्य में गिनने लायक़ नहीं हैं'। उलटे-संशय में उस दिन उन लोगों ने यह नहीं सोचा कि हो सकता है ये रचनायें कविता का ही एक भिन्न आदर्श रच रही हों, ये और ही तरह की कवितायें आकार ले रही हों, जो किसी प्रकार का आलोड़न नहीं पैदा करतीं, जो पाठकों के साथ सीधे-सीधे कोई संवाद नहीं करतीं, जो केवल निभृत क्षणों की सुकुमार संगिनी के रूप में किसी के पास रह जाती हैं। बाहर की ओर रुख़ करती और भीतर की ओर रुख़ करती कविता इन दो भिन्न स्वादों की ही हो सकती हैं, ऐसा संशय न करके उस दिन उन्होंने ग़लती ही की थी।

अवश्य ही, इस ग़लती की ओर उन्हें रवीन्द्रनाथ ने स्वयं ही पहुँचा दिया था। ये रचनायें उनकी कविता की धारा में गण्य नहीं हैं, ये केवल गीत हैं,

इसके नाम से और इसके विवरण से इस बात को उस समय बहुत अधिक चिह्नित किया गया था। 'थोड़े समय के अन्तराल से जो तमाम गीत बाद में रचे गये उनमें परस्पर भावों का ऐक्य होना सम्भव मानकर, उन सभी को इस पुस्तक में एकसाथ छापा गया है' इस भूमिका के साथ 'गीतांजलि' का प्रकाशन हुआ था। पाठकों को लग ही सकता है कि 'गीतों की बही' या 'गीत' की तरह ही यह भी उनका और एक गीत-संकलन है, कविता के इतिहास में उड़कर आने-जैसा।

लेकिन रवीन्द्रनाथ के गीतों की बहुत सारी अन्य किताबों के साथ इस किताब के (या फिर, गीतांजलि, गीतिमाला, गीतालि इस त्रयी) एक मौलिक प्रभेद पर ध्यान दिया जाना चाहिए। बहुत दिनों के संचित कुछ गीतों को लेकर किया गया यह कोई संकलन मात्र नहीं है, इसका एक समग्र निजी गढ़न है। और उस गढ़न को हम उनकी कविताओं के ही एक विशेष परीक्षण के रूप में देख सकते हैं, वही परीक्षण, कविता जहाँ अपने समस्त अलंकारों को त्यागकर गीत के तुल्य हो जाती है : निविड़, सरल और वेदनामय। सिर्फ़ गीतों के विषय में सोचते तो इतना कहने की ज़रूरत नहीं पड़ती 'मेरे ही प्रयोजन से लिखी गयीं—नितान्त निरलंकार' या फिर 'अलंकार को यदि छोड़ दें तो मूल्य बढ़ जाता है'। आभरण के वर्जन का यह आवेग, उसकी विख्यात पहचान 'गीतांजलि' के पाठकमात्र को लग सकता है : 'मेरे इस गीत ने छोड़ दिये हैं अपने सारे अलंकार'।

यहाँ पर, यह 'गीत' शब्द, ठीक प्रचलित अर्थ में हम जिसे सुर में ढले शब्दों के रूप में जानते हैं, वह नहीं है। यह 'गीत' यहाँ पर कविता का ही दूसरा नाम है, उनके शिल्प का ही दूसरा नाम। याद रखना बेहतर होगा कि यह असंलग्न पंक्ति एक सुरविहीन रचना से ही ली गई है, ऐसी और भी अनेक रचनायें गीतांजलि में हैं।

'गीतांजलि' की ठीक कितनी रचनाओं में सुर हैं—या फिर दूसरे शब्दों में कहें कि 'गीतांजलि' की ठीक कितनी रचनायें 'गीतवितान' में शामिल किये जाने के लिए उपयुक्त हैं, इस विषय में क्या हम सब समय सतर्क रहते हैं? 'हे मेरे चित्त' और 'आज वर्षा का रूप देखता हूँ मानवों में' इन दो रचनाओं को शामिल कर के भी रचनाओं की संख्या मात्र पचासी तक पहुँचती है, शेष बहत्तर रचनाओं को हम अभी तक रवीन्द्रनाथ के सुरों के माध्यम से नहीं जान सके हैं। तो फिर क्या हम उस आधे को ही इतने दिनों

तक 'गीतांजलि' समझते रहे? 'गीतांजलि' क्या 'गीतवितान' का एक टुकड़ा मात्र है? या कि उससे अधिक कुछ, भिन्न कुछ? 'आकाश के तले खिल उठा उजास का शतदल' तो कविता ही है, दिक्-दिगन्त में बिखरी हुई उस शतदल की पंखुड़ियों को छोड़ दें तो 'गीतांजलि' का बहुत कुछ मिट जाता है, इस बात को भी याद रखना हमारे लिए बेहतर होगा। और इसे याद रखें तो हम समझ पायेंगे कि इस किताब में कवि बाङ्ला कविता के एक विरलतम क्षण में आ पहुँचे हैं, जहाँ पर सनातन गीति-साहित्य और अधुनातन काव्य-साहित्य एक बिन्दु पर आ मिले हैं, जहाँ प्राण पाकर ऐतिह्य एक नवीन आधुनिकता में जाग उठा है। इसकी सारी रचनाओं में सुर नहीं हैं, लेकिन हर रचना सुर में प्रवाहित होने योग्य है, कविता यहाँ पर अपनी सारी चर्बी झराकर केवल सार-सार का स्पर्श कर रही है, और इसीलिए उसे हम कविता के एक नये आदर्श में देख पाते हैं। जहाँ रात आकर दिन के पारावार में मिल जाती है, कवि ने बताया था कि उस मुहाने के किनारे किसी के साथ मुलाक़ात हुई थी। उसका शिल्परूप भी यहाँ आकर वैसे ही एक मुहाने में मिल गया है, जहाँ पर कविता आकर गीतों के समुद्र में मिल जाती है।

एक दिन गीत ही हमारी कविता थी। लेकिन आधुनिक युग में पहुँचकर—पिछली सदी की आधुनिकता में—गीत और कविता की दो भिन्न धाराएँ बन गयीं हैं। भिन्न हो गयीं, फिर भी इस सदी की आधुनिकता से पहले तक, हमारे प्रमुख कवि ही सुरों की दुनिया के लोग थे : रवीन्द्रनाथ, द्विजेन्द्रलाल, अतुलप्रसाद, रजनीकान्त या नज़रुल-जैसे कवि। लेकिन नज़रुल से ही यह योग पूरी तरह छिन्न हो गया और निर्मित हुआ गीतमुक्त कविता का देश।

इस इतिहास में, रवीन्द्रनाथ की लेखनी से कई बार गीत और कविता दो भिन्न-भिन्न शिल्प-रूपों के हिसाब से निःसृत हुए हैं, दोनों में एक अलग-सा योग भर था। तब, कविता मानो बाहर की ओर मुँह घुमाकर बात कहने के हिसाब से थी, आवेग का निर्झर। तब स्वरों की एक आपेक्षिक उच्चता थी, सुनाने का साहस नहीं था फिर भी वे अपनी बात पाठकों को सुना पाते थे। और ठीक ऐसे समय में गीत उनके भीतर की ओर क्षरण था, मानो बहता आता कोई मन्त्र। फलतः, हमें कई बार दिखायी देगा कि एक ही समय की, यहाँ तक कि एक ही दिन की

रचनाओं में गीत और कविताओं में दो भिन्न स्वर खिल उठे हैं। कविता में वे जब कह पाते हैं 'यह तो माला नहीं है जी, यह तो तुम्हारी तलवार है', गीत में वे अगले ही दिन कहते हैं 'न भी हुआ मेरा पार जाना'! वे कविता में जब कह पाते हैं 'बढ़ाकर अपना तूर्य रुद्र ने हमें हाँक लगायी', गीत में उसी दिन वे 'हम' से 'मैं' पर सरक आते हैं, वे माँग सकते हैं 'अतल काले स्नेह के बीच में डूबकर मुझे स्निग्ध कर दो'। कविता में जिस दिन लिखा जा सकता हो 'अब तो सर्वनाश करने आ ही गया जी', जिस दिन आवाज़ लगायी जा सकती है 'रक्तिम वेश में सजकर आ रे', हम देखते हैं उसी दिन यह गीत भी सम्भव हो जाता है 'इसे भिखारी सजाकर क्या मज़ाक किया तुमने'। कविता में जब कहा जा रहा था 'डर के मारे चेहरा मत ढँको', गीत में तब यह वेदना थी 'ओ महाराज, बहुत डरे-डरे / दिन के अन्त में वह आया तुम्हारे आलय में'। कविता की यह 'सर्वनाश करने' के साथ गीत के इस 'महाराज' या फिर कविता के इस 'रुद्र' के साथ गीत के 'अतल काले' की अन्त में सचमुच एक अन्त:संगति निर्मित होती है, इसमें सन्देह नहीं कि एक ही सत्य की ये दो अभिव्यक्तियाँ हैं, लेकिन फिर भी यहाँ हम देखते हैं कि दो के बीच किंचित् एक दूरी क़ायम रहती है, कुछ छिन्नता, कम-अज़-कम एक आपातविरोध।

'गीतांजलि' ऐसी रचना है जहाँ पर थोड़े समय के लिए यह विरोध लुप्त हो जाता है, जहाँ गीत और कविता दो भिन्न शिल्प-रूप नहीं रहते, जहाँ वे सामंजस्यमय, सुषमामय अविच्छिन्न एक अवयव में बदल जाते हैं। 'गीतांजलि' के पहले क्षण तक कवि और गीतकार के बीच जो समान्तराल तनाव था, गीत और कविता के जो दो भिन्न प्रवाह थे, बाद में भी जो फिर से भिन्न प्रवाह में चलते रहेंगे, यहाँ आकर वह एक बार बिला गया है, यही तो काव्य का एक बड़ा परिचय है। यहाँ पर व्याप्ति के मुक़ाबले गहनता का दबाव अधिक है, परिधि की अपेक्षा केन्द्र का। और कविता जब उस केन्द्र को ही छूना चाहती हो, तब वह शब्द-विरल और सज्जाहीन हो जाती है, तब लग सकता है कि वह साहित्य में गिनने लायक़ नहीं रही, तब उसका जितना भी भार रहता है, वह सिर्फ़ रस का भार होता है। 'घन श्रावण-मेघ-जैसा रस के भार से नम्र नत' उसके उसी निविड़ आयतन को देख कर रॉथेन्स्टाइन की तरह किसी को लग सकता है : 'बहुत थोड़े-से लोग हैं जो तुम्हारी तरह सहज रुकना जानते हैं।' सिर्फ़ गीत नहीं, 'गीतांजलि'

वही सहज थम जाने की कविता है।

सप्तलोक की नीरवता

महाभारत के २१४७७८ पदों की तुलना में, रामायण के ४८००० पदों की तुलना में, 'गीतांजलि' के इस थमे हुए छोटे आयतन को देखकर आन्द्रे ज़ीद ने तृप्ति की साँस ली थी। इसमें उन्हें उजाले के विभिन्न स्तर दिखायी दिये थे, इसमें उन्हें शुमन या बाख़ के संगीत के तुल्य कोई ध्वनि सुनायी दी थी। केवल ज़ीद ही नहीं, जिन्हें प्रतीकवाद की ज़रा-सी भी छाया ने कभी छुआ था, उन सभी के लिए यह सांगीतिक वातावरण शिल्प के वलय में मोहमय था। ज़ीद ने अपने उपन्यास के नायक से एक बार कहलवाया था कि उपन्यास का भी कोई 'विषय' नहीं होता, उपन्यास भी समस्त घटनाओं, उत्तेजना और चरित्र के आवर्तन को हटा लेना चाहता है। यह सब तो, उन्हें चलचित्र के योग्य उपादान लगे थे। इन सबको झराते हुए जिन्होंने उपन्यास के भी एक शुद्ध रूप को ढूँढ़ने की कोशिश की थी, उन्हें तो 'गीतांजलि' या फिर 'डाकघर' मुग्ध करेंगे ही यह बात हमें समझ में आ जाती है, हम समझ जाते हैं कि क्यों वे इन रचनाओं के अनुवाद के लिए एक दिन उन्मुख हुए थे।

यूरोप के प्रतीकवादी कवि रोमांटिकों के कोलाहलमय उत्थान के ढंग और उनकी आत्मविह्वलता के पार जाना चाहते थे। आत्मस्थ होकर वे मानो किसी मन्दिर के एक अलौकिक पर्दे के काँप उठते trembling of the veil को देखना चाहते थे, जिससे गहरे यथार्थ को छुआ जा सकता हो। यवनिका कम्पायमान : मलार्मे से जो शब्द-बन्ध येट्स की आत्मजीवनी में चला आया था (हमें याद आयेगा, थोड़े भिन्न कार्य में बुद्धदेव बसु ने भी अपने उपन्यास 'तिथिभोज' में इसका उपयोग किया था): उसी यवनिका के काफ़ी पास आकर खड़ी हुई हैं 'गीतांजलि' की कवितायें। यूरोप में नये कवि पुराने कवियों को ख़ारिज करने के आयोजन में व्यस्त थे, वे लोग कविता के एक तल से भिन्न एक तल पर पहुँचने की साधना कर रहे थे। और बंगाल में हमें एक ही कवि में इन दो तलों के चिह्न मिल जाते हैं, स्वयं को ही वे अस्वीकार कर 'चित्रा' से 'गीतांजलि' की ओर आगे बढ़ आये थे, रोमांटिक विश्व से प्रतीकवादियों की दुनिया में। 'दोलाचल' में हालाँकि वे फिर दूसरी ओर लौट गए थे, लेकिन थोड़े-से समय की इस

‘गीतांजलि’ में हम उनका जो रूप देख पाते हैं उसके साथ प्रतीकवाद के भाषासाम्य का एक सहज मेल भी हमें दिखायी देता है।

परम को स्पर्श करने योग्य परम भाषा कहाँ है? कभी-कभी महसूस हुआ कि नीरवता ही वह भाषा है। वाक्य मानो सत्य की ओर बढ़ते जाने की एक वाणिज्यिक पद्धति मात्र है, वह मानो सिर्फ़ बेचने-ख़रीदने का बाज़ार भर है। तब इस बाज़ार से, शब्दों के इस ढेर से कवि एक ऐसे देश में हट जाना चाहते हैं, जहाँ भाषा में से उनके अन्तर के सुर निकल आते हों।

इन बातों में मलार्मे की प्रतिध्वनि सुनायी देगी। लेकिन क्या सिर्फ़ मलार्मे की ही? यह क्या रवीन्द्रनाथ की ही बात नहीं हो सकती? वही रवीन्द्रनाथ, जो अपने देवता से मुखर कवि को नीरव कर देने का आह्वान कर रहे थे? तमाम बातें होने लगीं तो जिन्होंने आक्षेप किया था कि ‘फिर इन लोगों ने मेरे मन को घेर लिया है’, हम क्या उन्हीं रवीन्द्रनाथ को यहाँ नहीं देख रहे हैं? मलार्मे या प्रतीकवादी लोग शब्दों का जिस तरह से प्रयोग करना चाहते थे, जिस तरह वे शब्द के बीच स्थित नीरवता के सुर को ध्वनित करना चाहते थे, उसके साथ रवीन्द्रनाथ हूबहू मेल नहीं खायेंगे—लेकिन फिर भी रोमांटिक भाषाविलास से हट आने का आवेग ‘गीतांजलि’ के कवि में कितना था, कविता में ‘नीरव’ शब्द के निरन्तर आवर्तन से भी उसका एक बाहरी परिचय उभर आता है। यहाँ पर उनकी वीणा नीरव है, रवि और शशि भी नीरव हैं, रात्रि, अन्धकार, आकाश, हृदय या फिर सप्तलोक, सभी केवल नीरवता से भरे हुए हैं।

आज रवीन्द्रनाथ की सारी कविताओं को पढ़ लेने के बाद, सभी जानते हैं कि वाणीविरल ऐसी कवितादेह के नीरव प्रदेश में कवि को दो बार पहुँचना पड़ा था। एक बार इस ‘गीतांजलि’ के समय, और एक बार उनकी अन्तिम वर्ष की रचना में, उनके अन्तिम चतुष्क[१] में। इन दो क्षणों का एक सादृश्य है, हालाँकि कुछ भिन्नता भी है। ‘गीतांजलि’ के इस पर्व में वे स्वभावतः अपनी सत्ता के भीतरी प्रवाह से पहुँचे थे। अन्तिम चतुष्क में उन्हें यह गढ़न सचेतन प्रयास करके, कलाकार के परिश्रम से ही तैयार करना पड़ा था। ‘गीतांजलि’ में बाहुल्य को कम करते जाने वाला यह रूप उन्हें अनायास ही सुर की ओर बढ़ा ले गया था, और शेष चतुष्क में उन्होंने

१. रवीन्द्रनाथ की चार किताबों का समाहार।

मूर्ति की तरह अपने अभिप्रेत अवयव को तराश लिया था, छैनी और रुखानी से मानो कविता के चारों ओर की रेखाओं को स्पष्ट उभार लिया था। एक जगत सुर में प्रवाहित, और दूसरा जगत मूर्ति में कठोर। लेकिन ये दोनों जगत ही हमारे सामने एक स्वच्छता और सरलता के आदर्श प्रस्तुत कर रहे थे।

इस सरलता की क्या कोई वजह नहीं थी? 'ये केवल मेरे मन की बातें हैं, मेरे ही प्रयोजन से लिखी गयीं' : कविता जब इस बोध तक आ पहुँचती है, तब उसके लिए आभरणहीनता सहज सम्भव है। लेकिन कवि कब सोच सकते हैं कि वे तो ख़ुद केवल अपने मन की बात कह रहे हैं? देश के लिए प्रेम, सुख-दुःखमय विपुल मानव-विश्व के घात-प्रतिघात अथवा व्यक्तिगत प्रेम की वेदना, ये तो सभी एक प्रकार से ख़ुद की ही बातें हैं। अपनी ही बात तो है 'मानसी' में या कि 'बलाका' अथवा 'पत्रपुट' में। लेकिन नहीं, यहाँ भी नहीं, कवि जब निगूढ़तम रूप से अपनी बात कहते हैं तब वे सत्ता के साथ रूबरू होने की भावना लिए अपनी आत्मा के प्रश्नों तक पहुँचते हैं। तब रचनायें बिलकुल भीतर की ओर मुड़ जाती हैं, तब लगता है मानो वे 'मेरे ही प्रयोजन से' लिखी गई रचनायें हैं।

पचास वर्ष की उम्र में और अस्सी वर्ष की उम्र में, दो बार कवि विभोर होकर इस आत्मिकता के केन्द्र में, उसकी मीमांसा में पहुँचे थे। बाहरी अनुभवों के पुंज को पूरी तरह से ठेलकर नहीं, उसे अन्तरंगता के साथ थामे हुए ही कवि इसके निर्यास की तलाश कर रहे थे, सत्तापरिचय को समझ रहे थे। और इसी के आवेग से, इन दो भिन्न समयों में किंचित् भिन्न पद्धति से, उनकी कविता की देह सरल, गहन और ऐक्यमयी हो गई थी—जिसे देखकर एक दिन 'एथिनियम' के समालोचक को लगा था कि मानो परम्परा में ये कुछेक शिशिरबिन्दु हैं, जिसे देखकर पाउण्ड ने सोचा था कि सुदूर आकाश में यह कोई नक्षत्र-मण्डल है।

निभृत प्राणों के देवता

यह जो निर्यास की बात की गई, तो क्या इसी का नाम ईश्वर है? रवीन्द्रनाथ के भगवान?

इसे लेकर कोई आलोड़न नहीं होगा, ब्रुक की इस धारणा के बावजूद

'गीतांजलि' को लेकर तब विदेशी व्याकुलता के पहले अध्याय की शुरुआत हो चुकी थी। पियर्सन का ज़िक्र करते हुए अजितकुमार चक्रवर्ती ने रवीन्द्रनाथ को एक चिट्ठी लिखी थी : 'जिस खाट पर बैठकर आपने गीतांजलि लिखी, उस खाट के पास हाथ जोड़ कर खड़े रहे थे (पियर्सन)—आँखों से आँसू बह रहे थे।' यह हमारी एक प्रत्याशित छवि है, भक्त का यह निविष्ट आत्मनिवेदन है। पियर्सन उस समय जिस गीत को बार-बार सुनना चाह रहे थे, वह था 'जीवन में जितनी पूजा न हो पायी सम्पन्न / मुझे पता है वह भी नहीं हुई है व्यर्थ।' शान्तिनिकेतन के अनुरागियों से वे तब कह रहे थे, उस पहले क्षण में, कि उन्हें रवीन्द्रनाथ की कितनी ज़रूरत है, 'गीतांजलि' से उन्हें कितनी जीवनव्यापी निर्भरता प्राप्त हुई है।

इस पाने में, सन्देह नहीं कि इन लोगों ने अपने ही ईश्वर को देखा था। एन्ड्रयूज़ ने लिखा था : अन्तरतर मन्दिर में प्रभु और ईश्वर के रूबरू होने के लिए तैयार हो जाओ, जान लो कि विश्व में उनके प्रेम की धारा किस प्रकार बहती है। 'गीतांजलि' उनका वही मन्दिर है। हमारी प्रचण्ड उत्क्षिप्त समकालीन पृथ्वी के लिए यह निश्चय ही एकदम विपरीत एक अध्यात्मजगत है, जैसा कि येट्स ने अपनी भूमिका में कहा था। और इसी कहने से मानो उस दिन धुन तैयार हो गई थी। 'गीतांजलि' की तुलना स्वरूप यूरोप में बहुत-से लोगों को मैंने उस दिन येट्स के अन्दाज़ में टॉमस आ केम्पिस या सेंट फ़्रांसिस ऑव आसिसी अथवा ब्लेक के प्रसंग में विचार करते देखा था। मिस्टिसिज़्म के विशेषज्ञ इवलिन अण्डरहिल को जलालुद्दीन रूमी की याद आयी थी, सेंट जॉन ऑव दी क्रॉस या फिर सेंट ऑगस्टिन के नाम याद आये थे; 'गीतांजलि' की कविताओं में उन्हें रहस्यवादी लोगों की परम सिद्धि मिल गई थी।

ऐसा होना स्वाभाविक ही था। हम बहुत दिनों तक इसे उपासना के गीत ही मानते रहे, इसे उनकी 'शान्तिनिकेतन' प्रबन्धावली और 'साधना' वक्तृतावली के साथ मिलाकर पढ़ते रहे। जिन गीतों के तमाम पदों में प्रभु या नाथ या फिर प्राणसखा-जैसे शब्द चले आते हैं, जहाँ पर केवल सर्वात्ममय किसी महासत्ता से मिलन की आकांक्षा है, जहाँ पर सनातन उच्चारण में बार-बार ये सारी प्रार्थनायें या क्रन्दन उभर आते हैं : 'तुम्हारी ही इच्छा पूरी करो हे', 'सभी को मिलाकर तुम जाग रहे हो' या फिर 'अन्तर में है जो अन्तर्यामी'-जैसी अजस्र पंक्तियाँ—वहाँ पर इन गीतों को

हमारे बहुत दिनों की धार्मिक-धारा के साथ जोड़ लेना असम्भव नहीं, असंगत भी नहीं। हमारे देश में धर्म और कविता जहाँ एक स्थान पर आ मिले हैं, 'गीतांजलि' उस चिरागत ऐतिह्य की कविता है, एक हिसाब से यह बात सच है।

लेकिन तब एक प्रश्न उठता है, जो प्रश्न कुछ दिनों पहले अबू सईद अय्यूब ने उठाया था। अगर ऐसा ही है, यदि ये रचनायें एक अध्यात्म धार्मिक-मण्डल में ही घिरी रहेंगी, यदि रजनीकान्त या अतुलप्रसाद के गीतों की तरह ही इनका आस्वादन किया जा सकेगा, तो फिर क्या आधुनिक श्रोताओं के लिए इसका कोई आह्वान रहेगा ? जो आधुनिक श्रोता, मान लें, धर्म या ईश्वर में विश्वास नहीं करते हैं ? जिस प्रकार हमारे मन में से बहुत सारे आध्यात्मिक भक्ति-गीत दूर हो जाते हैं, 'गीतांजलि' की रचनायें भी क्या उसी तरह दूर नहीं चली जाएँगी ? जो लोग धर्म के स्वाद के लिए इन गीतों को पढ़ते या सुनते हैं, उन्हें कोई समस्या नहीं है। जो लोग धर्म या ईश्वर के प्रति अनाग्रह के कारण इस किताब का प्रत्याख्यान करते हैं, उन्हें भी कोई समस्या नहीं है। लेकिन सोचना उन्हें पड़ता है, उन आधुनिकों को, जो निरीश्वरवादी हैं, लेकिन फिर भी जिन्हें 'गीतांजलि' आविष्ट करती है। जैसे कि अय्यूब, जैसे बुद्धदेव। या फिर जिस तरह १९१३ में (१५ मई) 'द नेशन' पत्रिका के 'गीतांजलि'-समालोचक, जो रॉथेन्स्टाइन के ड्रॉइंगरूम को पवित्र मन्दिर बनाने के विरोधी थे, 'गीतांजलि' में वे किसी प्राचीन हिन्दू रहस्यवादी को नहीं ढूँढ़ सके थे, जिन्होंने इसमें देखा था केवल एक true flower of the autumn of romance with hints of everlasting faith !

अय्यूब ने कहा था, इसके केवल वे ही गीत उन्हें छूते हैं जिनमें प्राणों की वेदना या प्रकृति की पुकार है। लेकिन सिर्फ़ 'गीतांजलि' किताब को देखें तो ऐसी रचनायें बहुत अधिक नहीं मिलेंगी। जब बादलों पर बादल जमते हैं और उस अँधेरे में जो प्रतीक्षा करते रहते हैं और जिनकी प्रतीक्षा की जा रही होती है, उनमें शायद मानवीय प्रणय-सम्बन्धों की कल्पना की जा सकती है। प्रेमगीत के रूप में ही गाया जाना सम्भव है 'अब नहीं है समय छाया उतर आयी धरणी पर'। निश्चित रूप से प्रकृति का ही गीत है 'घेरकर आकाश फिर आया आषाढ़'। फिर भी इस प्रकार की दो-चार रचनायें ही इस किताब की पहचान नहीं है। यह तो मानना ही पड़ेगा कि

'गीतांजलि' का भुवन प्रभुमय भुवन है, उसमें आरम्भ से अन्त तक ईश्वरीय-बोध बिखरा हुआ है। बुद्धदेव ने इसे प्रतीक्षा का काव्य कहा था, किसी एक परम मिलन के लिए चिरप्रतीक्षा में इसकी सारी कवितायें बीत जाती हैं, उस परमता की प्रकृति को अस्वीकार कर 'गीतांजलि' को पढ़ना कठिन है।

लेकिन तो क्या इसके लिए पाठक या श्रोताओं की ओर से किसी धार्मिकता की ज़रूरत है? कोई भी व्यक्ति क्या अपने ही रूबरू होने पर और एक पंख की फड़फड़ाहट नहीं सुन पाता, जिसके बारे में रवीन्द्रनाथ ने अजितकुमार को लिखा था? 'मेरे भीतर ऐसा मैं है जो मुझसे बहुत बड़ा है, मेरे भीतर उसकी समाई कैसे होगी', जब रवीन्द्रनाथ यह बात लिखते हैं, तब उस समाई न होने वाली मूरत को कोई ईश्वर का नाम दे सकता है, कोई नहीं भी दे सकता है। यही केवल सच है कि धार्मिकता के बाहर इस सत्ता का अनुभव विचारशील लोगों का अनिवार्य अनुभव है, जो उनके प्रेम या प्रकृति या फिर किसी अन्य बोध से लिपटा रहता है। यही सोचकर मंपू में बैठकर रवीन्द्रनाथ ने बहुत दिनों बाद मैत्रेयी देवी से कहा था : 'मैं किसी देवता की सृष्टि करके प्रार्थना नहीं कर पाता, अपने काम से अपनी जो मुक्ति है उस दुर्लभ मुक्ति के लिए कोशिश करता रहता हूँ। वह कोशिश रोज़ करनी पड़ती है, ऐसा न करने पर दिन कलुषित हो जाता है।'

'कौन है वहाँ?

मैं।

मैं कौन?

तुम।

और यही जागरण है—तुम और मैं।'

ऑडेन ने वॉलेरी की रचना के इस अंश का उल्लेख किया था, और उन्होंने इसकी नज़ीर से बताया था कि : ईश्वर के साथ इस मैं-तुम के सम्बन्ध तक मनुष्य जा सकता है, अपने पड़ोसी के साथ भी वह जा सकता है, क्योंकि उसका ख़ुद के साथ ख़ुद का यह मैं और तुम का लगाव है। अपने साथ रूबरू होने का यह एक रास्ता है और इसीलिए 'गीतांजलि' की आत्मिकता हमें अपनी मुट्ठी में जकड़ लेती है। ईश्वर के अर्थ में नहीं, 'मैं'

के ही अर्थ में। कई बार हम इस सम्बन्ध के केन्द्र की ओर पहुँचना नहीं चाहते, हम केवल परिधि की चकाचौंध में भटकते रहते हैं, और इस वजह से—जैसा कि कीर्केगार्द ने अपनी डायरी में लिखा था—ज़्यादातर लोगों का मैं एक टूटा-फूटा मैं होता है, ग्लानि से भरा एक 'टुकड़ा मैं'।

प्रतिदिन छोटी-छोटी ग्लानियों में भटकता रहता हूँ, क्लीव होता जाता है मन, लगता है मानो 'सारे अंगों में मलिनता लगी हुई थी', अपने ही इर्दगिर्द भटकने की थकन से घिर जाता हूँ, जब पता चलता है कि हमारी दुविधाओं के बीचोंबीच 'सत्य मुँदा हुआ है', तभी एक बार आत्मकेन्द्र से बाहर निकलकर जगत के आनन्दयज्ञ में आने की इच्छा होती है, तब हम सभी को लगता है कि 'मेरा मैं धुल-पुँछ कर तुममें बिला जायेगा'। वॉलेरी तब लिख सकते हैं 'जागरण वही है' और 'गीतांजलि' के कवि कह सकते हैं 'मुझे तुमने यदि आज जगा दिया नाथ'। किस ओर है यह जाग उठना? हो जाने की मुक्ति में। मनुष्य तब केवल अपनी समग्रता के अभिमुख होना चाहता है, जिस समग्रता में वह बाहरी पृथ्वी को भी चाहता है। हो उठने की यह आग एक बार जिसे छू जाती है, उसे 'मैं' की ओर जाना ही पड़ता है, अर्थात् 'तुम' की ओर, या फिर 'मैं और तुम' के मिलन-मुहूर्त की ओर। तब, एक ओर जिस तरह थका देने वाली इस आवाजाही की वेदना मुझे याद दिला देती है कि अनुभव का यह अमृत वस्तुतः एक 'आग से भरी सुधा' है, दूसरी ओर उसी तरह वह दिखा देता है कि किस प्रकार व्यक्तिगत विपुल शोक के आच्छादन में खड़े होकर भी कोई कह सकता है, 'प्रेम में, प्राणों में, गीतों में, गन्ध में, आलोक में, पुलक में' प्लावित हो रही है यह निखिल पृथ्वी। शमी की मृत्यु के कुछ दिनों बाद ही किसकी शक्ति से कवि लिख सके थे 'तुम्हारा अमल अमृत झर रहा है'? वे किसी के लिए कोई धार्मिक ईश्वर नहीं भी हो सकते हैं, लेकिन वे व्यक्तिगत रूप से मानो सभी के निभृत प्राणों के कोई देवता हैं, मानो सभी का आत्मबल। प्राणों के लक्ष्य में कोई देवता नहीं, प्राण ही यहाँ पर देवता है, इसे याद रखना ज़रूरी है। उस देवता को पाने के लिए विश्वास-अविश्वास की कोई बात नहीं उठती, बात उठती है केवल अन्तर्मुखी होने की, आत्मदीक्षा की, वहाँ पर समस्या केवल ध्यान और ध्यानहीनता की है।

(१९७८)

शिल्प से जीवन

'कलागुरु अवनीन्द्रनाथ' किताब में श्रीमती रानी चन्द ने अवनीन्द्रनाथ के गीत सुनने के विषय में कुछ जानकारियाँ दी थीं। एक के बाद एक गीत सुनने के बाद अवनीन्द्रनाथ एक समय कह उठते थे : 'तुम लोग सब रवि काका की जीवनी ढूँढ़ रहे हो, रवि काका के गीत ही तो उनकी जीवनी है।...गीतों में रवि काका का समूचा जीवन समाया हुआ है। सुर और शब्दों के भीतर उनकी जीवन्त छवि वहीं पर मिलेगी।' फिर बहुत दिनों बाद, लगभग इसी तरह उन गीतों के बारे में नीरदचन्द्र चौधुरी ने भी कहा था, 'आत्मघाती रवीन्द्रनाथ' में अभी उस दिन उन्होंने लिखा कि रवीन्द्रनाथ के 'गीतों को तारीख़ के हिसाब से सजायें तो उन्हीं से उनकी मानसिक जीवनी लिखी जा सकती है।'

यह लगभग एक-सी बात है। लेकिन 'जीवनी' के रूप में उनके मन में क्या ठीक एक-जैसे विचार थे? 'और भी आघात सह लूँगा मैं' या फिर 'और और प्रभु और और' पंक्तियाँ सुनते-सुनते, 'मेरे दुःख रक्तिम शतदल, आज घेर लिया तुम्हारा पदतल' सुनते-सुनते अवनीन्द्रनाथ कहते थे 'नहीं, नहीं, वह नहीं। उसे रहने दो, कोई और गीत पढ़ो। रवि काका ऐसा कह सकते थे, उनका सीना ऐसा था। मैं नहीं कर सकता। मैं कहता हूँ, अब बहुत हुआ, इस बार मुझे थाम लो, मुझे तुम्हारे उस देवालय का दीप बना लो।' इस प्रकार की प्रतिक्रियाओं से 'जीवनी' की बात जिस तरह अवनीन्द्रनाथ सोच सकते थे ('उनके पास वैसा जिगर था'), उससे शायद नीरदचन्द्र की सोच थोड़ी अलग ही होगी। रवीन्द्रनाथ के किसी एक गीत का विश्लेषण करके ही नीरदचन्द्र अनायास ही उनके व्यक्ति-जीवन के घटनावृत्त को समझ जाते हैं, वे समझ जाते हैं कि किसी एक समय

'शातेब्रियँ जिस तरह फ़्रांस से बांग्लादेश तक आये थे, वैसे ही रवीन्द्रनाथ भी बांग्लादेश से इंग्लैण्ड जा पहुँचे थे'।

रवीन्द्रनाथ के इंग्लैण्ड पहुँचने का यह मानस-इतिहास कौन-से गीत में है? नीरदचन्द्र की विवेचना में वह गीत है 'मैं तुम्हें पहचानता हूँ जी, ओ विदेशिनी'। इस गीत की रचना के पीछे जिस अनुभव की बात 'जीवनस्मृति' में लिखी हुई है उसे नीरदचन्द्र भूले नहीं थे, लेकिन रवीन्द्रनाथ द्वारा कहे गये उस 'रहस्यसिन्धु' के अनुभव उन्हें बहुत भरोसेमंद नहीं लगे थे, क्योंकि गीत की भाषा 'एकमात्र इन्द्रियग्राह्य अनुभवों से ही आ सकती है'। और इसलिए रवीन्द्रनाथ की इस विदेशिनी को कोई यदि 'नीलनयना स्वर्णकुन्तला कन्या' न सोचकर कुछ और मान ले, तो फिर समझना होगा कि 'उसने जीवन में कभी भी स्त्री को अपनी आँखों से नहीं देखा, उसकी देह को स्त्री की देह का स्पर्श नहीं मिला है।' विश्वब्रह्माण्ड की विश्वमोहिनी कोई अनूठी मूरत नहीं, किसी विशेष नारीमूर्ति की स्मृति में ही रवीन्द्रनाथ ने वह गीत लिखा था, नीरदचन्द्र इस बात को समझते हैं। यहाँ तक कि वे इस स्मृति के स्थानकालपात्र को निर्दिष्ट भी कर सकते हैं। १९ सितम्बर, १८९० में 'यूरोपयात्री की डायरी' में रवीन्द्रनाथ ने लिखा था कि उन्हें यक़ीन है कि 'अंग्रेज़ स्त्रियों-जैसी सुन्दरियाँ पृथ्वी पर कहीं और नहीं हैं। नवनीत की तरह सुकोमल शुभ्र रंग पर सुर्ख़ लाल होंठ, सुगठित नासिका, और दीर्घपल्लवविशिष्ट निर्मल नयन—देखकर राह के कष्ट दूर हो जाते हैं।' इसी के बारे में सोचकर शायद लिखा गया था 'मैंने आकाश में लगाकर कान / सुना है सुना है तुम्हारा ही गान'। १८९५ में लिखे इस गीत की इस भाषा से नीरदचन्द्र १८९० की उस जीवन-घटना को समझ लेते हैं।

इस विशेष गीत की व्याख्या को लेकर हमें अवश्य ही कोई समस्या नहीं है। समस्या यह है कि इस गीत के साथ लेखक के जीवन की किसी घटना को जोड़कर देखना यहाँ अनिवार्य समझा गया, उसकी यथायोग्यता कितनी है। नीरदचन्द्र को लगा कि गीतों की भाषा कभी भी ज्ञानेन्द्रिय-निरपेक्ष नहीं हो सकती, भले ही वे मानते रहे कि 'गीतों के भाव अन्त में' लोकोत्तर हो भी सकते हैं। मन का इतिहास है, लेकिन कहाँ है? गीतों की भाषा में या कि गीतों के भावों में? हम यदि पूरी तरह भाव की अवज्ञा न करें, तो फिर गीतों की उपलब्धि के विषय में रवीन्द्रनाथ के निजी विवरणों से हम नज़र बचाकर इतनी दूर कैसे जा सकते हैं? एक अन्य प्रसंग में नीरदचन्द्र

ने ख़ुद ही कहा है कि वे इस बात पर ज़रा भी विश्वास नहीं करते कि 'किसी लेखक की सारी रचनायें उनके जीवन की घटनाओं या अनुभवों के साथ जुड़ी होना ज़रूरी है'। यदि ऐसा होता है, तो फिर जिस किसी भी रचना में सरलीकृत रूप से किसी जीवन की घटनाओं का आविष्कार निरर्थक हो जाता है। कविता तो नहीं ही, किसी भी व्यक्ति का जीवन केवल उसकी घटनाओं का जीवन नहीं होता, व्यक्त-अव्यक्त बहुत सारे अनुभवों का जीवन भी उसके साथ जुड़ा होता है। इसलिए हमें समझना ही पड़ता है कि कला की सर्जना के कई ऐसे क्षण हमें प्राप्त हो सकते हैं, जिनके उत्स में बहुत सारी जटिल लहरें होती हैं, लोक-लोकोत्तर के तमाम मिश्रित अनुभव, एकाधिक मानसिक स्तर की बुनावट। तब, उस प्रकार की किसी रचना से रचनाकालीन प्रत्यक्ष जीवन को छू पाना शायद थोड़ा कठिन ही हो जाता है।

दो

कला से कलाकार के व्यक्ति-जीवन में पहुँचने का एक सरल रास्ता भी कभी-कभी मिल जाता है, यह भी असत्य नहीं है। 'इस बार मरी हुई नदी में बाढ़ आयी है', 'तेरे अपने ही तुझे छोड़ देंगे', 'जो तुम्हें छोड़ता है छोड़ने दो' या फिर 'विधि के बन्धन काटोगे तुम' गीत सन १९०५ में जिस आवेग में लिखे जा रहे थे, उसके साथ समकालीन राष्ट्रीय आन्दोलन के जुड़ाव को समझने में हमें असुविधा नहीं होती। नहीं होती, वह केवल इन गीतों की भाषा की वजह से नहीं। इसलिए नहीं होती कि हमारे पास यह पता लगाने के तमाम तथ्यसूत्र मौजूद हैं कि किस तरह, किस ज़रूरत की वजह से एक के बाद एक ये गीत लिखे जा रहे थे। एकदम विपरीत क़िस्म की कुछ अन्य रचनाओं से भी हम वैसा एक सूत्र तैयार कर सकते हैं। 'पुष्पांजलि' की पाण्डुलिपि की 'क्यों आयी रे, प्रेम किया तूने, पर तुझे प्यार नहीं मिला', 'जो फूल झर जाता है, वही तो झर जाता है' या फिर 'उसे क्यों रुलाया! वह तो रोकर चली जाती है'-जैसी रचनाओं से कादम्बरी देवी की मृत्यु की स्मृतियों को सहज ही छुआ जा सकता है। देश के लिए उत्तेजना या मृत्यु वेदना के कुछ-कुछ क्षण इस तरह रचनाओं पर अपने प्रत्यक्ष निशान छोड़ सकते हैं।

लेकिन इससे हम यह नहीं मान सकते कि उत्तेजना के गीतों या कविताओं

के पीछे सब समय इस तरह के कोई उत्तेजक क्षण काम करते हैं, हम यह नहीं मान सकते कि विच्छेद की वेदना के क्षण हर समय कोई व्यथातुर कविता को साथ ले आता है। यदि ऐसा मान लें तो फिर हम नहीं समझ सकते कि शमी की मृत्यु के बाद उसी महीने में कोई कैसे लिख सकता है कि 'निविड़ सुधा' से भर उठा है सारा जीवन, कैसे लिख सकता है :

प्रेम में, प्राणों में, गीतों में, गन्ध में, आलोक में, पुलक में
प्लावित कर निखित द्युलोक और भूलोक को
तुम्हारा अमल अमृत झर रहा है।
दिशा-दिशा में आज तोड़ कर सारे बन्ध
रूप धरकर जाग उठा आनन्द,
जीवन निविड़ सुधा से भर उठा है।

इसके रचनाकाल के विषय में यदि कुछ पता नहीं होता तो शायद हम सोचते कि किसी प्रसन्न उद्‌भास के समय यह रचना लिखी गई थी। वेदना के प्रहार से भी कोई कविमन इस प्रकार के आनन्दबोध तक पहुँच सकता है, वह मन नैराश्य के क्षणों को भी उत्तेजना में अनूदित कर सकता है, उसका एक स्पष्ट चित्र तो रवीन्द्रनाथ ने एकबार गीत की भाषा में लिख रखा था, उन्होंने लिखा था 'तो फिर आनन्द गीत बज उठें / इस बार मेरी पीड़ा की वंशी में। / अश्रुजल की लहरों पर आज / पार की नौका बहती रहे।'

'बलाका' की इस रचना के आधार पर हम यहाँ और एक कविता के विषय में सोच सकते हैं। 'दूर से तुझे क्या सुनायी दे रहा है मृत्यु का गर्जन': अत्यन्त प्रसिद्ध यह कविता जिस दिन लिखी जा रही थी, उस दिन के जीवनयापन का अनुभव क्या था ? कुछ दिनों पहले वे कश्मीर से लौटे थे, वह जगह उन्हें कोई ख़ास पसन्द नहीं आयी थी, कार्तिक की उन्नीसवीं तिथि को वे मीरा देवी को लिख रहे थे 'मैं जहाँ भी जाता हूँ सब गड़बड़ हो जाता है—लोगों के उत्पात से एक क्षण भी निजात नहीं मिलती। श्रीनगर में नाव पर था—लेकिन मुझे ज़रा भी शान्ति नहीं मिली, आनन्द नहीं मिला इसलिए जल्दी से भाग आया हूँ।' याद रखना ठीक रहेगा कि इस चिट्ठी के लिखने के कुछ दिनों पहले (कार्तिक की ७वीं तिथि) उसी कश्मीर में बैठकर उन्होंने लिखा था 'मैं गीतों के साथ गीत, / मैं प्राणों के साथ प्राण, / मैं अँधेरे के सीने को चीरता / जगमगाता आलोक' ('बलाका' ३५), वे लिख रहे थे 'संध्याराग से झिलमिल झेलम का बाँका प्रवाह'।

उस कश्मीर में आराम न कर सकने को लेकर उन्होंने इक्कीस तारीख़ को भी प्रमथ चौधुरी से शिकायत की थी, और तेईस तारीख़ को शिलाइदह से उन्होंने सन्तोषचन्द्र मजुमदार को लिखा था कि बुरी तरह से थक जाने के बाद वे पद्मा नदी के तट पर विश्राम के लिए आये हैं। तो यह है पृष्ठभूमि, जिसके सामने दिखायी दी थी उसी तेईस तारीख़ को लिखी उद्‌बोधक कविता 'दूर से क्या तुझे सुनायी दे रहा है'। 'यात्रा करो, यात्रा करो यात्रीदल, / आया है आदेश, / बन्दरगाह का समय अब ख़त्म हुआ' वहाँ यह आवाज़ सुनायी दी थी। 'कानों में ले निखिल का हाहाकार, / शिर पर लिए उन्मत्त दुर्दिन, चित्त में लेकर आशा अन्तहीन' सारी बाधाओं को लाँघकर लगातार भागते रहना होगा, 'टूट पड़े झंझावात, जाग उठे तूफ़ान, / निःशेष हो जायें निखिल के सारे वज्रबाण', फिर भी विजय ध्वजा उठानी पड़ेगी—जिस मन से ऐसा आह्वान निःसृत होता है, तो फिर उस मन के एक भिन्न इतिहास की खोज लाज़िमी है, हो सकता है जीवन की सरलरेखा में हर वक़्त वह न भी मिले। यथार्थ रूप से जिस दिन शास्त्री महाशय ज़मीन के लिए तगादा कर रहे थे और इस वजह से उन्हें रथीन्द्रनाथ के समक्ष व्याकुलता प्रकट करनी पड़ी, सम्भव है उसी दिन लिखा गया हो 'तुम्हें नये ढंग से पा सकूँगा इसलिए हर पल खो देता हूँ', कहा जा सकता है 'तुम मेरे ओट के नहीं, तुम मेरे चिरकाल के हो'। त्रिपुरा के कल्याण के लिए महिम ठाकुर को जिस दिन उन्होंने प्रेरित किया था, उस दिन उन्होंने कहा था कि त्रिपुरा की ज़िम्मेदारी को लेकर वे चाहकर भी अपने मन को उदासीन नहीं कर सकते, सम्भव है 'खेया' में संकलित 'निरुद्यम' शीर्षक की कविता उसी दिन लिखी गई हो। 'सब ठौरों पर मेरा घर है, उस घर को ढूँढ़ता फिरता हूँ मारा-मारा' उन्होंने जब यह कविता लिखी, जब 'घास से पुलकित' मिट्टी के आह्वान पर विभोरता के शब्दों से भर उठी थी कविता, लिखी जा रही थी 'धूल में है प्रेम / आनन्द है निखिल में', हम कैसे समझ पायेंगे कि वह उनका ज़बर्दस्त आर्थिक-संकट का समय था, इस कविता को लिखने के अगले ही दिन उन्हें लम्बी चिट्ठी में प्रियनाथ सेन को उनके विपर्यय के बारे में सूचित करना पड़ेगा, उन्हें लिखना पड़ेगा : 'मुझे बारह हज़ार रुपयों की दरकार है। लेकिन सुन रहा हूँ कि महाजन छह हज़ार में ही मान जायेगा—ऐसा लोगों से सुना भर है। यदि बारह हज़ार या दस हज़ार का इन्तज़ाम कर सकते हो तो करो, अन्यथा छह हज़ार ही सही।'

केवल बाहर की घटना के साथ भीतर के मन की यह जो दूरवर्तिता है, यही एकमात्र बात नहीं है। एक ही साथ कितने ही आपातविरोधी पथ पर भीतर के उस मन का भी स्फुरण हो सकता है! ऐसा यदि नहीं होता तो फिर एक ही दिन में कैसे लिखी जा सकती थी 'अब तो जी वह आ ही गया है सर्वनाशी' और 'इसे भिखारी सजाकर क्या मज़ाक किया तुमने', या फिर इसके अगले ही दिन 'हम चलते हैं सामने की ओर, कौन हमें बाँधेगा' और 'साँझ हो गई माँ अब सीने में थाम लो' -जैसी रचनायें? क्या यह घटना लगभग अविश्वसनीय नहीं कि जिस दिन कविता में लिखा जा रहा था 'मन बिखरा है आकाश भर में / उजाले के विभोर में पगला गया हूँ / वे सब हैं द्वार घेर कर, आँखें उनकी चकाचौंध होंगी', उस दिन के ही गीत में ये बातें भी हैं 'लौटा ले माँ, लौटा ले—सब कुछ कहीं खो गया है / बिखरा हुआ ये जीवन, इकट्ठा हो जाये तुम्हारे अँधेरे में'? एक ही साथ 'उजाले के विभोर में पगला जाने' और 'अँधेरे में इकट्ठा' होने की इन दो विपरीत व्याकुलताओं की अविश्वसनीयता में ही किसी कविमन का ठीक-ठीक इतिहास होता है।

तीन

उस इतिहास की बात का हम ख़याल नहीं रखते और इसीलिए किसी कवि के मानसिक जीवन को लेकर कई बार कुछ ग़लत धारणाएँ बन जाती हैं। सन १९०५ स्वदेशी आन्दोलन का एक चरम समय था, और उस आन्दोलन में रवीन्द्रनाथ की ऐतिहासिक भूमिका आज भी लगभग किंवदन्ती की तरह ही है। इसके ठीक परवर्ती पाँच वर्षों में उनकी कविताओं के जो दो संग्रह प्रकाशित हुए, 'खेया' (१९०६) तथा 'गीतांजलि' (१९१०), उनकी कविताओं की नज़ीर से हमारी यह धारणा बनती है कि मानो प्रत्यक्ष जीवन के दावों से अचानक रवीन्द्रनाथ दूर चले गये हैं, राजनैतिक संघर्ष के सारे ताप-उत्ताप से दूर हट गये हैं। 'खेया' की 'विदा दो, मुझे क्षमा करो भाई। / कर्म के पथ पर अब मैं नहीं हूँ' (२८ मार्च, १९०६) से आरम्भ करके 'गीतांजलि' की अन्तिम कविता में 'पथ के बीच चुकता जाता है जिसका पाथेय, / उभर आयी है जिसकी क्षति की रेखा' (१४ अगस्त, १९१०) तक निवृत्तिसूचक उच्चारणों में उस धारणा का एक सहज समर्थन दिखायी देता है। दोनों ही पुस्तकों में निभृत सुरों का विस्तार है, समर्पण

की एक भंगिमा या प्रतीक्षाकातरता है। और जब इसके आसपास याद आता है कि इस पर्व में ही वे प्रतिदिन सुबह अपने शान्तिनिकेतन के सहकर्मियों को कुछ अध्यात्म–कथा सुना रहे थे, क़िश्तों में 'शान्तिनिकेतन' पुस्तक का प्रकाशन हो रहा था, या फिर 'धर्म' शीर्षक से ही एक दूसरी पुस्तक छापी गई, 'गीतांजलि' के प्रकाशन के वर्ष में जब हमें अध्यात्मविभामय नाटक 'राजा' भी मिल गया, तब हमने मान लिया कि हमने उनके मन का सम्पूर्ण इतिहास जान लिया है, गीतों, कविताओं, नाटकों और प्रबन्धों को मिलाकर मानो हमें उनके संसार से दूर भागने का एक अन्धकारमय कालखण्ड मिल गया है।

जिसे रवीन्द्रनाथ की आत्मभावना कहा जाता है, वह ठीक उनके पलायन का ही परिचय है या नहीं, या कि एक अलग ही प्रकार की लड़ाई के निशान हैं वहाँ, अभी हम इस प्रश्न को नहीं उठा रहे हैं। लेकिन जिस पर ध्यान दिया जाना है वह यह है कि सारे पर्वों को मिलाकर इस 'आध्यात्मिकता' को एकमात्रिक रूप से देखने में ही एक आंशिकता है, आज तक जो आंशिकता रवीन्द्र पर विचार करने के हमारे पथ में एक प्रधान बाधा है। उस आंशिकता से बाहर जाने पर हम देखेंगे कि 'धर्म' पुस्तक के प्रबन्धों के आसपास ही बहुत सारी सामाजिक–राजनैतिक रचनायें लिखी जा सकी थीं, जैसे कि 'प्राचीन भारत का एक:' के साथ 'स्वदेशी समाज', जैसे 'उत्सव' के साथ 'राजभक्ति'। 'धर्म' का प्रकाशन सन १९०९ में हुआ था, लेकिन याद रखना चाहिए कि इसके चौदह प्रबन्धों में से नौ प्रबन्ध १९०२ से लेकर १९०६ के दरमियान लिखे गये थे। उस रचनाकाल में, लगभग एक ही समय में रवीन्द्रनाथ दो भिन्न प्रकार की बातें कह सके थे :

१. हमारी यह संगीतध्वनि क्या हमें जगत के उस गहनतम अन्त:पुर में प्रवाहित करके ले जा रही है—जहाँ पर विश्व–भुवन के समस्त सुर अपने आपात–अनुभूत सारे विरोध–विशृंखलताओं को मिलाकर हर क्षण ही परिपूर्ण रागिनी के रूप में उन्मोचित हो उठते हैं? ('उत्सव')

२. जो क्षुधित सत्य तीस करोड़ प्रजा के मर्म में हाहाकार कर रहा है उसे बल के द्वारा उन्मूलित कर सके ऐसे शासन का उपाय किसी मनुष्य के हाथों में नहीं है, किसी दानव के हाथों में भी नहीं है। ('राजशक्ति')

सही है, 'खेया' के रवीन्द्रनाथ लिख रहे थे 'विदा दो, मुझे क्षमा कर दो भाई'। लेकिन यह बात लिखने के दस दिन बाद ही उन्हें अगरतला से एक चिट्ठी में लिखना पड़ा 'भटकता मरा जा रहा हूँ'। उन्हें त्रिपुरा की समस्या को लेकर कभी अगरतला जाना पड़ रहा था, कभी कांग्रेस के प्रादेशिक सम्मेलन में बरिशाल। कविता की ओर से जिस समय को हम लोग आध्यात्मिक निवृत्ति समझ रहे हैं, ठीक उसी समय उन्हें बार-बार हिन्दू-मुसलमानों के सम्बन्धों की समस्या पर विचार करना पड़ रहा था (जैसे कि 'व्याधि और प्रतिकार', 'समस्या', 'सदुपाय'-जैसे प्रबन्ध), अंग्रेज़-भारतवासियों के शासक-शासित के सम्बन्धों को लेकर अपनी बात कहनी पड़ रही थी (जैसे कि 'देशनायक', 'यज्ञभंग', 'पथ और पाथेय' 'देशहित'-जैसे प्रबन्धों में।) सन १९०८ में पाबना के प्रादेशिक सम्मेलन में सभापति के रूप में भाषण देते हुए उन्हें हमारे ग्रामीण जीवन के दुर्भाग्य की बात कहनी पड़ रही थी, उसके अभ्युदय के स्वप्न की बातें। कुछ पल्लियों को लेकर किस तरह एक-एक मण्डलियाँ गठित की जा सकती हैं, किस तरह उन मण्डलियों के अपने मण्डपों में ज़िम्मेदार प्रधान लोग गाँव के मामलों और विवादों का निपटारा कर सकते हैं, इन सबकी एक परिकल्पना उन्होंने सबके सामने रखी थी। और लगभग उसी समय वे 'तुम्हारी चरणध्वनि सुनता हूँ', 'वीणा बजाओ हे' या फिर 'विपुल तरंग'-जैसे गीत लिख रहे थे; उसी समय वे लिख रहे थे 'धर्म' पुस्तक वाला 'दु:ख' प्रबन्ध, जिस प्रबन्ध में बार-बार उपनिषद के विचार उच्चारित हुए, कहा गया कि 'दु:ख के तत्व और सृष्टि के तत्व पूरी तरह एकसाथ बँधे हुए हैं'।

चार

इसका मतलब यह हुआ कि : रवीन्द्रनाथ की निवृत्ति के काल के रूप में जो समय व्यापक ढंग से उनकी कविताओं-गीतों, कुछ नाटक-प्रबन्धों में भी नज़ीर के तौर पर चिह्नित है, जिसे कई बार नववधूसुलभ नम्रता का काल भी माना गया, जीवन के ठीक उसी समय वे समाज-संसार के बहुत सारे कठोर दायित्व-बोधों से लिप्त थे। उस बोध, उन विचारों के कितने ही निशान उनके समकालीन प्रबन्धों में बिखरे हुए हैं, या फिर उनके 'गोरा' उपन्यास की राष्ट्रचिन्ता में। सन १९०७ से १९१० तक वे किश्तों में जिस

महाकाव्यात्मक उपन्यास को लिखते चल रहे थे, उसका मुख्य चरित्र ही था उनका देश भारतवर्ष। वह देश नितान्त भाव या स्वप्न का देश नहीं था, 'यह निभृत ग्राम्य भारतवर्ष कितना विच्छिन्न, कितना संकीर्ण, कितना दुर्बल है', 'अज्ञता-जड़ता और दुःख का बोझ कितना भयंकर भारी है और यह भार हमारे शिक्षित-अशिक्षित धनी-दरिद्र सभी के कंधों पर' किस तरह काबिज़ है, इसकी जानकारी से एक सजीव देशकर्मी को इसके हर पन्नों पर हम देख पाते हैं, वह कर्मी तो रवीन्द्रनाथ ख़ुद ही हैं। 'स्वदेशी समाज', 'छात्रों के प्रति सम्भाषण', 'व्याधि और प्रतिकार' की तमाम रचनाओं में प्रबन्धकार रवीन्द्रनाथ के जो विश्लेषण और आह्वान हैं, उसी का एक व्यक्ति-निरूपण 'गोरा'—जैसे उपन्यास में होता है, उनके उसी अध्यात्म पर्व में ही। और यह इतनी तीव्रता के साथ हो सकता है, उसका कारण यह है कि इस उपन्यास की बातें केवल उनकी देश को लेकर भावनाओं की अभिव्यक्ति बनकर नहीं रह जातीं, वे अभ्यस्त और विद्वान देशकर्मी का कथन भी बन जाती हैं, वे उनकी समग्र सत्ता को ही अभिव्यक्त करती हैं।

देशानुराग का मतलब रवीन्द्रनाथ ने देश के आत्मपरिचय का उद्घाटन समझा था, उसकी आत्मप्रतिष्ठा का आयोजन। बंगभंग आन्दोलन से पहले और बाद में लम्बे समय से अबाध रूप से उन्होंने उसी काम की कुछ पद्धतियाँ तैयार की थी, उसी के लिए वे देशवासियों का आह्वान करते जा रहे थे, लेकिन सिर्फ़ उन आह्वानों में ही निवृत्त न होकर वे अपने विचारों का रूपायन भी, जितना वे ख़ुद कर सकते थे, करते जा रहे थे। इस देश की आत्मप्रतिष्ठा के लिए उन्हें दो आधार सबसे ज़्यादा ज़रूरी लगे थे, अग्राधिकार पाने योग्य कृषि और शिक्षा। हमारे देश के लिए वास्तविक शिक्षा का क्या रास्ता हो सकता है, इसके तात्विक विचार पिछली सदी के उत्तरार्द्ध में ही उन्होंने व्यक्त कर दिये थे, बाद में ब्रह्मचर्याश्रम में उन्होंने ही एक समान्तराल शिक्षाविधि तैयार कर ली थी। बंगभंग आन्दोलन के समय से जातीय शिक्षा के व्यापक आयोजन के विषय में जब सोचा गया, तो वे उसकी भी एक प्रधान शक्ति बने। दूसरी ओर, अपनी ज़मींदारी के दायरे में कृषिकर्म और कृषक जीवन के उन्नयन के विभिन्न प्रत्यक्ष परीक्षणों में वे स्वयं शामिल हो गये।

निवृत्तिसूचक कविता-संग्रह 'खेया' सन १९०६ में प्रकाशित हुआ था, उन्होंने लिखा था 'विदा दो, मुझे क्षमा करो भाई'। और सन १९०६ में ही

कृषिविद्या सीखने के लिए वे अपने कुछ स्नेहभाजनों को विदेश भेजने के विषय में भी सोच रहे थे, रथीन्द्रनाथ, सन्तोषचन्द्र और कुछ समय बाद नगेन्द्रनाथ गये भी थे। ये लोग विदेश में थे, तब स्थानीय युवकों को लेकर वे देश में काम कर रहे थे। 'मैं गाँव-गाँव में सच्चे स्वराज की स्थापना करना चाहता हूँ—पूरे देश में जो होना चाहिए उसी की छोटी-सी प्रतिकृति—बहुत कठिन काम था, लेकिन किये बिना काम नहीं चल सकता' वे यह बात अजितकुमार चक्रवर्ती को लिख रहे थे (२९ जनवरी, १९०८)। वे भूपेशचन्द्र राय या यतीन्द्रनाथ मुखोपाध्याय आदि लोगों को विभिन्न संगठनों की परिकल्पना के कार्यों में नियोजित कर रहे थे, 'पूर्वी बंगाल के कुछ लड़के मुझे मिले हैं' अबला बसु से ऐसा कहकर वे ख़ुशी प्रकट कर रहे थे (अप्रैल, १९०८), 'इनसे सड़कों का निर्माण, पोखर और नालियाँ खुदवाने, खरपतवार साफ़ करवाने'-जैसे तमाम काम करवाये जा रहे हैं, वे उम्मीद कर रहे हैं कि अबला बसु लोग जब देश लौट आयेंगे। 'तब तक हमारे शिलाइदह के गाँव काफ़ी हद तक गठित हो सकेंगे'। रूस के नये युग को देखने के लगभग तेईस वर्ष पूर्व (२५ अक्टूबर, १९०७) नगेन्द्रनाथ को एक चिट्ठी में वे लिख रहे थे : 'तुम लोग दुर्भिक्ष-पीड़ित प्रजा के अन्न के कौर का हिस्सा लेकर कृषि सीखने विदेश गये हो—लौट कर इन हतभागों के अन्न का कौर थोड़े परिमाण में यदि बढ़ा सको तो इसकी क्षतिपूर्ति को लेकर मेरे मन को सान्त्वना मिल सकेगी। याद रखना ज़मींदार का पैसा किसानों का पैसा है और ये किसान ही तुम लोगों की शिक्षा का व्यय-भार ख़ुद आधे पेट खाकर और भूखे रहकर वहन कर रहे हैं। इनके कर्ज़ को पूरी तरह चुकाने की ज़िम्मेदारी तुम लोगों पर है—अपनी सांसारिक उन्नति के मुक़ाबले यही हमारा पहला कर्तव्य होगा।'

और जब ये लोग देश लौट आये, रथीन्द्रनाथ लिख रहे थे : 'हमारे आते ही वे हमें काम पर लगाने के लिए शिलाइदह ले गये'। बोट की डेक के ऊपर बैठकर रवीन्द्रनाथ उस समय उनसे कहा करते थे 'उन्होंने देखा है कि बंगाल के गाँव-गाँव में लोगों की सामाजिक, नैतिक और आर्थिक स्थिति कितनी शोचनीय है, उन्होंने ग़ौर किया कि उनके जीवनयापन की कितनी ही तरह की समस्याएँ हैं, उन सब समस्याओं के प्रतिकार की उन्होंने क्या कोशिशें की हैं और भविष्य में और क्या कुछ करने की उनकी इच्छा है' (रथीन्द्रनाथ)। जब रथीन्द्रनाथ लोग काम पर लग गये तो रवीन्द्रनाथ दूर

से निर्देश देना नहीं भूले थे। कभी उन्होंने लिखा : 'बोलपुर में एक ढेंकी मशीन है—वैसी एक मशीन यदि यहाँ (पतिसर में) ला सकें तो उसका सदुपयोग हो सकेगा।...यहाँ के किसानों को किसी Industry का काम सिखाया जा सकता है, यही बात सोच रहा था।...मैं जानना चाहता हूँ कि Pottery को Cottage Industry के रूप में गिना जा सकता है या नहीं। एक बार पता लगा के देखना—यानी छोटा-मोटा Furnace लाकर एक गाँव के लोगों द्वारा इस काम को चलाना सम्भव है या नहीं।...और एक चीज़ है छतरी बनाना सिखाना।' वे कभी नगेन्द्रनाथ को सूचित कर रहे थे (१४ मार्च, १९१०): '...कुष्टिया में हमारी प्रजा को लेकर Co-operative Dairy खोलने के हिसाब से अच्छी जगहें हैं—इन सब कामों के सिलसिले में मैं तुम्हारे आने की प्रतीक्षा कर रहा हूँ', कभी (३० जुलाई, १९०८) भूपेशचन्द्र राय को बता रहे थे : 'प्रजा को अपने घरों, खेत के मेंड़-जैसी जगहों पर अनानास, केले, खजूर-जैसे फलदार पेड़ लगाने के लिए उत्साहित करना। अनानास के पत्तों से बहुत मज़बूत धागे बनते हैं।'

यह सब उस समय हो रहा था, जब वे 'गीतांजलि' के गीत, 'शान्तिनिकेतन' वाले भाषण या फिर 'शारदोत्सव' नाटक लिख रहे थे, जब वे 'राजा' अथवा 'डाकघर' नाटक लिखने वाले थे। एक ओर माघोत्सव के लिए कह रहे थे (२४ जनवरी, १९१०): 'मेरे भीतर तुम्हारी जो अभिव्यक्ति है वही केवल सुन्दर है, वही केवल मंगल है, केवल वही नित्य है। और बाक़ी सबका मूल्य केवल इतना है कि वे उस अभिव्यक्ति के उपकरण भर हैं।' और दूसरी ओर, कुछेक दिनों के भीतर ही (२ फ़रवरी) गाँवों पर विचार करते हुए नगेन्द्रनाथ को बता रहे थे : 'किसानों के साथ Co-operation में खेती करना, बैंक की व्यवस्था करना, उनके रहने के लिए स्वास्थ्यकर जगह मुहैया कराना, ऋण उपलब्ध कराना, बच्चों की शिक्षा की व्यवस्था करना, वृद्धों का इन्तज़ाम करा देना, सड़कें बनाना, बाँधों का निर्माण, पानी की समस्या दूर करना, एक-दूसरे को परस्पर मदद के लिए नियोजित करना, ऐसे कितने ही काम हैं जिनकी कोई सीमा नहीं।'

पाँच

लेकिन इन दोनों के बीच क्या सचमुच कोई विरोध है, जितने विरोध की हम कल्पना करते हैं? एक ओर आत्मिक-जीवन और दूसरी ओर इस

समाज-जीवन के बीच जाने-आने का भी क्या कहीं एक भीतरी रास्ता नहीं है? ग़ौर करने पर शायद हम देख सकेंगे कि जिसे हम रवीन्द्रनाथ की अध्यात्म-भावना मानते हैं, उसका एक सामाजिक आधार भी है; और उनकी समाज-भावना की ताक़त के रूप में है एक आत्मिक-प्रवणता। और, इसी के फलस्वरूप इन दोनों के बीच, वस्तुतः रवीन्द्रनाथ के समस्त जीवनयापन के बीच ही, एक सामंजस्य-सूत्र निर्मित होता रहता है, वहाँ आपातविरोधी विचित्र पक्ष एकसाथ आकर मिलते रहते हैं।

रवीन्द्रनाथ जब भी देशचर्या की बात करते हैं, तब वे हमें हमारी अवमानित विराट देशपरिधि के बारे में भी याद दिला देते हैं, वे हमें राजनैतिक संघों के साथ इस परिधि के नितान्त अलगाव की बात याद दिला देते हैं। इस देश के अशिक्षित, कुपोषित साधारण लोगों के सामने जब जीवन की ही कोई संचारक दिशा नहीं है, तब उनके लिए देश शब्द का मतलब ही क्या है! अविराम एक 'नहीं' में रहते-रहते उनके भीतर आत्मविश्वास का कोई अस्तित्व ही नहीं बचा है। दस वर्ष के ग्राम-जीवनयापन में रवीन्द्रनाथ ने जो देखा, पल्ली-चिन्तन के माध्यम से 'गोरा' (१९१०) का जो विवरण उन्होंने तैयार किया, उससे केवल एक देशव्यापी आत्मदीनता और आत्मधिक्कार की लांछना अभिव्यक्त होती है। वहाँ से मुक्त करके उन्हें किसी एक विश्वास में प्रतिष्ठित करने को ही रवीन्द्रनाथ ने राजनीति का एक बड़ा काम माना था। इसलिए उनकी समाजचिन्ता आत्मशक्ति की ही चिन्ता बन जाती है, इस शताब्दी के पहले दशक में इस आत्मशक्ति का उपार्जन ही उनकी राजनैतिक सोच का केन्द्र बन गया था। सन १९०९ में 'प्रायश्चित' नाटक में राजा के विरुद्ध साधारण लोगों को धनंजय विद्रोही बना देता है। लेकिन इसी के साथ वह स्वयं को परास्त समझता है, जब वह देखता है कि उसके अनुगामी लोग केवल उसी पर निर्भर कर रहे हैं, स्वयं के विश्वास को वे लौटा नहीं पा रहे हैं।

इस पक्ष पर ध्यान देने से समझ में आता है कि जिसे कई बार समाज से, कार्यों से दूर हट जाने का आयोजन समझ लिया गया, वह उनकी सामाजिक क्रिया की एक विशेष पद्धति मात्र है। राजनैतिक चर्चा में जो 'सदुपाय', 'प्रतिकार' या 'पाथेय' शब्दों का उन्हें प्रयोग करते देखता हूँ, वह उपाय या पाथेय केवल आत्मशक्ति को गढ़ने की भावना में ही निहित रहता है।

दूसरी ओर, समाजजीवन की इस आत्मशक्ति का एक निभृत घर है उनके

व्यक्ति–जीवन की आत्मिकता। उस आत्मिकता का विशद विवरण देते हुए जब वे माघोत्सव के उन भाषणों में कहते हैं : 'हमें हर पल नया होना होगा, हमें लौट–लौट कर हर निमेष में उसमें जन्म लेना होगा। कविता जिस प्रकार प्रत्येक मात्रा में अपने छन्द में जा पहुँचती है, प्रत्येक मात्रा में मूल छन्द को नये सिरे से स्वीकार करती है, तथा उसी कारण समग्र के साथ उसके प्रत्येक अंश का जुड़ाव सुन्दर हो उठता है। हमें भी ऐसा ही करना चाहिए', तब 'समग्र के साथ प्रत्येक अंश का' उस जुड़ाव की भावना में ही उनका जीवनमुख रह जाता है, जो जीवन व्यष्टि से समष्टि की ओर बिखरकर मुक्ति पाता है।

और तब हम समझ पाते हैं कि एक ही दिन में उजाले और अँधेरे की बातें लिखना कैसे सम्भव हो सकता है, हम क्यों एक ही दिन में 'सर्वनाश करने वाले' का आविर्भाव और भिखारी के रूप धरने की छवि को देख पाते हैं, सामने की ओर बिखर जाने और भीतर की ओर संहत कर लाने का आवेग। बाहर से भिखारी का भेस बनाया गया है, संसार के आघातों की निरन्तरता और विफलताओं से जिसे भर दिया गया है, भीतर के सामर्थ्य से वह भी शायद जीवन के वरण को कहीं पा सकता है। लेकिन कौन–सा है वह जीवन ? कौन है यह 'महाराजा' जिसके दरवाज़े पर आकर खड़ा होगा वह भिखारी ? दायरे में सीमित एक 'मैं' के जीवन को पार कर 'नहीं मैं' का जो जीवन सामने फैला हुआ है, वही जीवन उसे राजा का रूप लेकर पुकार सकता है। यदि उस वरण को कोई समझ ले, तो उसी समय, आत्मशक्ति के उसी बिन्दु से ही कोई बाहर की ओर देखते हुए कह सकता है 'अब तो वह आ ही गया सर्वनाशी'। तब भीतर के 'महाराजा' और बाहर का 'सर्वनाशी' एक हो जाते हैं, जीवन तब किसी 'मरणविहार' में मत्त हो उठना चाहता है। 'इस बिखरे हुए जीवन को' जब कोई अन्धकार में जकड़ लिए जाने के लिए दुःख प्रकट करता है, तब वह अन्धकार 'राजा' नाटक के अन्धकार में बदल जाता है, वह अन्धकार स्वयं को तैयार कर लेने का नेपथ्य–घर मात्र है। 'हम चलते हैं सामने की ओर' के साथ तब फिर उसका ज़रा–सा भी कोई विरोध नहीं रहता, क्योंकि तब उसके भीतर का घर चलने के उस समूचे पथ का आलम्बन बन जाता है, बाहर के संघ और भीतर के व्यक्ति के बीच एक आवागमन चलता रहता है। उस आवागमन को हम सरलरेखा में हर समय नहीं पहचान पाते। एक

ओर समाज–जीवन और दूसरी ओर शिल्पित जीवन के मध्यवर्ती संयोग के रूप में रह जाते हैं व्यक्ति–जीवन की कितने ही घटनाओं के टुकड़े, तुच्छ और महत कितने ही अनुभवों की खींचतान, इन्द्रियगत और अतीन्द्रिय कितने ही मेलजोल। एक कविता में इसका सभी कुछ सम्पृक्त रह सकता है और इसलिए उस तरह की कविता से नीरदचन्द्र चौधुरी के अर्थ में सरल कोई जीवन–छवि को पा पाना शायद कठिन होगा, जीवन को तब केवल अवनीन्द्रनाथ के कहे अर्थ में ही ढूँढ़ना पड़ता है, किसी गीत या कविता को सुनते–सुनते जहाँ लग सकता है कि 'रवि काका कह सकते थे, उनका सीना ऐसा था'। उसी सीने के स्पन्दन को सुनने में ही किसी कवि का जीवन बचा रह जाता है।

(१९९३)

यह मैं का आवरण

'योगायोग' उपन्यास में विप्रदास ने कुमु से कहा था : 'संसार में क्षुद्र काल ही सत्य होकर दिखायी देता है कुमु, चिरकाल ओट में रहता है; गीत में चिरकाल ही सामने आता है, क्षुद्र काल तुच्छ हो जाता है, उसी से मन को मुक्ति मिलती है।'

पढ़ने बाद पहले लग सकता है कि यह तो उनकी ख़ुद की ही बात रवीन्द्रनाथ हमें फिर से सुना रहे हैं, वे गीतों की इस मुक्ति की बात ख़ुद कितनी ही बार तो कह चुके हैं। बहुत दिनों पहले 'छिन्नपत्र' के दिनों में जैसे कि उन्होंने इन्दिरा देवी को एक बार लिखा था : 'हमारे लिए हमारा प्रतिदिन का संसार ठीक सामंजस्यमय नहीं है—उसका कोई तुच्छ अंश अपरिमित रूप से बड़ा है, भूख-प्यास, झगड़े-झाँसे, आराम-परिश्रम, छोटी-मोटी बातें, अकिंचितकर दोष-त्रुटियाँ, साधारण-सी बातों पर कलह यही सब हरेक मौजूदा क्षण को कंटकित कर रहे हैं, लेकिन संगीत अपने भीतरी सुन्दर सामंजस्य के द्वारा पल भर में जाने किस मोहनमन्त्र के द्वारा समस्त संसार को ऐसे एक पर्सपेक्टिव में ला खड़ा करता है जहाँ उसके क्षुद्र क्षणभंगुर असामंजस्य फिर नज़र नहीं आते—एक समग्र, एक वृहत, एक नित्य सामंजस्य के द्वारा समस्त पृथ्वी छवि का रूप धर लेती है और मनुष्य के जन्म-मृत्यु, हँसी-रुलाई, भूत-भविष्य-वर्तमान के पर्व कविता के एक सकरुण छन्द की तरह कानों में बजते रहते हैं। उसी के साथ हमारी भी अपनी-अपनी व्यक्तिगत प्रबलता और तीव्रता का ह्रास होता है और हम लोग काफ़ी हद तक छोटे हो जाते हैं तथा एक संगीतमयी विस्तीर्णता के भीतर बहुत सहजता से आत्मविसर्जन कर देते हैं।' विप्रदास की उस बात से कुमु के समक्ष लगभग पैंतीस वर्ष बाद इस लम्बे विवरण का ही

एक छोटा-सा चेहरा उभर आया था। तो क्या हम यह मान लेंगे कि गीतों की यह प्रकृति-व्याख्या अपनी ही बात कह लेने के एक असंगत छल के रूप में उपन्यास में भी चली आयी है? उपन्यास के लिए नितान्त एक अलंकार के रूप में?

ऐसा तो नहीं है, समूची किताब में गीतों और सुरों की व्याप्त भूमिका पर यदि ध्यान दें तो यह बात ठीक से समझ में आ जाती है। 'योगायोग' प्रेम की समस्या पर ही रचा गया है, लेकिन चरित्रों के पारस्परिक सम्बन्धों में—घटनाओं के गुरुतर क्षणों में—सुरों के प्रसंग ही मानो बहुत सारी जगह घेरे रहते हैं। एक ओर है मधुसूदन का मलिन परिपार्श्व और दूसरी ओर उस संकीर्ण बन्धन से कुमु के बाहर आने की ताड़ना, यहाँ पर गीत या सुर दो चरित्रों के इस विपरीत धर्म की प्रतिष्ठा का एक बड़ा उपाय हो उठते हैं। शादी की बात जब तय हो गई, कुमु तब अपना इसराज लेकर भूपाली के सुर बजाती है। अमंगल की छाया के बीच में से होते हुए शादी हो जाने के बाद, बड़े भाई से बिछुड़ने के क्षणों में कुमु कानड़ा और मालकौंस के आलाप सुनाती है, विप्रदास सिन्धु विहाग भैरवी की फ़रमाइश करते हैं, जिन सब सुरों में विच्छेद-वेदना की रुलाई बज उठती है। पति के साथ मेल-मिलाप की रातों में कुमु को बार-बार बड़े भाई से सीखे मीराबाई के भजन दोहराने पड़ते हैं, उन दिनों उसे बचपन में सुने रामकली-कानड़ा के सुरों की याद हो आती है। अलंकार के उपहार लेकर आये मधुसूदन के सामने वह इसराज के सुर साधती है, केदार से छायानट पर पहुँचती है, जिन सुरों को सुनकर मधुसूदन-जैसे गानहीन व्यक्ति को भी अचानक लगता है कि : ये तो मेरे घर आयी है, यह क्या कमाल का सच है। पति के घर से लौटकर कुमु विप्रदास को गाना सुनाना चाहती है, प्रवासी भाई को लेकर संकट के घिर आने के क्षण में विप्रदास कुमु से इसराज सुनने की इच्छा रखते हैं, फिर जिस दिन कुमु के जाने का समय हो आता है, विप्रदास उससे कहते हैं, 'ले यह साज़, हम दोनों मिलकर बजाते हैं', भैरव रागिनी में दोनों आलाप आरम्भ करते हैं। यह इसराज भी 'योगायोग' का एक चरित्र बन जाता है, रवीन्द्रनाथ के और किसी भी उपन्यास में सांगीतिक वातावरण इतने परतों में गुंफित नहीं है।

लेकिन कहाँ पहुँचाने के लिए हैं ये सुर? अन्तिम दिन इस भैरव के आलाप के बाद विप्रदास ने उसके एक धर्म की बात कही थी, कहने की कोशिश

में जो ख़त्म हो जाता है, फिर भी आज वह कुमु से जो कुछ कहता है : 'तुझे लगता है कि मेरा कोई धर्म नहीं है। मेरे धर्म को शब्दों में कहने जाओ तो वह ख़त्म हो जाता है इसलिए मैं नहीं कहता। गीतों के सुरों में उसका रूप देखता हूँ, उसमें गहरा दुःख और गहरा आनन्द एक होकर मिल गये हैं; मैं उसे नाम नहीं दे पाता।' तब हमें याद आ जाता है कि यह अन्तिम दिन में ही नहीं, इस उपन्यास में जब-जब सुर की बात उठती है, गीतों की बात उठती है, तब-तब उसके साथ एक धर्म की बात भी सज्जित हो चली आती है! कुमु को ख़ुद को संहत करने के क्षणों में मीरा के भजन या फिर गीता के श्लोक सोचने पड़ते हैं, गाने के माध्यम से उसके चेहरे पर एक अध्यात्मविभा आ जाती है। जब भी वह बजाती या गाती है, उसे लगता है मानो पूरा जीवन एक उजास से भर गया है; वहाँ सांसारिक दुःख और अपमान के लिए कोई जगह नहीं है। समस्त संकट के क्षणों में सुरों के बीच मानो उसे धार्मिक त्राण मिल जाता है। कुमु को विप्रदास ने धर्म की बातें बतायी थीं, और कुमु ने मोती की माँ को उसके धर्म की छवि के बारे में कहा था। कहा था : 'आज मैं समझ गई हूँ कि संसार में प्रेम ऊपरी आय है। उसे छोड़कर ही धर्म को जकड़कर संसार-समुद्र में बहना होगा। धर्म यदि सरल होकर फूल न दे, फल न दे, तो कम-अज़-कम शुष्क होकर हमें तिरता हुआ तो रखे।'

तो फिर धर्म भी इस उपन्यास का एक बड़ा प्रसंग है, भले ही हमें न लगे कि कुमु के द्वारा कही गई उन बातों को पहुँचाने की गरज से ही 'योगायोग' लिखा गया था। ऐसा भी नहीं है कि कुमु ठीक इसी धर्म की बातें अन्तिम परिच्छेद में अपने दादा से सुन सकेगी। जकड़े हुए इस शुष्क धर्म में नहीं, प्रेम के साथ मिले हुए किसी भी धर्म में उसे पहुँचना होगा, यह उपन्यास इसी द्वन्द्व को लेकर है। यौवन के पहले दिनों में कुमु में प्रेम का जो अस्पष्ट बोध और कौमार्य का स्वप्न जागा था, वह बोध और वह स्वप्न ही उसे एक आत्मिक धारणा और एक देवता की कल्पना तक ले आते हैं। प्रेम ही तो उसकी पूजा तक पहुँचना चाहता था, उसकी पूजा ही तो उसके प्रेम तक जाना चाहती थी। लेकिन वह तो असफल हो गई, यह केवल इस वजह से नहीं हुआ कि उसे सच्चा प्रेम नहीं मिला, बल्कि इसलिए कि वह प्रेम ही नहीं कर सकी। कुमु ने अपने पूरे आवेग के साथ मोती की माँ से कहा था : 'आज मुझे दिखायी दे रहा है प्रेम कर पाना ही सबसे दुर्लभ है,

जन्म-जन्मान्तर की साधना से यह घटित हो पाता है।'

प्रेम कर पाने, न कर पाने की समस्या ही 'योगायोग' की केन्द्रीय समस्या है, लेकिन यह बात कहने के लिए यहाँ केवल धर्म की बात आती है, गीतों की बात आती है। समीकरण का यह ढंग हमें तैंतालिसवें परिच्छेद की इस पंक्ति में स्पष्ट रूप से मिल जाता है जब कवि बताते हैं : 'यौवन के पहले दिनों की वह मरीचिका ही साथ-साथ कोलकाता में उसकी पूजा में आयी थी, उसके गीतों में आयी थी।' पूजा और प्रेम के बीच उसके गीत एक सेतु का निर्माण करना चाहते हैं, लेकिन अन्त तक वह ऐसा नहीं कर पाती, यही सब लेकर 'योगायोग' की कुमु की निर्मिति है।

दो

कुमु ने जिस सेतु के निर्माण की कामना की थी, उसे वह निर्मित नहीं कर पायी, उसी के आयोजन से भरे हुए हैं रवीन्द्रनाथ के प्रेमगीत। कहा जा सकता है कि यहाँ पर भी प्रेम और पूजा के बीच 'गीत' एक जुड़ाव रच रहे हैं।

जिस प्रकार पूजा के हैं, प्रेम के हैं, ठीक वैसे ही रवीन्द्र के लिखे हुए कुछ गेय गीत भी हैं। लेकिन 'गीतवितान' को कवि ने ख़ुद जिन खण्डों में बाँटा था, वहाँ पर ऐसा कोई विभाग नहीं है। विभाग भले न हों, लेकिन एक उपविभाग अवश्य है। 'पूजा' अंश में जिन सौ उपश्रेणियों की कल्पना रवीन्द्रनाथ ने की थी, उसके पहले हिस्से में ही 'गीत' थे, 'पूजा' की पहली बत्तीस रचनायें ही किसी-न-किसी तरह से सुरों की बात करती हैं। हालाँकि हमें यह याद रहता है, लेकिन कई बार हम ग़ौर करना भूल जाते हैं कि 'प्रेम' अंश के पहले वाले गीत भी ऐसे ही गाये जाने वाले गीत हैं, इसकी भी पहली सत्ताईस रचनाओं में सुरों के प्रसंग आये हैं, गढ़ उठा है 'गीतों का रतनहार'।

यह क्या पूरी तरह आकस्मिक है कि इन दोनों खण्डों में ही प्रवेशक के रूप में कवि ने गाये जाने वाले गीतों को सजाने की कामना की थी? या कि इसके माध्यम से, कुमु की ही तरह, कवि भी गीतों के रास्ते धर्म और प्रेम तक पहुँचने की साधना कर रहे थे? धर्म जिस तरह मनुष्य को उसकी अहं-सीमा से बाहर लाकर खड़ा कर देता है, प्रेम का काम भी तो यही है। जब हम स्वयं को स्वयं से मुक्ति दे सकें, अनायास आनन्द या गहरी वेदना

में स्वयं को जब परिजन–परिवेश में मुक्त कर सकें, वही क्षण प्रेम के क्षण होते हैं। धर्म और प्रेम ये जो चरितार्थता की कामना करते हैं, स्वयं के आवरण को तोड़ देना चाहते हैं, गीत भी तो वहीं पर ले जाना चाहता है, जिस गीत के विषय में कहा गया था 'चिरकाल ही सामने आता है, क्षुद्र काल तुच्छ हो जाता है'। इसीलिए, गाये जाने वाले गीत ही इन दो खण्डों के योग्य प्रवेशक हो सकते हैं।

लेकिन उस बात को यदि मान भी लिया जाय, फिर भी हमारी जिज्ञासा समाप्त नहीं होती। इन दो खण्डों में जिन सुरों और गीतों की बातों को सजाया गया है, उनमें क्या किसी भिन्न चरित्र की कल्पना की गई है? कुछ गीत इस खण्ड में हैं, कुछ उस खण्ड में, क्या सिर्फ़ इतना ही? या कि दोनों खण्डों के गीतों में भी कोई प्रच्छन्न भिन्नता है?

इसका एक सहज उत्तर यह हो सकता है कि 'पूजा' के बत्तीस गीतों में से कम–अज़–कम बीस गीत सन १९२० के पहले लिखे गये थे, और 'प्रेम' के सत्ताईस गीतों में से बाईस गीत उस समय के बाद के हैं। लेकिन 'पूजा' में भी सन १९३१ के गीत हैं, 'प्रेम' का भी आरम्भिक गीत सन १८९५ में लिखा गया है : 'चित्त पिपासित रे'। और इसके अलावा, इस नये 'गीतवितान' में किसी भी अर्थ में कालक्रम का निर्वाह नहीं किया गया, १८९५ के लिखे गीत के पास ही रह सकता है सन १९२१ (मेरे मन के मध्य बजता है जो गीत), सन १९२२ का (तुम्हारे सुरों की धारा) गीत हो सकता है, और उसी के साथ रह सकता है सन १९०९ का (तुम कैसे गा लेते हो हे गुणी)–जैसा गीत। इसलिए समय की क्रमिकता ही एकमात्र बात नहीं है, इन दोनों में किसी और विचार से प्रभेद का होना सम्भव है।

बहुत दिनों पहले अमिय चक्रवर्ती ने अपने 'गाने वाले गीत' प्रबन्ध में कहा था कि इन गीतों को तीन श्रेणियों में सजाया गया था : गाना सुनना, गाना सुनाना और गानों का लेन–देन। उन्हें लगा था कि 'पूजा' अंश में मुख्य रूप से उस सुरस्रष्टा की बात कही गई है, विश्वलोक जिसकी रागिनी है। और 'प्रेम' अंश में है लेन–देन के सम्बन्ध, विरह–मिलन के माध्यम से गीतलीला। लेकिन इसके बावजूद अमिय चक्रवर्ती में एक दुविधा थी, शायद वे समझ गये थे कि गीतों की इस तरह से शिनाख़्त करना बहुत सहज नहीं है, इस प्रभेद–सूत्र का वर्णन करते हुए वे शायद

'पूजा' तथा 'प्रेम' शीर्षकों को ही काफ़ी हद तक प्रश्रय दे रहे थे। इसलिए आख़िरकार उन्हें कहना ही पड़ा : 'लेकिन पूजा और प्रेम के बीच तो अलगाव नहीं है; इसलिए कवि के संकल्पित गीतवितान में लिरिकल माला गूँथी गई है।'

तो क्या हम थोड़े अलग ढंग से सोचें? मनुष्य जब अपने अस्तित्व में समूचे विश्व के अभिघातों को महसूस कर पाता है, तब वह एक गहनतर कोई और मनुष्य हो जाता है। अभिघात के इस सम्बन्ध को रवीन्द्रनाथ सुरों की उपमा में देखते हैं। ये अभिघात कभी तीव्र होते हैं, कभी मृदु, कभी ये आनन्ददायी होते हैं और कभी पीड़ादायी। इसलिए इन गीतों में सुरों का वर्णन भी कभी अग्नि के रूप में किया गया है, कभी झरना, कभी होम, कभी माला। लेकिन सब समय वे सुर एक के साथ दूसरे को, मैं के साथ तुम को जोड़ने का काम करते रहते हैं। यह जोड़ना कभी मेरे गीतों में तो कभी तुम्हारे गीतों में होता रहता है।

यह तुम का बोध यदि आत्मस्थ एक सम्पूर्णता का बोध है, गीत यदि इसी के साथ संलग्न होने का पथ है, तो फिर उस गीत में कभी तुम मैं की ओर अग्रसर होता है, और कभी मैं तुम की ओर। 'पूजा' में गाने वाले जो गीत हैं, वहाँ पर तुम और मैं का यह विन्यास लगभग समान-समान है। वहाँ पर 'तुम्हारे सुरों की धारा झरती है', 'तुम्हारे सुर फागुन की रातों में जागते हैं', तुम ही वहाँ पर सुरों की आग लगाता है, तुम्हारी वीणा बजती है, लेकिन उसी के साथ फिर 'मेरे सुरों में लगती है तुम्हारी हँसी', 'तुम्हारे सुरों में सुर मिलाने में / मेरी शाम ढल जाती है।' हम कह सकते हैं कि सुरों को मिलाने का यह काम काफ़ी हद तक 'प्रेम' खण्ड के गेय गीतों में सम्पन्न हो जाता है, क्योंकि दो-एक को छोड़ कर वहाँ सारे गीतों का उत्स मैं ही है। वहाँ पर, 'तुम्हें गीत सुनाऊँ, इसीलिए मुझे जगाये रखती हो।'

अमिय चक्रवर्ती ने लिखा था, 'गीत जहाँ पर भक्तिरस से परिहित हैं, कवि के अपने संगीत को भी वहाँ पर पूजा खण्ड में स्थान मिला है' लेकिन यह जो जगाये रखने वाले गीत की बात कही गई, इसमें यदि कोई भक्तिरस न रहे, यह यदि प्रेमगीत ही हो, इसे यदि विशू नन्दिनी को सुनाना चाहे, तो फिर 'मैंने तुम्हें सुनाये थे जितने गीत' क्योंकर स्वतन्त्र रूप से भक्तिरस का गीत होगा भला, यह बात ठीक से समझ में नहीं आती। यह तो कोई

भक्ति की बात नहीं है, यह तो व्यक्ति की बात है, यह तो केवल प्रकट वेदना की बात है, जो वेदना सम्पूर्ण के साथ अपने विच्छेद को प्रत्यक्ष कर देती है, जो वेदना समस्त के साथ मिलन के लिए आगे ले जाना चाहती है। उसी का एक नाम प्रेम हो सकता है, उसी का एक नाम पूजा हो सकता है। इसी अर्थ में गाये जाने वाले गीत पूजा और प्रेम के बीच एक सहज सेतु निर्मित करते हैं, फिर इन दोनों जगत में कोई बड़ी भिन्नता शेष नहीं रह जाती।

तीन

मैं जब समस्त के साथ मिल जाता हूँ, तब इस मैं का आवरण स्खलित हो जाता है। कुमु को जब संसार के रूढ़ अपमान बेध रहे थे, तब उसने ग़लती से अपने चारों ओर एक और आवरण निर्मित कर लिया था, जो आवरण 'ख़ुद के बारे में ख़ुद की चेतना को कम कर देता है'। इसके उलट उसे तो बल्कि इस आवरण को खोल देना था, क्योंकि हम जितना स्वयं की ओर आते हैं, प्रेम की ओर आते हैं, उतना ही मैं एक आत्म-सीमारेखा से बाहर बिखर जाता है। पुरुष जब स्त्री या फिर स्त्री जब पुरुष को इस मुक्ति के रूप में सोच पाते हैं, ख़ुद से ख़ुद की ही मुक्ति, वही उसका प्रेम होता है। रवीन्द्रनाथ के जैसे 'पूजा' के गीत, वैसे ही उनके 'प्रेम' के गीत भी इसी मुक्ति के गीत हैं।

हालाँकि यह सच है कि इन दो श्रेणियों के हर किसी गीत को मुक्ति के गीत के रूप में चिह्नित नहीं किया जा सकता। 'पूजा' में हमें ऐसे बहुत सारे गीत मिलेंगे, जहाँ प्रशस्ति है लेकिन निवेदन नहीं, जहाँ प्रणति है लेकिन उन्मोचन नहीं। 'उनके साथ मिलाओ जो चराते हैं तुम्हारी गायें', 'ओ अकूल के कूल, ओ अगति के गति', 'जो हैं सारे कार्यों के कर्ता', 'हम उसे ही जानते हैं, उसे ही जानते हैं संग के साथी'-जैसे गीतों में कोई आत्म-परिष्कार नहीं है, वहाँ केवल अर्चना है। इसलिए यह पूजा ऊपरी स्तर की पूजा भर है। प्रेमगीतों में भी ठीक उसी तरह ऊपरी स्तर का प्रेम है, जब हम सुनते हैं 'उस दिन हम दोनों झूले थे वन में' या फिर 'यौवनसरसिनी' या फिर यहाँ तक कि 'कटी है अकेले विरह की यह वेला'-जैसे गीत। लेकिन गीत इन ऊपरी आवरणों को छोड़ देते हैं, जब 'सीमाओं में असीम तुम' से हम पहुँच जाते हैं 'आज जिस तरह गा रहा

है आकाश, उसी तरह तुम गाओ' की ओर, तभी ये दो खण्ड एक जगह पर आ मिलते हैं। कहा जा सकता है कि तब पूजा और प्रेम इन दो श्रेणियों के बाहर एक तीसरी श्रेणी की हम कल्पना कर पाते हैं, जिसे हम आसक्ति के गीत कह सकते हैं। आत्म-आवरण से मुक्ति की प्रबल वेदना से मथित होकर ये गीत हमारी समूची सत्ता की माँग करते हैं, और तब लगता है कि इससे बड़ा मंथन, इससे बड़ा पैशन या वासना का ताप मानो हमारे अनुभव में है ही नहीं। पुरुष और स्त्री परस्पर को लेकर ही यह ताप है; लेकिन सिर्फ़ पुरुष और स्त्री नहीं। मैं और मेरे भीतर तथा बाहर व्याप्त एक 'नहीं-मैं', अर्थात् तुम, गीतों का सेतु इन दोनों के बीच एक निविड़ वेदना का सम्बंध निर्मित करता है।

रवीन्द्रनाथ की कविता पढ़ते हुए विक्टोरिया ओकैम्पो को जो तेइयार-दे-शार्द्याँ की बात याद आयी थी, उन्हीं शार्द्याँ ने कहा था : यदि स्वयं को मनुष्य विश्वपरिधि में विस्तृत न करे तो फिर वह अपनी प्रिया का आलिंगन नहीं कर सकता। और विश्व तो सतत् जन्म लेता रहता है, वह सतत् संचारित है, अपूर्ण है, इसलिए आसक्ति के लिए मनुष्य के सामने एक निरन्तर आत्मनिर्माण की सम्भावना रह ही जाती है। इस निर्माण के लिए, शार्द्याँ ने भी कहा है, विश्व का एक संगीत हमारा आह्वान कर रहा है, वह हमारे भीतर के एक सुर को जगा रहा है। स्त्री के माध्यम से ही पुरुष अपनी छिन्नता के दायरे से मुक्ति पाता है, उन्होंने कहा था (ठीक जैसा कि रवीन्द्रनाथ ने भी अपने 'पर्सनैलिटी' के प्रबन्धों में कहा था), विश्व की ओर मुक्ति पाता है। जिस प्रकार रवीन्द्रनाथ देखना चाहते हैं—

> यह मैं का आवरण सहज ही स्खलित हो जाय;
> चैतन्य की शुभ्र ज्योति
> भेद कर कुहरा
> सत्य का अमृतरूप व्यक्त कर दे।
> समस्त मनुष्यों में
> एक चिरमानव की आनन्दकिरण
> मेरे चित्त में विकीर्णित हो जाय।

ठीक ऐसी ही एक आनन्दकिरण की बात कहते हैं शार्द्याँ, उसे वे नाम देते हैं ओमेगा, 'Omega, in which all things converge, is reciprocally that from which all things radiate!' अपनी सत्ता की स्वतन्त्रता को

स्थिर रखते हुए ही उस ओमेगा के साथ, इस विकिरण के साथ हम मिल जाना चाहते हैं, इसी का नाम आसक्ति है। शार्द्याँ के पास आसक्ति थी इसीलिए तीन शब्दों का योग : स्त्री, पुरुष और ईश्वर है। रवीन्द्रनाथ के लिए भी आसक्ति तीन शब्दों का योग है : तुम, मैं और गीत—तुम्हारे, मेरे विरह के अन्तराल में जो गीत सतत् उसका सेतु निर्मित करता रहता है, सिर्फ़ प्रेम का नहीं, आसक्ति का गीत।

(१९८०)

गीत और धर्म

कुछ दिनों पहले एक गुजराती मित्र आये थे, प्रबोध पारेख। लम्बे समय से वे मुम्बई में रह रहे हैं, दर्शन पढ़ाते हैं। और विवाह की वजह से वे बाङ्ला से जुड़े हुए हैं। नाना प्रकार की चर्चा के प्रसंग में एक सलज्ज स्वीकारोक्ति की भंगिमा में उस दिन उन्होंने कहा था कि लगभग दस वर्षों से उनके सबसे बड़े 'ऑब्सेशन' हैं रवीन्द्रनाथ। पारिवारिक लोगों, मित्रों के सर्किल में या फिर अपने विद्यार्थियों के बीच वे सतत् रवीन्द्रनाथ के विषय में बोलते रहना चाहते हैं, जीवन में उनकी प्रासंगिकता की बातें, और उन बातों का प्रधान अंश होता है रवीन्द्रनाथ के गीत। उनकी छोटी-सी बच्ची को बाहर से घर लौटकर यदि सुनायी दे कि रवीन्द्र संगीत का कैसेट बज रहा है, तो वह तुरन्त कह उठती है : 'पिताजी ज़रूर घर पर हैं'? आधे परिहास से भरे इस मन्तव्य से प्रबोध को कोई फ़र्क़ नहीं पड़ता; या हो सकता है कि यह परिहास अच्छा ही लगता हो। क्योंकि उन्हें लगता है, आज किसी और चीज़ से उन्हें इस प्रकार का प्रशमन, प्रलेपन, ऐसी निर्भरता नहीं मिल सकती, जैसी रवीन्द्र संगीत से मिलती है। 'रवीन्द्र संगीत के गीतों से एक कमाल का हीलिंग इफ़ेक्ट तैयार होता है'—अक्षरशः उन्होंने ऐसा ही कहा था।

साधारण रूप से ही सुरों से एक 'हीलिंग इफ़ेक्ट' तैयार हो सकता है, सुरों में एक निरामय की शक्ति होती है, यह हमें पता है। 'गृहप्रवेश' नाटक के एक दृश्य में डॉक्टर ने यतीन की रोगशैया के पास हिमी को गाने के लिए कहा था, क्योंकि उन्हें लगा था कि शरीर के लिए दवाई की तरह ही गाना भी यथार्थ रूप से सुश्रुषा हो सकता है। यह सुश्रुषा पूरी तरह शारीरिक अर्थ में ही सुश्रुषा है, शारीरिक अर्थ में ही निरामय। यह बात उस नाटक में

हालाँकि थोड़े हलके ढंग से कही गई है; इसके अलावा, यह तो हुई नितान्त कवि की बात। लेकिन क्या यह केवल कवि की बात है? गाना सुश्रुषा हो सकता है, आज वैज्ञानिक भी ऐसा कह रहे हैं। मन और शरीर पर गाने के सुर एक थेरेपी का काम करते हैं, एक तापहारिणी प्रलेप फैला देते हैं, वे लोग ऐसा कह रहे हैं। पहले या दूसरे विश्वयुद्ध की वजह से जो लोग शारीरिक या मानसिक रूप से विपर्यस्त थे, उनमें से बहुत-से लोगों की सुश्रुषा सुरों के प्रयोग से ही हुई थी। उस प्रयोग के सुफल को देखने के बाद, आज ऐसे देश भी हैं जहाँ सुरों की मदद से निरामय की पद्धति शिक्षा का एक अन्यतम विषय बन गई है, देश भर में इसके कई-कई केन्द्र स्थापित हो चुके हैं।

लेकिन प्रबोध जिस 'हीलिंग इफ़ेक्ट' की बात करते हैं, वह निश्चय ही सुर की इस साधारण शक्ति से कुछ अधिक है, कुछ भिन्नतर है। ऐसा यदि नहीं होता, तो फिर उनके विशेष रूप से रवीन्द्र संगीत के अनुरागी बनने का कोई कारण ही नहीं होता, सुश्रुषा तो वे और भी कई प्रकार के गीतों से पा सकते थे। फिर भी रवीन्द्रनाथ के विषय में वे जो इस तरह से बोलते रहते हैं, उसकी वजह उन गीतों के केवल सुरों में नहीं है, शब्दों में भी है— या कहा जा सकता है, शब्दों में ही। प्रश्न यह है कि उन शब्दों में वे सुश्रुषा कैसे पा जाते हैं।

इन गीतों के रचयिता स्वयं भी अपने गीतों से किस प्रकार सुश्रुषा ग्रहण करते थे, उसकी नज़ीर की दो-चार बातें हमें याद आती हैं। ८ मार्च, १९४२ को अपने किसी स्नेहभाजन को प्रशान्तचन्द्र महलानवीस ने एक लम्बी चिट्ठी लिखी थी। उस चिट्ठी में निकट से देखे रवीन्द्रनाथ के जीवनयापन के बहुत सारे विवरण थे, उसमें अलीपुर मौसम-विभाग के कमरे में कुछ दिनों के लिए रवीन्द्रनाथ को अपने निकट पाने के अनुभवों की बातें थीं। दाम्पत्य विपर्यस्त मीरा के लिए उस समय उनका मन बहुत व्यथित था, प्रशान्तचन्द्र को यह बात मालूम थी। उस समय, एक रात को, थोड़ी देर बातचीत के बाद, रवीन्द्रनाथ

> बरामदे में जाकर बैठ गये। मैं सो गया। तब रात गहरा चुकी थी। थोड़ी देर की नींद के बाद अचानक मैंने सुना कि वे शयनकक्ष में, शायद बिस्तर पर लेटे-लेटे, गा रहे हैं।
>
> 'नेत्रहीन को दो उजाला

मृतक को तुम दे दो प्राण।
तुम करुणामृत-सिन्धु
करो करुणा-कण का दान।
शुष्क हृदय मम कठोर पाषाण सम
प्रेम-सलिल नीर से (धार से) सींचो शुष्क वदन (नयन)।'

उस समय शायद रात के तीन बज रहे थे। वे इसे लगभग दो घण्टों तक आहिस्ता-आहिस्ता दोहराते रहे ताकि मैं जाग न जाऊँ। मैं लेटे-लेटे इसे भोर होने तक सुनता रहा। मैं समझ गया कि वे इस गीत के माध्यम से मन को शान्त कर रहे हैं। हर शब्द को वे कितनी ही बार दोहराते रहे।....

लगभग सैंतीस वर्ष पहले उन्होंने जो गीत एक माघोत्सव के लिए लिखा था, आनुष्ठानिकता को पार कर आज वे उसे अपने ही निभृत आश्रय के रूप में गा रहे थे, गीत के भीतर से वे शक्ति पाना चाह रहे थे, वे अपने किसी व्यक्तिगत संकट से पार हो जाना चाहते थे।

अपनी रचना के माध्यम से अपने प्रशमन की तलाश का एक भिन्न प्रकार का वर्णन रानी चन्द के संस्मरणों में है। मृत्यु के कुछ दिनों पहले जिस सुबह 'पहले दिन का सूर्य' कविता लिखी गई, जहाँ पर किसी भी प्रश्न का जवाब नहीं मिला, और जिसके दो दिनों बाद ही लिखी गई 'दुःख की अँधेरी रात बार-बार / आयी है मेरे द्वार', उस सत्ताईस जुलाई को, 'पहले दिन का सूर्य' का श्रुतलेख देने के थोड़ी देर बाद, रवीन्द्रनाथ ने रानी चन्द से अपनी ही एक पुरानी रचना सुनाने का आग्रह किया। बोले : 'मेरे पास बैठकर वह कविता पढ़ तो, मैं सुनूँ, ''विपदा में मेरी रक्षा करो''।' किसी प्रश्न का उत्तर नहीं है कहीं भी, डर की विचित्र चंचल-छवियों से भरा यह विरूप विश्व सिर्फ़ विह्वल कर रहा है, यहाँ केवल मृत्यु का अचूक शिल्प है, छलनाओं का जाल सिर्फ़—ऐसे एक दमघोंटू अनुभव की बात जब वे कह रहे थे या कहने जा रहे थे, तब उन्हें अपनी ही एक पुरानी संकल्प की बात सुनने की इच्छा हो रही थी 'दुःख को मैं सदा कर सकूँ जय'। हालाँकि स्मृति के आधार पर रानी चन्द वह कविता नहीं सुना सकीं। कुछेक पंक्तियों के बाद ही वे सूत्र खो बैठीं, वे अनिल चन्द को बुला लायीं। दो-चार पंक्तियों के बाद अनिल चन्द भी ठिठक गये, अमिता ठाकुर को भी कविता याद नहीं थी। आख़िरकार 'गीतांजलि' लायी गई और वह गीत पढ़ा गया। अप्रतिभ सारे लोगों के लौट जाने के बाद उस

दिन रवीन्द्रनाथ ने रानी चन्द से कहा था : 'ये सब कवितायें तू याद कर ले—ये सारी मन्त्र के समान हैं।'

किस अर्थ में मन्त्र के समान हैं, ये सब गीत या कवितायें टूटे हुए मन के लिए कहाँ से सामर्थ्य अर्जित करती हैं, या आत्मविनाश की इच्छा से लौटा लाती हैं, इसके कुछ-कुछ व्यक्तिगत उदाहरण हममें से कइयों को पता है। प्रत्यक्ष अनुभव से ऐसी ही एक कहानी चारुचन्द्र वंद्योपाध्याय ने अपनी 'रविरश्मि' पुस्तक से हमें सुनायी थी।

जोड़ासाँको वाले घर में रवीन्द्रनाथ के साथ मुलाक़ात के लिए एक नेत्रहीन वृद्ध आये हुए थे। चारुचन्द्र ने सुना, कवि का अभिवादन करने के बाद वे वृद्ध कह रहे थे :

> मैं अन्धा हूँ, मेरी एक बेटी हाल ही में विधवा हो गई है। लेकिन विधवा होने के बाद कुछ दिनों तक रोना-धोना करके अचानक उसने चुप्पी साध ली। मुझे यह जानने का कौतूहल हुआ कि अचानक उसकी रुलाई क्यों बन्द हो गई। मैंने उसे बुला कर पूछा। उसने कहा—मैंने रविबाबू की नैवेद्य पुस्तक पढ़ी, मुझे उससे परम सान्त्वना मिली है, मुझे अब शोक, दुःख कुछ भी नहीं है। मैंने उससे कहा—तुम्हें ऐसी किताब मिली है जिससे दारुण शोक ताप दूर हो जाते हैं, तो मुझे भी वह पढ़कर सुनाओ। मेरी बिटिया ने मुझे वह किताब पढ़ कर सुनायी। मैं उसे सुनकर मुग्ध हो गया हूँ, मुझे बहुत सान्त्वना मिली है। यह बात कहकर मैं आपको हमारी कृतज्ञता ज्ञापित करने के लिए कोलकाता आया हूँ।

बातें पूरी करने के बाद वे वृद्ध अपने सहयोगी का सहारा लेकर धीर क़दमों से लौट गये। और, ये बातें सुनकर हमें 'नैवेद्य' के आरम्भिक गीत याद आने लगते हैं : 'यदि ये मेरे हृदय के द्वार कभी बन्द रहें जी', 'तुम्हारे असीम में मन-प्राण लेकर मैं जितनी दूर तक दौड़ता हूँ' या फिर 'थोड़ा लिए रहता हूँ, इसलिए मेरा जो कुछ चला जाता है, वह चला जाता है'- जैसे तमाम गीत। हम समझ पाते हैं कि किस तरह किस पथ से उस वृद्ध अथवा उनकी वियोगविधुरा बेटी के मन में सान्त्वना पहुँच रही थी। हम समझ पाते हैं, जीवन जब विफलता या क्षति या फिर मृत्यु के एकदम सामने आ खड़ा होता है, तब उन्हें पार करने के बहुत सारे पथ रवीन्द्रनाथ किस तरह अपने गीतों में खोल कर रखते हैं, किस तरह मन की एक सुश्रुषा तैयार होती है।

विफलता, एकाकीपन और अवसान के बोध से मन जब आच्छन्न रहता है, तब सारे कलाकार उसकी ओर एक ही ढंग से देखते हैं, ऐसा नहीं है। अतुलप्रसाद जब अपने अनुरागियों को सुनाते 'अब तू अकेले घर में जी भर कर रो ले', तब वे उनसे कहते थे : 'सोचकर देखो, जीवन क्या ऐसा ही नहीं है? जहाँ भी तुम्हें आनन्द दिखायी दे रहा है—उसकी गहरायी में देखोगे वहीं से तुम्हें पीड़ा और दु:ख मिलेंगे।' इस बात का निश्चय ही कोई अर्थ है, समस्त गहनतम कलाएँ ऐसे ही एक गहन दु:ख की उपलब्धि से उठ आती हैं। लेकिन वह उनका उत्स भर है। उस उत्स से अलग-अलग व्यक्ति अपने अनुभवों को अलग-अलग दिशाओं में ले जाते हैं। रवीन्द्रनाथ के गीतों के विषय में अबू सईद अय्यूब को लगा था कि उनके ज़्यादातर गीत आनन्द के ही गीत हैं। तथ्य के नज़रिये से यह बात सच नहीं है, लेकिन फिर भी अय्यूब को ऐसा लगा था, निश्चय ही उसकी एक संगत वजह है। रवीन्द्रनाथ सतत् दु:ख की बात करते हैं, लेकिन वह दु:ख उनका पथ मात्र है, वह उनका लक्ष्य नहीं है। शायद अतुलप्रसाद से उलट रवीन्द्रनाथ कह सकते थे कि 'जहाँ पर देख रहे हो दु:ख और पीड़ा—गहरायी में देखोगे तो वहीं से तुम्हें आनन्द मिलेगा।' दु:ख में से आनन्द को स्पर्श करने के—वस्तुत:, यापन में से सत्ता को छूने के—एक अनुभव को वे इस तरह हमारे सामने ले आते थे। और तब, 'अन्तरग्लानि' के बीच खड़े होकर भी, 'क्षय' के सामने खड़े होकर भी, दु:ख और मृत्यु के अवधारित अस्तित्व के बीच खड़े होकर भी हम कह सकते हैं 'फिर भी नित्यधारा प्राण हँसते है सूर्य चन्द्र तारे', हमें लग सकता है 'लगा मानो आकाश ने कुछ कहा है कानों में'। तब एक निरामय तैयार होता है। और तब गीत मन्त्र हो जाते हैं, वे एक नये प्रकार का धर्म हो जाते हैं।

तो फिर क्या इसका मतलब यह है कि रवीन्द्रनाथ के केवल उन गीतों में मानसिक सुश्रुषा है, जिन्हें एक समय उन्होंने 'ब्रह्मसंगीत' के नाम से चिह्नित किया था, बाद में 'धर्मसंगीत', और भी बाद में 'पूजा'? तो फिर क्या इन धर्म या पूजा शब्दों के अनुषंग में हम किसी प्राचीन ईश्वर के ध्यान में लौट जाने का सोच रहे हैं? प्रबोध ने क्या इसी निरामय के विषय में सोचने की कामना की थी?

याद आता है, बातों के सिलसिले में प्रबोध ने थोड़ी-बहुत जो पंक्तियाँ सुनायी थीं, उनमें एक मुख्य थी 'सूर्य तारों से भरा आकाश, विश्व भरा

है प्राणों से'। इतनी देर से हम जिन गीतों के बारे में सोच रहे थे, उन सबसे इस गीत का परिसर काफ़ी भिन्न है। पहले वाले गीतों में मृत्यु के सम्मुख खड़े होकर जीवन का प्रतिरोध था, और इस गीत में है जीवन के सामने खड़े होकर व्यक्ति का विस्तार। वस्तुतः, यह विस्तार ही सचमुच का प्रतिरोध है, रवीन्द्रनाथ के गीत हमें उसी बोध तक पहुँचा देते हैं, और वही इसका धर्मबोध बन जाता है।

दो

जीवन के पथ पर मृत्यु अथवा क्षरण ही एकमात्र बाधा नहीं है, उस पथ की और भी एक बड़ी बाधा हमारी मानसिक विकलता और जड़ता है। इस जड़ता के कारण हम अपने आप को मिट्टी और पानी से दूर हटाकर रखते हैं। हम उसकी सिर्फ़ उपेक्षा करते हैं ऐसा नहीं है, हम उस पर चोट भी करते रहते हैं। 'वॉलडेन' शीर्षक वाली पुस्तक में थॉरो ने लिखा है : 'जितने दिनों तक विभिन्न ऋतुओं के साहचर्य से मुझे आनन्द मिलता रहेगा, मुझे मालूम है, किसी भी हालत में मुझे यह नहीं लगेगा कि मैंने जीवन को समझ लिया है।' और, आकाश का भण्डार देख-देखकर 'छिन्नपत्र' के रवीन्द्रनाथ सोच सके थे : 'मेरे साथ यदि हमेशा ही इस सुनील, निर्मल, ज्योतिर्मय, असीमता का ऐसा व्यवधानहीन प्रत्यक्ष जुड़ाव बना रहे तो फिर मेरा जीवन कभी भी पूरी तरह नीरस नहीं होगा।' यह केवल व्यक्ति की बात नहीं है, यह एक समूचे समाज-जीवन की बात भी हो सकती थी। लेकिन अपनी दिनचर्या में हम लोग इन अनुभवों को खो चुके हैं। 'ऋतु के साहचर्य' से, या फिर उस 'ज्योतिर्मय असीमता' से विच्छिन्न करके हमने अपने आप को जीवन में शुष्क बना रखा है। उसी शुष्कता के कारण, हमारी सभ्यता ने बाहर के साथ जुड़ाव को पूरी तरह से तुच्छ करके उसे केवल नष्ट करना, उसे ध्वंस करना ही सिखाया है। यन्त्रों की दौड़ में उन्मादी हो चुका हमारा यह समाज प्रकृति पर निरन्तर आघात करता चल रहा है, नये-नये लोभ की ओर वह उदग्र हो रहा है, और अविराम घटित हो रही है परिवेश की मृत्यु। व्यक्तिगत मृत्यु नहीं, सचेतन मनुष्य के सामने सबसे बड़ा संकट आज इस परिवेश की मृत्यु है।

इससे त्राण कैसे सम्भव है? लगभग तीस वर्ष पहले विश्व संकट को लेकर धर्म-चिन्तक दाइसाकू इकेदा और इतिहासकार अर्नाल्ड टॉयेनबी ने

आपस में चर्चा की थी। उन्हें लग रहा था कि मानव-सभ्यता यदि अपना सम्पूर्ण विनाश नहीं चाहती है, तो फिर उसे मिट्टी, पानी, हवा के आत्मसम्मान, उनकी शुद्धता को फिर से पाना होगा। जो दूषण राष्ट्रीय और अन्तर्राष्ट्रीय स्तर पर चल रहा है, प्रकृति के साथ जो दुष्कर्म किया जा रहा है, आज उसके अवसान की आवश्यकता है। लेकिन उसके विपरीत, नीतिबोध-निरपेक्ष विज्ञान के प्रसार से, रेडियोधर्मी अस्त्रों की प्रमत्तता में हम एक ऐसे जगत में आ पहुँचे हैं, जहाँ समूचा प्राकृतिक सामंजस्य विपर्यस्त हो गया है। नीतिबोधहीन उस विज्ञान के विरुद्ध आज हमें अपने किसी धर्मबोध को जगाने की ज़रूरत है, जीवन और परिवेश की ओर इस धर्मबोध के ज़रिये देखने में ही हमारी सभ्यता की मुक्ति है, टॉयेनबी को ऐसा ही लगा था।

लेकिन उन्होंने धर्मबोध किसे कहा था? क्या है वह धर्म? इकेदा और टॉयेनबी के शब्दों में जिस धर्म का परिचय हमें मिलता है, उसमें हमारे इतने दिनों के अभ्यस्त धर्म की शाखाओं की ही बातें हैं, उनके संवादों में हिन्दू, बौद्ध, ईसाई या इस्लाम के ही नाम उठ आते हैं। परिवेश के साथ लेन-देन के सहज सम्बन्ध में, सामंजस्य के सम्बन्ध में, मनुष्य अपने जीवन को सर्जनात्मक बना सकता है—यह बात कहते हुए इकेदा को अनिवार्य रूप से किसी बौद्ध सूत्र के बारे में सोचना पड़ता है, जहाँ पर इस सम्बन्ध को नाम दिया गया है 'एशो फूनी'। प्रतिपालक परिवेश (एहो) और स्वाधीन जीवनसत्ता (शोहो) को मिलाकर जो 'एशो' है, उन्हीं के अटूट बन्धन का नाम है 'फूनी'। हम यदि अपने धर्म की भित्ति द्वारा इस 'फूनी' को—दोनों के इस सामंजस्य को—जीवित रख सकें, केवल तब ही हम किसी स्वस्थ भविष्य का सपना देख सकेंगे। केवल तब ही हम अपने आत्मकेन्द्रित गह्वर से मुक्ति पा सकते हैं। उन्हें ऐसा ही महसूस हो रहा था।

रवीन्द्रनाथ भी हर समय इस आत्मकेन्द्र से मुक्ति की बात करते हैं, इस सम्बन्ध या संचार की बात, इस धर्मबोध की बात भी। लेकिन रवीन्द्रनाथ के पास उस धर्म का बोध एक सम्पूर्ण भिन्न पथ पर, शास्त्रनिरपेक्ष पथ पर आ पहुँचता है। वे एक 'प्रकृतिनिहित धर्म' (छिन्नपत्रावली / पृ. ४७३) को जाग्रत करना चाहते हैं, जो धर्म विशेष कोई आचारधर्म नहीं है, जो धर्म इस 'अनादि अनन्त आकाश-पूर्ण नित्य स्पन्दित आवर्तित

अणु–परमाणु के साथ हमारा एक निगूढ़ आनन्दमय आत्मीयता का बन्धन' पाना चाहता है। बाहरी शास्त्र से जो धर्म हमें मिलता है, रवीन्द्रनाथ उसे किसी धर्म के रूप में स्वीकार नहीं करते, 'एक निगूढ़ चेतना', एक नूतन अन्तरिन्द्रिय के विषय में वे चिन्तन करते हैं, वही उनका धर्म है। इस चेतना से सम्पन्न होने पर ही कोई सहजता से गा सकता है 'सूर्य तारों से भरा आकाश, विश्व भरा है प्राणों से / इन्हीं के बीच मुझे अपनी जगह मिल गई है'।

अपने धर्म से रवीन्द्रनाथ यह गीत गा उठते हैं, और, इस गीत को सुनकर हमें अपना धर्म मिल जाता है, मिल जाना चाहिए। यह अन्तरिन्द्रिय उद्बोधन ही नये काल का धर्म हो सकता है। मैंने थोड़ी देर पहले जिस मानसिक विकलता की बात कही थी, जिसमें अचेत और चूर–चूर होकर पड़ा रहता है हमारा यन्त्रताड़ित महानगरीय मन, वह तब विश्व में अपनी इन्द्रियों को बिखरा देता है, सुन पाता है 'कितनी दिशाएँ कितनी वाणी, नव–नव कितनी ही भाषायें, झरझर रसधार'। तब, यदि कोई ठीक तरह से गा सके और कोई उसे ठीक तरह से सुन सके, 'जगत के आनन्द–यज्ञ में मेरा निमन्त्रण'–जैसा कोई आह्वान भरा गीत भी आँखों को आँसुओं से भर सकता है। उसका कारण शायद हमारी किसी प्रगाढ़ पुनर्मिलन की पीड़ा में निहित है, बहुत दिनों तक विच्छिन्न रहने के बाद फिर से पाने के—स्वयं को ही फिर से पाने के—किसी आवेग में। जिस सम्बन्ध के विषय में या जिस निमन्त्रण की ओर से बहुत दिनों तक मन अचेतन रह गया हो, नीचता, विकृति, परस्परहन्यमानता के कारण जिसकी ओर नज़र ही न डाली हो, अचानक मानो वही सामने आकर खड़ा हो जाता है, और हमें आहट मिलती रहती है 'किसी पुरातन प्राणों के लगाव में' मिट्टी की ओर हमारा मन भागा जा रहा है। भागा जा रहा है 'कालहीन किसी काल' की ओर। 'असीम काल के जिस हिल्लोल से ज्वारभाटों से डोलता है भुवन' उसके साथ मेरे प्राण जुड़ते जा रहे हैं। इसी तरह, समस्त काल और समस्त देशों के सामंजस्यों में से होते हुए क्षण भर के लिए हमारी समग्र सत्ता जाग उठती है। रवीन्द्रनाथ के गीत उसी क्षण भर के जागरण को सम्भव कर सकते हैं, जब वे प्रकृति के साथ हमारे घुले–मिले साहचर्य को अपने उन गीतों में खींच लाते हैं। प्रकृति वहाँ हमें केवल रूप के चित्रांकन के लिए नहीं घेरे रहती, वह हमें अन्तःस्वरूप के उद्बोधन के लिए भी घेरे रहती

है। तब हम देशकाल की अभिन्नता के माध्यम से अपने इस अन्त:स्वरूप को छू पाते हैं। और, उसी को हम धर्म कहते हैं।

तीन

लेकिन प्रकृति के साथ स्वयं को मिला लेने के इस क्षण में, बाहर के साथ भीतर को जोड़ लेने के इस मुहूर्त में, कई बार प्रेम रवीन्द्रनाथ के लिए एक बड़ा अवलम्बन बन जाता है। न पाने की पीड़ा से भरे उस प्रेम के अनुभव उनके प्रकृति-गीतों में ही अकसर लिपटे रहते हैं। 'गीतवितान' में पूजा-प्रेम-प्रकृति का विभाग-विन्यास इस अर्थ में भी काफ़ी हद तक तुच्छ हो जाता है, क्योंकि उनके प्रकृति-गीत अकसर उनके निविड़तम प्रेम-गीत ही हैं। वस्तुत:, प्रेम वाले खण्ड में जो गीत विन्यस्त हैं, उनसे कहीं अधिक आर्त्त है उनके प्रकृति-गीतों का प्रेम, वह हमें अपनी मुट्ठी में कस लेता है। पूर्ण चन्द्र की माया में जब भावना भूल जाती है राह, भूलकर तब वह कहाँ जाती है? 'जहाँ चली गई हैं मेरी हारी हुई फागुन की रातें / वहाँ बार-बार वे अपने साथी को ढूँढ़ती हैं।' यह है अपने उस 'साथी को खोने की छिपी हुई व्यथा' जिसके विषय में किसी से कुछ नहीं कहा जा सकता। प्रकृति की कोई भी निविड़ता मन को विच्छेद के इसी एकाकीपन में ले जाती है। कभी लगता है 'दूर का कोई मानो आज पास आया', और तब गोपन-मिलन की अमृतगन्ध ढाल दी गई किसी विरहव्यथा की माला के बारे में हम सुनते हैं। वैशाख के भोर की हवा बहा लाती है 'उस चरणों के छन्द', ले आती है 'और दिन के प्रभात से हृदय के आलोड़न के स्पन्दन'। 'पहले प्रेम की वाणी ने कैशोर्य में जो सलज्ज कानाफूसी ढूँढ़ी थी' दोपहर की निर्जनता में, गर्म हवा के थपेड़ों में उसकी याद आ जाती है। आकाश में श्यामल मेघों का संचार देखकर 'वे सजल काजल आँखें' याद आती हैं, 'मेरे प्राणकोष में कहाँ पर फूट कर व्यथा, / किसकी बात जाग उठती है हृदयप्रान्त में'। आकाश में बहती फिर रही है प्रिया की छाया, वर्षाभीगी विषण्ण साँसों में, कभी वहाँ दिखायी दे जाता है 'तुम्हारी आँखों का निहारना'। अस्ताचल के फागुन में आकर मन पूर्वाचल की ओर चला जाता है, बादलों के सहारे 'परिचित दिनों की गन्ध आती है' और 'सीने में कौंध उठती है अर्द्ध-विस्मृत वह रुलाई, वह हँसी'।

बहुत समय पहले की (२१ सितम्बर, १८९५) एक चिट्ठी में रवीन्द्रनाथ

ने लिखा था ('छिन्नपत्रावली', पृ. ४७७) : 'कल से बादल छँट गये हैं और नवीन शरतकाल मेरे चारों ओर उद्‌भासित हो उठा है, इसलिए मुझे उसने इस तरह स्मृतिशिशिरसिक्त कर दिया है।' शरत के आविर्भाव के लिए शिशिर शब्द यहाँ अनिवार्य हो गया है, लेकिन कहा जा सकता है कि छह ऋतुओं के किसी भी आवर्तन में यह स्मृति की ओस उनके मन तक, उनके गीतों तक आ पहुँचती है। लेकिन यह स्मृति, यह विरह-व्यवधान जब प्रकृति के साथ घुलमिल जाता है, तब परम्परागत ढंग से उनके प्रकृति-गीतों में कई स्तर निर्मित हो जाते हैं।

मैं अब तक जिन गीतों के बारे में कह रहा था, उनमें तो दूर के एक व्यक्ति की बातें हैं, जो 'दृष्टि के बाहर' हो गया है, विभिन्न गीतों के माध्यम से जिसे लगभग मानो व्यक्तिगत रूप से ही हम स्पर्श कर सकते हैं। लेकिन इसमें से होते हुए हम एक अनिर्देश्यता में आ पहुँचते हैं। वह बोध दूरी या विच्छिन्नता का ही है, लेकिन वहाँ पर इस बार कोई निर्धारित व्यक्ति नहीं है। इस बार मन केवल दौड़ते हुए 'शून्य में, अनन्त में, अशान्त हवा में' जाना चाहता है। 'बादलों पर जमे हैं बादल', 'आँसू भरी वेदना', 'बन्धु मेरे साथ रहो', 'जंगलों में घिर आयी है छाया', 'आज सावन की पूर्णिमा में', 'बादलों में बजते हैं मादल'-जैसे कई-कई गीतों में मन की एक चिरप्रतीक्षा की ही बात सुनायी देती है : 'राह किनारे बैठा रहता है मन, उसे नहीं पता कि मिलेगा कौन।' तब व्यक्ति काफ़ी हद तक निर्यास हो जाता है।

और इन सब गीतों के तीसरे स्तर पर पहुँचकर हमें सुनायी देती हैं : 'आज मुझे यदि जगा दो नाथ', 'आज श्रावणघन गहन मोहे' या फिर 'आज आँधियों वाली रात में तुम्हारा अभिसार'-जैसी बातें। गीतों में एक भिन्न प्रकार की ऊँचाई आ जाती है, मन तब 'वह किधर भाग चला है किधर, कौन जाने'। और तब हृदय व्याकुल होकर दोनों हाथ बढ़ाकर अँधेरे में आकाश में तलाश करता फिरता है, लगता है सुदूर किसी नदी के किनारे, किसी गहन वन के पड़ोस से, किसी घने अँधेरे को लगातार पार करता कोई चला आ रहा है। व्यक्ति तब आत्म के भाव में पहुँच जाता है, प्रेम आत्मबोध में तब्दील हो जाता है। और इसी का दूसरा नाम है धर्म।

धर्म क्या है? 'छिन्नपत्र' की चिट्ठियों को लिखते समय रवीन्द्रनाथ ने एक बार (५ अक्टूबर, १८९५) कहा था : 'हम बाहरी शास्त्रों से जिस धर्म को

पाते हैं वह कभी भी हमारा धर्म नहीं बन पाता।' तो फिर? 'जो धर्म मेरे जीवन में संसार के दु:सह ताप से क्रिस्टलाइज़्ड हो उठता है, वही मेरा यथार्थ है।....चरम वेदना में उसे जन्म देना होता है, अपने शोणित से उसमें प्राण जगाने पड़ते हैं....।' इसी धर्म की बात बहुत दिनों बाद 'योगायोग' के विप्रदास ने एक दिन कुमु को समझायी थी, उसने कहा था : 'मेरे धर्म को शब्दों में कहने जाओ तो वह ख़त्म हो जाता है, इसीलिए मैं नहीं कहता। गीतों के सुरों में मैं उसका रूप देखता हूँ, उसमें गहरा दु:ख, गहरा आनन्द एक होकर मिल गये हैं।'

'संसार के दु:सह ताप से क्रिस्टलाइज़्ड' हो उठने, 'गहरे दु:ख गहरे आनन्द' को एक करके मिला लेने का एक बड़ा रास्ता हमारे प्रेम के अनुभवों से, विच्छेद के अनुभवों से, हमारे चिरकालीन न पा सकने से निर्मित होता है। यह 'न पा सकना' हमारे बाहर के जीवन को हमारे भीतर की सत्ता के रूबरू कर देता है, तब हम ठीक-ठीक मैं का स्पर्श कर पाते हैं। और वही हमारा धर्म को पाने का क्षण होता है, वही हमारा निरामय का क्षण होता है, हमारी सुश्रुषा। तब प्रेम-प्रकृति-पूजा अथवा व्यक्ति-विश्व-आत्मा एकांग में मिल जाते हैं, तब फिर एक से दूसरा विच्छिन्न नहीं रहता। तब हम कहते हैं, 'हृदय के मध्य मैं ढूँढ़कर देखूँगा एक मिलन सबकुछ खो देने के पार / अजाने इस पथ के अन्धकार में'। तब, 'बहती जा रही है मिलन-आशा-तरणी अनादि प्रवाह में'। और तभी, 'मेरी जितनी बातें थीं बह जायेंगी तुम्हारे सुर में'। लौट आयेगी विप्रदास की बात : 'गीतों के सुरों में उसका रूप देखता हूँ।'

मेरे एक मैं ने हर क्षण स्वयं को प्रतिदिन के साथ, इतिहास के साथ, समय के साथ जोड़ रखा है। मेरा और एक मैं महासमय की शून्यता में है। इन दोनों के बीच एक लम्बा जुड़ाव है, जो रेखा कभी धुँधली पड़ जाती है, तो कभी किसी उद्‌भास में उभर आती है। लेकिन प्रकाश का बोध हो या फिर अभाव का बोध हो, यदि वह प्रगाढ़ होता है तो फिर वह मुझे तीव्र रूप से समझा देता है कि मैं हूँ। यदि मैं प्रेम के बारे में सोचता हूँ, यदि कामकाज के बारे में सोचता हूँ, अनेक ग़लतियों में से, अनेक सन्देहों या स्खलनों में से होते हुए शायद किसी एक समय उसके सम्बन्ध के सत्य की ओर हम अग्रसर हो पाते हैं, उस 'मैं हूँ' की चेतना की तीव्रता को छू पाते हैं। तब ख़ुद को मैं के रूप में महसूस पाता हूँ। और, यह जो मैं है,

यह केवल व्यक्ति का ही मैं नहीं है, कई बार यह एक समूचे देश के मैं में भी तब्दील हो सकता है। वह जो जोड़ने वाली रेखा है, वह जो रास्ता है, व्यक्ति के साथ-साथ वह देश का भी पथ बन सकता है—उसी मेलजोल को लेकर कभी जैसे कि देश की ओर देखकर 'घरे-बाइरे' की विमला को अपनी ही प्रतिच्छवि दिखायी दी थी, जिस तरह वह और देश एक हो गये थे।

भ्रष्टता से मुक्ति की दिशा में देश और विमला के एकसाथ अग्रसर होने के साथ रवीन्द्रनाथ के एक गीत को भी कभी हम मिला सकते हैं। इस उपन्यास के थोड़े समय बाद ही लिखा यह गीत मानो विमला का ही कोई गीत बन जाता है। 'देश के सुरों के साथ मेरे जीवन के सुरों का अनूठा है यह मेल'—इस विचार से विमला को एक दिन लग रहा था :

> किसी-किसी दिन देर रात आहिस्ते-आहिस्ते अपने बिस्तर से उठकर खुली छत पर जा खड़ी हुई हूँ। ....सामने की ओर निहारते हुए मुझे दिखायी दिया कि मेरा देश खड़ा है मेरे-जैसी ही एक लड़की। वह अपने आँगन में थी, आज उसे अचानक अज्ञात की ओर से किसी ने पुकारा है। उसे कुछ भी सोचने का समय नहीं मिला, वह सामने के अन्धकार में चल रही है;
>
> अकारण असमय जब मेरा बुलावा आया
> तब मैं बिस्तर बिछा रही थी।
> विश्व जब तारों की उजास में ठिठका था निर्वाक्,
> धरा पर थी तब तिमिरगहन रात।
>
> अन्धकार में दीपक जलाना होगा, घर की धूल झाड़नी होगी, इन बातों का उसे ध्यान ही नहीं आता।...उसने यह घर छोड़ दिया, कामकाज करना भूल गई। उसके पास केवल अन्तहीन आवेग हैं; उस आवेग से वह चल भर रही है, लेकिन रास्ते में क्या है कहाँ है उसे इसका कुछ भी याद नहीं। मैं भी उस अन्धकार रात्रि की अभिसारिका हूँ। मैंने घर भी खो दिया है और रास्ता भी।
>
> मेरे घरवाले ने रोकर कहा मुझसे,
> 'अँधेरे में तुम रास्ता कैसे पहचानोगी?'
> मैंने कहा, 'चलूँगी मैं अपना प्रकाश लेकर,
> मेरे हाथ में यह रही बाती।'
>
> जिस स्याह अँधेरे ने वंशी बजायी वह यदि मेरा सर्वनाश करता है, वह यदि मेरा कुछ भी बाक़ी न रखे, तो फिर मुझे किस बात की चिन्ता? सब चला जायेगा; मेरा कण भी नहीं रहेगा, निशान भी नहीं बचेगा, स्याह में मेरी सारी

कालिमा पूरी तरह से बिला जायेगी;
बाती जितनी ही ऊँची लौ में जलती है अपने तेज से
आँखों में उतनी ही लगती है उजास की बाधा,
छाया में मिल चारों ओर बिखराती जो माया
यह आधा देखना कर देता है मुझे अन्धा।
गर्व से जितना ही चलती हूँ तेज़
आकाश उतना ही ढँक लेता है धूल के बादलों से,
मेरी लौ काँप उठती है अधीर हवा से
क़दम-क़दम पर पैदा करती है संशय।

मुझे अचानक लगा कि आसमान के सारे तारे मुझसे भयभीत हो रहे हैं, रात का यह विराट जगत मानो मुझे तिरछी नज़रों से देख रहा है।....जो मनुष्य परिपूर्ण संसार के सभी अंगों से पूरी तरह से खिर गया, लगता है मानो अँधेरे में उसके चेहरे की ओर देखो तो समूचे नक्षत्र-लोक की देह में झुरझुरी आ जाती है।

अचानक सिर पर लगी चोट वन की टहनियों से
बुझ गई अचानक मेरे हाथ की बाती
मैंने ध्यान से देखा मैं कब की राह भूल चुकी हूँ—
मैंने ध्यान से तिमिरगहन रात को देखा
सिर झुकाकर रोती हुई बोली
'मुझमें अब ज़रा भी शक्ति नहीं बची है!'

और तब, विमला कहती है :

कोई एक दया मुझे कहीं से भी चाहिए, एक कोई आश्रय,
एक क्षमा का आभास,...
ऐसे में मुझे क़दमों की आहट सुनायी दी। मेरी छाती धड़क उठी।
कौन कहता है कि देवता दर्शन नहीं देते। मैंने चेहरा ऊपर नहीं उठाया,
कि कहीं मेरी दृष्टि वे सहन नहीं कर पायें तो। आओ, आओ, आओ—
उसी निमेष में अचानक मैंने देखा जाने कब पीछे-पीछे
आया है मेरे चिरपथ का साथी॥

और इसके बाद, विमला जब कहती है : 'चलो, चलो, अब निकल पड़ो सारा प्यार जहाँ पूजा के समुद्र में उसी सागरसंगम में जा मिला है', तब उस पूजा के साथ आचारधर्म का कोई सम्बन्ध नहीं होता, तब वह केवल मनुष्य की 'प्रकृतिनिहित' कोई पूर्णता हो जाता है। हमारी उस और तरह

की पूजा को देश–काल में समाहित करके, व्यक्ति में, समाज, में मिलाकर हम रवीन्द्रनाथ के गीतों के धर्म में जा पहुँचते हैं, जिस धर्म में 'गहरा दुःख और गहरा आनन्द एक होकर मिल गये हैं', जहाँ पर 'क्रिस्टलाइज़्ड होकर' हमारे समूचे जीवन का अनुभव जागा हुआ है। और, उस धर्म से, उन गीतों से हमारा मन एक सामयिक निरामय पाता रहता है।

(२००२)

विश्वास का गीत

तुम लोगों के लिए इस रचना को लेकर जब बैठने की सोच रहा था, ठीक उसी समय एक मित्र का फ़ोन आ गया। रवीन्द्रनाथ की कविता के बीच में से दो पंक्तियाँ उठा ली गई थीं, उस कविता की पहली पंक्ति क्या है, यही उनकी जिज्ञासा थी। हमारे और एक पूर्व सहकर्मी अत्यन्त बीमार शरीर लिए नर्सिंग होम में भर्ती थे, यह जिज्ञासा मूलतः उनकी थी। ये दो पंक्तियाँ कुछ दिनों से बार-बार घूमफिर कर उनके दिमाग़ में आ रही थीं, वे इसके समूचे को पकड़ने की कोशिश कर रहे थे, लेकिन दिमाग़ ठीक से काम नहीं कर रहा था इसलिए बहुत परिचित-सी इन दो पंक्तियों के उत्स को वे तलाश नहीं पा रहे थे। ठीक उसी समय, मेरे उस मित्र को भी कुछ याद नहीं आ रहा था। सभी के साथ कभी-कभी ऐसा होता है।

क्या थीं वे पंक्तियाँ? 'पुराने आवास को जब छोड़कर जा रहा हूँ / मन में सोच-सोचकर मरा जा रहा हूँ क्या पता क्या होगा आगे।' क्या पता क्या होगा, इस अनिश्चयता की उत्कण्ठा एक व्यक्ति के मन पर प्रभाव डाल रही है, उसका मन किसी आश्वासन की तलाश कर रहा है, किसी आश्रय की, और शायद इसीलिए उस समूची कविता को मन में लाने की उनमें इतनी आकुलता है, और इसलिए उनकी मदद करने के लिए ही इस मित्र की यह कोशिश है। आश्वासन क्या है कहीं पर? 'नूतन के बीच तुम पुरातन / यह बात मैं भूल ही जाता हूँ!' अब तो निश्चय ही तुम्हें याद आ गई होंगी (यदि इसके पहले याद नहीं आयी हो तो) इस कविता या कहें कि इस गीत की आरम्भिक पंक्तियाँ :

> 'कितने अजाने से तुमने कराया परिचित / कितने घरों में दिया है ठौर।'

ऐसे किसी क्षण के सामने खड़े हो जायें तो फिर ये प्रश्न अवान्तर हो जाते हैं कि ये पंक्तियाँ अच्छी हैं या बुरी, ये पंक्तियाँ आधुनिक हैं या अनाधुनिक। केवल एक बात जागी रहती है : जीवन-मृत्यु के सीमान्त क्षण में खड़े एक व्यक्ति को कुछेक शब्द नितान्त प्रासंगिक लग रहे हैं, उस शब्द-परम्परा को वे एक वर्म की तरह ढूँढ़ते फिर रहे हैं और इन दो पंक्तियों में उन्हें वह वर्म मिल जाता है। गीतों या कविताओं या फिर साहित्य की इससे बड़ी प्रासंगिकता और क्या हो सकती है, इस आश्रयधर्म से बड़ी?

आश्रयधर्म की बात से मुझे अपने एक अन्य मित्र की याद आ गई, उनका नाम फ्रेड डेविस है। हाल ही में उनकी उम्र बहत्तर वर्ष हुई है, मेरे साथ उनका परिचय केवल चार वर्ष पहले का है। वे अमेरिका के बाशिंदे हैं, कभी-कभी कोलकाता आते हैं, आते ही एक बार शान्तिनिकेतन अवश्य जाते हैं। वे शान्तिनिकेतन विश्राम के लिए नहीं, पढ़ने-लिखने के लिए जाते हैं। रवीन्द्रनाथ में उनकी गहरी अभिरुचि है, उनकी किसी-किसी जिज्ञासा का सदुत्तर न दे सकने के कारण किसी ने उन्हें मेरे पास भेजा था, तभी से हमारी मित्रता आरम्भ हुई। वे जब पहली बार आये, मैं उस समय किसी को सिखा सकने के भरोसे से भरी आत्मतृप्ति में मग्न था। लेकिन उनके आने के कुछ समय बाद, थोड़ी-बहुत चर्चा इत्यादि हो जाने के पश्चात, उनकी जिज्ञासा की चौड़ाई जान लेने के उपरांत, मेरी उस आत्मतृप्ति को सूख जाने में समय नहीं लगा। खोज-खोज कर बहुत बारीक़ी से उन्होंने रवीन्द्रनाथ को पढ़ा है, रवीन्द्र से सम्बन्धित दूसरों की रचनाओं को भी पढ़ा है, इस प्रसंग में बाङ्ला में प्रकाशित अन्तिम पुस्तक की भी उन्हें जानकारी है। बाङ्ला बोलने में वे उतने स्वच्छन्द नहीं थे इसलिए बातचीत अंग्रेज़ी में ही होती रही, लेकिन रवीन्द्रनाथ को लगभग मर्म के भीतर पा चुके ऐसे लोग बाङ्लाभाषियों में भी मैंने बहुत ज़्यादा नहीं देखे।

उन्हें इतना सारा ज्ञान कैसे प्राप्त हो गया? कुछ दिनों की मुलाक़ात के बाद मैंने उनके इतिहास से ही इस बात को जानने की कोशिश की थी। वे थोड़े-से आत्ममग्न क़िस्म के व्यक्ति थे, लेकिन सामाजिक दायित्वों को लेकर दूसरों की देखभाल करने की कोशिश करते थे। उन्हीं कोशिशों के सिलसिले में उन्होंने अपने देश में लम्बे समय से एकाकी लोगों को मृत्यु की ओर उन्मुख होते देखा है, उन्होंने देखा कि किस तरह मृत्यु का भय लोगों को भीतर-ही-भीतर अपाहिज बना देता है, जीवन-मृत्यु के सामंजस्य

का कितना विस्तीर्ण अभाव पैदा कर देता है। उनकी इच्छा होती है कि वे उन सब लोगों के पास जाकर उन्हें हौसला दें, लेकिन उन्हें स्वयं में ही कहाँ से वह भरोसा मिल सकेगा भला? जब उनके मन की दशा ऐसी थी, तब एक दिन उन्होंने रवीन्द्रनाथ को पढ़ा। पहले तो अंग्रेज़ी में ही, फिर बाङ्ला में। तब उन्हें लगा कि यहाँ है आश्रय, जीवन का आश्रय। बहुत-से लोगों के साथ इसे लेकर चर्चा करके या इन सब कविताओं-गीतों की बात करके उन्होंने इसके सुफल को देखा था, इन सब गीतों और कविताओं के माध्यम से किसी-किसी ने मृत्यु के सामने खड़े होने की प्रशान्त दृढ़ता अर्जित की थी।

लेकिन ये सब बातें जो रवीन्द्रनाथ ने लिखी हैं—ये क्या बहुत ऊपर से कही बातें हैं? साधु-सन्तों की तरह कही गई? इस प्रकार के एक प्रश्न की सम्भावना से अब रवीन्द्रनाथ के जीवन को जानना आरम्भ किया था और जानकर, वे बुरी तरह चौंक गये थे। तो फिर यही वह जीवन है, जो बार-बार मृत्यु के प्रहार से आहत होता रहा, लेकिन कभी भी—पूरी तरह से कभी भी—उसके सम्मुख पराभूत नहीं हुआ? ऐसे निरन्तर अतिक्रमण का इतिहास और कौन-से कलाकार के जीवन में दिखायी देगा? प्रियतम निकट जनों की आत्महत्या और अकालमृत्यु की निरंतरता में से होते हुए एक व्यक्ति बड़ा होता गया और फिर भी हमेशा कहता रहा 'नूतन के बीच तुम पुरातन, यह बात मैं भूल ही जाता हूँ!' 'राजा' नाटक में नागरिकों के सामने कहे गये ठाकुरदा के वे संवाद तुम्हें ज़रूर याद आयेंगे? 'बेटा तो चला ही गया, तो क्या झगड़ा करके मैं राजा को भी खो दूँ?' एक व्यक्ति ने आकर शिकायत की थी, 'मेरा पच्चीस वर्ष का बेटा सात दिनों तक बुखार की तकलीफ़ झेलता हुआ मर गया है। देश में यदि धर्म का राजा होता तो क्या ऐसी अकालमृत्यु होती?' सन १९१० में लिखे इस नाटक का 'अकालमृत्यु' शब्द हमें अनिवार्य रूप से एक लेखक के जीवन में पहुँचा देता है, सन १९०२ से १९०७ के बीच जिन्होंने अपनी उनतीस वर्ष की पत्नी को खो दिया, तेरह वर्ष की बिटिया और ग्यारह वर्ष के बेटे को खोया। और इसके बाद उन्हें नाटक के ये संवाद लिखने पड़ रहे हैं :

> 'ओ रे, फिर भी तो तेरे दो बेटे अब भी हैं—मेरे तो एक-एक कर पाँच बेटे मर गये, एक भी नहीं बचा।'
> 'तो फिर?'

'फिर क्या रे। बेटा तो चला ही गया, तो क्या झगड़ा करके मैं राजा को भी खो दूँ। मैं क्या ऐसा बुद्धू हूँ!'

इसी बुद्धूपन से हमें मुक्ति देते हैं रवीन्द्रनाथ। जीवन को खो देने की बेवक़ूफ़ी से। बाधा-संघातमय व्यक्ति-जीवन आख़िरकार मृत्यु-परिणाम में जा पहुँचता है, यह जो अमोघ और कठोर सत्य है, उसके सम्मुख स्थिर लावण्य लिए खड़े हो सकने में ही एक गौरव है! यह ज़रूर है कि इस लावण्य को अर्जित करने के लिए भीतर की एक शक्ति की भी ज़रूरत होती है। रवीन्द्रनाथ को पढ़ना बहुत-से लोगों को वह शक्ति उपलब्ध कराता है। कम-अज़-कम फ़्रेड को तो उपलब्ध कराया ही था।

लेकिन मैं जिन लोगों की बात कर रहा हूँ—या, इन-जैसे और भी बहुत-से लोग जिनके बारे में और भी कहा जा सकता है—वे तो लगभग जीवन के अन्तिम प्रान्त में आ पहुँचे हैं, यहाँ तक कि साहित्य से उद्धृत उदाहरण भी तो 'ठाकुरदा' नाम से चिह्नत है। तो क्या अब रवीन्द्रनाथ का लेखन 'बुढ़ापे का बनारस' के रूप में ही प्रासंगिक होगा? ठीक उतना ही? ठीक उतना ही तो नहीं है, इसे समझने के लिए शायद कुछ और बातों की ज़रूरत होगी।

पहली बात तो यह कि मृत्यु की अनुभूति केवल बुढ़ापे की अनुभूति नहीं है। मृत्यु शारीरिक अवसान भी नहीं है। मृत्यु प्रत्येक क्षण का अवसान है, उस अवसान का बोध है। एक के बाद एक क्षण हमारे जीवन से स्खलित होते जा रहे हैं, उस बारे में हर वक़्त हमारा सतर्क रहना अपेक्षित नहीं है। लेकिन यदि अचानक कभी हम सतर्क हो उठें, तो फिर अचानक, मेरे उस व्यक्तिगत क्षणों के पतन से मुझे इस समग्र विश्वलोक में मेरे अवस्थान की स्थिति की याद आ सकती है, मुझे प्रकृतिमण्डल की व्याप्ति के साथ मेरे जुड़ाव और विच्छेद की याद आ सकती है। तब हमें याद आ सकता है 'जो ध्रुवपद तुमने बाँध दिया है विश्वतान में / उसे ही मिलाऊँगा जीवन के गान में', तब हम कह सकते हैं 'बजाती है उषा, निशा के तट पर जो गीतभाषा / वह ध्वनि लिए जागेगी मेरी नवीन आशा'! जीवन और मृत्यु ये दो शब्द भिन्न तात्पर्य लिए तब हमारे जीवित रहने में उद्भासित हो उठते हैं। टुकड़ों-टुकड़ों में मेरी यह व्यक्तिगत मृत्यु क्या बाहर के इस व्याप्त परिमण्डल में—परिवेश में—कहीं आश्रय पा रही है? उसे भी क्या मैं आश्रय दे रहा हूँ? तुम्हीं वह मैं हूँ, मेरे सबकुछ को मिलाकर क्या किसी

जुड़ाव के सूत्र उस बहिर्वलय में गूँथे जा रहे हैं? या कि समूचे जीवन में अक्षम आक्रोश से हम उसे भी ध्वंस करने का ही आयोजन कर रहे हैं? ये सब सोच यौवन की ही सोच है, सर्जनात्मक यौवन की।

लेकिन कहाँ है वह यौवन? हमारी मुश्किल यह है कि वर्तमान सभ्यता हमें एक ऐसा आत्मकेन्द्रित भोगवाद और अतल सुविधावाद सिखा रही है जिससे जीवनयापन के एकदम बाहर के सुख को ही हम लोग देख पाते हैं, भीतर की ओर देखने में हमें असीम आलस्य और अनिच्छा महसूस होती है। किसी तरह से दैनन्दिन को काटते जाना ही अब हमारा परम लक्ष्य बन गया है, दिन भर में पारिवारिक रूप से भी एक-दूसरे के चेहरों की ओर देखने के अवसर हमारे लिए कम ही हैं, सामाजिक तो दूर की बात। वहीं पर, अपनी चरम क्षति के रूबरू न खड़े होने की जी-जान से कोशिश में, भूले रहने की कोशिश में, हम कुछेक नशीले अवलम्बन तलाशते रहते हैं, और तब वही गीत, वही लेखन हमें अपना लगने लगता है जहाँ पर उन सबको पोंछ देने वाले क्षणों की उत्तेजना रहती है। लेकिन वह उत्तेजना कहाँ स्तिमित हो गई, ख़ुद के साथ एक बार ख़ुद बातचीत की कोशिश करने पर, जब जीवन को सचमुच समझ लेने की ज़रूरत आन पड़ती है, ठीक तभी हमें रवीन्द्रनाथ की ज़रूरत महसूस होती है, किसी भी उम्र में हम सभी की वही ज़रूरत है। यह जो इतना बड़ा जीवन है, यदि किसी को कभी इसके हरेक कोण को छूकर देखने की इच्छा होती है, तो फिर उसे रवीन्द्रनाथ की ओर लौटने की ज़रूरत होगी, जिस तरह एक व्यक्ति मृत्यु के रूबरू स्मृति में लौट जाता है, या फिर ऐश्वर्यमय चकाचौंध के देश से जिस तरह एक व्यक्ति सतर्कता के साथ किसी ग़रीब देश में लौट आता है।

(१९९४)

होने का दुःख

'बाबूवृत्तान्त' किताब में समर सेन ने अपने साढ़े चार वर्ष के प्रवास के अनुभवों के विषय में बताते हुए लिखा था 'रूस की पत्र-पत्रिकाओं में कहानी-उपन्यास में लगातार जिस ''नये मनुष्य'' की सृष्टि की बात सुनी थी मुझे वह नया मनुष्य नज़र नहीं आया।' हालाँकि यहीं पर ऐसा पहली बार हुआ ऐसा नहीं है, इससे भी पन्द्रह वर्ष पहले 'मॉस्को का जीवन' शीर्षक वाले एक फुटकर लेख में भी उन्होंने ऐसा ही कहा था : 'रूस इस बात पर दृढ़ता से विश्वास करता है कि उस देश में नये मनुष्य का उद्‌भव हो चुका है।...लेकिन स्तालिन युग के दायभाग को कम करके नये मनुष्य का उद्‌भव क्या इतना सहज है?' तीस के दशक के मध्य में सिडनी और बिएत्रिस वेब ने Soviet Communist : A New Civilisation? शीर्षक से जिस पुस्तक को प्रकाशित किया था, उसके पहले संस्करण में शीर्षक के बाद जो प्रश्नचिह्न था, बाद वाले संस्करण में वह हटा दिया गया था। समर सेन ने याद दिला दिया कि लेखकों को उस पुस्तक का माल-मसाला स्तालिन युग के रूस से प्राप्त हुआ था। ख़ुश्चेव के ज़माने में जिन तथ्यों का प्रकाशन हुआ वे सब हाथ लग जाते तो प्रश्नचिह्न को हटाकर वे 'उस किताब के नामकरण में उतनी निश्चयता नहीं दिखाते'—समर सेन ने यह बात निश्चित रूप से ही लिखी थी।

समर सेन को 'नया मनुष्य' नहीं दिखायी दिया, लेकिन वे या देश-विदेश में उनके समकालीन कई लोग इसके यथार्थ अस्तित्व पर विश्वास करना चाह रहे थे। कम्युनिस्ट इश्तहारों में यह उम्मीद जतायी जा रही थी कि एक दिन पुराने समाज का स्थान एक ऐसी समिति ले लेगी जिसमें हर व्यक्ति का स्वतन्त्र विकास सभी के स्वतन्त्र विकास की शर्त होगी। तीसरे-चौथे

दशक में इस देश में सम्भाव्य विकसित उस नये मनुष्य को लेकर तमाम वन्दनगीत लिखे जा रहे थे। बाद में हमारे-जैसे बहुत-से लोग ज़रूर रहे होंगे जो अपने यौवन के आरम्भ में सोचते थे कि कम्युनिस्ट यानी अनाविल एक आदर्श व्यक्ति, और उसी का नाम है नया मनुष्य। पहले ज़िक्र किये गये समर सेन के उस फुटकर लेख के समकाल में The Times Magazine के (Aug. 27, 1961)—जैसी पत्रिका में "Challenge of the 'New Soviet Man' " शीर्षक से किसी प्रत्यक्षदर्शी (Urie Bronfenbenner) का प्रबन्ध छपा था।

रूस में उस तरह का मनुष्य समर सेन को नहीं दिखायी दिया। लेकिन उनके पच्चीस वर्ष पहले जाकर रवीन्द्रनाथ ने क्या उसे देखा था? उनके 'इस जन्म के तीर्थदर्शन' के जिन अनुभवों की बातें उन्होंने कही हैं, उनमें हूबहू उस शब्दबन्ध का प्रयोग भले ही न हो लेकिन उन्होंने भिन्न प्रकार के मनुष्य को देखने—मनुष्य बन जाने—की ही बात ख़ासी उत्तेजना के साथ बार-बार की है। फुटकर रूप से वे सब बातें उनकी तमाम चिट्ठियों में इस तरह बिखरी हुई हैं :

> मुझे हर तरफ़ इनके चित्त का जागरण और आत्म-मर्यादा का आनन्द दिखायी दे रहा है। (१)*
> धन की गरिमा की इतरता का सम्पूर्ण तिरोभाव हो चुका है। (२)
> लोगों का परस्पर व्यवहार कितना सहज है!....(२)
> इन कुछ वर्षों में ही ये लोग मनुष्य हो गये हैं। (४)
> जो लोग मूक थे उन्हें भाषा मिल गई है, जो लोग मूढ़ थे उनके
> चित्त पर पड़ा आवरण हट गया है। (६)
> जो लोग अक्षम थे उनकी आत्मशक्ति जाग उठी है।
> उनके खेत की कृषि मन की कृषि के साथ-साथ आगे बढ़ती है। (६)
> इनकी शिक्षा केवल पोथी पढ़ने की शिक्षा नहीं है। (६)

और उनके अपने ही मुख से रवीन्द्रनाथ ने यह आत्मविश्लेषण सुना था :

> 'हम लोग नये युग के निर्माण में प्रवृत्त हैं....उसके लिए हम बड़े-से-बड़े त्याग को स्वीकार करने के लिए राज़ी हैं।' (५)

हम यहाँ के शब्द-व्यवहार पर ध्यान देना चाहते हैं। चित्त का जागरण,

---

* अंक 'रूस की चिट्ठियाँ' के अध्याय सूचक हैं।

आत्म–मर्यादा, आत्मशक्ति, मन की कृषि, लोगों के परस्पर व्यवहार में सहजता, पोथी पढ़ने की शिक्षा, बड़े–से–बड़े प्रकार के त्याग का स्वीकार। मनुष्यत्व के रूप में रवीन्द्रनाथ जितना समझते हैं या ढूँढ़ते हैं, उसके लगभग सारे सूत्र मानो यहाँ मिल जाते हैं, इन सबको शामिल कर— रवीन्द्रनाथ के शब्दों में—'इन कुछ वर्षों में ही ये लोग मनुष्य हो गये हैं'। ये सब या फिर इसके तुल्य शब्दों का प्रयोग हमें कई–कई बार शान्तिनिकेतन के शुरुआती समय के मास्टर महाशयों को लिखी रवीन्द्रनाथ की चिट्ठियों में मिल जायेगा। कुछ दिनों के लिए दूर जाने पर उन सब चिट्ठियों में आश्रम के बच्चों के व्यक्तित्व–निर्माण को लेकर उनके उद्वेग व्यक्त होते थे। 'मन को चारों ओर से उद्‌बोधित करना', 'निरलस आत्मशक्ति पर निर्भर करना', 'पारस्परिक सम्बन्धों को सहज और सहनीय बनाना' उनके ये सब वाक्यांश ही तो रूप बदल कर 'रूस की चिट्ठी' में लौट–लौट आये हैं, इसे हम समझ पाते हैं। इन सब लक्षणों को देखकर ही रवीन्द्रनाथ को लगा था कि 'इन कुछ वर्षों में ही ये लोग मनुष्य हो गये हैं'। सोवियत संघ के गठन के तेरह वर्षों के भीतर ही, इस क्रियापद में, उन्होंने 'बन रहे हैं' नहीं कहा, कहा कि 'बन गये हैं'।

पच्चीस वर्षों में ही बन गये वे मनुष्य क्या फिर से खो गये हैं? या कि रवीन्द्रनाथ के अत्यल्पकालीन सरकारनियन्त्रित देखने में ही कुछ तेज़ी थी? इस प्रश्न को उठाते समय अवश्य ही याद रखना होगा कि ऊपर कहे गये उन सब उच्छ्वासों के साथ–साथ उन्होंने एक अन्य महत्त्वपूर्ण बात भी कही थी। उन्होंने कहा था : 'शिक्षाविधि द्वारा इन्होंने साँचे बनाये हैं, लेकिन साँचों में ढला मनुष्यत्व कभी जीवित नहीं रहता....।'

वह साँचा कितना मज़बूत था, उस देश में उस समय के विशिष्ट शिक्षाविद A. S. Makerenko की पुस्तकों से उसका एक अन्दाज़ा लगाया जा सकता है, जिनमें सबसे अधिक पठित पुस्तक A Book for Parents में निर्देश दिये गये थे कि सोवियत समाज के लिए बच्चों को उनके माँ–बाप किस तरह तैयार करेंगे। माता–पिता की स्नेहदृष्टि के मुक़ाबले शासकदृष्टि ही अधिक महत्त्वपूर्ण थी। इस पद्धति से 'सभी के स्वाधीन विकास के लिए व्यक्ति का स्वाधीन विकास' कितना सम्भव है, यह शायद चिन्तन का विषय है।

शान्तिनिकेतन के मास्टर महाशयों को लिखी जिन बातों का मैंने थोड़ी देर

पहले उल्लेख किया था, उनके साथ एक और महत्त्वपूर्ण बात थी। सन १९०९ में उन्होंने क्षितिमोहन सेन को लिखा था, '....अध्यापक और छात्रों को....इन दो पक्षों में किंचित् दूरी अत्यावश्यक है', क्योंकि 'अहोरात्र अध्यापकों की नज़रों में बने रहने पर अपने व्यवहार के सम्बन्ध में छात्रों का स्वाधीन दायित्वबोध दुर्बल हो जाता है।' या फिर, इसके दो वर्ष बाद उन्होंने अजितकुमार चक्रवर्ती को लिखा था : 'आइडिया को नियमों से ज़िबह मत करना। समस्त कार्यों में मन नाम की चीज़ को जगाये रखना, केवल विधिविधान को नहीं।....कहीं संचालन महत न हो उठे, साधना ही महत हो और 'हो उठने' का ही तगादा रहे, 'कर लेने' का नहीं।'

यह हुई साँचे की ख़िलाफ़त। 'हो उठने के लिए ही'—वे तीन शब्द ही यहाँ पर सबसे तात्पर्यपूर्ण हैं, स्वतःस्फूर्त इस हो उठने को थोड़ी दूरी रखकर संचालन करना पड़ता है। उसके विरुद्ध जायें तो फिर वह महज़ शिक्षा बनकर रह जाती है, जिस 'कल' शब्द को रवीन्द्रनाथ बार-बार नेति की ओर से प्रयोग करते हैं। 'रूस की चिट्ठी' में उन्होंने लिखा था : 'सजीव मन के तत्व के साथ विद्या का तत्व यदि न मिले तो फिर या तो एक दिन साँचा टूट कर चूर-चूर हो जायेगा, या फिर मनुष्य का मन जड़ हो जायेगा, या 'कल' की कठपुतली हो जायेगा।' एक ओर है 'कल' की कठपुतली, 'कल' की शिक्षा, और दूसरी ओर स्वभाव में से होते हुए 'हो उठना'। उस हो उठने में ही अपने ढंग से रवीन्द्रनाथ ने नये मनुष्य की तलाश की थी।

दो

'शान्तिनिकेतन' भाषणमाला में 'होना' शीर्षक से छोटी-सी एक रचना है। केवल वही रचना नहीं, उनकी और भी विभिन्न रचनाओं में लगातार इस 'होने' का ज़िक्र आता रहा है—'हो उठने' की—धारणा। मनुष्य निरन्तर स्वयं को अतिक्रमित करके 'हो उठना' चाहता है, इस पल में जो वह नहीं है उसी ओर अग्रसर होना चाहता है। उसकी एक किसी सम्पूर्णता की धुँधली धारणा होती है, जिसकी ओर वह लगातार बढ़ते रहना चाहता है। यहाँ मैं जिसे सम्पूर्णता कह रहा हूँ, उस भाषण में रवीन्द्रनाथ ने वहाँ 'ब्रह्म' शब्द का प्रयोग किया है। पचास वर्ष की उम्र से पहले वे जिसे 'ब्रह्म' कह रहे हैं, उत्तर जीवन में उनके यहाँ वह भिन्न शब्द हो सकता है, कभी जैसे कि 'देवता', और कभी 'सर्वजनीन सर्वकालीन मानव'। 'अन्तिम बात'

शीर्षक से जो कहानी उन्होंने मृत्यु के लगभग दो वर्ष पूर्व लिखी थी, वहाँ अचिरा को उसके अध्यापक-दादू कह रहे थे :

> पृथ्वी पर बर्बर मनुष्य जन्तु का पर्याय था। केवल तपस्या के द्वारा ही वह ज्ञानी मनुष्य हुआ है। सामने और भी तपस्यायें हैं, और भी स्थूलताओं का वर्जन करना होगा, तब वह देवता हो सकेगा। पुराण में देवता की कल्पना की गई है, लेकिन अतीत में देवता नहीं थे, देवता भविष्य में हैं, मनुष्यों के इतिहास के अन्तिम अध्याय में।

यह तपस्या शब्द सातेक साल पहले उनके द्वारा लिखे 'मनुष्य का धर्म' की भूमिका में इस प्रकार था :

> जो हमें त्याग की ओर, तपस्या की ओर ले जाता है, मैं उसे ही मनुष्यत्व कहता हूँ : मनुष्य का धर्म। कौन-से मनुष्य का धर्म।....जो व्यक्तिगत मानव को अतिक्रमित कर....सर्वजनीन सर्वकालीन मानव हो जाते हैं।

ब्रह्म कहें, देवता कहें, और यह सर्वजनीन सर्वकालीन मानव ही कहें, या फिर धुँधली एक सम्पूर्णता, उसी की ओर तो क्रमागत अग्रसर हो रहा है मनुष्य का इतिहास, इस विश्वास पर निर्भरता प्रकट करने में आज हो सकता है बहुत-से लोग संकोच करेंगे या फिर अस्वीकार करेंगे। विश्वभर में आत्मतन्त्र का विकट विस्तार, परिवेश का सर्वात्मक दूषण, सामाजिक और राष्ट्रीय हिंस्रता का अजस्र प्रवाह—चारों ओर यह सब देखते-देखते 'त्याग' या 'तपस्या'—जैसे शब्द आज नितान्त हास्यास्पद सुनायी दे सकते हैं। एक ओर से यह बात सही है। ठीक इसलिए कि यह प्रश्न भी उठ सकता है, हिरोशिमा-नागासाकी के अनुभव के बाद भी यदि रवीन्द्रनाथ जीवित रहते, 'सभ्यता का संकट' के अन्त से पहले वाले अनुच्छेद में उच्चारित अन्तिम विश्वास की बात क्या वे भी कह पाते। हाइड्रोजन बम के युग में पहुँचकर पिछली शताब्दी के पाँचवें दशक में एक दार्शनिक ने लिखा था, इतिहास के तीन अध्याय : १. जब सारे मनुष्य मरणशील हैं, २. जब अनेक मनुष्यों को ध्वंस होना होता है, और ३. जब समूचे मानवसमाज को ही ध्वंस होना होता है। हम अब इस तीसरे युग में आ पहुँचे हैं, ऐसा Gunther Anders ने लिखा है। इतिहास का भविष्य क्या है, इस प्रश्न के उत्तर में बीस वर्ष पहले चॉम्स्की ने कहा था : परिवेश को हमने ऐसा बना लिया है कि दो-एक सौ साल के भीतर ही पृथ्वी के अधिकांश लोग बाढ़ के पानी में ही समा जायेंगे। उस विषय में किसी

प्रतिरोध की चेतना के बिना हम किनके इतिहास पर विचार करेंगे? छह वर्ष पहले भी उम्बेर्तो एको ने कहा था : पानी सूखता जा रहा है, हवा दूषित हो रही है, ऋतुमण्डल में विपर्यय घटित करके ध्वंस लेकर निरन्तर आगे बढ़ता आ रहा है तापप्रवाह, हम मानो आग में से गुज़र रहे हैं। इस पर भी विश्वास फिर से जाग उठेगा या नहीं, हमारे लिए इस प्रश्न का अब कोई मायने नहीं है, क्योंकि अब हम ख़ुद ही नहीं रहेंगे! टॉयेनबी ने लगभग चालीस साल पहले कहा था, विज्ञान या तकनीकी से समग्र विकास सम्भव है, लेकिन सामूहिक रूप से सामाजिक या आत्मिक-जैसा कुछ नहीं हो सकेगा। यदि ऐसा ही है, तो फिर किस मनुष्य के धर्म की ओर अग्रसर होगा मनुष्य का इतिहास!

ये सब सवाल ठीक हैं। लेकिन इसके साथ यह भी ठीक है कि बारह वर्ष पहले भी अपनी आत्मकथा के अन्तिम वाक्य के रूप में इतिहासकार हॉब्सबॉम ने लिखा था, पृथ्वी अपने आप अच्छी नहीं हो उठेगी, लेकिन फिर भी इस प्रतिकूल समय में भी 'Social injustice still needs to be denounced and fought'' । दुनिया भर के समाजों के विभिन्न प्रान्तों में ऐसे बहुत-से लोग आज भी नज़र आना सम्भव है—सभी को कुछ-न-कुछ नज़र आता ही होगा—कि, आज भी बहुत-से विच्छिन्न, एकाकी, मग्न लोग जीवन को देख पाते हैं—अपनी ओर से नहीं, ख़ुद को हटाकर किसी एक बड़े सपने की ओर से। वे केवल देख पाते हैं ऐसा नहीं है, उस दिशा में वे निरन्तर काम भी करते चलते हैं। जिस शुभ की बात रवीन्द्रनाथ करते थे, वे जिस तरह कहते थे कि हमारा अस्तित्व ऐसा है मानो सती शिव की ओर जा रही हैं, अर्थात् 'हम-जैसे-हैं' चला जा रहा है 'हमें जैसा-होना चाहिए'—अच्छे की ओर, इस उद्देश्य से अग्रसर होता मनुष्य अब हमें नज़र नहीं आता, ऐसा नहीं है। टॉयेनबी ने भी उन लोगों की बात की है, उन्होंने किसी-किसी व्यक्ति की Self-mastery के अस्तित्व की बात भी की है। यह यदि सच है तो फिर हम यह भी कह सकते हैं—दो-चार लोगों के लिए जो सच हो उठा है, सब लोगों के लिए, अनेक लोगों के लिए—वह हो उठना सभी के लिए एक दिन क्यों भला सम्भव नहीं हो सकेगा।

यदि हम उम्मीद करना चाहें कि ऐसा ही घटित होगा, तो फिर सबसे पहले हम जानना चाहेंगे कि इस 'हो उठने' से क्या आशय है, हम लोग ठीक-

ठीक क्या होना चाहते हैं, किस तरह होना चाहते हैं। कम उम्र में स्कूल-कॉलेज के दिनों में सभी को इस सवाल से एक-न-एक बार रूबरू होना ही होता है। दिन-ब-दिन इस सवाल के बहुत वास्तविक तथा प्रयोजन-आधारित जवाब निश्चय ही मिलने लगे हैं, बहुत-से लोग बड़े होना चाहेंगे, प्रतिष्ठित होना चाहेंगे, और उस प्रतिष्ठा या बड़ेपन की धारणा अर्थसम्पदा की सम्भावना में सुरक्षित रहेगी, व्यक्तिगत उत्थान और स्वच्छन्दता के स्वप्न में। उस होने के माध्यम से निश्चय ही हम टॉयेनबी-कथित सामाजिक-आत्मिक प्रगति के पथ पर नहीं पहुँच पायेंगे। हमारे चाहने में यदि व्यक्ति की सीमारेखा से बाहर आने का कोई स्वप्न या विश्वास नहीं हो, तो फिर हमारा पाना या होना एक खण्डित, अत्यन्त लघु और यहाँ तक कि विकृत पाना या होना मात्र होगा। इस होने की ओर यह दुनिया पागलों की तरह भागी जा रही है। इसके विपरीत खड़े होने के लिए प्रोत्साहित करने के उद्देश्य से सन १९१९ में श्रीहट्ट के एक कॉलेज के छात्रावास में विद्यार्थियों से रवीन्द्रनाथ ने कुछ बातें कही थीं। उनमें यह था कि लोगों को यह सीखना पड़ेगा कि 'किस तरह बड़ी आकांक्षा करनी चाहिए...मनुष्य की क्षुद्र स्वार्थ-सिद्धि की जो कामना है उसे बड़ी करने से मनुष्य बड़ा नहीं हो जाता, छोटा हो जाता है।...मनुष्यत्व आकांक्षाओं का औदार्य है; आकांक्षाओं का दु:साध्य अध्यवसाय और महत संकल्प की दुर्जेयता।'

आकांक्षा और कामना—एक के बाद एक इन दो शब्दों के प्रयोग से हमें 'लाल कनेर' में फागूलाल और चन्द्रा लोगों से कहे गये विशू के उस संवाद की याद आ सकती है : 'मैं कह रहा हूँ सुन, निकट के पाने की कामना का जो दु:ख है वही पशु का है, दूर के पाने को लेकर आकांक्षा का जो दु:ख है वह मनुष्य का है।'

तो फिर इच्छा की अभिव्यक्ति इन दो विपरीत शब्दों में है : कामना और आकांक्षा। मेरे लिए, पास के लिए, शरीर के लिए चाहना—कामना है। सबके लिए, दूर के लिए, हृदय के लिए चाहना—आकांक्षा। स्वभावत: इस भिन्नकरण में एक नीतिबोधक बात आ जाती है, मंगल की बात, शिव की ओर सती की चलायमानता की वही बात। जो इच्छा इस आकांक्षा में बदल जाना चाहती है, उस इच्छा को रवीन्द्रनाथ कभी नाम देते हैं देश की इच्छा, कभी विश्वव्यापी इच्छा, या फिर कभी अनन्त की इच्छा। इस

अनन्त की धारणा में पहुँचने पर हालाँकि केवल नीतिबोध नहीं, उसमें एक सौन्दर्यबोध की बात भी रह जाती है। जिस विराट सौन्दर्य के सम्मुख खड़े होने पर थोड़े समय के लिए ही सही हमारा मन समस्त दायरों से मुक्ति पा जाता है, आकांक्षा में उसी सौन्दर्य की बात होती है। वहाँ खड़े होकर अचानक मुझे याद आता है कि हमारी इस पृथ्वी को भी कुछ होना था, और हमें भी, कुछ होना चाहिए। इसीलिए सौन्दर्य कभी-कभी हमारी आँखों में आँसू ला देता है। आकांक्षा उन आँसुओं की ओर भी अपने क़दम बढ़ाती है।

और कभी, उस आकांक्षा से बँधा मन, 'लाल कनेर' की नन्दिनी की तरह ही तीव्र झनकार के साथ कह सकता है : 'मैंने नहीं चाहा होना'। अनूप-उपमन्यु-शक्लू-कंकू आदि के 'गन्ने की तरह चबाये गये' चेहरे देखकर अनभिज्ञ व्याकुल नन्दिनी को अध्यापक समझा रहे थे : 'वह अद्‌भुत जिसका संचय है, यह किंभूत उसका ख़र्च है। ये छोटे-छोटे जलकर ख़ाक होते रहते हैं, और वह बड़ा लौ के रूप में जलता रहता है। यही है बड़े होने का तत्त्व।'

> नन्दिनी। वह तो राक्षस का तत्त्व है।
> अध्यापक। तत्त्व पर नाराज़ होना व्यर्थ है। वह अच्छा भी नहीं है और बुरा भी नहीं। जो होता है सो होता है। उसके विरुद्ध जाओ तो होने के विरुद्ध ही जाओगी।
> नन्दिनी। यही यदि मनुष्य होने का रास्ता है, तो मैं मनुष्य नहीं होना चाहती—

यह है होने—हो उठने—का और एक रास्ता। तो यह हुआ राक्षस का रास्ता। इस राक्षस के तत्त्व से, उन्नयन के तत्त्व से, पृथ्वी आज भरी हुई है। बड़े की लौ से छोटों का राख होते रहने का इतिहास ही हमारे वर्तमान होने का इतिहास है। नदियों के बाँधों को एक दिन नेहरू जी ने (१९४८) आधुनिक भारत के मन्दिर कहा था, और उन सब बाँधों या उन्नयन के प्रकल्पों से आज़ादी के बाद पचास वर्षों में कम-अज़-कम पाँच करोड़ लोग विस्थापित हो गये, और इस तरह सिर्फ़ छोटे ही राख होते रहते हैं, बड़े की लौ जल रही है। सन १९५६ में नेहरू जी ने पुस्तक को अच्छी तरह से पढ़कर 'लाल कनेर' का अभिनय देखा था। सन १९५८ (१७ नवम्बर) में एक सभा में उन्होंने कहा था : 'For some time past, however, I have been beginning to think that we are suffering from what we may call "the disease of gigantism" ..... This is a dangerous outlook developing in India .... the idea of big....' ।

The disease of gigantism, यही उस राक्षस का तत्त्व है। The idea of big, यह उस बड़े का तत्त्व है। 'लाल कनेर' को देखने या पढ़ने के साथ मैं नेहरू जी की इस बात का कोई कार्यकारणसूत्र तैयार करने की कोशिश नहीं कर रहा हूँ, यह बात यहाँ कह देना उचित होगा। विशेष रूप से इस कारण से भी कि यह idea of big या इस disease of gigantism से वे देश को हटा ले जा सके थे ऐसा नहीं है, बल्कि उन बातों के बाद भी उन्हें अनेक बाँध-प्रकल्पों की आधारशिला रखने और उद्‌बोधन देने का काम करना पड़ा था।

तो फिर नन्दिनी के 'मैंने नहीं चाहा होना' में 'होने' का एक अर्थ है, और दूसरा एक अर्थ लेकर रवीन्द्रनाथ ने कहा : 'छोड़ते-छोड़ते, बढ़ते-बढ़ते, मरते-मरते, जीवित रहते-रहते मैं लगातार होता रहूँगा।' इस वाक्य में शब्दों की पारस्परिकता ध्यान देने योग्य है। छोड़ते-छोड़ते के बाद ही बढ़ते-बढ़ते, मरते-मरते के बाद ही जीवित रहते-रहते। इसका मतलब छोड़ सकना ही बड़े हो सकना है? मर पाना ही जीवित हो उठना है? लेकिन इस बात का मतलब क्या है? मतलब यह है कि मेरे व्यक्ति-अंश को मैं जितना छोड़ सकूँगा, मैं विश्व की ओर उतना ही बड़ा हो जाऊँगा। और मरते-मरते? यह भी वही एक ही बात है। मेरे स्वार्थ का अंश जितना मरता है, उतना ही जीवित हो उठता है मेरा विश्वोन्मुख मैं।

लेकिन इस छोड़ने में, त्याग के स्वीकार में, एक दुःख भी तो है। सचमुच हो उठने का भी एक अपरिहार्य सम्बल है वह दुःख।

तीन

'लाल कनेर' नाटक में विशू ने जब नन्दिनी को 'दुःख जगानेवाला' गीत सुनाया था, नन्दिनी ने विशू से कहा था : 'जिस दुःख का गीत तुम गाते हो, मुझे पहले उसकी ख़बर नहीं थी।' सुनकर विस्मित विशू ने पूछा था, 'क्यों, रंजन से?' नन्दिनी ने साफ़ कहा था 'नहीं'। प्राणों को लेकर सर्वस्व दाँव पर लगाकर वह किस तरह हार-जीत का खेल खेलता है, उसने एक आकुल वर्णन में रंजन के तुमुल प्रेम और ठठाकर हँसने के

विषय में बताया था। सुनने के बाद विशू ने एक बार फिर से उसे दुःख का ही गीत सुनाया था :

'ओ चाँद, आँख के आँसुओं में ज्वार आया है दुःख के सागर में।'

असफल प्रेमी विशू के जीवन से उसके इस दुःखबोध को हम समझ पाते हैं, लेकिन रंजन से भी दुःख की कोई ख़बर न मिलने पर विशू के विस्मय की ठीक वजह क्या थी? उसे क्यों लगा था कि नन्दिनी को रंजन से ही दुःख का परिचय मिलना था? क्योंकि, विशू जानता था कि प्रेम करने वाले एक-दूसरे को पूर्णता की ओर ले जाते हैं, और जीवन की उस पूर्णता के बोध में दुःख एक सुनिश्चित तथा मूल्यवान अनुभव है, विरह-वेदना ही एकमात्र दुःखबोध नहीं है। जिसका दुःख के साथ परिचय नहीं है, उसने जीवन को भी पूरी तरह नहीं जाना है। और, जो उस पूर्ण जीवन के बोध में नहीं पहुँचा देता, वह प्रेम भी सम्पूर्ण नहीं होता। यही विशू के विस्मय का कारण था।

इस बात को कहने का कोई मतलब नहीं कि केवल विशू का बोध, विशू की उस बात के माध्यम से हम रवीन्द्रनाथ के ही विश्वास की बात सुन पाते हैं। अपूर्णता को यदि दुःख कहें और पूर्णता को आनन्द, तो फिर उस चिर-अपूर्णता का दुःख हमारे विभिन्न स्तरों पर काम करता रहता है। वहाँ पर अपूर्णता क्या पूर्णता के विपरीत है? ऐसा नहीं है, वह पूर्णता का ही विकासपथ है। अर्थात् धारावाहिक अपूर्णता में से होते हुए हम पूर्णता की ओर अग्रसर हो सकते हैं, यदि अग्रसर होना चाहें तो। मानो मैं भी उस धारावाहिक दुःख में से होते हुए ही आख़िरकार एक आनन्दबोध में जा पहुँचूँगा। और वही होगा मेरा होना, हो उठना।

इस बात को रवीन्द्रनाथ ने गीत की उपमा से समझाया था। 'गाना जब चल रहा है, जब वह सम पर आकर समाप्त नहीं हुआ तब वह सम्पूर्ण गाना भले ही नहीं हो, लेकिन वह गाने का विलोम भी नहीं होता, उसके अंश-अंश में उस सम्पूर्ण गाने का आनन्द ही तरंगित होता रहता है।' मेरा जीवन पूर्ण नहीं है, वह किसी एक पूर्णता की ओर जा भर रहा है, इस बोध या विश्वास से पथ पर चलने का दुःख हमारा पाथेय बन सकता है। तब लग सकता है कि सुख ही मुझे अवसन्न कर देता है, निश्चल कर देता है, तब लग सकता है कि 'सुख की ग्लानि अब और सहन नहीं होती' और इस

वजह से चाहिए कि 'मुझे सुख में क्यों रखोगे, रखो तुम्हारी गोद में'। यह गोद दुःख-संघातमय जीवन की गोद है। यह जीवन नित्य बाधामय है। और उस बाधा का दुःख क्या करता है? वह मेरी चेतना पर तीव्र आघात करके मुझे मेरे ही अन्तर्गत एक मैं के निकट ले आता है। यह आत्मबोध ही आनन्द है।

ऐसा नहीं है कि अकेले रवीन्द्रनाथ ही यह बात कहते हैं, यह बात कई औरों ने भी कही है। सन १९०८ में उन्होंने लिखा था : 'दुःख के द्वारा ही हम अपनी आत्मा को गहरायी से पा जाते हैं।' और स्पानी कवि-दार्शनिक उनामूनो ने सन १९१२ में लिखी अपनी Tragic Sence of Life पुस्तक में कहा था, दुःख ही हमारे चैतन्य का पथ है, इसके द्वारा ही मनुष्य अपने आत्मबोध के अधिकार को प्राप्त करता है। क्योंकि इस आत्मबोध को अर्जित करने के लिए औरों से स्वयं को स्वतन्त्र होने के रूप में पहचानना पड़ता है, और वह स्वातन्त्र्य-चेतना अपनी सीमाबद्धता के बोध से, दुःख के बोध से उत्पन्न हो सकती है। यदि दुःख न मिले तो कैसे पता चलेगा कि मैं हूँ, मैं कैसे लौट सकूँगा अपनी ओर? सुख में हम स्वयं को भूले रहते हैं, हम स्वयं के पास केवल दुःख के अनुभवों में लौटते हैं।

उनामूनो की ये बातें रवीन्द्रनाथ की बातें भी लग सकती थीं। लेकिन रवीन्द्रनाथ इसके साथ यह भी कहेंगे कि स्वयं के ये दुःखबोध अन्य सभी के दुःखबोधों के साथ जुड़ना सिखाते हैं। तब वह समझ पाता है : 'मेरे दुःखबोध के चले जाने से ही तो संसार के दुःख दूर नहीं होंगे।....केवल अपने में नहीं, दुःख को उसकी उस विराट रंगभूमि के बीचोंबीच देखना होगा.... ।'

यक्षपुरी में आने के बाद नन्दिनी के चारों ओर परत-दर-परत जब जीवन उद्घाटित होता रहेगा, तब वह अनूप-उपमन्यु-शक्लू-कंकू लोगों के छूछड़े होते जाने को महसूस कर सकेगी, या फिर वह देख सकेगी कि शरीर से ख़ून चूस लिए गये गज्जू पहलवान का अमानवीय अवस्थान, विशू की लांछना, रंजन-किशोर का हनन, तब ही वह समस्त के दुःखबोध से सम्पूर्णता को पा सकेगी। तब ही वह कह सकेगी : 'राजा, अब समय हो चला।...मेरी समूची ताक़त से तुम्हारे साथ मेरी लड़ाई होगी।'

दुःख को इतनी महिमा देने की बातों से एक प्रश्न अवश्य उठता है। खाने-

पीने के अभाव से जो मनुष्य लांछना के कष्ट झेल रहा है, जिसका घर जल गया हो, जिसने घर छोड़ दिया हो ऐसे व्यक्ति के पास खड़े होकर दु:ख को बड़े होने का सम्बल मानने में निश्चय ही एक अन्याय, निरासक्ति की निष्ठुरता है? अवश्य ही वह है। और इसीलिए उस दु:ख को आत्मगत करके मनुष्य को उसके निराकरण की बात सोचनी पड़ती है, और तब उस दु:ख का अर्थ भिन्न हो जाता है। उस दु:ख के बारे में सोचकर 'रूस की चिट्ठी' का एक वाक्य इस तरह का हो जाता है : 'बुद्धि का साहस और जनसाधारण के प्रति दरद-बोध इन दोनों के अभाव के कारण ही दुखियों के दु:खों को दूर करना हमारे देश में इतना कठिन हो गया है।' चौरासी वर्ष बाद भी हमारे देश में यह बात सच ही है। रूस में घूमते-घूमते (हालाँकि सिर्फ़ इसी समय में नहीं) 'मैं लगातार अपने देश के किसानों के दु:ख के विषय में सोच रहा था'। 'घरे-बाइरे' उपन्यास में प्रियजनों के बिछोह की पीड़ा से निखिलेश को जब लग रहा था कि उसका मन्दिर शून्य है, आत्मधिक्कार में ठीक तभी उसकी बोलने की इच्छा हो रही थी : 'शून्य मन्दिर! कहते हुए शर्म नहीं आती? इतना बड़ा तुम्हारा मन्दिर शून्य कैसे हो गया?' वही इतने बड़े मन्दिर की भावना उसे पंचू लोगों की 'नहीं' की दुनिया के साथ जोड़ देती है, जहाँ 'उपवास से दुर्बल, अज्ञान से अन्धे, अवसाद से दीर्ण' एक पीड़ित धरित्री पड़ी हुई है। उसे याद आता है, एक दिन विमला के साथ मिलकर उसने सपना देखा था कि वह 'देश के दु:खों को जड़ से उखाड़ने' के काम में लगेगा। तब उसे लगा था कि : 'विश्व का जो दु:ख है वह तो मेरे गले का हार है।' यानी उसका ज़िम्मेदारी को स्वीकार करना ही उसके व्यक्तिगत दु:खों को भुला सकता है।

समाज में वह दु:खबोध यदि तीव्र हो उठे और समवेत हो जाये तो उसकी भी एक ताक़त पैदा हो सकती है, मुड़कर खड़े होने की, उठकर खड़े होने की शक्ति। टोक्यो में एक कोरियाई युवक ने रवीन्द्रनाथ के सवाल के जवाब में कहा था : 'आज यह पृथ्वी निरुपायों से भरी हुई है, दु:ख उन्हें आपस में मिलायेगा—जो लोग धनी हैं, जो शक्तिशाली हैं वे लोग अपने-अपने लोहे के सन्दूक में और सिंहासन के चारों ओर अलग-अलग रहते हैं, वे कभी आपस में नहीं मिल पाते। कोरिया की ताक़त उसके दु:ख हैं।' रवीन्द्रनाथ कहेंगे : 'दु:खी लोग आज मनुष्य की रंगभूमि पर स्वयं को विराट रूप में देख पा रहे हैं, यह बड़ी बात है।' तो फिर यह दु:ख भी दु:ख

को दूर करने की एक श्रद्धेय शक्ति तक पहुँचा सकता है।

गौतम बुद्ध के विशेष अनुरागी थे रवीन्द्रनाथ। बौद्धधर्म में जिस चत्वारि आर्यसत्यानि की बात कही जाती है, वे हैं—दुःख, दुःखसमुदय (अर्थात् हेतु), दुःखनिरोध और दुःखनिरोध के उपाय। इन उपायों की खोज हमें निर्वाण की एक विशेष धारणा तक पहुँचा सकती है। अनुरागी रवीन्द्रनाथ इस तत्त्वबोध में से निगेटिव पक्ष को हटाकर पॉज़िटिव पक्ष पर नज़र डालना चाहते हैं (ये निगेटिव, पॉज़िटिव दो शब्द गौतम बुद्ध के प्रसंग में उन्हीं के द्वारा प्रयोग किये गये हैं)। वे कह रहे हैं : 'यदि दुःख दूर करना ही चरम लक्ष्य है फिर तो वासना के लोप द्वारा अस्तित्व का लोप कर देने से ही संक्षेप में काम सम्पन्न हो सकता है—लेकिन मैत्री-साधना क्यों? जिस पर मृत्युदण्ड का ही विधान है तो फिर उस पर प्रेम क्यों, दया क्यों?' इस तरह उन्होंने बुद्ध के प्रेम के पक्ष को एकान्त रूप से देखने की कोशिश की थी, निर्वाण प्राप्ति को नहीं। लेकिन वह प्रेम क्या करता है? दूसरों के दुःख को वह समझना नहीं चाहता, दूसरों के दुःखों को दूर करने की चेष्टा में स्वयं दुःख वरण करने-जैसी साधना भी वह कर सकता है, वही प्रेम।

लेकिन क्या-क्या हैं दुःख? बौद्धधर्म में आठ प्रकार के दुःखों की बात कही गई है। पहले चार हैं : जन्म, व्याधि, जरा, मृत्यु। और बाक़ी चार हैं : प्रिय-विप्रवियोग, अप्रिय-सम्प्रयोग, ईप्सित वस्तु की अनुपलब्धि, और पंच इन्द्रियों की ग्राह्य वस्तुएँ। पंच इन्द्रियों से जो कुछ भी गृहीत हैं, उन्हें दुःखजनक मानना रवीन्द्रनाथ के लिए सम्भव नहीं, जिस प्रकार जन्म को ही दुःख का मूल कारण मानना सम्भव नहीं। Never to have lived is best कहना या 'न ही आते तो अच्छा होता' अनुभव करना उनके लिए सम्भव नहीं था। और बाक़ी जो दुःख हैं, उन्हें त्याग करके नहीं, उन्हें वहन करके, उनके साथ सामंजस्य स्थापित करके ही, उन्हें स्वीकार करके चलने की ही बात वे सोचते हैं। 'योगायोग' उपन्यास में विप्रदास ने कुमु से कहा था : 'दुःख से बचकर निकलने की कोशिश करने पर दुःख हमें घेर लेते हैं। हमें उन्हें ताक़त के साथ स्वीकार करना होगा।'

यहाँ जिन सब दुःखों की बात कही गई, उनमें प्रियजनों के विच्छेद या फिर विरह की बात है, लेकिन और एक बड़े विच्छेद का उल्लेख नहीं है, पूर्णता से विच्छेद। 'ईप्सित वस्तु की अनुपलब्धि' इस वाक्य से यह बात पूरी

तरह समझ में नहीं आती, क्योंकि वहाँ पर ईप्सा या वस्तु कुछ भी स्पष्ट नहीं है। इस विवेचना में प्राप्ति में भी अप्राप्ति की वेदना, स्वनिर्वाचित एकाकीपन की वेदना का उल्लेख नहीं है।'अन्तिम बात' कहानी के पाठान्तर 'छोटी कहानी' में एक सोच है : 'पुरुष जहाँ पर असाधारण है वहाँ पर वह निरतिशय अकेला है, निदारुण है उसकी निःसंगता, क्योंकि उसे वहाँ जाना पड़ता है जहाँ कोई नहीं पहुँचा।' इस वाक्य में 'पुरुष' शब्द अवश्य ही रवीन्द्रनाथ के अन्यतम अतीत के मोह का एक परिचय है, यह शब्द शायद 'मानुष' हो सकता था। लेकिन यह निःसंग मानुष जब अपनी कला, विज्ञान, दर्शन या कुछ भी रच रहा है—किसी एक चिर अलक्ष्य पूर्णता की चेतना से ही वह चलता रहा है, उस निःसंग चलने के दुःखभार को वह तो कम करना नहीं चाहता, उस परम एकाकीपन को तो वह नहीं छोड़ना चाहता। तब उसे अपने चारों ओर एक नीरवता मिलती है, तब लग सकता है कि उस नीरवता के लिए निर्जन 'रात्रि भी मानो यथेष्ट रात्रि नहीं है।'

रवीन्द्रनाथ से पूरी तरह से भिन्न यहाँ तक कि विपरीत ढंग के एक कथाकार, फ़्रांत्स काफ़्का ने वे शब्द कहे थे। उनकी निविड़ संगिनी फ़ेलिस—जिनके लिए वे निरन्तर व्याकुलता महसूस करते थे, उन्हीं संगिनी ने चाहा था कि लिखते समय वे उनके पास रहें, एक चिट्ठी में काफ़्का ने बताया था कि फिर तो वे लिख ही नहीं पायेंगे। उन्होंने कहा था, लिखने का मतलब है अपने काम में ख़ुद को ही सम्पूर्ण रूप से उद्घाटित करना, जहाँ अन्य कुछ या अन्य कोई यदि रहे तो लगेगा कि ख़ुद को खो दिया है। 'जब कोई लिखता है तो कभी भी वह यथेष्ट अकेला नहीं हो पाता, यथेष्ट निःशब्दता उसे घेरे नहीं रहती, रात्रि भी मानो यथेष्ट रात्रि नहीं है' जितनी उन्हें दरकार थी। यह अवस्थान सम्भवतः दुःख का है, लेकिन किसी-किसी के लिए वह वरणयोग्य भी है। शून्यता के उस दुःख को केवल शिल्पी ही जानता है, लेकिन साथ-ही-साथ वे यह भी जानते हैं :

फिर भी शून्य शून्य नहीं
पीड़ामय
अग्निवाष्प से भरा वह गगन
अकेले-अकेले उस अग्नि में
दीप्तगीतों से
सिरजता हूँ स्वप्न का भुवन।

वह भुवन कला से तैयार हो सकता है, विज्ञान, धर्मसाधना से, या फिर और किसी भी व्रत से। इसीलिए रवीन्द्रनाथ प्रेमबन्धन के बाद भी अ-मिलन की दूरी में एक के बाद एक अपने चरित्रों को रख देते हैं, जैसे कि 'रविवार' के शिल्पी अभीक को, जैसे 'अन्तिम बात' के वैज्ञानिक नवीन को, 'चण्डालिका' के धर्मसाधक आनन्द को, जैसे 'बाँसुरी' के व्रती सोमशंकर को। इन सबके ही परिणाम की बात मानो 'अन्तिम बात' की अन्तिम पंक्ति में कह दी गई है : 'पक्षी पिंजरे में से निकल आया है, लेकिन उसके पैर में बेड़ी का टुकड़ा है। हिलने-डुलने में वह बज उठता है।' लगभग समकालीन एक गीत 'टूटी बेड़ी पैरों में लिए—ओ रे पंछी' में थोड़े और स्पष्ट रूप से भीतर की भावना को व्यक्त किया गया है : 'जो निर्मल दुःख है वही तो मुक्ति है / निर्मल शून्य के प्रेम में'।

यह निर्मल दुःख ही 'हो-उठने' का दुःख है।

चार

थोड़ी देर पहले मैं 'योगायोग' की एक पंक्ति याद कर रहा था। विप्रदास ने कुमु से कहा था : 'दुःख से बचकर निकलने की कोशिश करने पर दुःख हमें घेर लेते हैं। हमें उन्हें ताक़त के साथ स्वीकार करना होगा।' स्वीकार करना होगा, क्योंकि, 'ऐसे भी दुःख हैं जिन्हें भूलने-जैसा दुःख और कुछ नहीं होता'—जैसा कि विशू ने चन्द्रा और फागूलाल आदि से कहा था।

दूसरी ओर 'गीतांजलि' का बहुत ही परिचित गीत है 'जो तुम दुःख नहीं पाओगे तो तुम्हारे दुःख कब होंगे दूर'—दुःख दूर होने की यह बात तो उससे नज़र बचाने की कोशिश ही तो है? उस गीत के आपातसरल शब्दों में कहीं कोई जटिलता भी है क्या! इस पूरे गीत का पाठ एक बार सामने रखता हूँ :

> जो तुम दुःख नहीं पाओगे तो तुम्हारे दुःख कब होंगे दूर
> विष को विष के दाह से दहन कर ही मारना होगा
> अपनी अग्नि को जलने दे तू
> उससे मत भयभीत होना
> राख होकर वह बुझेगा जब फिर कभी वह जल न सकेगा।

नज़र बचाकर उनसे मत भाग रे स्वीकारने में मत हो कातर
लम्बे रास्तों पर दौड़-दौड़ कर तू बढ़ा लेता है अपने दु:ख।
मरते-मरते मरण को ही
पूरी तरह से ख़त्म कर दे।
इसके बाद वह जीवन आकर स्वयं अपना आसन ग्रहण करेगा।

दु:ख को यदि कोई अस्तिवाचक पक्ष से ही देखना चाहे, निभृत सामर्थ्य के हिसाब से ही देखें, दु:ख जिसके लिए निविड़ अस्मितासूचक है, जो लोग दु:ख को मुझे मेरे मैं के पास लौटा लाने वाली शक्ति के रूप में देखते हैं, वे उसे दूर करने की बात क्यों कहेंगे भला, उसे तो मारना होगा, वह तो राख होकर ही बुझेगा, और फिर कभी नहीं जलेगा—वे दु:ख के इस चरम अपनोदन की बात क्यों करेंगे भला! यह यदि सत्य है कि 'दु:ख और मृत्यु....हमारे सम्पूर्ण चित्त को जाग्रत कर दें' तो फिर मैं दु:ख को क्यों दूर करना चाहूँगा?

इस बात में और एक समस्या है। मैं यदि दु:ख को दूर करना चाहूँ, तो फिर मुझे क्या करना होगा? दु:ख पाना होगा। दु:ख पाये बिना वह दूर नहीं होगा। इसका मतलब यह है कि दु:ख से ही दु:ख को दूर करना होगा, यानी ज़हर से ज़हर को काटने-जैसा। लेकिन एक दु:ख आकर यदि दूसरे दु:ख को हटा दे, तो फिर वह दूसरा दु:ख तो रह ही जाता है। उसे हटाने के लिए एक और दु:ख—यदि इसी तरह चलता रहा तो फिर यह अनन्त चक्राकार परिक्रमा होगी!

दु:ख की जो आग जलते-जलते एक दिन राख हो जायेगी—वह क्या फिर दु:ख ही है! ज़हर से ज़हर को काटने-जैसा? इसका मतलब यह कि फिर दु:ख की कोई अनुभूति ही शेष नहीं रह जायेगी? क्या यही काम्य है?

जिस आग को जलते रहने देने की बात कही जा रही है, 'उससे मत भयभीत होना', और संचारी में जिस तरह कहा जा रहा है 'नज़र बचाकर उनसे मत भाग रे' तब यह 'उनसे' निश्चय ही एक दूसरे अर्थ की ओर चला जाता है। दु:ख की अग्नि से नहीं डरूँगा, और जो परम हैं उनकी नज़र बचाकर नहीं भागूँगा। दु:ख और परम यहाँ पास-पास मिल रहे हैं। मरते-मरते मरण को समाप्त कर देने से, इसका मतलब दु:ख पाते-पाते दु:ख को पूरी तरह से ख़त्म कर देने पर ही सचमुच के जीवन तक पहुँचा जा सकता है।

मरते-मरते मरण को कैसे ख़त्म किया जा सकता है? 'मन से मर जाने से पहले नहीं मरूँगा' वाली उस मृत्यु की बात निश्चय ही यहाँ नहीं है? मरते-मरते मरने का डर कब ख़त्म हो जाता है? जब हर क्षण की मृत्यु को, अर्थात् जब हम हर क्षण के चले जाने को महसूस करते हैं। इस हर क्षण की मृत्यु, फिर जीवन, फिर से मृत्यु और फिर से जीवन—इस प्रकार देखने जायें तो अन्तिम मृत्यु को भी मन से मिटाया जा सकता है।

'तू क्या इस छन्द के साथ नहीं जुड़ सकेगा रे' 'गीतांजलि' के इस गीत की अन्तिम पंक्तियाँ हैं 'फेंक देने छोड़ देने मरने के आनन्द में रे', कवि ने जिसका अंग्रेज़ी में अनुवाद किया था 'that scatters and gives up and dies every moment'। हर क्षण झरते जाते इस छन्द के साथ जुड़ने पर शायद समझा जा सकता है कि 'तपन-तारा-चन्द्र में मरणवीणा के कौन-से सुर बजते हैं रे।'

दुःख की बात पर लौटता हूँ। 'लम्बे रास्तों पर दौड़-दौड़ कर तू बढ़ा लेता है अपने दुःख'—यहाँ पर 'तू बढ़ा लेता है' क्या अनुज्ञावाचक है? सम्भवतः नहीं। लम्बे रास्तों पर दौड़ते-दौड़ते तू दुःख को बढ़ा रहा है, इसकी बजाय तू उनके सम्मुख जाने में कातर मत होना, उनकी नज़र बचाकर मत भागना। मैंने थोड़ी देर पहले ही कहा था कि वे और दुःख आपस में घुलमिल गये हैं। तो फिर हम एक बार फिर उन्हीं दो दुःखों की बात पर ही लौट आये हैं। दुःख से नज़र बचाकर भागूँगा नहीं, तब ही दुःख का अपनोदन होगा। तो निश्चित रूप से ये दो दुःख एक नहीं हैं।

यहाँ मैं थोड़ा कहूँ, एक बार इस गीत को 'अरूपरतन' नाटक के गायकवृन्द ने इसके पहले संस्करण (१९२०) के अन्तिम हिस्से में गाया था। उस संस्करण के ३९ गीत मौजूदा संस्करण में क्यों और किस तरह से २५ की संख्या तक सिमट गये, और किस वजह से यह गीत भी वर्जित हो गया, यह एक अलग से चर्चा का विषय है। यहाँ पर प्रासंगिक केवल इतना है कि पहले संस्करण 'अरूपरतन' के नज़ीर से नाटक के अन्तिम हिस्से में राजा के लिए सुदर्शना के राह पर निकल पड़ने के कष्टों के साथ गीत के 'उसे' और अभीष्ट राजा के साथ 'उन्हें' को शायद जोड़कर देखा जा सकता है। 'आँख के आँसू बहाते-बहाते आयी हूँ—कठिन राह पार करते-करते आयी हूँ'—सुदर्शना ने कहा था। अर्थात् वह दुःख पाते-पाते ही आयी है। उसे यदि ये दुःख, दैनन्दिन राह चलने ये अनुभव नहीं मिलते,

तो फिर किस तरह राजा के साथ, उसकी पूर्णता के साथ विच्छेद के दुःख मिट पाते? या, उनसे नज़र बचाकर निकल जाने के दुःख? इसीलिए ये दो दुःख स्वतन्त्र हो उठते हैं।

या फिर यदि इस गीत को उसके रचयिता के रचनाकाल (१८ सितम्बर, १९१४) के साथ मिलाकर देखें, परवर्ती उस प्रयोग की ओर से न देखकर, तो फिर हम ग़ौर करेंगे कि रवीन्द्रनाथ उस समय कुछ दिनों से अस्थिरता और एक यन्त्रणा-बोध से दो-चार रहे थे, वे उसमें से बाहर निकलने की कोशिश कर रहे थे, और इन सब गीतों के माध्यम से वे ऐसा कर भी पा रहे थे। लिखने के कुछ दिनों बाद ही अपने मित्र एन्ड्रयूज़ को एक चिट्ठी में उन्होंने लिखा था (४ अक्टूबर, १९१४) 'It seems as though I am coming out of that mist once more'। उस वहन न कर सकने वाले भार को वहन करने के बाद वे एक बार फिर से जीवन के सम्मुख खड़े हो रहे थे, जिस जीवन को उन्होंने आघात-संघातमय जाना था।

यही उनका हो-उठना, होना था। राजा को पाने के लिए राह पर निकल पड़ने का अनुभव ही सुदर्शना का हो-उठना था। इस राह के अन्तिम छोर पर आकर उसे भी लग सकता था कि यह मानो पूरी तरह सुदर्शना की ही बात है: 'मैंने आपको पहचाना है / आघातों में / वेदनाओं में; / कि कठोर है सत्य। / मैंने कठोरता से प्यार किया, / वह किसी को धोखा नहीं देता।' इस अनुभव के घटित होने पर, जीवन के कठोर सत्य की भीतर से प्रतीति होने पर, हम सभी कह सकते हैं 'आमृत्यु दुःख की तपस्या है यह जीवन।' तब यदि 'दुःख की अँधेरी रात बार-बार' आये, उसे हम यदि छलना के रूप में पहचानकर उसके रूबरू हो सकें, यदि हमें पता हो कि क़दम-क़दम पर हमारे विश्वास को चोट लग सकती है, तब, उस छलना को यदि हम सह सकें, तो फिर अलग तरह की शान्ति का एक अक्षय अधिकार पाया जा सकता है।

कितनी ही छोटी-छोटी चीज़ों के न मिल पाने के कारण हमारी हर रोज़ की कितनी ही नाराज़गियाँ हमारे मन में जमा रहती हैं। लेकिन अधिकतर लोगों को जीवन के सौन्दर्य को न पाने की कोई पीड़ा नहीं होती। वह सौन्दर्य नितान्त प्राकृतिक सौन्दर्य नहीं होता, वह हमारे सांसारिक या फिर मानव के सामाजिक सहज सम्बन्धों का सौन्दर्य भी होता है। छोटी-छोटी नाराज़गियों की बातों को भूलकर हम उसकी ओर बढ़ना चाहें तो मन

शायद कह सकता है :

> वह जो मेरे पास 'मैं' था
> सबसे ज़्यादा क़ीमती
> उसे पूरी तरह ख़त्म कर मैंने सजा दी है
> तुम्हारी वरण-डलिया।
> मेरी नाराज़गी के बदले
> मैं आज लूँगी तुम्हारी माला।

मेरे ही पूर्णता का रूप इस 'तुम' की ओर है—इस राजा की ओर—दु:ख के पथ पर हमारे निरन्तर हो उठने की यह यात्रा।

पाँच

'पारस्परिक सम्बन्धों को सहज और सहनीय बनाना'—विद्यार्थियों के लिए मास्टर महाशयों को लिखे रवीन्द्रनाथ के इस आदर्श के बारे में मैंने लेख के आरम्भ में ही कहा था, मैंने कहा था कि रूस में रहने के दौरान कभी-कभी प्रबल भावावेग के साथ उन्होंने किस तरह कहा था : 'लोगों का परस्पर व्यवहार कितना सहज है!' लेकिन इसी सहजता को हम कभी-कभी कितना दु:साध्य बना लेते हैं!

अरविन्दमोहन बसु को लेकर एक ग़लतफ़हमी के दौरान लेडी अबला बसु ने रवीन्द्रनाथ को लिखा था कि अरविन्द को अब शान्तिनिकेतन में न रखकर 'यहाँ से...उसे हमेशा हम अपने पास ही रखेंगे।' क्योंकि उन्हें लगा था कि शान्तिनिकेतन के विद्यालय के प्रभाव से अरविन्द अपने गृहस्थ-जीवन के प्रति उदासीन होने लगे हैं। गहरे रूप से व्यथित रवीन्द्रनाथ ने इसके जवाब में अपने मित्र की पत्नी को जो लम्बी चिट्ठी लिखी थी, उसमें यह बात भी थी : 'मैंने जिन जगहों पर सबसे अधिक सार्थकता अर्जित की है उन जगहों पर आप लोगों का कोई विरोध रहता है तो फिर वहाँ पर खेल-खेल में भी हमारा मिलन नहीं हो सकता।' १७ अप्रैल, १९११ को लिखी इस चिट्ठी की 'सबसे अधिक सार्थकता अर्जित की है' इस चौंकाने वाली पंक्ति के साथ १९ फ़रवरी, १९४० को लिखी एक पंक्ति का मिलान कर हम देख सकते हैं 'Visva-Bharati is like a vessel which is carrying the cargo of my life's best treasure'। जो आजीवन

विचित्रगामी परम चर्चा करते रहे, वे इस शान्तिनिकेतन या विश्वभारती को अपनी 'सबसे अधिक सार्थकता' या 'life's best treasure' किस तरह कह पाये थे, इसे लेकर एक प्राथमिक विस्मय-बोध हमें हो सकता है। लेकिन हम यदि याद रखें कि उनकी समूची शिल्पचर्चा के माध्यम से वे आख़िरकार व्यक्ति-जीवन की दुनिया और विश्व-लोक को आपस में जोड़ देना चाहते थे, यह उनकी महामानवबोध की धारणा थी, तो फिर उनकी अपनी कल्पना के शान्तिनिकेतन और विश्व-भारती को उनकी अन्यतम एक शिल्प-कल्पना के रूप में समझने में असुविधा नहीं होती। हम बाङ्ला में 'विश्व' शब्द का दो तरह से प्रयोग करते हैं। समूचे मानवसमाज को अपने में समेटे यह पृथ्वी भी विश्व है, समूचे ब्रह्माण्डलोक को समेटे यह महाजगत का अस्तित्व भी विश्व है। प्रकृति के माध्यम से उस महाजगत के साथ संयोग की कल्पना शान्तिनिकेतन के ब्रह्मचर्याश्रम की मूल भावना थी। और विश्व-भारती में राष्ट्रवाद के दायरे से बाहर समूची पृथ्वी की मनीषाजगत को एक केन्द्र में पाने का स्वप्न था। इसलिए, इन दोनों से निर्मित जिस विराट सृष्टि की भावना रवीन्द्रनाथ के मन में काम कर रही थी, आज वास्तव में उसकी जो भी दशा क्यों न हो, विशेष रूप से विचार कर उसकी व्याप्ति की बात को हम आज भी पूरी तरह से समझ नहीं पाये हैं। इसे हम तब समझ पायेंगे, जब उसी ओर अग्रसर होगा हमारा हर दिन का हो—उठना, छोटी-छोटी कामनाओं को भूलकर दूर-स्थित के लिए हमारी आकांक्षा, हमारे अस्तिवाचक दुःखों की उपलब्धि। दुःख को आत्मस्थ करके उसे सर्जनात्मक बना लेने का आयोजन, वह केवल व्यक्ति की सृष्टि नहीं, वह समष्टि की सृष्टि भी हो सकती है। वहीं पर मनुष्य का मनुष्यत्व होगा, रवीन्द्रनाथ ने यही सोचा था। एक बार उन्होंने कहा था : 'मनुष्य तो समाप्त नहीं हुआ। वह तो कुछ हो सकने के बाद बरबाद नहीं हुआ है, वह जितना हो सका है वह तो बहुत कम ही है। उसका न होना भी तो अनन्त है।' उस न-हो पाये अस्तित्व के सम्मुख होने को लेकर जो व्यक्ति निरन्तर बढ़ते रहना चाहता है, व्यक्ति-स्वार्थहीन दुःखयापन में जो आगे बढ़ता रहता है, जो दूसरों के दुःख को अपना दुःख बना लेना चाहता है, रवीन्द्रनाथ ऐसे ही व्यक्ति की तलाश कर रहे थे। और वह तलाश ही उनकी राजा की तलाश थी, 'अन्तिम बात' में उच्चारित उसी देवता की तलाश। हम सबमें—प्रत्येक व्यक्ति और समाज में—प्रच्छन्न रहते उस राजा के साथ जुड़ने के लिए, उस राजा को अभिव्यक्त

करने के लिए ही हम दुःखवहन करते हैं। मैंने आरम्भ में जिस 'स्वतन्त्र विकास' की बात कही थी, यही वह स्वतन्त्र विकास है। सुदर्शना की तरह दुःख-दाहन के मार्ग से उस विकास की ओर बढ़ते रहने से 'फिर वह जीवन आकर स्वयं अपना आसन ग्रहण करेगा' रवीन्द्रनाथ को ऐसा विश्वास था। एक ओर उनकी समग्र कला-सर्जना में, दूसरी ओर परिवेशगत उनकी समग्र जीवन-दृष्टि में उस दुःखमय पथ पर मानुष हो उठने की तलाश थी।

(२०१४)

देखने की दृष्टि

ये जो व्यक्ति मेरे सामने से अभी उठकर चले गए, इन्हें मैं बहुत दिनों से देख रहा हूँ। लेकिन क्या सचमुच मैं इन्हें देख रहा हूँ? ये किसी काम के सिलसिले में आते हैं, यह सिलसिला ही हमारा आपसी बन्धन है। उस सिलसिले के बाहर, मैंने क्या कभी उनके चेहरे की ओर देखने की भी ज़हमत उठायी? मैंने क्या कभी उन्हीं की जगह से, उन्हीं की जगह पर स्वयं को रखकर, उनकी ओर देखने के विषय में सोचा? और मैं यदि ऐसा नहीं सोचता, तो फिर मेरा उन्हें देखना एक खण्डित देखना है, उस व्यक्ति को आंशिक रूप से देखना, यहाँ तक कि, ग़लत ढंग से देखना भी हो सकता है।

दैनन्दिन कार्यों की भीड़ में से या कि आदतों की वजह से इस प्रकार ग़लत ढंग से देखने में ही समय चला जाता है। यह ग़लत देखना किसी व्यष्टि में ही अटका नहीं रहता, स्वभावतः वह समष्टि तक ढुलक जाता है। किसी और को या फिर औरों को देखते समय हम उन्हें नितान्त अपनी ओर से देखते हैं, अपने ही अनुभवों से, अपने ही स्वार्थ के वृत्त से। उस वृत्त से स्वयं को थोड़ा-सा हटा लेने के लिए जितने-से मानसिक समय की ज़रूरत होती है, हमारे जीवन में उसका बहुत अभाव है। यदि वह समय रहता तो फिर मेरे ही विरुद्ध खड़े होकर जो व्यक्ति बातें करता है, शायद उसे भी समझने की एक ज़मीन हमारे पास होती, मैं समझ पाता कि उन बातों के बाहर भी उस व्यक्ति का बहुत सारा अस्तित्व है, उसकी वही बात आकार ले रही है। देखना यदि विस्तार पा जाय, या फिर देखना अन्तर्देश तक पहुँच सके, तब औरों को समझना शायद सहज हो जाता है। सहज हो जाता है सम्मिलन। यह सम्मिलन जितना व्यष्टि के साथ होता है उतना

ही समष्टि के साथ भी।

'जीवनस्मृति' में कही गई उस व्यक्ति की कहानी हमें याद है जो कहता था कि वह ईश्वर को उसकी नज़रों के सामने कुलबुलाते हुए देखता है। जो ऐसा देखता है, उसकी निरन्तर निकटता किसी को भी बेचैनी से भरने के लिए काफ़ी है, रवीन्द्रनाथ भी बेचैन हो जाया करते थे। उनके कामों को बिगाड़ देने वाले उस विक्षिप्त-से व्यक्ति का संसर्ग उन्हें बिलकुल भी पसन्द नहीं आता था। लेकिन हमें पता चलता है कि किसी एक दोपहर उसी व्यक्ति के आविर्भाव से वे 'सम्पूर्ण आनन्दित' हो उठे थे, सहृदयता से उसका स्वागत कर उन्होंने उसे अपने पास बुला लिया था। कैसे सम्भव हो सका था यह बदलाव?

सदर स्ट्रीट के बरामदे में खड़े होकर सूर्योदय देखने का एक संस्मरण हमारी चेतना में प्रसिद्धि प्राप्त कर चुका है। हो सकता है उसी के फलस्वरूप जोड़ासाँको की छत पर खड़े रवीन्द्रनाथ की एक शाम की उपलब्धि की बात थोड़ी धुँधली पड़ गई है। जोड़ासाँको की छत पर एक शाम अचानक उनकी नज़रों में 'पड़ोस के घर की दीवारें तक' सुन्दर हो उठी थीं, उसकी तुच्छता के सारे आवरण मानो पूरी तरह से हट गए थे। वे भला हटे कैसे? मेरे 'मैं' को हटा सकने की वजह से। तब द्रष्टा के मन में यह बोध उत्पन्न हुआ कि उस मैं के लिपटे रहने के कारण हम बाहर के जगत को उसके असली स्वरूप में देख ही नहीं पाते। उन्हें लगा कि साँझ के अँधेरे में मेरा मैं जितना मिटता जाता है, उतनी ही अपनी निजस्वता लिए बाहर का जगत जागने लगता है। और तभी हमें दिखाई देता है उसका परिपूर्ण स्वरूप, तब वह हमें सुन्दर लगने लगता है।

लेकिन इस मैं को ढँकने के लिए—या फिर दूसरे शब्दों में कहें तो बाहर के मैं को ढँक कर भीतर के मैं को जगाने के लिए—तो क्या साँझ का वह अँधेरा ही एकमात्र उपाय है? निश्चय ही ऐसा नहीं है। असल बात है आँखों पर से एक पर्दे का हट जाना, जिस भी तरह से हो, देखने को दृष्टि बना लेना। सदर स्ट्रीट के बरामदे ने एक सुबह वह दृष्टि पैदा कर दी थी। आँखों से देखकर जो एक दिन अजीब या त्याग करने योग्य लगा था, दृष्टि से देखने ने उसके भीतर के भिन्न और एक समग्र व्यक्ति को मानो सामने उपस्थित कर दिया था। आँखों के आवरण हटते जाते हैं, सिर्फ़ आँखों से न देखकर समूचे चैतन्य से देखने की शुरुआत होने लगती है,

'वॉल्डेन' में जैसा कि थोरो ने एक बार लिखा था 'द होल बॉडी इज़ वन सेंस', इसी तरह सब कुछ एकाकार हो जाता है। और तभी, मन के उस अवस्थान से जो कुछ दिखाई देता है उसका समूचा ही मानो रवीन्द्रनाथ के शब्दों में—'निखिल समुद्र के ऊपर से तरंगलीला की तरह' धावमान लगने लगता है। तब हमें अपने देखने का एक भिन्न अर्थ मिल जाता है।

तो फिर क्या इसका मतलब यह है कि समस्त चेतना से देखने के उस अनुभव के लिए हमें किसी आकस्मिक दैवीय क्षण की प्रतीक्षा में रहना होता है? छिन्नपत्र की एक चिट्ठी में रवीन्द्रनाथ ने लिखा था : 'चित्र के दर्शन, स्पर्श, श्रवण और मनन की शक्ति को यदि सचेतन रखना हो, जो कुछ प्राप्त होता है उसी को रखना हो, तो फिर स्वयं को अतिप्राचुर्य से वंचित रखना चाहिए।' अतिप्राचुर्य से वंचित? लेकिन ऐसा कैसे किया जा सकता है? 'दाउ मस्ट डू विदाउट, दाउ मस्ट डू विदाउट'—तब रवीन्द्रनाथ ने गेटे की इस पंक्ति का स्मरण किया था। इस 'विदाउट', या फिर प्राचुर्य से इस तरह हटा लेना क्या हमें 'वॉल्डेन' के पथ तक पहुँचा देगा? स्वयं को सब कुछ से मुक्त रखने के लिए प्राकृतिक जगत के साथ स्वयं को पूर्ण रूप से जोड़ कर सचमुच के जीवनयापन के लिए, लोगों के घरों से मीलों दूर के एक जलाशय के पास हेनरी डेविड थोरो ने जीवन के ढाई वर्ष व्यतीत किये थे। जो 'जीवन' नहीं है, उन्होंने उसे लेकर जीवित रहना नहीं चाहा था, और सब कुछ को त्यागने की भी उन्होंने कामना नहीं की थी। मामूली इच्छाएँ लिए स्वेच्छा के साथ जीवन बिताने वे जंगल से घिरे उस जलाशय के किनारे आये थे, क्योंकि वे अपनी चेतना को जाग्रत रखना चाहते थे। उनका मानना था कि उन्होंने किसी भी व्यक्ति को पूरी तरह से जाग्रत नहीं देखा। जो जागा हुआ नहीं है, तो फिर उसके चेहरे की ओर वे भला कैसे देख सकते हैं? 'विशाल खुले दिगन्त के बीच में जो विचरता रहता है, उससे अधिक सुखी और कोई भी नहीं'—यह बात याद दिलाकर थोरो उस मुक्त दिगन्त की ओर चले गए थे।

लेकिन उस मुक्त दिगन्त को क्या कोई अपने ही भीतर नहीं पा सकता, लोगों की बस्तियों के इसी दायरे में? इसके लिए क्या किसी विशेष स्थान या विशेष काल के अवसर की दरकार होती है? कोई विशेष स्थान या विशेष कोई काल आत्म-उन्मोचन में उसे थोड़ी-बहुत मदद कर सकते हैं यह सही है, लेकिन मनुष्य के लिए उससे भी बड़ी गरिमा की बात यह है

कि वह स्वयं ही अपने भीतर उस अवसर, उस स्थानकाल को तैयार कर सकता है। 'छिन्नपत्र' की जिस चिट्ठी से कुछेक पंक्तियाँ थोड़ी देर पहले ली गई थीं, उसका पहला वाक्य इस प्रकार था : 'कौन मुझे बहुत गहरायी से सारी चीज़ों को देखने का कह रहा है'। कौन कह रहा है ? यह तो मेरा ही एक मैं बोल रहा है। हमारी चिन्ता केवल इतनी है कि किस तरह उस मैं के आह्वान को हम सुन सकेंगे। चिट्ठी में इसके बाद एक शब्दबंध इस प्रकार है : 'व्रतयापन की तरह जीवनयापन'। लेकिन यह व्रतयापन किसी सर्वत्याग का संन्यास नहीं है, यह सर्वग्रहण की एक उन्मुखता है। और वह ग्रहण है बाहर के जगत को—मेरे 'नहीं—मैं' को—ग्रहण करना। जब कहता हूँ कि 'दाउ मस्ट डू विदाउट', तब मेरा आशय वही छोड़-दिए गए केवल मेरे सुखकातर बहिरंग के मैं को छोड़ देने से है। उस छोड़ दिए जाने से ही मेरा देखना बदल जाता है—बदल सकता है—दृष्टि में। रवीन्द्रनाथ हमें वही दृष्टि उपलब्ध कराते हैं।

दो

उसी दृष्टि का नाटक है 'डाकघर'। इस नाटक के अमल ने बताया था कि बड़ा होकर वह क्या करेगा। उसने कहा था : 'जो कुछ भी है मैं सब देखूँगा—मैं तो बस देखता फिरूँगा।' फूफाजी अवाक् हो गए थे। उन्होंने कहा था : 'एक बार सुनो! तुम क्या देखोगे? देखने को इतना है भी क्या?' सच ही तो है, यह सांसारिक प्रतिक्रिया स्वाभाविक ही है : देखने को इतना है भी क्या! जीवन की छवि कहूँ या प्रकृति की, रोज़मर्रा की आदतों में तो हम उसे हर पल पाते ही रहते हैं, उससे तो मेरा बहुत गहरा परिचय है और इसीलिए वह बेहद जीर्ण है। यह जो कुछ लोगों, पेड़-पौधों या दुकानों की पंक्तियों के पास से होते हुए, मेरे घर के पास वाले रास्ते से होते हुए मैं बड़े रास्ते पर पहुँच रहा हूँ, वहाँ पर मेरे लिए नये सिरे से देखने लायक़ भला क्या हो सकता है? ठीक उसी तरह, कोई बुआ यदि जाँते से दाल के दाने तोड़ती हैं, पूँछ के बल खड़ी होकर गिलहरी यदि कुतर-कुतर कर उसके छोटे-छोटे कण खाती है, या फिर दूर किसी एक पहाड़ का शिखर दिखाई दे जाय, बाँस की लाठी के सिरे पर पोटली बाँधे लोटा हाथ में लिए कोई व्यक्ति उस पहाड़ की ओर चला जाय, इन सबमें ऐसा क्या ख़ास दिखाई देता है? अमल को क्या दिखाई देता है? ऐसा तो

हमें हमेशा ही नज़र आता है। लेकिन उस देख पाने से थोड़ा और आगे बढ़ जाता है अमल का देखना। आँखों के सामने उसे मानो दिखाई देता है कि कन्धे पर चिट्ठियों की थैली और हाथ में लालटेन लिए हुए एक डाक-हरकारा पहाड़ से उतरता चला आ रहा है, उसे नदी के किनारे ज्वार के खेत दिखाई देते हैं, खेत में झींगुरों की झनकार, पूँछ हिलाते चाहापक्षी। यह सुनकर ठाकुरदा ने कहा था : 'मेरी तो ऐसी नवीन आँखें हैं नहीं फिर भी मुझे तुम्हारे साथ-साथ दिखाई दे रहा है।'

आँखों की यह नवीनता केवल उम्र की नवीनता नहीं है, सभी उम्र में वह नवीनता उद्यत रह सकती है। किसी भी वस्तु या घटना को जब हम समय के प्रवाह के साथ संलग्न कर देख पाते हैं, तब आँखों की नवीनता आती है। स्वयं को किसी भविष्य की ओर हटा कर, यदि वर्तमान के इस मुहूर्त को अभी मैं अतीत मान लूँ, तो फिर वह उसी समय एक नया रूप धारण कर लेता है, और उसके चारों ओर एक मायामण्डन निर्मित होने लगता है। मेरे देखने में तब एक ही साथ अतीत, वर्तमान और भविष्य आपस में मिल जाते हैं। रहने के साथ मिल जाता है न-रहना, जीवन के साथ मिल जाती है मृत्यु। अर्थात्, एक हिसाब से, मृत्यु की ओर से देखें तो जीवन के हरेक क्षण को और भी कसकर जकड़ लेने की इच्छा होती है, तब और भी अधिक समग्रता के साथ उस क्षण को देखना सम्भव हो पाता है। 'फाल्गुनी' नाटक में कहा गया है कि 'विदा की वंशी में जब कोमल धैवत लगता है मैं तभी सबकी ओर आँख उठाकर देखता हूँ।' और तभी हमें ध्यान आता है कि 'पृथ्वी की ओर इस तरह से हमने कभी नहीं देखा', तभी याद आता है कि हाँफते-हाँफते दौड़ कर जाते हुए 'आँखें सिर्फ़ सामने की ओर लगी रहती हैं, चारों ओर नहीं।'

अपनी 'वागेश्वरी व्याख्यानमाला' में अवनीन्द्रनाथ ने लिखा था : 'बचपन के दिन और रातों के लिए सब लोगों के मन में जो एक वेदना रहती है, उस वेदनापूर्ण राज्य में मनुष्य के मन को कवि और चिन्तक रह-रह कर लौटा ले जाते हैं, जिन्हें बच्चों-जैसी तरुण आँखें फिर से मिल गई हैं।' यहाँ पर भी उन्हीं तरुण आँखों की बात हो रही है। लेकिन यहाँ पर वे आँखें कवि और चिन्तकों के माध्यम से आ रही हैं। जीवन को उसके स्वरूप की महिमा में देखने के लिए तो क्या सभी को कवि या फिर चिन्तक होना होगा? हम साधारण लोगों की दृष्टि में भी वह तरुणाई या नवीनता क्या

कभी नहीं आ सकती? हम क्या हमेशा ही 'डाकघर' के उस छिदाम भिखारी की तरह हैं, जो झूठमूठ का काना है 'लेकिन उसे आँखों से दिखाई नहीं देता यह तो सच है'?

यह सच ही है कि काने न होते हुए भी अकसर हमें आँखों से दिखाई नहीं देता, हमारा देखना सच्चा-देखना नहीं हो पाता। 'शान्तिनिकेतन'—भाषण के 'देखना' रचना में रवीन्द्रनाथ ने दो पदों का प्रयोग किया था : देखने की कली और विकसित देखना। 'हम लोग आँख खोलते हैं, हम देखते हैं। लेकिन वह देखना देखने की कली भर है, वह अब भी अन्धी है।... विकसित देखना अभी तक सम्भव नहीं हो सका, भरपूर देखना अभी तक हो ही नहीं सका।' तो किस प्रकार वह विकसित या भरपूर देखना सम्भव हो सकेगा? उस देखने के लिए रवीन्द्रनाथ ने किसी ध्यान का प्रस्ताव नहीं दिया। उन्होंने कहा है, वह देखना 'तुम्हारे भीतर ही है'।

वर्ष १९०८ में कही गई इस बात के साथ १९१० का एक नाट्योच्चारण हमें याद आयेगा : 'मेरे ही भीतर मेरी उपमा है'। बाहर के रूप में राजा को देख पाना सुदर्शना के लिए तभी सम्भव हुआ था, जब स्वयं के ही भीतर उसे बाहर की 'उपमा' मिल गई थी। इस मिलने के पथ पर उसे कितनी ही ग़लत देखने की कलियों को छोड़ कर आना पड़ा था, अर्थात् बाहर के रूप और वर्तमान को ही सर्वस्व मान लेने की ग़लतियों को। राजा नाटक भी कली से एक विकसित देखने में पहुँचने का नाटक है। 'देखना' भाषण में उल्लेख है : '...रोज़ सुबह कई योजन दूर से उजाला आकर कहता है—देखो' और 'राजा' नाटक का राजा कहता है : 'मेरे चित्त में यदि देख सको तो तुम्हें दिखायी देगा वह कितना बड़ा है!' ऐसा हम हर वक़्त क्यों नहीं देख पाते? क्योंकि हम केवल अपनी ओर से देखते हैं, लेकिन 'अपने आइने में नहीं दिखाई देता—वह छोटा पड़ जाता है।' भाषण में यही बात दूसरे शब्दों में कही गई थी, बँधे-बँधाये शब्दों और मतों के 'संस्कारों द्वारा दबा दिए जाने से हमारी दृष्टि निर्मल निर्मुक्त रूप से जगत के सम्पर्क में नहीं आ पाती।'

जीवन को देखना, वह केवल उसकी निर्भार सुन्दरता को ही देखते रहना भर नहीं है, रूखे को देखना होता है, सर्वनाश को भी, यहाँ तक कि मृत्यु को भी। लेकिन देखने की इस समग्रता में 'पहले से जिसने तैयारी नहीं की वह .... सह नहीं पाता' यह सर्वनाश। मनुष्यों के बीच में ही 'कौन-

सा वह भीषण जीवन-मरण विराजता है', जहाँ पर 'कितनी ही विफलताएँ, कितने ही दुराव-छिपाव हैं'—इन सबको देख पाने के लिए मन को तैयार करना पड़ता है। 'राजा' नाटक उसी तैयारी का नाटक है।

और, यदि एक बार यह तैयारी हो जाय, यहाँ तक कि यदि मृत्यु को भी समझ लिया जाय, तो फिर सुदर्शना की आँखें अमल की आँखों तक आ सकती हैं, जो अमल शान्त भाव से सारी इन्द्रियों द्वारा जीवन को पाता है, मृत्यु को भी। और तब बाहरी आँख की भी ज़रूरत नहीं होती, और तभी हम 'फाल्गुनी' के बाउल के पास पहुँच पाते हैं, जो नेत्रहीन है, लेकिन जिसका 'समूचा बदन मानो बहुत दूर से भी देख पाता है'। समूचे बदन के द्वारा इस तरह देख पाने की बात सुनकर 'वॉल्डेन' की वह पंक्ति हमें फिर से याद आ जाती है 'दि होल बॉडी इज़ वन सेंस'। उसी एकत्व से, वही 'वन सेंस' होकर ही कोई कह सकता है : 'मैंने अपने सब कुछ से देखा था', कह सकता है : 'आँखों से नहीं देख पाता इसलिए वह अपनी देह, अपने मन, प्राण सब कुछ से देखता है'। 'राजा' से 'डाकघर' होते हुए इस 'फाल्गुनी' तक पहुँचते-पहुँचते रवीन्द्रनाथ की रचनाओं में यह 'देखने' का नाट्य तैयार हो जाता है। रानी की आँखें हैं लेकिन उन्हें दिखाई नहीं देता, तमाम अनुभवों के माध्यम से अन्त में वे देखना सीखती हैं; अमल की आँखें हैं, उसे दिखाई देता है, वह देखते-देखते अतीन्द्रिय में पहुँच जाता है; और अन्धे बाउल की आँखें नहीं हैं, फिर भी उसे दिखायी देता है, उसे अन्धकार के सीने में उजाला नज़र आता है।

यह 'विकसित देखना' ही भीतर से देखना है। 'फाल्गुनी' में तो कहा ही गया है : 'उसे भीतर से दिखाई देता है', 'डाकघर' में हमें सुनायी देता है : 'भीतर की ओर से एक रास्ता है, उसे ढूँढ़ पाना शायद कठिन हो' और 'राजा' में आँखों देखे और कानों सुने को मिटाकर 'हृदय के भीतर जो गहन पथ वाला कुंजवन है' वहाँ सुदर्शना की भी एक बार जाने की इच्छा होती है।

उसी 'भीतर' को हम बार-बार खो देते हैं। इसीलिए फिर हम मनुष्य को भी मनुष्य के रूप में नहीं देख पाते, प्रकृति को उसकी स्वच्छ प्राकृतिकता में पाना हमारे लिए सम्भव नहीं हो पाता। जिसे मैंने समय के प्रवाह में रखकर देखना कहा था, भीतर की ओर से सोचें तो उसी बात का दूसरा रूप होता है मृत्यु की ओर से जीवन को देखना। 'राजा' नाटक में ठाकुरदा

ने वही देखा था, यहाँ तक कि सुदर्शना ने भी लोहे–जैसा कठोर अन्धकार देखा था, जो 'नींद–जैसा, मूर्च्छा–जैसा, मृत्यु–जैसा' था। अमल उसके अवसान के समय से ही प्रवहमान जीवन को निहारता रहा है, और 'फाल्गुनी' की भी अवसान–गुफा से 'बार–बार ही प्रथम, लौट–लौटकर प्रथम' हो उठे हैं जीवन–सरदार। उन सब अनुभवों के समय हमें लग सकता है कि 'पृथ्वी की ओर इस तरह से हमने कभी नहीं देखा'। और तभी हमें मृत्यु–पथ के यात्री यतीन की याद आ सकती है : 'देखने की चीज़ को देख पाने का सौभाग्य क्या कम है?' उसने कहा था : 'उसी के अच्छा लगने के भीतर से इस पृथ्वी का मैंने बहुत उपभोग किया है।' आत्महत्या की कगार पर खड़े अभिजित ने कहा था : 'सुन्दर जगत', अपने अन्तिम क्षणों में उसने मरण के माधुर्य और जीवन के सौन्दर्य को एकाकार कर लिया था।

तीन

जब सोचता हूँ कि रवीन्द्रनाथ से हम आज क्या पा सकते हैं, तब उसका उत्तर सैकड़ों टुकड़ों की शक़्ल में हमारे सामने बिखर सकता है। हमारे शिल्प या जीवन में, हमारे दैनन्दिन में, सामाजिकता या दार्शनिकता के विभिन्न स्तरों में नाना प्रकार से उसके उत्तर आ पहुँचते हैं। लेकिन उन तमाम उत्तरों की—या किसी भी उत्तर की—केन्द्रीय भूमि को यदि हम समझना चाहें, तो फिर हमारी सोच में थोड़े–बहुत बीज शब्द अनायास ही चले आते हैं। रवीन्द्रनाथ के समूचे शिल्प या जीवन में वैसा ही एक बीज शब्द है 'देखना'। हमारा देखना जब दृष्टि में बदल जाता है, तभी सामने वाले उस चले जा रहे व्यक्ति से लेकर आवर्तित समाज–भूमि तक समूचा भिन्न और सत्य एकरूप होकर हमारे सम्मुख जागने लगता है। जिस देखने में 'भोर के उजाले की आँखों से / ख़ुद को पाता हूँ नये रूप में', यही देखना किसी समाजकर्मी की आँखों के आवरण ('विजयासम्मिलन') को भी हटा सकता है, हम तब देश के एक 'अखण्ड स्वरूप' को देख पाते हैं, देश की 'आत्मा' को देश के भीतर सचमुच देखना सम्भव हो पाता है ('सत्य का आह्वान')। हम जो 'हज़ार–हज़ार यथार्थ को खण्ड–खण्ड करके एक के बाद एक को देखते चलते हैं' ('सत्य को देखना'), वह हमारी विफलता है। शिल्प से, जीवन से, रवीन्द्रनाथ ने हमें देखने की वह दृष्टि देने की कोशिश की थी, ताकि देशकाल के मध्य में रखकर भी सब

कुछ को देशकाल के बाहर से पाया जा सके। जब हम समझ पाते हैं कि हर क्षण मृत्यु का क्षण है, तभी जीवन को देख पाना सच हो उठता है, सुन्दर हो उठता है। तभी जीवन को अपनी मुट्ठी में और भी कसकर पकड़ने की इच्छा होती है। लेकिन, वह मुट्ठी मेरी व्यक्तिगत मुट्ठी नहीं है, वह एक आत्मगत मुट्ठी है, वही आत्म, जो मुझे लगातार दैनन्दिन 'मैं' से बाहर ले आना चाहता है।

(२०११)